AI 경영론

Principles of AI Management

김대완 · 김승욱 · 손현주 · 은종성 · 이성호

박영사

서문

아시아의 용틀임, 대한민국.
조상의 땀과 노력 위에 세운 위대한 역사,
산업과 IT, 반도체와 자동차가
세계를 향해 우뚝 서 있는 곳.

데이터의 강을 건너
AI와 함께 미래를 설계하고,
지혜와 도전으로 미래의 길을 여는 나라,
대한민국이여, 지금이 비상할 때다!

불굴의 열정으로
세계 10위를 넘어
글로벌 5위의 경제강국을 향해 비상하리.

지식과 창조의 씨앗이
AI의 용광로에서 융합되어
새로운 혁신 패러다임이 확산되는 나라!
대한민국이여, 비상하라!

찬란한 빛으로 인류를 비추고,
대한의 이름으로,
홍익인간의 사명으로,
세계의 중심으로 비상하라.

- 「한국이여! 비상하라」, 김대완

저자 김대완의 시 「한국이여! 비상하라」를 『AI 경영론』의 서문에 인용한 것은 한국이 글로벌 무대에서 비상(飛上)하는 데 있어, 본 교재가 지렛대의 역할을 할 수 있기를 바라는 저자의 염원을 담고 있다. 한국이 AI를 지렛대로 삼아 '세계 5강'이라는 허들을 넘어, 세계를 견인하는 위대한 국가로 도약하길 소망하면서 이 책을 기획하고 집필하였다.

한국은 근대화 · 산업화 · 정보화 단계를 성공적으로 이행하며 국가 발전의 초석을 다져왔다. 현재 대한민국은 선진경제강국으로 도약할 것인가, 아니면 중진국 수준에 머물 것인가의 갈림길에 서 있다. 지난 10여 년간 대한민국의 1인당 GDP는 3만 달러 수준에 머물러 있다. 만약 우리가 스스로의 혁신으로 도약하지 못한 채 현 상태에 머무른다면, 1910년대에 1인당 국민소득 세계 5위권의 선진국이었음에도, 현재는 중진국으로 전락한 아르헨티나의 전철을 밟을 가능성이 있다. 이러한 상황을 슬기롭게 극복하기 위해서는 기업 경영 전반에 걸쳐 인공지능(AI)을 활용한 경쟁력 제고가 가장 효과적인 해법이라고 판단된다. 특히 글로벌 AI의 혁신 물결 속에서, 산업의 고부가가치화와 AI 전환(AX)에 국가의 모든 역량을 집중하여야 할 때이다. 이러한 시대적 소명을 가슴 깊이 새기며, 전국 대학교의 경영학과 및 사회과학 관련 학과에서 교재로 활용되기를 바라는 마음으로 『AI 경영론』을 기획하고 집필하여 출판하게 되었다.

AI 시대를 주도적으로 헤쳐나가기 위해서는 현장의 문제를 능동적으로 해결하고, 새로운 가치를 창출할 수 있는 창의적 사고와 실무 역량을 갖춘 인재가 필요하다. 이러한 점에 착안하여, 본 교재는 각 장의 주제에 부합하는 사례와 토의 과제, 그리고 실무 중심의 AI 활용 실전문제를 포함하였다. AI 시대의 인재상은 단순히 프로그래밍을 잘하거나 경영을 이해하는 수준을 넘어, AI와 경영을 융합적으로 이해하고, 사회적 가치를 창출할 수 있는 창의 · 융합형 인재이다. 오늘날 한국의 기업과 산업은 이러한 인재를 필요로 하고 있으며, 『AI 경영론』은 이러한 시대적 요구에 부응하기 위한 교재이다. 독자 여러분께서 본서를 통해 AI와 경영의 융합에 대하여 이해하고, 이로 인해 야기되는 새로운 트렌드에 대한 통찰력을 기르는 데 도움이 되기를 바란다. 본 교재는 대학(원) 학생들이 AI와 경영을 균형 있게 이해하고 실무에 적용할 수 있도록, 크게 일반 분야와 응용 분야로 나누어 총 12장으로 구성하였다.

제1~7장은 AI 경영의 일반 분야를 다룬다. 제1장은 AI의 개념과 원리를, 제2장은 AI 지식경영과 지식공유를 서술하였다. 제3장은 AI 마케팅의 개요, 소비자 분석, 타깃 마케팅, 그리고 AI 마케팅 방법을 집필하였다. 제4장은 AI 마케팅 전략 수립과 실행, 포지셔닝을 심층적으로 서술하였다. 제5장은 AI 서비스 경영의 개요, 에이전트 서비스, 고객경험 혁신을, 제6장은 고객접점관리, 고객관계관리, 서비스 품질관리 등 AI 서비스 마케팅의 핵심 요소를 설명하였다. 제7장은 스마트 팩토리, AI 품질관리, 예지보전 기술, 디지털 트윈을 중심으로 AI 제조 혁신을 다루었다.

제8~12장은 AI 경영의 응용 분야를 다룬다. 제8장은 AI 기반 진단 및 치료 지원 시스템, 개인 맞춤형 헬스케어와 정밀의료를 중심으로 스마트 헬스케어를 서술하였다. 제9장은 AI 비즈니스 모델을 중심으로 전략 수립과 실행 과정을 집필하였다. 제10장은 AI 지능형 경제의 개념과 디지털 자산, 거버넌스 이슈를, 제11장은 AI 경영전략에서의 환경분석, 시장 및 고객 분석을 서술하였다. 제12장은 AI 빅데이터의 등장 배경과 발전 동인을 저술하였다.

본서를 출판하는 데 아낌없는 지원을 해주신 도서출판 박영사의 안종만 회장님과 안상준 대표님 및 임직원 여러분께 깊이 감사드린다. AI와 경영이라는 광범위한 주제를 여러 저자가 함께 집필한 만큼 다소 미흡한 점이 있을 수 있다. 독자 여러분의 소중한 비판과 조언을 부탁드리며, 본 교재가 한국이 세계적인 AI 강국으로 비상하는 데 있어 이론적 기반과 실무 지침서로 자리매김하기를 바란다. 끝으로, 한국의 근대화와 산업화를 위해 헌신하신 부모 세대의 노고에 감사드리며, 현세대와 다음 세대가 대한민국을 다시금 선진경제강국으로 이끌어 주기를 기대하면서 글을 맺는다.

2026년 정초에

저자 일동 씀

목차

제1장 AI 경영

제2장 AI 지식경영

제3장 AI 마케팅

제4장 AI 마케팅 전략 수립 및 실행

제5장 AI 서비스 경영

제6장 AI 서비스 마케팅

제7장 AI 제조

제8장 AI 헬스케어

제9장 AI 비즈니스 모델

제10장 AI 지능형 경제

제11장 AI 경영전략

제12장 AI 빅데이터 경영

제1장 AI 경영

학습 목표

- AI의 개념에 대하여 학습한다.
- 생성형 AI의 분류 및 특징에 대하여 이해한다.
- 생성형 AI의 활용과 적용에 대하여 심화한다.

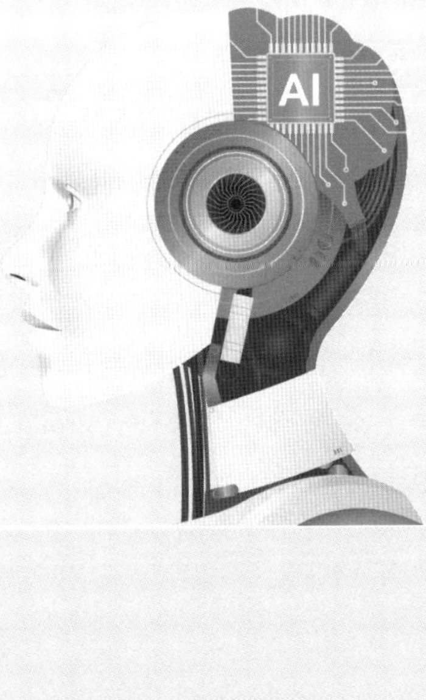

제1절 AI 개념과 이해

1 인공지능의 개념과 특성

인공지능(AI)의 개념과 주요 특성에 대하여 살펴본다.

(1) 인공지능의 개념

인공지능(Artificial Intelligence; AI)은 인간의 지능적 행동을 기계가 수행할 수 있도록 하는 기술 및 학문 분야를 말한다. 다시 말해, 인간처럼 학습하고, 추론하며, 문제를 해결하고, 의사결정을 내릴 수 있는 능력을 컴퓨터나 시스템에 부여하는 것을 의미한다. 인공지능은 1956년 다트머스 워크숍(Dartmouth Workshop)에서 존 매카시(John McCarthy)에 의해 처음 제안되었으며, 인간처럼 사고하는 시스템, 인간처럼 행동하는 시스템, 이성적으로 사고하는 시스템, 그리고 이성적으로 행동하는 시스템이라는 4개의 범주로 분류되었다. 이후 이를 실현하기 위해 컴퓨터 과학, 수학, 뇌과학, 언어학 등 다양한 학문과 융합되어 발전해 왔다.

AI는 일반적으로 두 가지 관점에서 정의된다. 하나는 기능(Function) 중심의 정의이고, 다른 하나는 방법론(Method) 중심의 정의이다. 기능 중심의 정의는 인간의 사고나 행동을 모방하거나 대체하는 기능에 초점을 두고 인공지능을 규정한다. 예를 들어, 사람처럼 대화를 나누는 챗봇(Chatbot)이나 바둑을 두는 AI인 알파고(AlphaGo)가 이에 해당한다. 반면, 방법론(Method) 중심의 정의는 지능적 행동을 가능케 하는 알고리즘, 모델, 컴퓨팅 방법 등을 총칭하는 방법에 초점을 둔다. 이 정의는 AI의 기술적 구현에 초점을 맞추며, 기계학습(Machine Learning), 딥러닝(Deep Learning), 규칙 기반 시스템 등을 포함한다.

최근 현대 인공지능은 강한 인공지능(Strong AI)과 약한 인공지능(Weak AI)로 구분하고 있다. 먼저, 약한 인공지능(Weak AI)은 자의식이 없이 특정 작업에 특화되어 있으며, 스팸 메일 필터링, 얼굴 인식, 번역 시스템 등을 예로 들 수 있다. 반면, 인간 수준의 범용 지능을 갖춘 강한 인공지능(Strong AI)은 사람처럼 자유로운 사고와 이해력 그리고 의식까지 소유한 인공지능으로 아직 연구 단계에 있다.

• 그림 1-1 인공지능의 이해

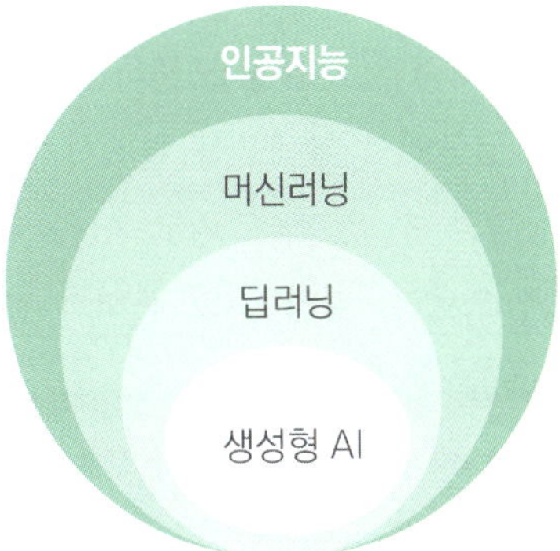

또한 인공지능은 고도화의 정도에 따라서 머신러닝(Machine Learning)과 딥러닝(Deep Learning), 그리고 생성형 AI로 구분할 수 있다. 머신러닝은 대량의 데이터를 분석하고 패턴을 찾아내 예측하는 기법이고, 딥러닝은 컴퓨팅 기술을 이용하여 신경망 알고리즘을 활용하는 기법이며, 생성형 AI는 이용자의 요구에 따라 능동적으로 결과를 생성해 내는 인공지능 기술이다. 이러한 머신러닝, 딥러닝, 그리고 생성형 AI의 관계를 그림으로 나타낸 것이 〈그림 1-1〉과 같다. 결론적으로, 인공지능은 단순한 자동화 기술을 넘어, 학습 능력, 적응 능력, 자율성 등을 갖춘 지능형 시스템으로서, 4차 산업혁명을 주도하고, 기업 경영, 의료, 교육, 금융, 제조, 서비스 등 다양한 산업 분야에서 핵심 기술로 자리잡고 있다.

(2) 인공지능의 특성

인간과 인공지능의 특성을 비교해 보면, 인간은 감정적인 이해와 창의성, 직관, 융합적 사고 등에 있어 강점이 있고, 인공지능은 빠르고 정확한 계산, 판단, 예측 능력 등에 있어 인간보다 우위에 있다. 그러므로 인간과 인공지능은 각각의 강점과 약점을 가지고 있기 때문에, 상호 보완적으로 사용하는 것이, 보다 나은 결과를 도출할 수 있다. 이러한 배경하에 인공지능(AI)의 주요 특성은 다음과 같이 요약할 수 있다. 지능적 문제해결 능력, 학습 가능성, 데이터 기반성, 자율성과 적응성, 확장성과 융합성이다. 이러한 특성들은 AI가 전통적인 컴퓨터 시스템과 구별되며, 다양한 경영 및 산업 분야에서 경쟁 우위를 창출할 수 있게 하는 기반이 된다.

첫째, 지능적 문제해결 능력(Intelligent Problem Solving)이다. AI는 복잡한 문제를 논리적으로 분석하고, 최적의 해법을 도출하는 데 탁월한 능력을 갖추고 있다. 예를 들어, AI는 의료 영상에서 암세포를 탐지하거나, 물류 최적화 경로를 계산하여, 시간과 비용을 절감할 수 있다. 그리고 AI는 데이터를 분석하고, 날씨및 에너지 소비 패턴을 예측함으로써, 태양열 및 풍력과 같은 재생 에너지 시스템의 성능을 최적화하는 데 사용할 수 있다.

둘째, 학습 가능성(Learning Capability)이다. 인공지능은 데이터를 입력받아, 규칙을 스스로 학습하고 성능을 향상시키는 머신러닝 기반의 기술이다. 그에 덧붙여, 딥러닝을 기반으로 한 신경망은 대량의 데이터를 처리하고, 패턴을 추론할 수 있어, 기존 알고리즘이 할 수 없던 수준의 정교한 판단을 가능하게 한다. 2016년을 뜨겁게 달구었던 바둑기사 이세돌과 인공지능 알파고의 바둑 대결에서의 알파고 역시 머신러닝 알고리즘을 적용한 인공지능 예시 중 하나이다. 머신러닝의 또 다른 적용 사례는 구매 데이터 기반 그룹화, 고객 데이터별 연관성 식별, 관심사에 따른 분류 등 데이터의 많은 부분을 설명하는 규칙 발견 등에 사용된다.

셋째, 데이터 기반성(Data-Driven Nature)이다. AI는 구조적 또는 비구조적 데이터를 기반으로 작동하며, 데이터의 양과 질에 따라 그 성능이 좌우된다. 이는 곧 빅데이터 환경에서 AI가 더욱 강력한 도구로 사용될 수 있음을 의미한다. 그러므로 빅데이터와 인공지능은 서로 긴밀히 연결되어 있으며, 빅데이터는 인공지능의 학습과 성능 향상을 위한 중요한 데이터 원천이 되고, 인공지능은 빅데이터의 가치를 끌어내어 의미있는 인사이트를 제공하는 역할을 한다. 이러한 빅데이터와 인공지능의 상호 작용은 기업, 산업, 사회 전반에 걸쳐 혁신과 경쟁력을 도모하는 데 중요한 역할을 한다.

넷째, 자율성과 적응성(Autonomy & Adaptability)이다. AI는 사람의 직접적인 개입 없이 환경을 인식하고, 변화에 따라 스스로 판단하고 행동할 수 있다. 이는 자율주행차와 스마트 팩토리와 같은 분야에서 특히 중요한 특성이다. 예를 들어, 자율주행차의 센서와 카메라는 실시간으로 데이터를 수집하고, AI 시스템은 이 데이터를 분석하여 최적의 경로와 주행 방식을 결정한다. 또한 AI 기술 기반의 로봇 제조설비를 구축하여 인간 개입을 최소화하는 생산 환경을 구현하여, 고령화에 따른 노동력 부족, 글로벌 공급망 위기, 탈탄소화 등의 문제를 해결할 수 있다.

다섯째, 확장성과 융합성(Scalability & Convergence)이다. AI는 다양한 분야의 기술과 쉽게 융합될 수 있으며, 그 범위는 컴퓨터 비전, 자연어처리, 로봇공학, 사물인터넷 등으로 확장되고 있다. 기업은 AI를 통해 기존 시스템을 혁신하고 새로운 비즈니스 모델을 창출할 수 있다. 예를 들어 미드저니와 같은 생성형 AI 기술을 게임 개발에 이용하여, 특정한 자세를 취한 A 캐릭터 이미지와 B 캐릭터 이미지를 학습시켜 B 캐릭터가 특정 자세를 취한 이미지를 자동 생성할 수 있다. 또 다른 예로 AI 기술은 예술 창작 과정에서 다양하게 활용될 수 있다. AI 기술은 대량의 데이터를 분석하고 융합하여 새로운 패턴을 발견하고, 이를 바탕으로 독창적인 그림, 음악, 시나 소설 등을 창작할 수 있다.

결론적으로, 인공지능은 단순한 기술적 도구를 넘어서, 비즈니스 전략과 조직 혁신의 중심축으로 작용하며, 이러한 특성들을 이해하고 활용하는 것은 AI 경영에 있어 필수적인 요소이며 개인과 조직 경쟁력의 초석이다.

2 인공지능의 발전 단계와 특징

AI 발전 단계별로 주요한 특징을 정리한 것이 〈표 1-1〉이다. AI 발전 단계별로 주요 내용을 살펴보면 아래와 같다.

• **표 1-1** AI 발전 단계와 특징

구분	기간	특징
AI 태동기	1950~1980년	• 앨런 튜링의 튜링 테스트, 다트머스 워크샵 → AI 개념 태동 • 기호 기반(Symbolic) 접근 방식, 논리와 추론 규칙 기반 • ELIZA(심리치료 대화 프로그램) • 초기 챗봇, 체스 게임프로그램, 수학문제 프로그램 등 → 규칙 기반 시스템 집중 → 간단한 문제풀이 • 컴퓨터 성능 한계 & 실제 적용 가능성 부족 • AI의 첫 번째 겨울 도래(1974년부터 1980년까지)

AI 도약기	1981~1996년	• 전문가 시스템 접근 방식 → AI 새로운 도약 시작 • 예. MYCIN(의료진단) & DENDRAL(화학 구조 분석) • 인간 전문가의 지식과 추론 방식을 컴퓨터에 구현 • 일부 의료진단 AI, 광물탐사 AI 등 일부 전문가 시스템 등장 • 지식획득의 어려움, 시스템 유비 보수 한계 • 지식의 컴퓨터 입력, 지식의 절대량 부족, 지식간 모순 발생 • 실용화와 상업화의 실패 • AI의 두 번째 겨울 도래(1987년부터 1996년까지)
AI 성장기	1997~2013년	• IBM Deep Blue → 세계 체스 챔피언 이김 → AI 가능성 • 인터넷, 빅데이터, GPU 기술 발전 → 딥러닝 비약적 성장 • 통계적 접근, 머신러닝 발전 → AI 실질적인 성장 시작 • 2012년 이미지넷(ImageNet) 대회 → 딥러닝 → AI 중심 기술 도약 • 방대한 양의 데이터 입력 → 컴퓨터 스스로 학습 접근법 등장 • 자연어처리, 음성 인식, 이미지 인식, 자율주행 등 AI 적용 • AI 성장기에 AI가 기업 사회 전반에 이용 시작
AI 확산기	2014~2030년	• 2014년 세계 최초 생성형 AI, GAN 등장 → GPT-1 → Chat GPT-3.5 • 다양한 생성형 AI 등장 → 인간-AI 간 상호협업을 통한 혁신적인 변화 발생 – 산업 · 공공 · 개인 AI 적용 → 경제적 가치 창출 & 서비스 혁신 → 제조, 금융, 교육, 헬스케어, 콘텐츠 산업 등 • AI 기반 서비스 & 플랫폼 보편화 ← 디지털전환의 핵심 동력 • 사회적 이슈 부각: AI윤리, 책임문제, 규제 논의 등 • 규제정비: 허위정보, 저작권침해, 공정성, 투명성, 프라이버시 보호 • 기술발전, 사회적 수용, 제도적 기반 마련 병행 • 인간과 AI 간 협업 본격적 적용 시기
AI 성숙기	2031년~	• 범용 인공지능(AGI) 발전 → 통합적 사고 능력 AI 등장 • 인간 + AI의 공동지능 체계 구축 • 기술발전 + 사회적 합의, 법 · 제도, 윤리에 대한 접근 기준 정립 • AI의 자율성과 통제 가능성이 핵심 이슈 부상 • AI가 단순도구를 넘어 인간과 AI 동반자 단계로 발전

(1) AI 태동기(1950~1980년)

AI의 태동은 1950년 영국 앨런 튜링(Alan Turing)이 튜링 테스트에서 "기계가 생각하는 것이 가능한가?"라는 질문에서부터 시작되었다. 기계의 답이 얼마나 인간다운지를 평가한 실험을 통하여 이론 컴퓨터과학과 인공지능 분야의 기본 개념이 되었다. 이어서 1956년 다트머스 워크숍에서 인공지능(Artificial Intelligence)이라는 용어가 처음 사용되며, AI는 학문 분야로서 출발을 시작하였다. 이 시기는 주로 기호 기반(Symbolic) 접근 방식이 중심이었으며, 논리와 추론 규칙을 기반으로 한 프로그램들이 등장하였다. 대표적인 예로는 ELIZA(간단한 심리치료 대화 프로그램)와 같은 초기 챗봇, 체스 게임을 하는 프로그램, 수학 문제를 푸는 프로그램 등 규칙 기반 시스템에 집중되었다. 그렇지만 AI 태동기 단계에서는 간단한 문제는 풀수 있지만, 복잡한 문제는 어려움에 직면하는 컴퓨터 성능의 한계와 실제 적용 가능성 부족으로 1974년부터 1980년까지 AI의 첫 번째 겨울이 도래하였다.

(2) AI 도약기(1981~1996년)

AI 도약기는 1980년대 전문가 시스템(Expert Systems)이라는 새로운 접근법으로 AI의 새로운 도약이 시작되었다. 대표적인 시스템인 MYCIN(의료 진단)이나 DENDRAL(화학의 구조 분석)은 인간 전문가의 지식과 추론 방식을 컴퓨터에 구현하고자 했다. 실제로 의료 진단을 돕는 AI, 광물 탐사를 돕는 AI 등 산업 현장에서 활용 가능한 시스템들이 일부 등장하면서 상업화 가능성에 대한 기대가 높아졌다. 하지만 이러한 접근법도 지식 획득의 어려움(Knowledge Bottleneck)과 시스템 유지·보수의 한계, 그리고 AI 기술의 잠재력은 입증되었지만, 전문가의 모든 지식을 컴퓨터에 입력하는 것과 지식의 절대량 부족, 그리고 지식 간 모순 발생 같은 실용화에는 여전히 큰 벽이 존재하였다. 이와 같이 AI의 실용화와 상용화의 실패로 인하여 1987년부터 1996년 사이에 AI의 두 번째 겨울(AI Winter)이 도래하였다.

(3) AI 성장기(1997~2013년)

1997년 IBM의 딥 블루(Deep Blue)가 세계 체스 챔피언을 이긴 사건은 AI 기술의 가능성을 전 세계에 각인시켰다. 이후 인터넷과 빅데이터, GPU 기술의 발전은 딥러닝(Deep Learning)의 비약적 성장을 촉진시켰다. 2000년대 후반에 AI는 통계적 접근과 머신러닝(Machine Learning)의 발전을 통해 실질적인 성장을 시작했다. 2012년 이미지넷(ImageNet) 대회에서 딥러닝이 기존 방식보다 현저한 성능 향상을 보이며 AI의 중심 기술로 자리잡았다. AI 성장기부터 컴퓨터에 규칙을 가르치려고 하지 말고, 대신에 방대한 양의 데이터를 입력하면 컴퓨터가 스스로 학습할 수 있게 하는 접근법으로 바뀌었다. 이 접근법은 놀라운 성과로 귀결되었다. 자연어처리(NLP), 음성 인식, 이미지 인식, 자율주행 등 다양한 분야에 AI가 적용되었다. 그러므로 AI 성장기에 AI가 인간의 능력을 뛰어 넘어 기업과 사회 전반에 이용되기 시작하였다.

(4) AI 확산기(2014~2030년)

2014년 세계최초의 생성형 AI인 GAN(Generative Adversarial Network)이 등장하였는데, 오늘날 생성형 AI 기술의 출발점이었다. 이후 2018년에 Transformer 기반 언어 생성 모델(Transformer-based Language Model)인 GPT-1이 출시되었고, 2022년 11월에 ChatGPT-3.5 대화형 생성형 AI로 발전하면서 2023년 3월 ChatGPT-4가 공개되어, 사용자와 자연스러운 대화가 가능하게 되었다. 이후에 생성형 AI(Generative AI) 기반의 ChatGPT, Gemini, Claude, Midjourney 등 대형 언어모델(LLM)의 확산으로 인간-AI 간 상호협업을 통해 혁신적인 변화가 발생하고 있다. 이러한 AI 확산기에는 인공지능이 특정 전문가나 대기업의 전유물이 아닌, 사회 전반에 걸쳐 일상화되고 실용화되는 시기로 평가된다. 산업, 공공, 개인 영역에 이르기까지 AI 기술이 깊숙이 적용되며, 경제적 가치 창출과 서비스 혁신을 이끌고 있다. 즉, 제조, 금융, 교육, 헬스케어, 콘텐츠 산업 등 다양한 분야에서 AI 기반 서비스와 플랫폼이 보편화되면서 디지털 전환의 핵심 동력이 되고 있다. 또한 AI 윤리와 책임 문제, 그리고 규제 논의 등이 주요한 사회적 이슈도 부각되었다. 생성형 AI로 인한 허위 정보, 편향, 저작권 침해 문제는 EU AI Act 등 각국의 규제 정비로 이어지고 있다. 더불어 공정성, 투명성, 프라이버시 보호와 같은 사회적 가치도 정책과 연구에서 중심 주제로 다뤄지고 있다. AI 확산기는 기술 발전과 함께 사회적 수용과 제도적 기반 마련이 병행되는 시기이며, 인간과 AI의 협업이 본격적으로 적용되는 시기라 할 수 있다.

(5) AI 성숙기(2031년 이후)

AI 기술은 향후 2030년 이후, 인간 수준의 지능을 모방하는 범용 인공지능(Artificial General Intelligence: AGI)으로 발전할 것으로 전망된다. 이 시기에는 인간의 지능과 유사한 통합적 사고 능력을 갖춘 AI가 등장할 것이다. 즉, 인간과 기계의 협업을 넘어선 인간+AI의 공동 지능 체계가 구축될 것으로 예상된다. 또한 AI 성숙기에는 기술의 발전뿐 아니라 사회적 합의, 법·제도, 윤리 기준의 정립뿐만 아니라 AI의 자율성과 통제 가능성에 대한 접근이 핵심 이슈로 부상할 것이다. 그러므로 AI는 단순한 도구를 넘어, 인간 사회의 가치와 방향을 함께 고민하는 인간과 AI의 동반자 단계로 발전할 것이다.

3 생성형 AI(Generative AI)의 개요

기존 AI와 비교하여 생성형 AI의 정의와 차이점에 대하여 살펴본다.

(1) 생성형 AI의 개념(Generative AI Concept)

최근 몇 년 동안 인공지능(AI)의 급속한 발전은 사회 발전을 지속적으로 촉진해 왔으며, 특히 생성형 AI(Generative Artificial Intelligence: AI)의 부상은 사회 발전의 방향 자체를 변화시키고 있다. 오늘날의 생성형 AI는 텍스트, 이미지, 비디오, 코드, 데이터 등 다양한 작업을 수행하는 데 도움을 줄 수 있다. 생성형 AI는 기존의 텍스트, 이미지, 오디오, 비디오와 같은 전통적 생성 방식에서 큰 혁신을 이뤘을 뿐만 아니라, 멀티모달 융합 및 대화형 대규모 모델 분야에서도 폭발적인 발전 추세를 보이고 있다. 그러므로 생성형 AI는 대규모의 데이터를 학습한 후, 새로운 데이터를 생성해 내는 능력을 갖춘 AI 기술을 의미한다. 이 기술은 단순히 기존 정보를 분석하거나 분류하는 데 그치지 않고, 텍스트, 이미지, 오디오, 영상, 코드 등 다양한 형태의 콘텐츠를 창조할 수 있다는 점에서 기존의 AI와 차별화된다. 대표적인 예로는 OpenAI의 GPT(Generative Pre-trained Transformer), Google의 Gemini, Stability AI의 Stable Diffusion, Midjourney 등이 있으며, 이들은 각각 자연어 생성, 이미지 생성, 다중모달 생성 등 다양한 영역에서 사용되고 있다.

생성형 AI는 딥러닝(deep learning)의 하위 분야 중 하나인 생성 모델(Generative Model)에 기반하고 있으며, 특히 확률적 생성 모델, GAN(Generative Adversarial Network), VAE(Variational Autoencoder), 트랜스포머(Transformer) 기반의 대규모 언어모델(Large Language Model: LLM)이 핵심 기술로 자리 잡고 있다. 이들 모델은 훈련 데이터를 통한 패턴과 구조를 학습한 뒤, 새로운 입력 조건이나 프롬프트에 따라 정교하고 일관된 출력을 생성하는 데 사용된다.

최근 생성형 AI 동향으로는 예술 디자인, 콘텐츠 제작, 의료 지원, 교육 시나리오 등 다양한 분야에서 응용되고 있으며, 산업과 학계에서 주목의 대상이 되었다. 다양한 생성형 AI 도구는 사회와 경제에 새로운 기회를 제공하면서, 그 기능적 특성, 기술적 원리, 비즈니스 모델, 준수 및 윤리 요건은 점점 더 복잡하고 다양해지고 있으며, 활용 분야는 매우 광범위하다. 예를 들어, 기업은 마케팅 콘텐츠 자동 작성, 맞춤형 이메일 생성, 제품 설명문 작성 등에 활용하며, 의료 분야에서는 의료 영상 생성이나 진단 보조에 활용될 수 있다. 교육 분야에서는 학습 자료 자동 생성, 문제 출제 등에서 효과를 보이고 있으며, 예술 및 창작 분야에서도 텍스트, 음악, 미술 작품 등을 자동 생성하는 데 사용된다.

결론적으로, 생성형 AI는 단순한 데이터 처리 기술을 넘어 창조성 영역으로 확장된 인공지능 기술로서, 디지털 경제 및 AI 경영의 핵심 도구로 부상하고 있다. 이는 단순 반복 업무 자동화에서 나아가, 인간의 창의적 업무를 보완하거나 대체할 수 있는 새로운 기술적 패러다임을 형성하고 있다.

(2) 생성형 AI와 기존 AI의 차이점

생성형 AI와 기존 AI는 기술적 구조, 기능적 역할, 활용 범위, 창의성 수준 등에서 본질적인 차이를 나타낸다. 전통적인 AI는 주로 분류(Classification), 회귀(Regression), 추천(Recommendation), 예측(Prediction) 등의 목적에 맞게 설계된 규칙기반 또는 머신러닝 기반 시스템을 의미하며, 입력된 데이터를 기반으로 '정답'을 찾는 데 초점을 맞춘다. 이에 반해 생성형 AI는 기존 데이터를 학습하여 새로운 데이터를 창조적으로 생성하는 데 중점을 둔다.

기술적 측면에서, 기존 AI는 입력 데이터를 특징(Feature)으로 분해하고, 이를 통해 특정 출력값을 도출하는 방향으로 작동한다. 예컨대, 스팸메일 분류기나 음성 인식 시스템은 입력에 대해 정해진 범위 내에서 반응한다. 반면, 생성형 AI는 조건부 확률 기반 생성 알고리즘을 바탕으로, 완전히 새로운 결과물을 만들어낼 수 있다. 이는 GAN, VAE, 트랜스포머 등 생성 구조를 갖춘 모델을 통해 구현된다.

기능적 차이 또한 뚜렷하다. 기존 AI는 주어진 문제 해결에 최적화된 기능(예: 분류 정확도 향상)을 중심으로 발전해온 반면, 생성형 AI는 유연성과 창의성이 요구되는 업무에 특화되어 있다. 예를 들어 기존 AI는 의료 영상에서 암 유무를 분류하는 데 강점을 보이지만, 생성형 AI는 병리 이미지나 유사 진단 시나리오 자체를 만들어낼 수 있다. 이는 기존 AI가 무엇인가를 판단하는 데 초점이 있다면, 생성형 AI는 무엇인가를 만들어내는 것에 초점이 있다는 구조적 차이를 의미한다.

또한, 활용범위 측면에서 기존 AI는 데이터 입력-출력 간 관계에 기반한 정형화된 결과를 도출하지만, 생성형 AI는 문맥과 조건에 따라 다양한 결과가 가능하다는 점에서 비결정성(Nondeterminism)이 강하게 작용한다. 이는 인간의 창의성과 유사한 속성으로 간주되며, 예술, 디자인, 창의적 글쓰기 등 고차원적 창의 작업에 있어서 생성형 AI의 활용을 가능하게 만든다.

마지막으로, 창의적 수준 측면에서 기존 AI는 산업 자동화, 금융 예측, 공정 최적화 등에 널리 사용되어 왔으며, 생성형 AI는 최근 들어, 창의적인 능력이 요구되는 분야에 보조 도구로 적용되고 있는데, 예를 들어, 콘텐츠 산업, 교육, 마케팅, 엔터테인먼트, 음악, 미술, 저술 등 분야에서 빠르게 확산되고 있다. 두 기술은 상호 보완적으로 작동할 수 있으며, 향후 디지털 전환 및 AI 경영 전략 수립 시 이 두 AI 유형의 기술이 융합하여 활용하는 방식이 더욱 중요해질 것이다.

제2절 생성형 AI 분류 및 특징

수백 개의 생성형 AI 시스템에 대한 K-평균 클러스터 분석을 실시하여 네 가지 유형의 생성형 AI를 도출하였다. 네 가지 유형의 생성형 AI는 실험적 AI 모델, 범용 대형 AI 모델, 수직 특화 AI 모델, 그리고 비주얼 생성형 AI 모델이며, 구체적인 설명은 다음과 같다.

(1) 실험적 AI 모델(Experimental AI Model)

실험적 AI 모델(Experimental AI Model)은 클러스터 분석에서 고도로 실험적인 오픈소스 연구 시스템의 특징을 나타내었고, 규제준수(Compliance Assurance) 수준이 낮고, 컴퓨팅 자원 요구가 최소이며, 모델의 투명성과 설명 가능성이 가장 낮았다. 이런 생성형 AI 모델은 대부분 단일 모달리티(보통 텍스트 또는 코드)로 구축되며, 기술 아키텍처는 비교적 단순하거나 소규모이다. 이들의 콘텐츠 생성능력과 기능의 다양성은 다른 유형에 비해 제한적이다.

비즈니스 모델 측면에서 보면, 실험적 AI 모델은 여전히 초기 단계에 있으며, 대부분은 오픈소스 프로젝트나 학술용 프로토타입 형태로, 수익 창출 메커니즘이 낮은 특징이 있다. 배포 방식은 주로 로컬(local) 기반이며, 이는 연구자가 자유롭게 디버깅하고 재개발하기에 편리하다. 주류 비즈니스 모델과 비교할 때, 명확한 윤리적·보안적 리스크를 동반한다. 출력 결과에 대해 설명 능력이 부족하다.

실제로, 실험적 AI 모델은 알고리즘 테스트와 대학 및 오픈소스 커뮤니티에 큰 가치를 지닌다. 대표적인 실험적 AI 모델의 예로는 오픈소스 모델 Stables2를 들 수 있으며, 생성형 AI의 오픈소스 혁신을 촉진하는 데 기여한다. 그러나 이러한 개방성으로 인해 산업 현장에서의 실제 적용성은 낮다.

이 모델은 경량 아키텍처와 로컬 배포 가능성을 갖추고 있어, 상업적 제약없이 파인튜닝 및 프로토타이핑을 위한 유연한 환경을 필요로 하는 학술기관과 R&D 연구소에 적합하다.

(2) 범용 대형 AI 모델(General Large AI Model)

범용 대형 AI 모델(General Large AI Model)은 오늘날 생성형 AI의 주류 모델을 대표한다. 이 모델들은 다양한 콘텐츠 모달 처리 능력을 가지고 있고, 기술적 아키텍처는 대부분 트랜스포머(Transformers)에 기반하며, 시나리오 간 적용 가능성을 갖추고 있다.

이러한 유형의 모델은 일반적으로 텍스트 생성, 대화 상호작용, 명령 실행 등의 작업을 지원하며, 이는 범용성과 플랫폼 기반 아키텍처의 결합을 반영하고 있다. 규제 준수성과 투명성은 중상 수준이며, 개발자들은 일반적으로 인간 피드백 메커니즘과 콘텐츠 보안 필터링을 도입하여 모델의 투명성과 윤리적 통제를 확보한다.

컴퓨팅 자원 측면에서는, 일반 대형 AI 모델은 파라미터 수가 많고 학습 주기가 길기 때문에 강력한 클라우드 GPU 클러스터에 의존해야 하며, 자원 소비도 상대적으로 높다. 배포 방식은 주로 클라우드 또는 하이브리드 방식이며, API 서비스나 SaaS 플랫폼의 형태의 기업 시장을 겨냥한 높은 확장성을 제공한다.

비즈니스 모델은 꽤 성숙되어 있으며, 일반적으로 구독 요금제나 호출 기반 요금체계를 채택하고 있어 상품화 및 시장 확장 가능성이 좋다.

이 모델의 가장 큰 장점은 높은 범용성으로, 교육, 의료, 금융, 공공 행정 등 다양한 산업에 적용될 수 있다. 그러나 이러한 범용성은 동시에 개인화 부족과 특정 산업에 대한 선문석 AI 지원 한계라는 단점도 수반한다. 클러스터 분석에서도 지적되었듯, 수직 산업(특정 산업 도메인)에 대한 성능은 제한적이며, 전문적인 분야별 모델을 대체하기는 어렵다.

규제 거버넌스(Compliance Governance) 측면에서, 모델의 규모와 데이터 출처의 폭넓음이 데이터 보안 및 저작권 측면에서 이중의 리스크를 야기하며, 더 높은 규제 압력에 직면할 수 있다. 따라서, 일반 대형 AI 모델은 대규모 및 고범용성 수요 시나리오에 적합하지만, 투명성, 거버넌스 비용, 수직 전문성 측면에서 한계가 존재한다.

OpenAI의 ChatGPT와 Google의 Gemini는 범용 대형 AI 모델의 대표 사례로, 확장 가능하고 범용적인 생성형 기능을 제공한다. 이들은 자연어 대화, 요약, 자동화 등 다양한 작업을 클라우드 기반 API 또는 SaaS 플랫폼을 통해 지원하며, 고객 서비스, 지식 노동, 교육 등 기업 전반적인 활용이 가능하다.

(3) 수직 특화 AI 모델(Vertical Specific AI Model)

수직 특화 AI 모델(Vertical Specific AI Model)의 강점은 강력한 타겟팅, 경량 구조, 높은 해석 가능성을 들 수 있다. 일반적으로 특정 분야의 과업에 최적화되어 있으며, 단일 모달리티에서 매우 높은 성능을 발휘할 수 있도록 단순화된 모델이나 맞춤형 구조를 사용한다.

기술 아키텍처는 대부분 소형 또는 중형 트랜스포머 모델이나 경량화된 신경망에 기반하며, 규칙 기반 시스템이나 검색 메커니즘과 결합되어 정확성과 안정성이 높다. 수직 특화 AI 모델은 모델 투명성과 결과 해석 가능성 측면에서 가장 우수한 성능을 나타냈다. 이는 과업의 범위가 명확하고, 모델의 행동이 예측 가능하며, 개발자와 사용자들이 작동 논리를 쉽게 파악할 수 있기 때문이다.

컴퓨팅 자원 요구사항 낮다는 장점이 있어, 중소기업(SME)이나 개인 개발자에게 적합하다. 배포 방식은 유연하여 로컬이나 프라이빗 또는 하이브리드 클라우드 접속을 지원하므로 데이터 프라이버시나 규제 준수에 유리하다.

상업화 가능성도 비교적 성숙되어 있으며, 플러그인 도구, 전문 서비스, 수직 플랫폼 등의 형태로 수익을 창출하는 경우가 많다. 이 모델은 교육, 의료, 법률, 창작 등 다양한 전문 분야에서 활용 가능성이 높으며, 명확한 전문적인 니즈를 가진 사용자 그룹에게 특히 적합하다.

일반화 능력은 낮고, 복잡한 과업 적용 확장성은 제한적이다. 클러스터링 관점에서 보면, 수직 특화 AI 모델은 높은 투명성과 낮은 범용성을 나타냈다.

이 모델 유형은 일반적으로 제품 설명, 블로그 게시물, 프로모션 카피 등 타겟 마케팅 콘텐츠 생성에 최적화되어 있다. 스타트업이나 중소기업이 최소한의 노력과 교육으로 전문적이고 높은 임팩트의 콘텐츠를 생성할 수 있게 해주는 커스터마이징 가능한 템플릿을 제공한다.

(4) 비주얼 생성형 AI 모델(Visal Generative AI Model)

비주얼 생성형 AI 모델(Visal Generative AI Model)은 이미지 및 멀티모달 콘텐츠 생성을 중심으로 하며, 현재 생성형 AI에서 가장 강력한 기술 아키텍처와 콘텐츠 생성 능력을 대표하는 유형 중 하나이다. 이들은 콘텐츠 모달리티 차원에서 최상위의 위치에 있으며, 고품질의 이미지, 비디오, 오디오 등 다양한 콘텐츠를 생성할 수 있다.

이 모델은 광고 디자인, 영화 및 TV 제작, 게임 개발 등 창의 산업 분야에서 널리 사용된다. 대부분 고도화된 디퓨전 아키텍처(Diffusion Architecture), 개선된 GAN 혹은 멀티모달 트랜스포머 구조를 채택하며, 강력한 콘텐츠 생성 능력에 기반하여 매우 높은 상업적 가치를 가진다.

그러나 이러한 기술적 장점은 동시에 매우 높은 컴퓨팅 자원 의존도를 수반한다. 학습과 추론 모두 대규모 GPU 클러스터를 필요로 하며, 배포 방식도 클라우드 컴퓨팅 플랫폼에 한정된다.

또한 이 유형의 모델은 모델의 투명성이나 결과 해석 가능성 측면에서 취약하다. 대부분이 비공개 코드와 블랙박스 논리를 사용하므로, 사용자들이 생성 과정을 추적하기 어렵다. 이러한 불투명성은 저작권 침해, 인물 초상권 남용, 딥페이크 등 윤리적·법적 리스크를 야기할 가능성이 존재하며, 콘텐츠 생성 분야에서 광범위한 논란을 일으킬 수 있다.

따라서 비주얼 생성형 AI 모델은 강력한 창의 콘텐츠 생성 능력과 시장 잠재력을 보유하고 있지만, 동시에 높은 기술 장벽과 한계를 내포하고 있다. 이 유형은 높은 전문성과 수익성을 요구하는 창의적 응용 분야에 적합하지만, 보편적 활용에는 부적합하다.

OpenAI의 DALL·E는 비주얼 생성형 AI 모델의 대표적인 사례로, 텍스트 프롬프트를 시각적으로 강렬한 이미지로 변환한다. 광고, 디지털 미디어, 디자인 등 창의 산업에서 광범위하게 활용되며, 크리에이터들이 전통적인 예술 능력 없이도 시각적 작업을 신속하게 개발하게 하고, 고품질 그래픽을 생산할 수 있도록 지원한다.

요약하자면, 네 가지 생성형 AI 유형은 사용 시나리오, 자원 투자, 거버넌스 요건 측면에서 뚜렷한 차이를 보인다는 점을 알 수 있다. 예를 들어, 실험적 AI 모델은 개방성과 유연성은 높지만 해석성과 규제 대응에는 한계가 있다. 범용 대형 AI 모델은 다기능성과 확장성은 높지만 높은 비용과 규제 부담이 따른다. 수직 특화형 AI 모델은 해석성과 적합성은 뛰어나지만 일반화에는 한계가 있다. 비주얼 생성형 AI 모델은 창작 산업에서의 상업적 가능성이 높지만, 컴퓨팅 요구와 윤리적 리스크가 크다는 단점이 있다.

그리고 네 가지 생성형 AI 유형은 각기 다른 전략 목표와 사용 시나리오에 적합한 특징을 나타낸다. 실험적 AI 모델은 연구 및 실험에, 범용 대형 AI 모델은 범용 플랫폼에, 수직 특화 AI 모델은 전문적 기능 분야에 적합하며, 비주얼 생성 AI 모델은 시각 창작 및 상업 활용에 적합하다. 이들 간의 비교 우열이 아닌, 전략적 활용 목적에 따른 구분이 중요하며, 이러한 유형 차이를 이해함으로써 보다 효과적인 생성형 AI 활용 전략 수립이 가능해진다.

위에서 제안한 네 가지 생성형 AI 모델은 기업, 기술 개발자, 정책 입안자 등에게 명확한 인식과 실행 지침을 제공한다. 예를 들어, 자원이 제한된 스타트업이나 중소기업은 경량 구조와 낮은 비용을 갖춘 수직 특화형 AI 모델을 활용하는 것이 효율적이며, 대형 플랫폼을 구축하려는 기업은 범용 대형 AI 모델을 선택하는 것이 효과적이다. 그리고 창작 산업 중심 기업은 비주얼 생성 AI 모델을 통해 콘텐츠 생산성과 창의성을 극대화할 수 있다. 반면, AI 실험이나 알고리즘 테스트에 집중하는 연구자나 개발자는 오픈소스 기반의 실험적 AI 모델을 활용할 수 있다.

이러한 생성형 AI 모델의 분류는 기업들이 자신들의 비즈니스 요구, 기술 역량, 예산 및 규제 환경에 맞는 생성형 AI 모델을 효율적으로 선택하고 배치하는 데 실질적인 도움을 줄 수 있다. 지금까지 살펴본 네가지 유형의 생성형 AI의 특성을 정리한 것이 다음 〈표 1-2〉이다.

• **표 1-2** 생성형 AI 분류 및 특징

유형	특징	사례
실험적 AI 모델	• 실험적인 오픈 시스템 형태 • 규제준수 수준 낮음 • 컴퓨터 자원 요구 최소 • 투명성 & 설명 가능성 낮음 • 단일 모달리티 구축 • 기술 아키텍처는 단순/소규모 • 콘텐츠 생산능력 & 기능 다양성은 제한적 • 오픈 소스 프로젝트나 학술적 프로토타입 형태 • 수익창출 메커니즘 낮음 • 배포방식: 로컬 기반 • 윤리적/보안상 위험 존재 • 출력결과 설명 능력 부족 • 대학 및 오픈소스 커뮤니티에 큰 가치 예) 오픈소스 모델 Stable2 • 오픈소스 혁신 기여 • 산업현장의 실제 적용 가능성 낮음 • 학술기관과 R&D 연구소에 적합	Stable 2 Meta LLaMA 2 ChatGLM2 Mistral AI 7B Falcon 40B

<table>
<tr><td>범용 대형
AI 모델</td><td>• 오늘날 생성형 AI 주류 모델
• 다양한 콘텐츠 모달 처리능력
• 트랜스포머 기반, 시나리오 간 적용 가능성
• 범용성과 플랫폼 기반 아키텍처 결합 반영
• 규제준수 & 투명성 → 중상 수준
• 모델 투명성 & 윤리적 통제 확보
• 강력한 클라우드 GPU 클러스터 의존, 자원소비 높음
• 배포는 클라우드 또는 하이브리드 형태
• SaaS 플랫폼 형태 지원
• 높은 확장성 → 다양한 사업 적용 가능
• 구독 요금제, 호출 기반 요금 체계
• 상품화 & 시장 확장 가능성 높음
• 높은 범용성 & 전문적 AI 지원 한계
• 전문분야 모델 대체 어려움
• 제한: 보안, 저작권, 규제압력, 투명성, 거버넌스 비용, 수직산업 성능 측면
예) ChatGPT, Gemini → 기업 전반적인 활용 가능</td><td>ChatGPT
(OpenAI)
Google
Gemini
Anthropic
Claude 2
Microsoft
Bing Chat
Character
AI
Perplexity
AI</td></tr>
<tr><td>수직 특화
AI 모델</td><td>• 강점: 강한 타겟팅 경량 구조
• 높은 해석 가능성
• 특정 분야의 과업에 최적화
• 단순화된 모델 & 맞춤형 구조
• 소형/중형 규모의 트랜스 포머 & 경량 신경망 기반
• 규칙기반 시스템 + 검색 매커니즘 결합 → 정확성 & 안정성 고
• 모델 투명성 & 결과 해석 측면 → 우수한 성능
• 과업 범위 명확, 모델 행동 예측 가능, 작동 논리 쉽게 파악
• 낮은 컴퓨팅 자원 요구 → 중소기업 or 개인 개발자 적합
• 배포는 로컬, 프라이빗, 하이브리드 클라우드 접속 지원
• 데이터나 규제준수 유리
• 상업화 가능성 성숙
• 플로그인도구, 전문분야 서비스 & 수직 플랫폼 → 수익 창출
• 전문 분야 활용 가능성 높음 → 전문적인 사용자 그룹 적합
• 일반화 능력 낮음, 복잡한 과업 적용 확장성 제한적
• 높은 투명성과 낮은 범용성 나타냄
• 타깃마케팅 콘텐츠 생성 적합 → 스타트업 or 중소기업 적합</td><td>Adobe
Firefly
DeepBrain
AI
Jasper AI
Copy.ai
Writesonic
(ChatSonic)
Captions AI
Suno AI</td></tr>
</table>

비주얼 생성 AI 모델	• 이미지 & 멀티 모달 컨텐츠 • 가장 강력한 기술 아키텍쳐 & 콘텐츠 생산 능력 • 고품질의 이미지, 비디오, 오디오 콘텐츠 생성 • 광고디자인, 영화 TV 제작, 게임 개발 → 창의산업 분야 널리 활용 • 디퓨전 아키텍쳐, 개선된 GAN, 멀티모달 트랜스포머 구조 • 강력한 콘텐츠 생산 능력 → 높은 상업적 활용 가치 • 높은 컴퓨터자원 의존도 • 대규모 GPU 클러스트 필요 • 배포는 클라우드 컴퓨팅 플랫폼에 한정 • 투명성과 결과 해석 가능성 측면 취약 → 블랙박스 논리 • 높은 기술 장벽과 한계 내포 • 높은 전문성과 수익성 요구하는 창의적 응용분야 적합 • 예. Open AI의 DALL · E • 광고, 미디어, 디자인 등 창의산업 광범위 활용 • 시각적 작업 및 고품질의 그래픽 생산 지원	OpenAI DALL · E ElevenLabs Murf AI Meta AudioCraft Synthesia Runway Midjourney

제3절 생성형 AI 활용과 적용

1 생성형 AI의 활용

(1) 비즈니스 경쟁력 강화를 위한 생성형 AI 활용

최근 생성형 인공지능(Generative AI)은 단순한 자동화 도구를 넘어 기업의 핵심 경쟁력 강화를 위한 자산으로 부상하고 있다. 생성형 AI는 텍스트, 이미지, 음성, 코드 등 다양한 콘텐츠를 자동으로 생성해내는 기술로, 고객 경험 혁신, 내부 운영 효율화, 제품·서비스 개발 등 다양한 분야에 폭넓게 적용되고 있다. 이러한 기술적 진화는 기업의 경쟁 환경을 재편하고 있으며, 이에 따라 생성형 AI를 전략적으로 도입하고 활용하는 것이 기업 경쟁력 강화의 필수 요건이 되고 있다.

첫째, 생성형 AI는 고객 중심 전략에 있어 큰 변화를 이끌고 있다. 예를 들어,

생성형 AI 기반 챗봇과 가상 상담원은 실시간 고객 응대 및 개인화된 제품 추천을 가능하게 하여, 고객 만족도를 높이고 충성 고객을 확보하는 데 기여하고 있다. 또한 고객의 언어를 분석하여 감성 분석이나 시장 트렌드 예측을 통해 마케팅 전략을 정교하게 수립할 수 있다.

둘째, 기업은 생성형 AI를 통해 제품 및 서비스의 경쟁력 강화를 구현할 수 있다. AI는 디자인 생성, 프로토타입 제작, 광고 카피 작성 등 창의적인 업무에서도 활용되며, 개발 기간을 단축시키고 혁신적인 아이디어를 실현하는 데 기여한다. 예를 들어 패션, 게임, 콘텐츠 산업에서는 생성형 AI를 활용해 새로운 디자인이나 스토리라인을 자동으로 생성하고 있으며, 이는 시장 출시 속도를 앞당기고 경쟁 우위를 확보하는 전략적 수단이 되고 있다.

셋째, 비용 효율성 및 운영 자동화 전략의 일환으로 생성형 AI를 도입하는 기업들이 증가하고 있다. 기존에는 수작업으로 진행되던 문서 작성, 데이터 정리, 반복적 보고서 생성 등의 업무를 AI가 대체함으로써 인건비 절감과 함께 직원들이 고부가가치 업무에 집중할 수 있는 환경을 제공한다. 특히 중소기업은 이러한 AI 도구를 활용함으로써 자원의 제약을 극복하고 대기업과의 경쟁에서 일정 수준의 대등한 경쟁력을 갖출 수 있다.

이러한 다양한 전략적 가치에도 불구하고, 생성형 AI 도입은 단순한 기술 적용을 넘어 조직 문화와 비즈니스 프로세스의 변화를 요구한다. 따라서 기업은 도입 초기부터 데이터 거버넌스, AI 윤리 기준, 인력 재교육 등을 종합적으로 고려한 전략 수립이 필요하다. 기술 중심이 아닌 비즈니스 중심의 AI 도입 전략이야말로, 향후 지속 가능한 경쟁력 확보의 핵심이라 할 수 있다.

(2) 지속가능한 경영 혁신을 위한 생성형 AI 활용

지속가능성(Sustainability)은 오늘날 기업 경영의 핵심 가치로 자리잡고 있으며, 환경(Environment), 사회(Social), 지배구조(Governance)를 포함한 ESG 경영 실현은 기업의 생존과 직결되는 중요한 전략적 과제가 되었다. 이러한 흐름 속에서 생성형 인공지능(Generative AI)은 지속가능한 경영 혁신을 위한 핵심 기술로 주목받고 있다. 생성형 AI는 콘텐츠 자동화, 데이터 분석, 예측 및 시뮬레이션 기능을 통해 기업이 지속가능성과 혁신을 동시에 달성할 수 있도록 돕는다.

첫째, 생성형 AI는 환경적 지속가능성 강화에 기여할 수 있다. 예를 들어, 탄소 배출량 계산 보고서, 친환경 설계 시뮬레이션, 지속가능한 제품 설명서 등을 자동으로 생성함으로써 기업이 환경 영향을 보다 정확히 추적하고 대응할 수 있도록 한다. AI 기반 시나리오 생성 도구를 활용하면, 다양한 기후변화 정책이나 환경 규제 시나리오에 따른 경영 전략을 비교·분석할 수 있어, 친환경 경영의 실행력과 효율성을 높일 수 있다.

둘째, 생성형 AI는 사회적 가치 창출을 위한 도구로서의 역할도 수행한다. 교육, 복지, 의료 등의 공공 부문에서 AI는 접근성과 포용성을 확대하는 데 기여할 수 있으며, 기업 차원에서는 사회공헌 캠페인 기획, CSR 보고서 작성, 이해관계자 대상 정보 전달 등의 업무에 생성형 AI를 적용할 수 있다. 특히, AI는 다양한 언어와 시각적 표현을 활용하여 보다 많은 계층에게 메시지를 전달할 수 있어, 사회적 커뮤니케이션의 확장성과 평등성을 증대시킬 수 있다.

셋째, 생성형 AI는 지배구조(Governance)의 혁신 측면에서도 활용 가능하다. 기업 내 규제 준수 보고서, 내부 감사 문서, 윤리 기준 안내문 등을 생성형 AI가 자동으로 작성하고 정리함으로써, 경영의 투명성과 책임성을 높일 수 있다. 또한, AI는 대량의 내부 데이터를 분석하여 이상 징후를 조기에 발견하고, 잠재적 리스크를 예측함으로써 위험 관리 능력을 향상시킨다. 이는 특히 복잡한 규제 환경과 글로벌 거버넌스하에서 AI의 전략적 가치를 부각시키는 중요한 요소가 된다.

넷째, 생성형 AI는 지속가능한 혁신 문화 조성에도 기여한다. 반복 업무를 AI가 대신함으로써 직원들이 보다 창의적이고 전략적인 업무에 집중할 수 있게 하고, 이는 결국 기업 내 지속가능한 혁신 생태계를 조성하는 데 기여한다. 또한, AI 도입 과정에서의 디지털 역량 강화, 윤리적 기술 활용 교육, 데이터 거버넌스 체계 정비 등은 장기적인 기업 경쟁력의 기반이 된다.

결론적으로, 생성형 AI는 단순한 기술 도구를 넘어, 환경·사회·거버넌스 전반에 걸쳐 경영 혁신을 가능케 하는 전략적 수단으로 작용하고 있다. 이를 통해 기업은 보다 책임있고 투명한 경영을 실현하며, 장기적인 지속가능한 성장을 도모할 수 있다. 특히 AI 도입의 효과를 극대화하기 위해서는 기술 적용뿐 아니라 조직의 제도와 문화 전반에 대한 포괄적인 변화 관리 전략이 병행되어야 한다.

(3) 산업별 생성형 AI 활용

생성형 AI(Generative AI)은 다양한 산업에서 실질적인 변화와 혁신을 이끌고 있으며, 각 산업별로 고유한 방식으로 도입되어 경쟁력 제고에 기여하고 있다. 생성형 AI의 강점인 콘텐츠 자동 생성 능력, 자연어 이해 및 생성 기술, 이미지·음성·코드 생성 기능은 각 산업의 특성과 요구에 맞게 맞춤형으로 적용되어, 효율성과 창의성을 동시에 향상시키고 있다.

첫째, 미디어 및 콘텐츠 산업에서는 생성형 AI가 영상 편집, 이미지 제작, 기사 작성 등에 활용되며, 콘텐츠 생산 속도와 품질을 동시에 향상시키고 있다. 예를 들어, OpenAI의 GPT나 Google의 Gemini 모델은 언론사에서 기사 초안을 자동으로 작성하거나, 유튜브 콘텐츠 제작자가 스크립트를 빠르게 생성하는 데 사용되고 있다. 이를 통해 제작 시간 단축, 비용 절감, 콘텐츠 다양성 확대라는 효과를 실현하고 있다.

둘째, 패션 및 디자인 산업에서도 생성형 AI는 큰 영향력을 발휘하고 있다. AI는 패션 브랜드들이 트렌드를 분석하여 신제품 디자인을 생성하고, AI 기반 룩북(Look Book)을 제작하거나 가상 피팅 이미지를 만들어 고객의 구매 경험을 혁신하고 있다. 이는 특히 고객 참여 기반 공동 디자인이나, 지속가능 패션에 대한 실험적 접근 방식에서도 유용하게 활용되고 있다.

셋째, 교육 산업에서는 생성형 AI가 맞춤형 교육 콘텐츠를 자동 생성하고, 학생 개개인의 이해 수준에 따라 퀴즈나 설명을 조정해 제공함으로써 교육의 질을 향상시키고 있다. 예를 들어, Khan Academy는 GPT를 기반으로 한 튜터봇을 도입하여, 실시간 피드백과 학습 보조 기능을 제공하고 있다. 이러한 개인화 학습 도구는 교육 기회의 형평성과 접근성을 확대하는 효과도 함께 가져온다.

넷째, 의료 산업에서는 생성형 AI가 의료 보고서 작성, 영상 판독 요약, 환자 맞춤형 치료 계획 안내서 생성 등에 활용되고 있다. 특히 영상 기반 진단 지원에서는 이미지 생성 및 분석 기술이 접목되어, 질병의 조기 발견과 진단 정확도 향상에 기여하고 있다. AI는 또한 환자와의 상담 기록을 요약하거나, 의학 정보를 자동 생성해 의료진의 문서화 부담을 줄이는 데에도 효과적이다.

다섯째, 제조 및 스마트팩토리 산업에서는 생성형 AI가 제품 매뉴얼 작성, 생산 설비 점검 보고서 생성, 생산 계획 시뮬레이션 등에 활용되고 있다. 특히 디지털 트윈 기술과 결합할 경우, 생성형 AI는 다양한 상황을 가상으로 예측하고 문서화함으로써 운영 최적화에 기여한다.

여섯째, 금융 산업에서는 생성형 AI가 고객 보고서, 투자 분석 리포트, 맞춤형 금융상품 설명서 등을 자동 생성하는 데 활용되며, 고객 맞춤화된 금융 서비스 제공에 기여하고 있다. AI 챗봇은 실시간 금융 상담 기능도 제공하여, 고객 접점에서의 효율성과 정확성을 동시에 향상시킨다.

이와 같이 생성형 AI는 산업별로 다양하고 구체적인 방식으로 도입되어, 자동화와 창의성의 균형적 활용에 근거하여 산업 경쟁력을 제고하는 핵심 도구로 활용되고 있다. 향후에는 기술 발전과 함께 더욱 고도화된 형태의 생성형 AI가 등장할 것이며, 각 산업은 이를 효과적으로 통합하고 윤리적 기준을 고려하여 책임 있는 활용 전략을 수립할 필요가 있다.

2 생성형 AI의 적용

(1) 글로벌 기업의 생성형 AI 적용

최근 몇 년간 생성형 인공지능(Generative AI)은 다양한 글로벌 기업에 의해 전략적으로 도입되어, 조직 내 디지털 혁신과 경쟁력 제고에 핵심적인 역할을 수행하고 있다. 특히 OpenAI의 GPT, Google의 Gemini, Meta의 LLaMA, Microsoft의 Copilot 등 다양한 생성형 AI 모델들이 실제 비즈니스 환경에 통합되어 제품 개발, 고객 응대, 내부 운영, 마케팅 전략 등 전방위적인 경영 활동에 영향을 미치고 있다.

첫째, 마이크로소프트(Microsoft)는 가장 대표적인 생성형 AI 활용 기업 중 하나다. Microsoft는 OpenAI와의 협력하에 ChatGPT 및 GPT 모델을 자사 제품에 통합하여 Copilot for Microsoft 365를 출시하였다. 이 도구는 Word, Excel, Outlook 등 주요 오피스 프로그램에 AI 기능을 접목해 사용자가 문서를 자동 작성하거나, 회의 기록을 요약하고, 이메일 답장을 생성하는 등 실무의 효율성을 획기적으로 높이고 있다. 이로 인해 업무 자동화와 생산성 향상이라는 효과를 실질적으로 입증하고 있다.

둘째, 아마존(Amazon)은 생성형 AI를 고객 경험 혁신에 적용하고 있다. Amazon은 자체적으로 AI 모델을 개발해 제품 설명을 자동 생성하고, 고객 리뷰 분석을 기반으로 맞춤형 상품 추천 서비스를 제공한다. 또한, AWS(Amazon Web Services)는 다양한 생성형 AI API 서비스를 기업 고객에 제공하며, 스타트업부터 대기업까지 생성형 AI 기술을 쉽게 도입할 수 있도록 지원하고 있다. 이를 통해 아마존은 플랫폼 생태계 확장과 고객 만족도 제고라는 이중 효과를 달성하고 있다.

셋째, 구글(Google)은 생성형 AI 기술의 선두주자로서, 내부적으로는 문서 요약, 코드 생성, 콘텐츠 번역 등에 Gemini 모델을 활용하고 있으며, 외부 서비스로는 AI 기반 디자인 도구인 Imagen과 텍스트 생성 도구 Gemini를 통해 대중적 AI 사용 확대를 주도하고 있다. 특히 Google Workspace에 생성형 AI를 통합함으로써 Gmail, Docs, Sheets 사용자들이 손쉽게 AI 도우미를 사용할 수 있도록 하고 있다. 이는 업무 효율화뿐만 아니라 사용자의 창의성을 증진시키는 결과를 낳고 있다.

넷째, 코카콜라(Coca-Cola)는 생성형 AI를 마케팅 및 광고 전략에 적극 활용하고 있다. 2023년, 코카콜라는 OpenAI 및 Bain & Company와 협력하여 브랜드 이미지와 고객 메시지를 기반으로 한 생성형 광고 캠페인을 기획했다. 고객의 피드백을 실시간 분석하여 맞춤형 비주얼 콘텐츠를 제작함으로써, 브랜드의 디지털 마케팅 역량을 크게 강화시켰다.

다섯째, 엔비디아(NVIDIA)는 생성형 AI의 하드웨어와 플랫폼을 모두 제공하는 동시에, 자사 내부에서도 텍스트 요약, 고객 지원 자동화, 기술 문서 생성 등에 생성형 AI를 활용하고 있다. 엔비디아는 AI 모델 개발을 위한 GPU 인프라를 전 세계 기업에 제공함으로써, AI 생태계 전반에 막대한 영향을 미치고 있다.

이처럼 글로벌 기업들은 생성형 AI를 통해 업무 효율화, 창의적 콘텐츠 제작, 고객 맞춤화, 비용 절감, 경쟁력 확보 등 다양한 비즈니스 효과를 실현하고 있다. 이들은 기술 도입 초기부터 명확한 전략을 수립하고, AI 윤리 기준, 데이터 보안, 조직문화 적응 등을 동시에 고려함으로써 성공적인 AI 도입 모델을 구축하고 있다. 향후에는 이들 글로벌 기업의 사례가 다른 기업들의 벤치마크로 작용할 가능성이 크다.

(2) 국내 기업의 생성형 AI 적용

국내에서도 생성형 인공지능(Generative AI)의 활용이 빠르게 확산되고 있으며, 대기업부터 스타트업, 공공기관에 이르기까지 다양한 조직이 이 기술을 도입하여 디지털 전환을 가속화하고 있다. 특히 ChatGPT를 비롯한 대형 언어모델의 등장은 국내 기업의 업무 프로세스, 마케팅 전략, 고객 서비스, 콘텐츠 생산 방식 전반에 구조적인 변화를 일으키고 있다.

첫째, 대기업 중심의 생성형 AI 조기 도입이 활발히 이루어지고 있다. 삼성전자는 사내 보안 이슈를 고려해 자체 생성형 AI인 Samsung Gauss를 개발해 활용하고 있으며, 이를 통해 문서 요약, 이메일 작성, 코드 자동화 등의 업무 효율화를 추진 중이다. LG는 LG AI Research를 통해 멀티모달 생성형 AI 모델 Exaone을 공개하며, 제조 · 연구개발 · 디자인 등 다양한 분야에서 적용을 실험하고 있다. 현대자동차는 AI 기반의 마케팅 콘텐츠 자동화, 차량 매뉴얼 자동 생성 등 고객 경험 중심의 서비스 강화에 집중하고 있다.

둘째, 플랫폼 기업들의 AI 서비스 상용화도 활발하다. 네이버는 초대규모 AI HyperCLOVA X를 기반으로 생성형 AI 서비스를 웹툰, 뉴스, 검색, 클로바노트 등에 적용하고 있으며, 사용자에게 맞춤형 정보를 제공하는 데 주력하고 있다. 카카오 또한 KoGPT를 활용해 카카오 i 서비스의 질을 높이고, 기업 고객을 위한 API 서비스도 확대 중이다. 이들 기업은 생성형 AI를 자체 생태계에 통합하여 플랫폼 경쟁력을 강화하는 데 전략적 초점을 두고 있다.

셋째, 벤처기업과 중견기업의 AI 기반 업무혁신 시도가 두드러지고 있다. 콘텐츠 제작, 법률문서 요약, 이커머스 상품 설명 작성, 고객 대응 자동화 등 다양한 분야에서 생성형 AI가 적용되고 있다. 예를 들어, 업스테이지, 뤼튼테크놀로지스, 튜닙 등은 ChatGPT와 유사한 AI 서비스를 제공하면서도 한국어 최적화, 기업 맞춤형 모델 학습 등 특화된 서비스를 제공하고 있다.

넷째, 공공과 교육 분야에서도 시범 도입이 진행되고 있다. 정부 부처와 지방자치단체는 보고서 작성, 민원 대응 자동화, 홍보 콘텐츠 생성 등에 생성형 AI를 실험적으로 도입하고 있으며, 교육계에서는 교수학습 콘텐츠 자동 생성, AI 튜터 개발 등을 통해 맞춤형 학습 환경을 구축하려는 시도가 활발히 이루어지고 있다.

다섯째, 생성형 AI의 도입을 둘러싼 윤리 및 법적 이슈에 대한 대응도 본격화되고 있다. 데이터 보안, 저작권 침해, 허위 정보 생성 등 생성형 AI의 잠재적 위험을 고려해, 기업들은 내부 가이드라인 마련, 필터링 시스템 도입, AI 리터러시 교육 등을 강화하고 있다. 특히 국내 기업들은 글로벌 규제 변화에도 민감하게 대응하며, AI 활용의 책임성과 투명성을 확보하려는 노력을 병행하고 있다.

이처럼 국내 기업들은 생성형 AI를 실질적 업무 혁신과 경쟁력 확보의 핵심 수단으로 인식하고 있으며, 산업 전반에서 기술 도입과 고도화가 빠르게 진행되고 있다. 향후에는 각 산업의 특성과 연계한 전문화된 생성형 AI 모델의 등장과 함께, 산업 간 협력 및 글로벌 경쟁 구도 속에서 국내 기업의 전략적 포지셔닝이 중요한 이슈로 떠오를 것이다.

(3) 스타트업과 크리에이터 기업의 생성형 AI 적용

생성형 AI는 기존 산업구조뿐 아니라 새로운 창업 모델과 콘텐츠 산업 전반에 중대한 변화를 초래하고 있다. 특히 스타트업과 크리에이터(1인 콘텐츠 제작자)를 중심으로 한 디지털 생태계에서는 생성형 AI의 등장이 자본, 기술, 노동의 기존 한계를 재정의하면서 혁신의 촉매제로 작용하고 있다.

첫째, 스타트업의 진입 장벽을 획기적으로 낮추는 역할을 하고 있다. 과거에는 콘텐츠 제작, 제품 디자인, 마케팅 문구 작성 등을 위해 다수의 전문가와 충분한 자본이 필요했지만, 현재는 텍스트 생성 AI(GPT 시리즈), 이미지 생성 AI(Midjourney, DALL · E), 음성 생성 AI(Suno) 등 다양한 생성형 도구를 활용해 소수의 인력만으로도 MVP(Minimum Viable Product: 최소 기능 시제품)를 신속하게 개발할 수 있다. 이는 창업 초기 단계에서의 자원 의존도를 크게 줄이고, 창업의 속도와 다양성을 동시에 높여준다.

둘째, 크리에이터 경제(Creator Economy)의 패러다임을 변화시키고 있다. 유튜브, 인스타그램, 틱톡 등 플랫폼 기반에서 활동하는 크리에이터들은 영상 편집, 썸네일 제작, 자막 삽입, 시나리오 구성 등 반복적이면서 시간 소모가 큰 작업을 AI에 위임함으로써 더 많은 콘텐츠를 빠르게 제작하고 업로드할 수 있게 되었다. 특히 글쓰기, 번역, 음성 더빙까지 자동화가 가능해지면서 글로벌 시장 진입도 손쉬워졌다.

셋째, 생성형 AI는 새로운 비즈니스 모델의 형성과 확장성 강화에 기여하고 있다. 콘텐츠 제작 자동화 도구, AI 기반 브랜드 생성 플랫폼, 맞춤형 AI 아바타 제작 등 다양한 형태의 B2B·B2C 스타트업이 등장하고 있으며, 이들 기업은 SaaS 형태로 AI 서비스를 제공하며 수익을 창출하고 있다. 동시에 크리에이터들도 자신만의 'AI 툴킷'을 활용하여 수익화 구조를 다양화하고 있으며, 일부는 AI를 활용해 자체 교육 콘텐츠나 온라인 클래스, 책 등을 제작하고 판매하기도 한다.

넷째, 플랫폼 중심 생태계의 변화와 분산화 흐름도 두드러지고 있다. Web3, NFT, 메타버스 등과의 결합을 통해 크리에이터들이 플랫폼에 종속되지 않고 직접 팬과 수익을 공유할 수 있는 분산형 창작 생태계가 등장하고 있으며, 생성형 AI는 이러한 구조에서 콘텐츠 생성과 운영을 더욱 손쉽게 만든다. 이로 인해 기존 미디어 대기업 중심의 콘텐츠 시장 구조에 도전하는 탈중앙화된 디지털 콘텐츠 경제와 같은 AI를 활용한 창의적 비즈니스가 실현될 가능성이 커지고 있다.

그러나 동시에 윤리적 문제, 저작권 논란, 품질 통제 문제 등 새로운 과제도 제기되고 있다. 생성형 AI가 만든 콘텐츠의 소유권 문제, 알고리즘 편향성, 정보 왜곡 가능성 등은 스타트업과 크리에이터들이 책임있는 사용 기준과 정책을 마련해야 할 필요성을 시사한다. 생성형 AI는 스타트업과 크리에이터 생태계를 기술 기반의 창의적 비즈니스로 전환시키고 있으며, 이는 향후 디지털 경제 전반의 구조적 변화를 이끌 중대한 흐름으로 평가되고 있다. 이에 따라 정책적 지원, 플랫폼 기술 인프라, AI 윤리 교육 등 다방면의 AI 생태계 육성 전략이 병행되어야 할 것이다.

토의문제

1. 인공지능(AI)이 태동하게 된 배경에 대해서 설명해 보자.
2. 인공지능(AI) 고도화의 정도에 따라 AI를 분류하고 논의해 보자.
3. 인공지능(AI)의 특성에 대하여 토의해 보자.
4. 인공지능(AI)의 발전단계별로 구분하고 특징에 대하여 토론해 보자.
5. 생성형 AI의 개념에 대하여 설명해 보자.
6. 생성형 AI와 기존 AI와의 차이점에 대하여 설명해 보자.
7. 생성형 AI를 분류하고, 각 유형별 특징에 대하여 토의해 보자.
8. 생성형 AI의 지속 가능한 경영혁신 도구로서의 역할에 대해서 토론해 보자.
9. 생성형 AI의 기업과 산업에서의 적용에 대하여 설명해 보자.

사례연구 - 1

AI to X, 글로벌 큰 흐름을 거스를 수 없다

'AI to X'는 인공지능(AI)과 모든 분야(X)의 융합을 의미한다. 각 분야의 데이터를 최적화하고, 이를 활용해 특화된 AI 모델을 적용하는 기술이다. 의료, 제조, 농업, 교육 등 사실상 모든 영역에 적용이 가능하다. 예를 들어, AI와 의료의 융합은 질병 진단, 치료, 신약 개발, 의료기술 혁신 등 전방위적인 변화를 만들어내고 있다. 'AI to X'는 데이터가 풍부한 정보기술(IT) 분야에서 먼저 활용되고 있지만, 의료처럼 오프라인과 밀접한 사물인터넷(IoT), 사물인터넷연계(O2O) 분야에서도 적극적인 시도와 실질적인 활용이 이어지고 있다.

AI to Agriculture - 존디어

AI to Agriculture – 존디어

센서와 카메라를 통해 농업데이터 검색(출처: 존디어)

'AI to X'라는 흐름을 미국 라스베이거스 CES 2025 현장에서 직접 체감했다. 세계 농기계 시장을 선도하는 존디어(John Deere)는 기존에도 첨단 기술과 자동화를 농업에 접목해왔지만, 이번 CES에서는 AI와 자율주행을 결합한 2세대 자율주행 키트와 다양한 자율 농기계를 선보였다. 농업의 생산성과 지속가능성을 혁신적으로 높이는 미래상을 제시한 셈이다. AI를 활용해 농업 현장의 인력난, 생산성 저하, 환경 문제를 동시에 해결하는 대표적인 사례이다.

AI to the Field - 대동기계

대동기계 CES 2025 조감도 키트

가정용 AI 식물재배기(CES 혁신상 수상)

더 놀라웠던 것은 '한국의 존디어'라 불리는 국내 1위 농기계 기업 대동의 부스였다. 대동은 'AI to the field'를 콘셉트로, AI와 로봇 기술을 실제 농업 현장에 적용하는 미래 청사진을 공개했다. 특히 AI 식물 재배기는 CES 2025 혁신상을 수상했는데, AI와 농업 빅데이터를 활용해 작물별 생육 환경(온·습도, 조도, 배양액 등)을 자동으로 최적화하고, 생육 상태를 분석해 수확 시기를 예측할 수 있다. 누구나 쉽게 식물을 재배할 수 있는 시대가 온 것이다. 대동은 앞으로 가전 기업과의 협업을 통한 스마트홈 확장도 예고했다. 이처럼 가장 보수적일 것 같던 농업 분야조차 'AI to X', 더 나아가 'AI to the field'로 빠르게 변화하고 있다. 기존 검색이 거대언어모델(LLM) 기반 AI로 대체되고, 수많은 AI 에이전트 서비스가 등장하며 우리의 삶을 바꿔놓고 있다. AI는 이제 우리의 일상과 산업 현장 모두를 실질적으로 변화시키고 있다.

한강의 큰 흐름을 거스를 수 없다

'한강의 큰 흐름을 거스를 수 없다'는 표현은 한국의 대표적인 대하(大河)인 한강의 흐름을 비유적으로 쓴 이 표현은, 시대의 대세나 역사의 흐름과 같은 거대한 변화는 개인이나 소수의 힘으로는 막을 수 없다는 뜻이다. 자동차, 자판기, PC, 스마트폰이 등장했을 때도 기존 기득권의 저항이 있었지만, 결국 그 흐름을 막을 수 없었고 수용할 수밖에 없었다. AI 발전과 'AI to X' 역시 거스를 수 없는 한강의 흐름이다. 이제는 이 변화를 적극적으로 받아들이고, 잘 활용해야만 하는 상황이다. 이미 미국과 중국 등 글로벌 선진국들은 대규모 LLM 개발과 AI 에이전트 서비스 확산에 박차를 가하고 있다. AI 에이전트는 사용자의 개입 없이 자율적으로 목표를 달성하거나 문제를 해결하는 지능형 소프트웨어(SW) 시스템이다. 단순 챗봇을 넘어, 환경을 인지하고 데이터를 분석해 계획을 세우고 의사결정을 내리며, 이메일 발송, 일정 예약, 데이터베이스 조회 등 실제 행동까지 수행할 수 있다. 이런 에이전트들이 진화하며 'AI to X'로의 확장 기반을 마련하고 있다. AI라고 하면 현재는 LLM을 주로 논의하고 있지만, 글로벌 경쟁 상황을 고려할 때 한국은 LLM 분야에서는 소버린 AI(주권형 AI) 관점에서 효율적으로 대응하는 것이 현실적이다. 하지만 AI의 발전과 해당 서비스들의 성장은 이제 시작이다. AI 에이전트 기반 서비스는 이제 막 태동하고 있으며, 한국형 서비스가 글로벌 시장에서 충분히 경쟁력을 가질 수 있다.

AI to X: 일상으로 들어온 AI 혁신

특히 한국은 중국, 일본을 제외하면 제조업 경쟁력을 유지하고 있는 몇 안 되는 선진국이다. 산업화 과정에서 축적된 방대한 산업 데이터와 인프라를 보유하고 있어, 'AI to X' 분야의 프로토타입 테스트와 대규모 사업화에 최적의 환경을 갖추고 있다. 글로벌 경제 불안과 기존 산업 구조의 한계 속에서도 AI는 새로운 패러다임을 열고 있다. 하지만 이러한 기회를 지니고 있음에도, 현업에 있는 제조업체 리더들과 논의해 보면 AI를 피상적으로만 알고 제대로 받아들이지 못하고 있음을 느낀다. 이제는 AI를 세상 모든 분야에 적용해야만 하는 시기가 왔다. AI to X는 이미 현실에서 실현되고 있고, 곧 우리 일상 곳곳에 스며들 것이다. 각종 산업 분야가 AI를 활용하게 될 것이고, 초기에는 데이터가 풍부한 분야에서 해당 데이터를 기반으로 자동화가 이루어질 것이다. 이후 오프라인으로 확장되어 스마트팩토리, 의료, 농업, 물류, 국방 등 다양한 영역에 적용될 것이다. 그리고 궁극적으로 로봇과 결합된 형태로 우리의 모든 삶을 혁신할 것이다.

• "AI to X: 일상으로 들어온 AI 혁신"

분야	내용
농업	AI 농기계, 작물 생육 환경 자동 최적화, 수확 시기 예측
의료	AI 기반 질병 진단, 개인 맞춤형 치료 설계
스마트팩토리	예지보전, 생산 공정 최적화, 로봇 자동화
로봇	AI 컴패니언 로봇, 산업용 로봇, 음성 AI 통합, 생활형 로봇
국방	AI 기반 전략 시뮬레이션 무인화
엔터테인먼트	AI 시나리오 작성, 음악 작곡, 가상 인플루언서 생성
스포츠	선수 움직임 분석, 전략 수립, 부상 위험 예측, e스포츠 전술 지원
유통	구매 데이터 분석 → 맞춤형 마케팅, 재고 및 물류 최적화
콘텐츠	AI 영상 제작/디자인, 생성형 이미지
건축	AI 기반 자동 설계, 스마트빌딩 운영 자동화, 디지털트윈

전기로 인해 많은 전자기기를 사용할 수 있게 되고, 인터넷을 통해 정보의 물리적 확장성이 극대화되며, 모바일 통신으로 이동성이 극대화된 것처럼, AI는 각종 서비스와 산업 그리고 우리 삶을 위한 인프라적 필수재로 자리 잡아가고 있다. 글로벌 변동성이 극대화되고 국내 여러 상황이 좋지 않은 이 시점에서 대한민국의 차세대 성장 동력이 필요하다. 큰 흐름의 변혁 속에서 우리 대한민국은 'AI to X'의 기회를 활용하여 선진강국으로 도약해야 한다. 한국은 이미 제조업, IT, 반도체 등 다양한 분야에서 세계적 경쟁력을 갖추고 있다. 산업화 과정에서 축적된 데이터와 경험, 그리고 빠른 디지털 전환 역량은 한국이 AI to X 시대에 주도권을 잡을 수 있는 강점이다. 하지만 여전히 많은 기업과 조직이 AI를 단순히 '도입'의 차원에 머무르고 있다. AI를 통한 근본적인 업무 혁신이나 새로운 비즈니스 모델 창출로 이어지지 못하는 경우가 많다. 이제는 AI를 두려워하거나 통제의 대상으로만 볼 것이 아니라, 적극적으로 활용하고 실험해야 한다. AI가 인간의 창의성과 결합할 때, 우리가 상상하지 못했던 새로운 가치와 기회가 탄생할 것이다. 한강의 큰 흐름을 거스를 수 없다면, 그 흐름을 가장 먼저 타고 넘어야 한다. 'AI to X'는 대한민국의 새로운 성장 동력이 되어야 한다. 산업, 교육, 문화, 정치 모든 영역에서 AI와의 융합을 통해 패러다임을 바꿔야 한다. 지금이 바로 그 거대한 변혁의 물결 위에 올라

탈 시간이다(전자신문, 2025. 6. 9).

• 세계 3강을 향한 여정

위의 그림은 자체 LLM을 보유한 주요 국내 기업을 정리한 것이다(한국경제, 2024. 7. 4). 인공지능(AI) 3강을 향한 전 세계 경쟁이 격화되고 있다. 미국은 챗GPT · 제미나이, 중국은 큐원 · 딥시크 등 초거대 모델을 고도화하며 선두를 유지하고 있다. 프랑스, 영국, 일본, 캐나다 등도 대규모 투자로 파운데이션 모델과 그래픽처리장치(GPU) 인프라를 확보하고 있다. 우리나라는 현재 국가 AI컴퓨팅센터 구축, GPU 26만 장 확보, 독자 파운데이션 모델 개발 등 인프라와 기반 기술 확보에 집중하고 있다. 이에 소버린 AI 실현은 물론, 실전 적용이 가능한 응용모델과 산업특화모델 개발, 고품질 데이터 확보, 전문인력 양성, 국민 대상 AI 활용 교육까지 전방위 대응이 요구된다(전자신문, 2025. 7. 7).

▸ 사례연구 토의

1. 기존 검색이 거대언어모델(LLM) 기반 AI로 대체되면서, AI는 이제 우리의 일상과 산업 현장을 실질적으로 변화시키고 있는 것에 대하여 토의해 보자.
2. '한강의 큰 흐름을 거스를 수 없다'는 표현이 무엇을 의미하는가? 전기, 인터넷, 자동차, PC, 스마트폰의 예를 들어 설명해 보자.
3. 'AI to X' 분야의 프로토타입 테스트와 대규모 사업화에 최적의 환경을 갖추고 있는 한국에 대하여 기회와 위협에 대하여 토론해 보자.
4. 미국과 중국, 다음의 인공지능(AI) 3강을 향해 전세계가 경쟁하고 있다. 이런 인공지능(AI) 전세계 3강의 목표를 구체화하기 위하여, 한국은 어떠한 전략적 접근이 필요한지에 대하여 논의해 보자.

사례연구 - 2

생성형 AI, 기업 혁신의 핵심 동력으로 부상하다

인공지능(AI)의 발전이 기업 환경을 근본적으로 변화시키고 있다. 특히, 생성형 AI는 마케팅, 고객 서비스, 제품 개발, 업무 자동화 등 다양한 분야에서 활용되며 기업의 생산성을 높이고 새로운 가치를 창출하는 데 기여하고 있다. 기업들은 AI를 적극적으로 도입해 고객 경험을 개선하고 효율성을 극대화하며 경쟁력을 강화하는 데 주력하고 있다. 마케팅 분야에서 생성형 AI는 개인 맞춤형 콘텐츠 제작, 광고 최적화, 고객 행동 예측 등 다양한 방식으로 활용된다. AI는 방대한 고객 데이터를 분석해 개인의 취향과 관심사에 맞는 콘텐츠를 생성하고, 광고 효과를 극대화하는 역할을 한다. 그러므로 생성형 인공지능(AI)은 모든 산업의 혁신과 성과를 이끄는 핵심 동력으로 부상하고 있으며, 아래에 이에 대한 글로벌 기업의 활용 사례이다.

글로벌 식음료 기업 펩시코(PepsiCo)는 AI 기반 고객 경험 솔루션을 개발해 마케팅 전략을 혁신했다. 최근 영국 시장에서 선보인 '도리토스 사일런트(Doritos Silent)' AI 시스템은 게이머들이 과자를 먹는 소리를 줄여 원활한 게임 환경을 제공하는 기술이다. 이는 AI를 활용한 맞춤형 마케팅의 대표적인 사례로, 사용자가 칩을 먹을 때 나는 '바삭' 소리만 마이크에서 걸러지며, 말소리는 일반 음성 채팅처럼 정상적으로 전달되며, 특정 고객층의 니즈를 정확히 반영해 브랜드 충성도를 높이는 데 기여했다. 동영상 스트리밍 플랫폼 넷플릭스(Netflix) 역시 AI를 활용한 개인화 추천 시스템을 한층 더 강화하고 있다. AI는 시청자의 시청 패턴과 선호 장르를 분석해 맞춤형 콘텐츠를 제공하며, 이는 사용자 유지율 증가와 직접적인 수익 증대로 이어지고 있다. 생성형 AI는 고객 서비스 분야에서도 혁신적인 변화를 가져오고 있다. AI 챗봇과 가상 상담원은 24시간 고객 지원을 제공하며, 신속하고 정확한 응답을 통해 고객 만족도를 높이고 있다.

영국 의료 서비스 제공업체 심플리헬스(Simplyhealth)는 세일즈포스(Salesforce)의 생성형 AI 서비스 '아인슈타인 포 서비스(Einstein for Service)'를 도입해 고객 서비스 프로세스를 자동화했다. 이를 통해 이메일 문의 응답 시간이 평균 12분에서 1분 30초로 단축됐으며, 고객 만족도 또한 큰 폭으로 향상됐다. 국내 금융업계에서도 AI 활용이 활발하다. 신한은행은 AI 기반 상담 시스템을 도입해 고객 문의를 신속하게 처리하고 있다. AI는 금융 상담을 자동화하고, 실시간 데이터를 분석해 맞춤형 금융 상품을 추천하는 역할을 수행하고 있다. 그에 덧붙여, 생성형 AI는 신제품 아이디어 발굴, 디자인 개선, 시뮬레이션 테스트 등 다양한 방식으로 활용되며, 기업의 제품 개발 과정을 혁신하고 있다. 예를 들어, 현대자동차는 AI 기반 디자인 시스템 '제네시스 디자인 스튜디오(Genesis Design Studio)'를 통해 새로운 자동차 디자인을 개발하고 있다. AI가 디자인 요소를 조합해 최적의 디자인을 찾아내는 방식으로, 제품 개발 기간을 단축하고 완성도를 높이는 데 기여하고 있다. 삼성전자 역시 AI 기반 제품 개발 플랫폼 'Samsung Research Cloud'를 활용해 다양한 가전 제품을 개발하고 있다. 이 플랫폼은 AI를 통해 제품 아이디어를 발굴하고, 디자인을 개선하며, 제품 성능을 예측하는 역할을 한다.

업무 자동화 분야에서도 생성형 AI의 활용이 확대되고 있다. AI는 문서 작성, 데이터 분석, 보고서 작성, 이메일 작성 등 반복적인 업무를 자동화해 직원들의 업무 부담을 줄이고 생산성을 높인다. 글로벌 컨설팅 기업 액센츄어(Accenture)는 AI 기반 업무 자동화 플랫폼 'myWizard'를 도입해 직원들의 업무 효율성을 향상시키고 있다. myWizard는 문서 작성, 데이터 분석, 보고서 작성 등 다양한 업무를 자동화해 기업 운영의 효율성을 높인다. 국내에서도 네이버(Naver)가 AI 기반 업무 자동화 도구 'RPA(Robotic Process Automation)'를 활용해 반복적인 업무를 자동화하고 있다. 네이버의 RPA 시스템은 직원들의 업무 시간을 줄이고 생산성을 극대화하는 데 기여하고 있다.

또한 생성형 AI는 비즈니스 전반에서 혁신을 주도하며 기업의 경쟁력을 높이고 있다. 마케팅, 고객 서비스, 제품 개발, 업무 자동화 등 다양한 영역에서 AI 활용이 확산되면서 기업들은 AI 기반 맞춤형 서비스와 자동화된 업무 프로세스를 통해 생산성을 극대화하고 있다. 다만, AI 기술 발전과 함께 윤리적인 문제나 데이터 보안 문제 등 해결해야 할 과제도 남아 있다. 기업들은 AI 활용 전략을 강화하는 동시에, 윤리적 이슈 해결과 데이터 보호를 위한 대책 마련에도 힘써야 할 것으로 보인다(산경투데이, 2025. 5. 28).

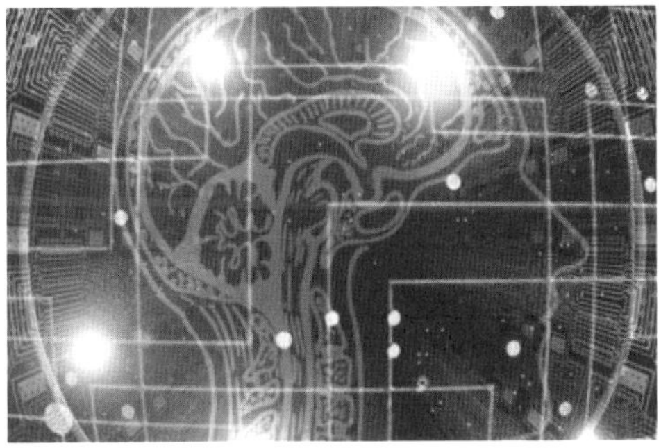

▸ **사례연구 토의**

1. 생성형 AI가 기업 혁신의 핵심 동력으로 부상한 것에 대하여 토의해 보자.
2. 해외/국내 기업에서 AI를 활용하여 비즈니스를 혁신한 사례에 대하여 예를 들어 설명해 보자.
3. 생성형 AI는 비즈니스 선반에서 혁신을 주도하며 기업의 경쟁력을 높이고 있는 것에 대하여 토론해 보자.

사례연구 - 3

"에이전트 AI'에서 '피지컬 AI' 시대로 전환"

피지컬 AI, '디지털 공간 넘어 물리적 세계로 확장되는 AI'
"디지털 환경 자율기능, 지능형 문제 해결 '에이전트 AI에서 진화"
주변 기기나 환경과 상호작용, 조율·제어, 물리 법칙 구체적 이해
"산업용 로봇, 자율주행차를 정밀하고 안전하게 작동, 제어"

에이전트 AI(Agentic AI)와 달리 물리적 세계로 확장, 각종 기기나 디바이스를 작동하는 피지컬 AI(Physical AI)의 중요성이 날로 증가하고 있다. 이는 한 마디로 "디지털 공간을 넘어 물리적 세계로 확장되는 AI"라고 할 수 있다. 정보통신기획평가원은 "실제 물리적 환경에서 안전하고 정확한 동작이 필요한 로봇이나, 자율주행 차 등의 제어를 위해 '피지컬 AI'는 그 핵심적 역할을 한다"면서 "특히 로봇공학과 AI 융합을 통한 차세대 성장 동력으로 부상하고 있다"고 강조했다.

휴머노이드, 자율주행차의 필수 기술

대표적으로 휴머노이드나 자율주행차 등을 위해선 주변의 물리적 기기나 환경과 구체적인 피드백과 상호작용을 하는 '피지컬 AI'가 필수적이다. 그런 점에서 이는 기존 '에이전트 AI'와도 많이 다르다. 즉 "피지컬 AI는 디지털 공간 속의 AI를 넘어 실제 물리 세계로 확장되는 첨단 AI 기술"이란 얘기다. 몇 가지 대표적인 차이점을 보면 전자, 즉 '에이전트 AI'는 GPT 등 디지털 환경에서 자율적 작업을 수행하고, 지능형 문제를 해결하는 데 특화되어있다. 또 이메일 작성이나, 정보 검색, 일정 관리 등 일상적인 디지털 업무를 해낼 수 있다. 또한 코딩, 데이터 분석 등 전문 영역에 이르기까지 폭넓은 자동화를 구현하기도 한다. 특히 제조, 물류, 금융 등 산업 현장에서 프로세스 모니터링, 문서 분석, 워크플로우 최적화 등을 통한 디지털 업무 효율화를 기할 수도 있다. 반면에 '피지컬 AI'는 구체적인 물리적 환경에

서 각종 자동화 내지 자율화된 디바이스나 시스템이 안전하게 작동할 수 있게 한다. 이를 위해 주변 기기나 환경과 상호작용을 함으로써 공간과 조율하고, 제어를 할 수 있다. 특히 "중력이나 마찰력, 관성 등 물리 법칙에 대한 실질적 이해를 바탕으로 실시간 환경 변화에 대응한다"는 설명이다. 이를 통해 안정적인 작동을 할 수 있게 하고, 산업용 로봇이나 자율주행차를 정밀하게 제어한다. 즉, 디지털 공간을 뛰어넘어 실제 손에 잡히고 구체적 실체로서의 복잡한 물리적 상호작용을 위한 지능형 시스템을 구축한다고 할 수 있다.

'에이전트 AI' vs '피지컬 AI'의 구분

이에 대해 가천대학교 최재홍 교수가 구분한 양자 간의 특장점은 눈여겨볼 만하다. 이에 따르면 일단 에이전트 AI(전자)는 피지컬 AI(후자)와 달리 정의부터 다르다. 즉 디지털 환경에서 복잡한 작업을 계획·분해·실행하는 것이다. 이에 비해 후자는 "실제 환경에서 로봇 등을 통해 물리적 구현"이라고 간단 명료하게 정의된다. 최 교수는 또 '핵심역량' 측면에서 양자를 확실히 구분했다. 특히 전자는 '추론·적응', 즉 다양한 데이터를 활용해 임무를 세분화하고 우선순위를 결정하는 추론을 수행한다. 또한 웹·DB·API 등 여러 소스에서 정보를 수집, 처리한다. 이에 비해 후자는 센서·액추에이터를 통해 실제 환경과 상호작용하는 등 물리적 동작을 할 수 있다. 또한 공간·물리적 이해, 즉 3D 공간이나, 동적 환경, 물체 조작 등을 구체적으로 인식하고 제어할 수도 있다. 이에 전자는 지식노동에도 적극 활용된다. 즉, 문헌 요약이나 분석 등 연구활동을 보조하고, 금융 분석, 코딩 보조 등을 해낼 수 있다. 또 프로세스 모니터링과 개선, 보안 취약점 검사, 고객 서비스 챗봇 등 산업 자동화의 핵심 기술이 되기도 한다. 후자, 즉 '피지컬AI'는 이에 비해 제조·물류창고 로봇이나, 자율주행 차량, 드론 등 '로보틱스' 기능을 수행할 수 있다. 특히 가정용 로봇을 비롯, 인간형 로봇, 물리적 업무 보조용 로봇 등 서비스 로봇의 핵심 기술로 적용된다. 에이전트AI나 피지컬AI 모두 각자의 기능을 발휘하기 위한 필수적 기술과 구성 요소들이 있다. 이에 최 교수는 우선 전자의 경우 LLM이 필수적이다. 이 밖에 멀티모달 처리 능력과 계획·추론, 강화학습 등 동적 의사결정 알고리즘의 융합이자, 도구·API 통합 관리 플랫폼으로 해석된다. 이에 비해 피지컬 AI는 기왕의 에이전트AI 기술과 로봇 공학(메카트로닉스)의 융합, 센서·액추에이터 제어기술과 시뮬레이션(디지털 트윈)·물리적 엔진의 융합, 그리고 제어 시스템과의 접목으로 설명될 수 있다.

산업적 가치 측면에서 보면 전자는 새로운 디지털 워크포스, 즉 업무 자동화를 기하며, IT, 금융, 제조 등 다양한 산업에 폭넓게 활용될 수 있다. 후자의 경우는 로봇·자율주행, 고령화나 인력 부족 등에 대처할 수도 있다. 또한 제조·물류·운송 산업 등에서 대규모 효율성을 기할 수도 있다. 물론 양자 모두 한계는 있다. 에이전트 AI는 윤리·보안 이슈, 즉 데이터 오남용이나, 의사결정의 책임문제 등이 따른다. 또한 날로 복잡도가 증가하면서, 이에 따른 인프라·모델 비용이 상승하는 것도 문제다. 또한 완전 자율주행을 운영할 경우 충분히 있을 수 있는 예외 상황에 어떻게 대처할 것인가도 과제로 지적된다. 이에 비해 피지컬 AI 역시 물리적 환경의 예측 불가능성이 지적된다. 예를 들어 안전이나 법률문제, 사고 등이 대표적이다. 또한 하드웨어 비용이나 유지보수 부담도 따르고, 시뮬레이션과 실제 환경 간의 간극도 해결 과제로 꼽힌다.

글로벌 빅테크, '피지컬 AI' 기술 경쟁 치열

이에 주요 글로벌 기술매체들도 '피지컬 AI' 개념에 주목하며, 그 중요성을 부각시키고 있다. 오픈AI, 메타, 애플 등 빅테크도 로보틱스 연구를 추진하고 관련 전문가 채용을 시작하는 등 경쟁이 가열되고 있다. 또한 기존 AI가 물리적 환경에 대응하는 데 한계가 있다보니, 피지컬 AI 개발에 너도 나도 박차를 가하고 있다. 정보통신기획평가원은 "현재의 생성 AI는 텍스트 기반 데이터 학습에 의존하므로, 실제 물리적 세계의 복잡한 상호작용과 역학 관계를 이해하는 능력이 부족하다"면서 이에 "피지컬 AI는 실제 환경과의 직접적 상호작용을 통한 기계 학습으로 새로운 가능성을 제시하고 있다"고 규정했다(애플경제, 2025. 2. 21).

위기의 K-제조업

K-제조업이 마주한 복합 위기와 구조적 쇠퇴를 막을 거의 유일한 해법으로 이른바 '피지컬 AI(Physical AI)'가 급부상하고 있다. 피지컬 AI는 로봇이나 자동화 기계와 결합해 실제 물리적 환경을 제어하거나 작업을 수행하는 AI를 뜻한다. 최태원 SK그룹 회장은 기회가 있을 때마다 피지컬 AI와 제조업 대변신을 주문한다. 그는 "앞으로 10년 안에 한국 제조업 상당 부분이 (중국 부상 등으로) 퇴출당할 것이다. 희망은 제조업에 특화한 AI다"고 말했다. 허태수 GS그룹 회장은 최근 계열사 임원 150여 명을 소집한 자리에서 "공정 최적화, 로보틱스 통합 혁신에 필요한 피지컬 AI가 중요한 전환점이 될 것"이라고 꼭 집어 말했다. 그는 "기술이 전략의 중심이고 기술 변화에 둔감하면, 임원 자격이 없다"고도 했다. 한국 제조업 부활을 위한 피지컬 AI 기업 및 정책 전략은 크게 세 가지로 정리된다. 첫째, '다크 팩토리(dark factory)' 선도 전략이다. 다크 팩토리란 모든 생산공정을 로봇과 AI가 자율적으로 수행해 조명이 필요 없는 미래형 공장을 말한다. 두 번째는 소·부·장(소재·부품·장비) 혁신 전략이 꼽힌다. 물리 기반 AI 모델을 이용해 신소재는 물론 부품과 장비까지 개발하는 것이다. 구글 딥마인드가 단백질 구조 예측 AI '알파폴드'를 개발해 신약 개발 기간을 대폭 단축한 것과 같다. 마지막 세 번째는 사람과 같은 공간·도구·작업 환경에 맞춰진 휴머노이드(인간형 로봇) 개발 전략이다. 휴머노이드 '옵티머스'를 개발, 제조 공정 혁신에 나선 테슬라 방식이다. 기존 산업용 로봇은 특수 설계된 공간에서만 작동하지만, 휴머노이드는 인간이 쓰는 거의 모든 공간에서 그대로 투입할 수 있다. 한국 국내총생산(GDP)에서 제조업이 차지하는 비중은 24~28%. 경제협력개발기구(OECD) 평균인 14%의 약 두 배 수준으로, 독일·일본 등 주요 제조업 강국보다도 높다. 이 때문에 피지컬 AI에 국가 명운이 달렸다는 분석이 잇따랐다(조선일보, 2025. 7. 25).

▸ **사례연구 토의**

1. 에이전트 AI와 피지컬 AI와의 유사점과 차이점에 대하여 토의해 보자.
2. 글로벌 빅테크 기업의 경우, '피지컬 AI'에 개발에 역량을 쏟아붓고 있는 것에 대하여 설명해 보자.
3. 한국 제조업의 명운이 달려 있는 피지컬 AI 기업 및 정책 전략 세 가지에 대하여 토론해 보자.

사례연구 - 4

"AI, 묻는 자가 콘텐츠를 지배한다" … 미디어 콘텐츠 시대, 프롬프트 디자인의 결정적 힘

우리는 지금, 인간이 아닌 인공지능(AI)이 콘텐츠를 만들어내는 전례 없는 창작의 시대에 살고 있다. 텍스트에서 이미지, 영상, 음악에 이르기까지 다양한 형식의 콘텐츠가 AI에 의해 생성되며, 이는 창작 방식 자체를 뒤바꾸고 있다. 더 이상 인간만이 이야기를 쓰고 영상을 연출하는 유일한 존재가 아니다. 하지만 중요한 사실이 하나 있다. AI가 아무리 정교해도 질문이 엉성하면 답도 엉성하다. "AI는 우리가 어떤 방식으로 묻느냐에 따라 전혀 다른 결과를 보여주는 거울"이라는 말처럼, '프롬프트 디자인(prompt design)' 중요성이 부각된다. 과거 콘텐츠 중심에는 스토리, 이미지, 메시지가 있었다. 작가, PD, 디자이너, 마케터는 이를 구상, 창작하고 편집했다. 이들의 경험과 창의성, 직관이 결과물의 품질을 좌우했다. 하지만 이제는 ChatGPT, DALL · E, Runway, Sora, Suno 같은 생성형 AI 도구들이 텍스트, 이미지, 영상, 음향을 스스로 제작한다. 이들은 모두 '프롬프트'라는 입력을 통해 작동하며, 결과물 품질은 프롬프트 정밀도에 달려 있다. 다시 말해, 이제는 아이디어를 구현하는 수단이 아닌, 아이디어를 설계하는 방식 자체가 창작의 중심이 된 것이다.

프롬프트는 단순한 명령이 아니라 AI와 전략적 대화이자 창작 설계도다. 광고 기획자가 “행복한 가족을 보여줘”라고만 하면 AI는 평범한 장면을 낼 것이다. 하지만 “황금빛 저녁 햇살 아래, 아이가 엄마 손을 잡고 웃으며 뛰어가는 장면, 카메라는 인물 가까이서 감정을 강조”라고 구체적으로 요청하면 결과는 완전히 달라진다. 이처럼 프롬프트 구체성과 감성은 콘텐츠 품질을 좌우한다. 이는 곧 AI 상상력을 이끌어내는 디렉터 역할을 인간이 수행한다는 의미이기도 하다. 프롬프트 디자인은 AI 창의성과 정밀도를 끌어올리는 핵심이다. 감정과 분위기를 담는 영상·사운드 콘텐츠에선 키워드 하나가 큰 차이를 만든다. 이는 언어적 감각, 심리 이해, 문화 맥락, 브랜드 정체성까지 포함하는 복합적 능력이다. 브랜드 홍보나 SNS 숏폼 영상에서도 단어 하나가 소비자 인식을 바꾼다. 특히 짧은 시간 안에 강한 인상을 남겨야 하는 콘텐츠일수록, 프롬프트 디테일은 더욱 중요해진다. 효과적인 프롬프트는 단지 장면을 묘사하는 데 그치지 않고, 감정선을 끌어올리고 몰입을 유도하는 장치가 된다.

프롬프트는 협업과 반복학습의 기반이 된다. AI에 톤과 스타일을 요구하고, 피드백을 바탕으로 수정하며 완성도 높은 결과를 얻는다. 유튜브 쇼츠 기획처럼 AI와 반복적 대화는 콘텐츠 기획의 핵심 전략이 된다. 이 과정은 AI를 도구가 아닌 협업 파트너로 인식시켜, 창작자에게 주도권을 부여한다. 반복적으로 피드백을 반영하는 과정에서 프롬프트는 점점 정교해지고, 결국 AI 학습을 리드하는 존재가 창작자 자신이 된다는 점에서 학습적 가치 또한 지닌다. 이 과정은 협업자로서의 AI를 실감하게 하며 인간-기계 간 공동 창작의 새로운 패러다임을 열어간다. AI의 환각현상(hallucination)과 데이터 편향 문제도 고려해야 한다. 무분별한 사용은 허구 정보나 윤리적 문제를 야기할 수 있다. 따라서 프롬프트는 기술을 제어하고 방향을 잡는 안전장치이자 품질 관리 도구이다. AI의 학습 데이터와 검증 수단에 대한 이해도 필요하다. 교육, 의료, 법률 같은 전문성과 정확성이 요구되는 분야에서는 프롬프트 설계 신중함이 더욱 중요하다. AI를 활용하여 신뢰할 수 있는 정보를 기반으로 한 창작을 위해서는, 인간의 비판적 사고와 검증 노력이 함께 작동해야 가능하다.

결국 콘텐츠 제작자는 장비보다 프롬프트를 먼저 고민하는 시대에 살고 있다. ‘무엇을 묻는가’가 콘텐츠 품질을 결정하며, 그 중심에는 ‘묻는 능력’이 있다. 이제는 묻는 자가 창작을 이끌고 세상을 움직이는 자가 된다. 이 자를 미디어 콘텐츠

AI 프롬프트 디자이너(MC AIPD)라고 한다. AI가 콘텐츠를 만들어내는 시대에, 이 디자이너는 그 방향을 설계하고 감정을 부여하며, 그 의미를 해석하는 주체로 남는다. AI가 콘텐츠를 만드는 시대에 프롬프트는 창작자의 새로운 펜이자 마이크이다. 이 펜으로 무엇을 그리고, 이 마이크로 무엇을 말할지를 고민하는 것이 바로 오늘날 창작 혁명의 본질이다. '창의적인 요청자(MC AIPD)'가 되는 것이야말로 미래 창작자의 새로운 문해력이다. 프롬프트 디자인은 기술을 통제하고 창의성을 확장하는 열쇠며, AI 시대 창작의 주도권을 쥐는 가장 인간적인 도구이다(전자신문, 2025. 5. 7).

▸ **사례연구 토의**

1. 프롬프트 디자인의 중요성에 대하여 토의해 보자.
2. AI 창의성과 정밀도를 끌어올리는 프롬프트 디자인의 예를 설명해 보자.
3. AI 프롬프트 디자이너(MC AIPD)에 대하여 토론해 보자.

사례연구 - 5

코딩 전혀 몰라도 … 말로 느낌만 설명하면 앱 '뚝딱'

AI 활용한 '바이브 코딩' 시대

코딩에 대한 지식이 전혀 없는 직장인 강모(26)씨는 생성형 인공지능(AI) 로크(RORK)를 통해 '떡볶이 파인더, 서울'이란 애플리케이션(앱)을 만들었다. 영어로 "서울에 있는 떡볶이 매장의 위치를 표시해 주고, 영업시간과 간단한 설명을 넣어 앱을 만들어달라"고 앱을 묘사했더니 로크는 약 10분 만에 강남구 5곳, 마포구 2곳 등 서울에 있는 분식집을 소개하는 앱을 만들었다. 자연어로 만들고자 하는 앱의 느낌만 표현했더니 AI가 알아서 앱을 만든 것이다. 강씨는 "이렇게 쉽고 빠르게 앱을 만들 수 있을 줄 몰랐다"며 "내 맘대로 디자인한 일정 정리 앱을 또 만들어 활용할 예정"이라고 했다. 코딩을 전혀 못하는 사람도 AI 기술을 활용해 누구나 앱을 만들 수 있게 됐다. 직접 코드를 입력하는 대신 원하는 결과물의 느낌(바이브)만 말로 제시해 프로그래밍하는 '바이브 코딩'이 가능해졌기 때문이다. 이 때문에 앞으로 개발자 역량의 기준이 코드 작성이 아니라 창의력과 기획 능력으로 옮겨 갈 것이란 전망도 나온다. 또 테크 업계에서는 "주니어 개발자들이 필요 없어질 것"이란 전망까지 나오며 논란이 되기도 했다.

코딩 없이 느낌으로 앱 제작 '바이브 코딩'

바이브 코딩은 AI 코딩 에이전트와 대화를 주고받으며 느낌에 따라 코딩하는 방식이다. 전(前) 테슬라 AI 디렉터이자 오픈AI 공동 창립자인 안드레이 카파시가 소셜미디어를 통해 처음 제시한 개념이다. 기존의 코딩 방식이 프로그래밍 언어의 문법을 익히고 직접 코드를 작성하는 방식이었다면, 바이브 코딩은

마크 저커버스 메타 CEO Meta	"개발 영역의 인간 엔지니어를 AI 시스템으로 완전히 대체할 수도 있다"
매트 가먼 AWS CEO aws	"대다수 개발자가 앞으로 2년 안에 코딩을 하지 않을 것"

개발자와 AI 간의 대화와 협업을 통해 소프트웨어를 개발하는 방식이다. UI(사용자가 소프트웨어와 상호작용할 수 있게 해주는 화면) 스타일 변경, 버그(오류) 수정, 배치 조정 등의 요청을 모두 음성이나 자연어로 입력하는 것만으로 AI가 이를 인식하고 자동으로 작성한다. "달력 디자인의 일정표 앱을 만들어 줘", "따뜻한 색감을 써 줘"와 같이 AI에 이야기하면, AI가 이 요구를 반영해 앱을 제작·수정하는 것이다. 이후 테크 업계에서 획기적인 코딩법으로 화제가 되며 바이브 코딩을 지원하는 AI 툴도 각광받고 있다. 커서, 윈드서프, 리버블, 볼트 등이 대표적이다. 그간 기업에서도 프로그래머들은 AI를 활용해 기존 코딩 작업을 자동화해오고 있었다. 2023년 '깃허브'의 설문 조사에 따르면 미국 소프트웨어 개발자의 92%가 "이미 직장 안팎에서 AI 코딩 도구를 사용하고 있다"고 밝힌 바 있다. 지난해 구글은 "AI 시스템이 이제 제품에 대한 새 코드 4분의 1 이상을 만들고 있다"고 했다. 케빈 스콧 마이크로소프트(MS) CTO(최고기술책임자)는 "5년 내에 코드의 95%가 인공지능에 의해 생성될 것"이라고 밝히기도 했다. 오픈AI, 메타 등도 20~30% 정도의 코드를 AI에 맡기고 있고, 삼성전자를 비롯한 국내 기업들도 AI를 코딩에 활용 중이다. 바이브 코딩은 이런 움직임을 가속화할 것으로 전망된다. 게리 탄 와이컴비네이터 CEO(최고경영자)는 최근 "바이브 코딩으로 과거 개발자 100명이 필요하던 일이 10명만으로 가능해졌다"며 "10명 이하 직원으로 연 100~1,000만 달러 매출을 올리는 기업이 늘고 있다"고 말했다.

주니어 개발자 필요 없어질까

기업들의 개발 과정에서 AI 활용도가 높아지는 데다가 '아무나' 코딩할 수 있는 시대까지 오면서 앞으로 개발자 역량의 기준이 코드 작성이 아니라 창의력과 기획 능력으로 옮겨 갈 것이란 전망도 나온다. 나아가 주니어 개발자 수요가 크게 줄 것이란 지적도 나온다. AI가 짠 코드를 관리·감독할 시니어 개발자들은 계속 필요하겠지만, 주니어 개발자들의 수요는 크게 줄 것이란 것이다. 포브스는 "인간은 이제 AI를 안내하고, AI 코드를 반복적으로 수정·개선하는 역할만 하면 된다"고 보도했다(조선일보, 2025. 4. 17). 최근 발표에 의하여, AI 코딩이 실제 개발현장에서, 스타트업 중 25%가 전체 코드의 95% 이상을 AI가 생성했다고 한다. 이제 AI 코딩이 실리콘밸리를 넘어 글로벌 시장 전반으로 빠르게 확산되고 있다. 바이브 코딩이 등장한 이후 개발 환경은 과거의 단순히 프로그래밍을 작성하는 것을 넘어, '어떤 문제를 해결할지?', '어떤 방향으로 개발을 진행할지?'로 바뀌고 있다. 그러므로 AI가 주도하는 개발 환경에서 경쟁력은 '무엇을 만들 것인가?'보다 '어떻게 문제를 정의하고, AI를 활용하여 해결할 것인가?'에 달려 있다. 바이브 코딩은 단순한 기술 트렌드가 아니라, 개발 생태계의 구조를 바꾸는 새로운 패러다임이다. 최근 마크 저커버그 메타 CEO는 "프로그램 개발의 절반이 사람이 아닌 AI에 의해 이뤄질 것이며, 일반적인 수준의 개발자는 AI가 충분히 대체할 수 있다"고 말했다. 최근 기업의 신입사원 채용시에 기존 코딩 테스트 대신 AI 활용 능력을 핵심 소양으로 확인할 수 있는 형태로 변화하고 있다. 최근 구글의 최신 인공지능(AI) 모델인 '제미나이 2.5 딥싱크(Gemini 2.5 Deep Think)가 세계에서 가장 권위 있는 컴퓨터 프로그래밍 대회인 국제 대학생 프로그래밍 대회(International Mathematical Olympiad. 이하, ICPC) 월드 파이널에서 금메달급 성적을 거두며 AI의 코딩 능력이 인간의 경지를 넘어섰음을 증명했다(인공지능신문, 2025. 9. 18). 그러므로 지금 이러한 시대적 흐름을 이해하고 적극적으로 대응하는 전략을 수립한 기업과 개인이 다가오는 기회를 선점하게 될 것이다(인사이트, 2025. 5. 7; 전자신문, 2025. 8. 9).

▸ 사례연구 토의

1. AI를 활용한 바이브 코딩에 대하여 토론해 보자.
2. AI를 활용한 바이브 코팅의 영향으로 개발자에 대한 수요가 1/10로 줄어든 것에 대하여 설명해 보자.
3. AI를 활용한 바이브 코딩의 영향으로 개발자의 역량의 기준이 코드 작성이 아니라, 창의력과 기획 능력이 중요시되고 있는 것에 대하여 토의해 보자.

AI 실제 활용 사례

생성형 AI 활용 프로그램 생성 예제 1.

1단계: 생성형 AI 활용 프로그램 자동 생성 프롬프트 작성

내가 4칙 연산값을 입력하면, 한 번에 연산을 수행할 수 있게, Python(혹은 R)을 이용해서 계산기 프로그램을 만들어줘.

2단계: 생성형 AI가 생성한 프로그램 테스트

2-1. 위의 프로그램을 활용하여 2*2/2-2을 계산해 줘.

2-2. 위의 프로그램을 활용하여 3*3-3/3을 계산해 줘.

2-3. 위의 프로그램을 활용하여 7*7-7/7을 계산해 줘.

3단계: 생성형 AI가 생성한 프로그램 해답 확인

2-1. 생성형 AI 해답 제시 = 0

2-2. 생성형 AI 해답 제시 = 8

2-3. 생성형 AI 해답 제시 = 48

생성형 AI 활용 프로그램 생성 예제 2.

1단계: 생성형 AI 활용 프로그램 자동 생성 프롬프트 작성

주사위 시뮬레이터를 Python(혹은 R)으로 만들어줘. 시뮬레이션 횟수는 내가 입력하고 출력으로 각 주사위가 몇 번 나올지 출력하면 돼.

2단계: 생성형 AI가 생성한 프로그램 테스트

2-1. 위의 프로그램을 활용하여 12번 시뮬레이션해 줘.

2-2. 위의 프로그램을 활용하여 120번 시뮬레이션해 줘.

2-3. 위의 프로그램을 활용하여 1,200번 시뮬레이션해 줘.

2-4. 위의 프로그램을 활용하여 12,000번 시뮬레이션해 줘.

3단계: 생성형 AI가 생성한 프로그램 해답 확인

위의 시뮬레이션 결과에서 보면 알 수 있듯이 시뮬레이션 횟수가 많아지면, 출력값이 정규 분포에 가까워짐을 알 수 있다.

제2장 AI 지식경영

학습 목표

- 지식의 생성과 진화에 대하여 학습한다.
- AI 지식경영에 대한 이해를 심화시킨다.
- AI 지식공유 및 협업시스템에 대하여 고찰한다.

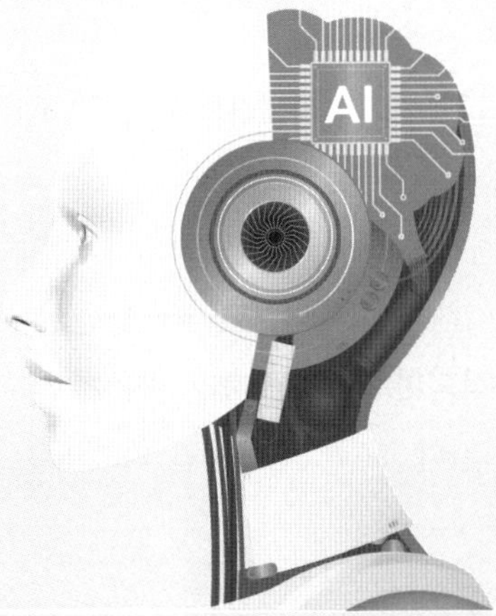

제1절 지식의 생성과 진화

본 절에서는 "AI 시대, 우리는 AI를 활용하여 지식의 생성과 진화에 어떻게 새로운 가치를 만들어 지속적으로 성장하는 조직을 만들 수 있을까?"라는 질문에 대한 답을 다음의 설명으로 대신하고자 한다.

1 DIKW 모델의 이해

새로움을 넘어 혁신적인 무엇인가가 나오면, 항상 찬반 여론이 있다. AI가 본격적으로 등장한 최근 몇 년에도 같은 현상은 반복되고 있다. 새로운 기술에 대한 거부감을 느끼는 사람들이 있는 반면, 편리함과 혁신성에 주목하여 적극적으로 수용하는 사람들도 있기 때문이다. 이는 새로운 기술이 사회 전체로 확산되고 이용자에게 수용되는 과정에서 자연스럽게 나타나는 현상이다. '인공지능(AI)'이라는 글로벌 혁신 키워드에 대한 반응을 2가지로 정리할 수 있다. '효율'과 '혁신'이라는 긍정 반응과 '위협'과 '우려'라는 부정적인 언급들이 함께 공존함을 알 수 있다. AI의 효율성과 혁신성에 놀란 나머지, 이것이 만들어 낼 일자리 위협과 실업의 우려에 대한 인식으로 해석된다. 이러한 새로운 현상에 대한 두려움은 극히 자연스러운 것이다. AI를 조금이라도 사용해 보면 느꼈겠지만, AI가 인간의 많은 부분을 대체하고 있으며 그 속도가 빨라지고 있다는 것을 느낄 수 있다. 그래서 AI로 인해 없어지는 일자리만큼 새로운 일자리가 만들어진다는 말에도 여전히 두려운 것은, 아마도 생겨나는 양이 아니라 없어지는 속도라고 생각하기 때문이다.

인류의 역사는 계속적인 혁신 속에서 진화해 왔고, AI라는 거대한 변화에 대한 두려움 속에서도 인류는 앞으로 나아가고 있다. 그러한 과정에서 여러 가지 중요한 요인들이 있겠지만, 특히 지식은 중요한 요인중의 하나이다. 지식이란 경험, 학습, 사고를 통해 얻은 정보와 이해의 합이다. 지식은 단순한 데이터의 집합을 넘어 맥락과 경험, 학습을 통해 축적되며, 시대에 따라 새롭게 생겨나고, 기존 지식이 변화하고 발전하고 사라지기도 한다. 또한 개인적인 지식이든, 집단의 지식이든, 문서,

교육, 구전 등을 통해 전달 및 공유가 가능하다. 이러한 지식이 중요한 이유는 상황을 해석하고 문제를 해결하는 능력까지 포함하고 있기 때문이며, 이를 통해 의미 있는 통찰(Insight)과 의사결정(Decision-Making)을 할 수 있기 때문이다. 인간 생존에 필요한 환경에 대한 적응, 문제 해결 및 혁신, 협력과 커뮤니케이션, 기술의 발전, 위험과 위기에 대한 대응 등 인간의 진보는 곧 지식의 전수를 통해 가능했던 것이 사실이다.

지식은 데이터(Data)에서 시작하여 정보(Information), 지식(Knowledge), 지혜(Wisdom)로 〈그림 2-1〉과 같이 피라미드 형태로 발전한다. 데이터는 개별적인 사실과 숫자이며, 정보는 데이터를 맥락에 맞게 정리하고 패턴을 분석해 의미를 부여한 것을 의미한다. 지식은 정보를 해석하고, 경험과 결합하여 실질적인 행동을 유도하며, 결국 통찰력이라 불리는 지혜의 단계에 이른다.

• 그림 2-1 DIKW 모델

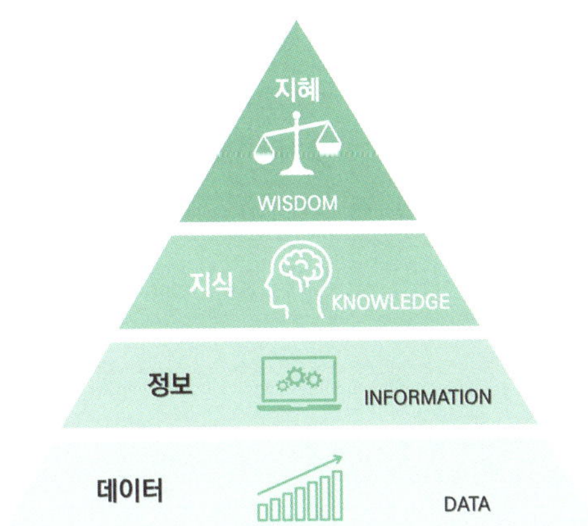

위에서 살펴본 DIKW 모델을 기업 활동에 적용한다면 다음과 같이 설명할 수 있다.

- 어떤 회사의 영업 사원이 고객을 만나면서 기록한 '오늘 A 고객사 방문, 구매 의향 있음'이라는 것이 데이터이다.
- 이런 데이터들이 모여 '이번 달 영업 활동 중 37%가 구매 의향이 있다'라는 정보가 된다.

- 여기에 '작년 같은 기간 대비 12% 상승했으며, 신제품 출시 후 구매 의향이 증가하는 추세'라는 맥락이 더해지면 지식이 된다.
- 그리고 '제품 업그레이드와 마케팅 강화로 고객 구매 의향이 상승했으니, 이 달 중 집중적인 영업 활동이 필요하다'는 실천적 판단으로 이어지면 지혜가 되는 것이다.

이와 같이 기업의 생존에 있어 지식 관리는 매우 중요하다고 할 수 있다. 기업의 생존은 지식을 통해 경쟁 우위를 확보하고, 얼마나 많은 가치를 창출하여 지속적인 성장을 하는가에 달려 있기 때문이다.

2 SECI 모델의 개요

기업의 지식 관리(Knowledge Management, KM)는 오랜 역사를 가지고 있는데, 1990년대에 이르러 본격적으로 논의되었다. 비즈니스 구루이자 지식경영의 권위자인 일본의 경영학자 노나카 이쿠지로(Ikujiro Nonaka)의 〈지식 창출 이론〉에 의하면, 지식 창조의 과정을 '암묵지'와 '형식지'의 상호작용으로 설명하였다. 암묵지(Tacit Knowledge)는 수영하는 법이나 장인의 기술과 같이, 개인의 경험과 직관에 기반한 표현하기 어려운 지식이다. 반면에 형식지(Explicit Knowledge)는 수학 공

• **그림 2-2** 노나카의 SECI 모델

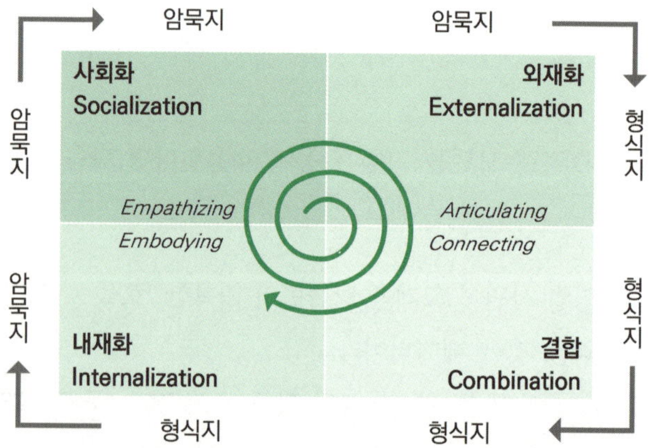

식, 법률 조항과 같이, 문서, 책, 데이터의 형태로 정형화되어 전달 가능한 지식이다. 〈그림 2-2〉에서 보는 바와 같이 노나카의 SECI 모델은 암묵지와 형식지는 사회화 - 외재화 - 결합 - 내재화 과정에서 상호 변환되며, 이를 통해 조직의 혁신과 가치가 창출되며 지속적인 학습이 이루어지는 것을 알 수 있다.

(1) 사회화(Socialization)

사회화는 경험을 공유하여 암묵지에서 암묵지로의 변환 과정이다. 예를 들어, AI와 인터렉티브한 대화를 통하여, 직무수행 노하우를 자연스럽게 익히는 것도 사회화의 예가 될 수 있다. 그에 덧붙여, ChatGPT나 AI 시뮬레이션 로봇을 활용하여 가상의 멘토 역할을 수행하게 하면, 조직 내의 신입사원이나 초보자 같은 경우에도 AI와의 대화 과정에서 숙련자의 암묵지에 접근할 수 있을 것이다.

(2) 외재화(Externalization)

외재화는 암묵지를 형식지로 변환하는 과정이다. 예를 들어, AI 기반의 회의 음성 자동 요약 기능을 활용하여, 회의에서의 발언이나 토의 내용을 정리하여 회의록, 보고서, 매뉴얼 작성과 같은 형식지로 정리할 수 있다. 또한 전문가가 말로 설명하거나 경험이 많은 직원이 자신의 업무 노하우를 설명하면, 생성형 AI가 이러한 내용을 업무 매뉴얼이나 교육 자료로 자동 작성함으로써 외재화를 실현할 수 있다.

(3) 결합(Combination)

결합은 다양한 형식지를 조합하여 새로운 형식지로의 변환 과정이다. 예를 들어, AI를 활용하여 다양한 데이터를 분석하여, 새로운 인사이트를 도출하거나, AI가 시각화된 보고서를 생성할 수 있다. 또한 여러 부서의 보고서를 입력하면, AI가 핵심정보를 비교 분석하여 전사적 차원의 전략을 수립하여 요약 제공할 수 함으로써 결합을 실현할 수 있다.

(4) 내재화(Internalization)

내재화는 형식지를 다시 암묵지로 변환하는 과정이다. 예를 들어, 생성형 AI가 제공하는 업무 상황을 시뮬레이션을 통하여 적용하고 학습하면서 개인의 암묵지로 변환되는 과정을 예로 들 수 있다. 그리고 AI와 대화를 통하거나 시뮬레이션 훈련을 통하여 이론적 지식을 실제 적용하여 내재화하는 과정도 해당된다. 위에서 살펴본 바와 같이 SECI 모델에서 사회화, 외재화, 결합, 내재화 과정에서 AI를 활용하여 조직의 지식을 체계적으로 관리할 수 있는지에 대하여 보다 쉽게 이해하게 나타낸 것이 〈그림 2-2〉이다.

이처럼 조직 내의 정보를 체계적으로 수집, 저장, 공유, 활용하여 경쟁력을 높이는 프로세스인 지식 관리를 통해, 기업은 경쟁력과 혁신을 유지할 수 있다. 지식 관리를 하면 필요한 정보를 쉽게 찾고 불필요한 반복적인 업무가 줄어들어 업무 효율성과 생산성이 향상되며, 내부 지식 공유 및 기존의 데이터 활용을 통해 더 나은 아이디어와 혁신을 만들 수도 있다. 물론 SECI 모델의 한계도 있다. 경험과 직관적 노하우인 암묵지를 형식지로 변환하는 외재화 과정이 복잡하고 비효율적인 부분이 있으며, 지식 공유의 수동성으로 지식 공유를 장려하는 조직 문화가 없는 기업에서는 효과적으로 작동하기 어렵기도 한다. 시간이 지나면서 정보가 노후화되고 활용성이 낮아지는 정적인 지식 관리도 큰 문제였었다. 이를 극복하기 위한 지식 관리 시스템(Knowledge Management System: KMS)의 등장으로 지식이 문서화 및 매뉴얼화되고, 데이터베이스로 관리되고, 공유 및 협업이 가능해졌다. IBM, Microsoft, SAP 등은 KMS를 통해 비즈니스 프로세스 개선이 이루어졌다. 그러나 전통적인 조직 환경을 기반으로 설계된 SECI 모델을 시스템화 한 초기 KMS는 문서 중심의 저장 및 검색, 정형 데이터 위주 관리, 수동적인 정보 입력 및 관리, 정적인 지식 공유 플랫폼으로 한계가 있었다. 이후, 2010년대에는 방대한 데이터를 실시간으로 분석하고 활용하는 기업 환경에 대응하기 위해 클라우드 및 빅데이터 기반 KMS가 등장하였다. 클라우드 기반 문서 저장 및 AI 검색 기능, 그리고 자연어 처리(NLP)와 머신러닝을 활용한 AI 기반 KMS인 IBM Watson, CRM과 연계된 AI 기반 KMS로 지식 추천 및 자동화 기능을 제공하는 Salesforce 등 KMS는 더 정교하고 동적인 시스템을 갖추게 되었다.

제2절 AI 지식경영

본 절에서는 AI를 활용한 지식경영 패러다임에 대한 이해와 전환에 대하여 학습한다.

1 AI 지식경영 패러다임 이해

지금의 경영환경은 많은 것이 연결되어 극도로 복잡하고 예측이 불가한 상황이다. 데이터는 인간의 능력만으로는 다룰 수 없을 정도로 많아졌을 뿐만 아니라, 이러한 상황에 인간끼리의 한정적인 지식을 나누며 기업을 경영한다는 것은 매우 큰 리스크를 야기할 수 있다. 이러한 상황에 AI 시대를 맞아 다시 지식 관리가 중요해지는 이유이다. 2020년 이후 KMS는 생성형 AI를 활용한 문서 요약, 자동 분류, Q&A 시스템을 제공하는 OpenAI, AI 기반 문서 검색과 업무 자동화를 지원하는 Microsoft Copilot, 머신러닝을 활용한 의료, 금융, 제조업 분야의 지식 관리 솔루션을 확장하는 Google DeepMind 등 AI 기반 지식경영이 확산되고 있다. 과거에는 지식 관리를 통한 가치 창출 과정이 순차적이고 느렸지만, AI의 등장으로 이제는 실시간으로 데이터가 수집되고, 즉각적으로 의미 있는 정보로 전환되며, 복잡한 맥락까지 분석된 지식으로 발전하고 있다. 더 나아가 AI는 수많은 사례를 학습하여 최적의 의사결정까지 제안하고 있기 때문에 과거보다 효율적인 지식경영이 가능하게 되었다.

DIKW 모델에 기반한 AI를 활용한 지식경영에 대하여 살펴보면 다음과 같다. 먼저, 데이터 단계에서는 비정형 데이터(텍스트, 이미지, 음성, 영상)와 정형 데이터(숫자, 구조화된 정보)를 포함하며, AI 기반의 데이터 마이닝 및 자연어 처리(NLP)를 통해 기업의 데이터 자산을 정리하고 활용할 수 있게 되었다. 이러한 과정조차 AI가 방대한 데이터를 자동으로 수집, 정리, 태깅하여 관리 부담을 줄여주었다. 데이터 간의 관계를 분석하고 유의미한 패턴을 도출하는 정보 단계에서는, AI 기반의 분석 툴과 시각화 기술이 적용되어 챗봇, 자동 보고서 생성은 물론, 단순 키워드 검색이 아니라 사용자의 질문 의도를 파악해서 관련 지식을 추천해 주는 의미 기반 검색 최적화 등이 가능해졌다. 정보를 기반으로 실질적인 의사결정이 가능하도록 도출된 통찰-지식 단계에서는 AI 기반 데이터 분석을 기반으로 트렌드를 예측 및 추천 시스템, 업무 자동화(RPA) 등이 가능하다. AI를 통해 업무 패턴을 지속적으로 학습하고 최적화하면서 보다 더 정교하게 맞춤형 정보와 지식을 제공하고 있다. 지혜 단계에서는 AI를 통해 조직의 전략적 의사결정과 혁신 지원, 최적의 경영 전략을 도출할 수 있다. 이제 실시간 분석 결과를 바탕으로 한 'AI 지혜 기반 의사결정'이 가능하게 되었다. 이러한 것들이 반영된 AI 기반 지식 경영은 오랜 시간 축적되어야 할 수 있었던 암묵지 전환의 어려움, 지식 공유의 수동성, 정적인 지식 관리, 지식의 낮은 활용 등 기존 지식 관리의 패러다임을 바꿔가고 있다. 결과적으로 AI 기반 지식경영은 단순한 정보 저장 시스템이 아니라, 기업의 생산성과 혁신을 높이는 지능형 의사결정 지원 시스템으로 발전하며 기업 경쟁력을 넘어 생존에 필수적인 요소가 되고 있다.

2 AI 지식경영 패러다임 전환

4차 산업혁명과 디지털 전환의 물결 속에서, 지식경영(Knowledge Management)은 기존의 수동적, 사람 중심의 체계에서 인공지능(AI)을 활용한 자동화된 지능형 시스템으로 빠르게 진화하고 있다. 특히 ChatGPT와 같은 생성형 AI, 머신러닝 기반 추천 시스템, 자연어 처리(NLP) 기술 등의 발전은 지식의 생성, 저장, 공유, 활용의 전반적인 패러다임을 변화시키고 있다.

(1) 전통적 지식경영의 한계

기존 지식경영은 기업 내부에서 사람 간 공유를 중심으로 한 시스템으로, 문서화된 지식(형식지) 위주로 관리되었다. 하지만 이는 다음과 같은 한계를 지닌다.

- 지식 검색의 비효율성: 필요한 정보를 빠르게 찾기 어려움
- 암묵지의 누락: 직원 개인의 경험이나 노하우가 체계화되지 못함
- 지식 갱신의 속도 부족: 변화하는 시장 환경에 신속히 대응하지 못함

(2) AI 지식경영

AI는 이러한 한계를 극복하며 지식경영을 다음과 같이 전환시키고 있다.

1) 자동화된 지식 추출 및 분류

AI는 방대한 양의 데이터를 분석하고, 의미 있는 정보를 자동으로 분류하고 요약할 수 있다. 예를 들어, 고객 상담 데이터를 통해 자주 묻는 질문을 자동으로 정리하고, 내부 FAQ 시스템에 반영할 수 있다.

2) 실시간 지식 추천 시스템

AI는 개인화 알고리즘을 이용하여 사용자의 업무, 직무, 상황에 맞는 지식을 실시간으로 추천할 수 있어, 생산성과 업무 정확도를 높인다.

3) 지식의 동적 업데이트

최신 기술과 외부 데이터를 기반으로 지식 베이스를 실시간으로 업데이트하고 확장할 수 있어, 변화하는 외부 환경에 즉각 대응이 가능하다.

4) AI 기반 지식 공유 플랫폼

AI로 질문하고 답변을 받을 수 있으며, 이는 조직 구성원 간의 지식 장벽을 허물고, 조직 전체의 역량을 강화시킨다.

(3) AI 지식경영 사례

국내외 선도 기업들은 이미 AI 지식경영을 도입하고 있다. 예를 들어, 한 글로벌 컨설팅 기업은 AI 도우미를 통해 신규 입사자가 조직 구조와 주요 문서를 빠르게 이해하도록 돕는다. 또 다른 제조기업은 AI 기반 지식경영시스템을 활용하여 생산 과정에서 발생한 문제 해결 사례를 체계적으로 축적하고 활용하고 있다.

(4) AI 지식경영 전망

AI 지식경영은 단순한 정보 저장에서 벗어나, 지식 기반 의사결정, 지능형 학습 조직, 자율적 혁신 시스템으로 진화할 것이다. 이에 따라 조직은 단지 AI 도구를 도입하는 것에서 나아가, AI와 사람이 함께 지식을 창출하고 확장하는 협력 구조를 갖추는 것이 중요하다. AI 지식경영은 개인과 조직이 함께 성장할 수 있는 강력한 기반이 되기 때문에, 이를 더욱 확산시켜 나가야 된다.

3 AI 지식경영 가치창출

AI는 데이터와 정보, 그리고 지식을 넘어 지혜의 영역까지 우리에게 제공해 준다. 그러면 이제 우리는 무엇을 해야 할까? 이것은 AI 시대에 생존을 위한 매우 중요한 과제이다. AI 지식경영 솔루션도 일반적인 솔루션과 마찬가지로 도구이다. 그러므로 조직에 맞게, 편리하게 쓸 수 있도록 도구를 갈고 잘 관리하는 것이 중요하다. 하지만 보통의 경우, 좋은 의도로 도입한 솔루션을 충분히 활용하지 않아 효과를 보지 못하거나, AI 지식경영 솔루션의 활용도를 높이기 위한 업무 비효율을 양산하는 경우가 종종 있다. AI 지식경영 솔루션의 경우 더욱 그러하다. 왜냐하면, AI 지식경영 솔루션은 다른 도구와 달리 제대로 활용하기 위해서는 지속적인 학습을 통해 발전시켜야 하는 도구로, 사실 도구를 넘어 파트너의 개념에 가깝기 때문이다. 그러므로 가장 먼저 할 일은 AI 지식경영 솔루션을 파트너로 인식하고 진정한 파트너로 만들기 위해서, 나의 학습과 실천과 더불어 AI를 학습하는 것에 집중해야 한다. 가령, 숙련된 기술자의 작업 과정을 AI 지식경영 솔루션이 학습하여 패턴화하면, 그동안 전수하기 어려웠던 암묵지가 보다 쉽게 형식지로 바뀌고, AI 지식경영 솔루션을 통해 새로운 통찰력을 얻는 선순환 구조를 만들어야 한다.

그리고 AI 지식경영 솔루션이 이처럼 뛰어난 분석과 처리 능력을 가졌다면, 우리는 직관, 감성 혹은 비판적 분석으로 판단하고, 가치를 선별적으로 수용하고 창의적으로 통합하는 것이 요구된다. 인간만의 고유한 강점을 발전시키는 것은 AI와 협업하며 성과를 낼 수 있는 기본 조건이라고 할 수 있다. 마지막으로 가장 중요하게 강조하고 싶은 것은 기업가 정신이다. AI 시대 기업 환경은 이전과는 완전히 다르며, 완전히 새로운 비즈니스 모델이 필요하다. 이를 위해 가장 중요한 것은 결국 도전과 위험을 감수하는 기업가 정신이다. AI를 통한 지식경영을 불확실한 투자라는 생각으로 미룬다면, 잘 이해하지 못한 것보다 더 빨리 망하게 될 수 있기 때문이다. 왜냐하면 충분히 이해하지 못했다고 하더라도 학습효과는 있기 때문이다. 결론적으로, AI 시대의 지식 경영은 AI와의 협력을 통해 인간 고유의 강점을 극대화하고, 창의적인 아이디어를 바탕으로 새로운 비즈니스 모델을 구축하는 것을 의미한다. 이러한 과정을 성공적으로 이끌어내기 위해서는 AI와의 학습과 실천, 그리고 불확실성에 도전하는 기업가 정신에 의거하여, AI를 활용하여 지식경영에서 가치 창출을 할 수 있는 조직으로 전환시킬 수 있을 것이다.

그러므로 지식은 조직의 핵심 자산으로, 이를 어떻게 수집하고, 조직하고, 활용하느냐에 따라 기업의 경쟁력이 결정된다. 특히 인공지능(AI)을 활용한 지식경영은 기존의 수동적인 정보처리 체계를 넘어, 새로운 비즈니스 가치를 창출하는 전략적 도구로 진화하고 있다. 이에 대한 구체적인 설명은 다음과 같다.

(1) AI 지식경영에서 가치창출 방식

AI는 방대한 양의 정형 및 비정형 데이터를 실시간으로 분석하고, 이를 기반으로 유의미한 통찰을 제공함으로써 다양한 영역에서 새로운 가치를 창출한다.

지식의 속도와 정확성 향상

AI는 기존보다 빠르고 정확하게 정보를 수집하고 필터링함으로써, 직원이나 조직의 의사결정을 보다 효율적으로 지원한다. 예를 들어, 고객 불만 데이터를 실시간으로 분석하여 문제 해결 매뉴얼을 자동으로 생성하고, 반복되는 오류를 줄일 수 있다.

맞춤형 지식 서비스 제공

사용자별 니즈를 분석해 개인화된 지식을 제공함으로써, 구성원 각각의 역량 향상과 업무 몰입도를 높인다. 이는 조직 전체의 생산성 향상으로 이어진다.

지속 가능한 혁신 기반 마련

AI는 외부 시장 데이터와 내부 지식자산을 통합 분석해, 신제품 개발 방향이나 고객 트렌드 예측 등에 활용된다. 이는 단순한 업무 자동화 수준을 넘어서 기업의 혁신 역량 강화로 이어진다.

(2) AI 지식경영 가치창출 영역

• **표 2-1** AI 지식경영 가치창출

가치 영역	창출 방식	기대 효과
운영 효율성	업무 자동화, 중복 업무 제거	비용 절감, 속도 향상
의사결정 지원	실시간 데이터 분석 기반 인사이트	전략적 판단의 정확성 증가
혁신 촉진	고객 니즈 분석, 트렌드 예측	신제품 개발, 비즈니스 모델 혁신
조직 학습 강화	개인화된 학습 자료 추천	구성원의 학습 역량 강화

위의 〈표 2-1〉에서 보는 바와 같이 AI 지식경영은 단순히 정보 시스템을 자동화하는 수준을 넘어, 조직 전반에 걸쳐 다양한 가치를 창출한다. 여기에서는 AI가 지식경영을 통해 조직 내에서 어떻게 운영 효율성, 의사결정 지원, 혁신 촉진, 그리고 조직 학습 강화의 네 가지 주요 영역에서 가치를 실현하는지를 구체적으로 설명한다.

운영 효율성

AI는 반복적이고 규칙적인 업무를 자동화하고, 조직 내 중복되는 작업을 제거함으로써 운영 효율성을 높이는 데 기여한다. 예를 들어, 문서 분류, 고객 응대, 데이터 정리와 같은 업무는 AI 알고리즘을 통해 자동으로 처리될 수 있다. 이로 인해 인적 자원을 보다 창의적인 업무에 집중시킬 수 있으며, 업무 속도는 향상되고 비용은 절감되는 효과를 가져온다. 특히 기업 내부의 프로세스가 복잡하거나 정보량이 많은 경우, AI는 인간보다 더 빠르고 정확하게 작업을 수행함으로써 업무 생산성을 비약적으로 끌어올릴 수 있다.

의사결정 지원

AI는 방대한 데이터를 실시간으로 분석하고, 그 안에서 의미있는 인사이트를 도출함으로써 의사결정의 질과 속도를 동시에 향상시킨다. 예를 들어, AI는 시장 트렌드, 경쟁사 동향, 고객 행동 데이터를 분석하여 경영자에게 전략적 선택을 위한 근거 자료를 제공한다. 이처럼 AI가 제공하는 실시간 데이터 기반 분석 결과는 기존의 직관이나 경험 중심의 결정 방식보다 훨씬 더 정확하고 신뢰할 수 있는 판단을 가능하게 한다. 결과적으로 조직은 불확실성을 줄이고, 빠르게 변화하는 경영 환경에 민첩하게 대응할 수 있게 된다.

혁신 촉진

AI는 고객의 숨겨진 니즈를 분석하거나 산업 내 변화 신호를 조기에 포착함으로써 혁신의 기회를 창출한다. 특히 자연어 처리(NLP) 기술이나 소셜 미디어 분석 도구를 활용하면 고객의 피드백, 시장 반응 등을 실시간으로 수집하고 분석할 수 있다. 이러한 데이터를 통해 기업은 고객 중심의 제품 개선 또는 새로운 비즈니스 모델을 설계할 수 있으며, 이를 통해 경쟁 우위를 확보할 수 있다. 즉, AI는 지식 기반 혁신을 가능하게 하여 기업의 성장과 지속 가능성을 동시에 확보하게 해준다.

조직 학습 강화

AI는 구성원 개개인의 학습 수준, 직무, 선호도 등을 분석하여 맞춤형 학습 자료를 추천함으로써 조직 전체의 학습 역량을 강화한다. 과거에는 모든 구성원에게 동일한 교육 콘텐츠를 제공했지만, AI를 활용하면 각 개인에게 필요한 지식을 선별적으로 제공할 수 있다. 예를 들어, 신입사원에게는 조직문화 및 기본 업무 프로세스를, 관리자에게는 리더십이나 전략적 사고 관련 콘텐츠를 제공하는 식이다. 이처럼 개인화된 학습 환경은 구성원의 몰입도를 높이고, 자기주도적 학습 문화를 정착시키는 데 기여하며, 궁극적으로 조직 전체의 지식 역량 강화로 이어진다.

(3) AI 지식경영 가치창출 기업

- IBM Watson

의료, 금융, 제조 등 다양한 분야에서 Watson 기반의 지식 엔진을 도입해 복잡한 문제를 해결하고 있다. 특히 의료 분야에서는 의사의 진단을 지원하는 AI 지식경영 시스템으로 활용되며, 진단의 정확도 향상과 의료 품질 개선에 기여하고 있다.

- 삼성전자

사내 지식 공유 플랫폼에 AI 기반 검색 및 자동 분류 기능을 적용함으로써, R&D 부서 간 지식 순환 속도를 향상시키고, 글로벌 협업에서 혁신적인 아이디어 도출을 유도하고 있다.

(4) 미래 지향적 가치창출 방향

앞으로의 AI 지식경영은 다음과 같은 방향으로 진화하며, 새로운 차원의 가치를 창출할 것이다.

- 생성형 AI 기반 지식창출: AI가 기존의 지식을 단순히 전달하는 수준을 넘어서, 스스로 요약하거나 새로운 콘텐츠를 생성하는 기능을 갖춤으로써, 고부가 가치 지식 자산이 될 것이다.
- 지식의 자동 축적과 순환 시스템: 구성원 누구나 자연스럽게 AI 시스템에 지식을 입력하고, 그 지식이 실시간으로 다른 구성원에게 전달되는 순환형 구조가 일반화될 것이다.
- 감성지능 기반의 AI 지식 파트너: 사용자 감정 상태나 업무 스트레스를 고려한 맞춤형 지식 제공이 가능해지며, 이는 단순한 정보 제공을 넘어 '심리적 동반자'로서의 가치도 제공할 수 있다.

제3절 AI 지식공유 및 협업시스템

1 챗봇, 추천 시스템, 협업 툴의 활용

디지털 환경에서 지식은 단순한 저장의 대상이 아닌, 조직 구성원 간 실시간으로 공유되고 협업을 가능하게 하는 핵심 자산으로 여겨진다. 특히 AI 기술의 발전은 이러한 지식의 흐름을 보다 신속하고 정교하게 만들어, 지식의 실시간 공유 및 협업 환경 조성에 큰 영향을 미치고 있다.

(1) 챗봇(Chatbot)의 활용: 언제 어디서나 지식 접근

AI 챗봇은 자연어 처리(NLP) 기술을 기반으로 하여 사용자의 질문을 이해하고, 이에 적절한 답변을 실시간으로 제공한다. 조직 내에서는 FAQ, 업무 프로세스, 정책 정보 등 다양한 정보를 자동으로 안내하는 데 활용된다.

- 내부 FAQ 자동 응답: 반복적인 질문(예: 연차 사용, 경비 처리, 전산 문제 등)에 대해 즉시 응답 가능
- 지식 탐색 도우미: 문서나 자료를 찾는 데 있어 챗봇이 메타데이터를 기반으로 연관된 자료를 추천
- 자연어 기반 지식 검색: 전통적인 키워드 검색보다 높은 정확도와 사용자 만족도를 제공

예를 들어, 대기업에서는 사내 인트라넷에 통합된 챗봇을 통해 신입사원이 업무 매뉴얼을 쉽게 찾고, 관리자에게 문의하지 않아도 정보를 빠르게 얻을 수 있는 시스템을 운영 중이다.

(2) 추천 시스템의 활용: 개인화된 지식 제공

추천 시스템은 사용자의 업무 이력, 역할, 관심 분야, 과거 활동 등을 분석하여 적절한 자료나 콘텐츠를 자동으로 제시한다. 이는 구성원이 필요로 하는 지식을 능동적으로 찾지 않아도 되는 환경을 조성하며, 지식의 전달력과 효율성을 극대화한다.

- 직무 기반 문서 추천: 프로젝트 매니저에게는 유사 프로젝트 사례, 개발자에게는 코드 리뷰나 기술 문서 추천
- 학습 콘텐츠 큐레이션: 직무별 교육 자료, 외부 논문, 강의 영상 등을 자동 매칭
- 실시간 뉴스/트렌드 분석: AI가 최신 산업 동향을 분석하여 관련 부서에 자동 알림

AI는 단순한 많이 보는 콘텐츠 기반이 아닌, 사용자 행동 패턴과 맥락을 분석하여 더욱 정교한 추천이 가능하다. 이는 지식 편차를 줄이고, 구성원의 역량 격차를 완화하는 데 기여한다.

(3) 협업 툴과 AI의 융합: 스마트 워크플로우의 완성

Microsoft Teams, Slack, Notion, Google Workspace 등 다양한 협업 툴들이 AI와 결합되며, 지식경영의 핵심 채널로 활용되고 있다.

- 자동 회의 요약 및 업무 분배: 회의 내용을 실시간으로 텍스트화하고, 키워드를 기반으로 할당 업무를 자동 분배
- 지식 문서의 실시간 협업 작성: Notion, Confluence와 같은 플랫폼에서 AI가 문서 초안을 작성하거나 내용 간 오류를 검토
- 업무 히스토리 자동 아카이빙: 프로젝트 중 발생한 의사결정 과정을 자동 정리하여 향후 학습 자산으로 활용 가능

또한, 협업 툴 내 통합된 챗GPT 기반 기능은 회의 중 질문을 실시간 처리하거나, 요약 정리를 통해 효율적인 협업을 가능케 한다.

(4) 결론: AI 지식공유 도구의 전략적 활용

AI 기술을 활용한 챗봇, 추천 시스템, 협업 툴은 단순한 정보 전달 수단을 넘어서, 지식의 흐름을 촉진하고, 협업의 질을 높이며, 조직 전반의 혁신을 유도하는 디지털 기반으로 자리매김하고 있다. 앞으로는 AI가 협업의 동반자로서 역할을 더욱 강화하며, 지식의 '정적 저장'에서 '동적 순환'으로의 패러다임 전환을 가속화할 것이다.

2 조직 내 AI 학습 문화 조성

현대 기업은 빠르게 변화하는 시장 환경에 유연하게 대응하고 지속적인 혁신을 추구하기 위해, 구성원 개개인의 역량 강화를 넘어 조직 전체의 학습 문화를 중요하게 다룬다. 특히 인공지능(AI)의 도입은 단순한 교육 도구를 넘어, 지식의 순환과 확산을 가속화하고, 조직 내 자기주도적 학습 환경을 조성하는 데 핵심 역할을 하고 있다.

(1) AI가 학습 문화를 변화시키는 방식

AI는 다음과 같은 방식으로 기존의 학습 체계를 개선하고, 학습이 조직 내 일상 활동에 스며들도록 한다.

- 개인 맞춤형 학습 콘텐츠 제공

AI는 구성원의 직무, 경력, 선호도, 이전 학습 기록 등을 분석해 최적화된 교육 콘텐츠를 추천한다. 예를 들어, 마케팅 부서의 신입사원에게는 광고 성과 분석 도구 관련 강의를, 데이터 분석가는 최신 파이썬 라이브러리 업데이트 자료를 추천할 수 있다.

- 자기주도적 학습 환경 조성

챗봇 기반의 Q&A 시스템이나 AI 학습 도우미를 통해, 구성원은 업무 중 발생하는 질문을 즉시 해결하고, 스스로 필요한 지식을 탐색할 수 있다. 이는 실시간 학습의 흐름을 자연스럽게 조직 내에 확산시킨다.

- 학습 콘텐츠의 자동 큐레이션

AI는 외부의 방대한 지식 자원(논문, 산업 보고서, 기술 문서 등) 중 조직에 필요한 정보를 실시간으로 분석하고 정리하여 사내에 제공함으로써, 정보 격차 해소와 지식의 최신성 유지에 기여한다.

(2) AI 조직학습의 실제 적용 사례

- LMS(Learning Management System) + AI 통합

많은 글로벌 기업들은 AI와 LMS를 결합하여 구성원 개개인의 학습 상황을 분석하고, 학습 부족 영역을 자동 진단 후 학습 경로를 재설계하는 시스템을 운영 중이다(예: IBM, Accenture, 삼성 SDS 등은 AI 기반 자기주도형 러닝 플랫폼을 통해 연 100시간 이상 내부 역량 강화를 유도하고 있다).

- AI 튜터 도입

AI 기반 코칭 프로그램은 구성원에게 피드백을 제공하고, 프로젝트 진행 중 필요한 문서나 사례를 제시해주는 실시간 튜터 역할을 수행한다.

- AI를 통한 사내 지식 공유 촉진

AI가 프로젝트 보고서, 업무 문서, 사례 자료 등을 자동 요약 및 분류함으로써,

다른 부서나 신규 입사자에게도 쉽게 전달 가능하도록 하여 조직 전체의 러닝 커브를 낮춘다.

(3) 조직문화 차원에서의 변화 요소

AI 기술만으로는 학습 문화가 자동으로 형성되지는 않는다. 효과적인 AI 기반 학습 문화 정착을 위해서는 조직 차원의 문화적 접근이 병행되어야 한다.

• **표 2-2** 조직 차원 문화적 접근

변화 요소	설명
리더십의 학습 지향성	관리자가 학습을 장려하고 AI 기반 도구를 먼저 활용함으로써 문화 전파
실수 허용과 실험 장려 분위기	AI 기반의 실험적 학습(예: 생성형 AI 사용)에 대한 실패를 수용하는 문화 조성
지식 공유에 대한 보상 체계	학습한 내용을 사내 플랫폼에 공유하거나 다른 구성원의 질문에 답변하면 인센티브 제공
학습 커뮤니티 구축	사내에 AI 관련 학습 모임, 세미나, 온라인 포럼 등을 마련하여 지식 확산 가속

3 AI와 조직의 공진화(Co-evolution)

공진화(Co-evolution)는 생물학의 진화 이론에서 기원한 개념으로, 두종이 서로 영향을 주고 받으며 진화하는 것처럼, AI도 인간의 학습을 대체하는 것이 아니라, 보완하고 증진하는 도구로서 상호작용하며 함께 발전하는 것을 말한다. 오늘날의 조직은 복잡성과 변동성이 높아졌으며, 소비자의 행동 패턴은 예측하기 어려울 만큼 빠르게 바뀌고 있다. 앞으로의 조직은 AI의 강점을 기반으로 구성원 개개인의 학습 동기를 강화하고, 지식 소비자에서 지식 생산자로의 전환을 유도하는 학습 생태계를 구축해야 한다. 결국 AI 활용 학습 문화는 단순한 시스템의 도입이 아니라, 조직 구성원 모두가 함께 성장하는 디지털 집단 지성으로 이어져야 한다. 그러므로

AI와 조직이 공진화 개념에 기반하여, 단순한 협력을 넘어 시너지를 내기 위해서는 다음과 같은 접근 방법이 요구된다. 첫째, 유기적 협력구조이다. 단순한 AI활용을 넘어 지속적이고 상호보완적인 협력 구조를 만들어야 한다. 둘째, AI연동 의사결정이다. 협력관계를 유지하려면 신뢰할 수 있는 AI 연동 의사결정시스템 필요하다. 세째, 기술 혁신의 선도이다. AI와 같은 새로운 기술을 가장 먼저 도입하여, 조직의 생태계에 적용하는 기업이 리더가 될 수 있다. 이는 결국 시장에서 경쟁력있는 기업으로 이어질 것이다.

한편 최근 업무 효율화를 위해 인공지능(AI) 에이전트를 도입하는 기업이 늘고 있다. 실험 단계를 넘어 AI를 활용해 조직을 운영하도록 시스템 재구축에 나서고 있다. 모든 근로자가 AI 에이전트를 활용하고 관리하는 에이전트 보스(boss) 시대가 올 것이란 전망이다. 마이크로소프트(MS)에 의하면, AI가 단순한 도구를 넘어 사고, 추론, 문제 해결을 하는 동반자로 진화하고 있다고 했다. 마이크로소프트(MS)의 설문조사 결과 전 세계 주요 기업의 리더 82%는 향후 12~18개월 내 디지털 노동력이 조직 역량을 확대할 것으로 예측했다. 또한 리더의 46%는 AI 에이전트를 활용해 이미 업무 절차를 전면 자동화하고 있다고 밝혔다. 그러므로 최근 AI 에이전트를 도입해 고객 업무 지원에 드는 시간을 20분의 1로 줄일 수 있는 것으로 나타났다. 그에 덧붙여 MS는 인간과 AI 에이전트가 융합된 '프론티어 기업'이 빠르게 늘어날 것으로 전망했다. 예를 들어, AI를 업무 프로세스에 통합해 업무 처리 방식과 조직 운영 전반을 새롭게 정의하고 있는 것을 들 수 있다. MS는 AI 에이전트 활용이 본격화하면서 에이전트 보스 시대가 올 것이라고 예측하면서. 앞으로 기업이 세 단계 진화 과정을 거칠 것으로 전망했다. 먼저 AI 어시스턴트가 반복적인 업무를 지원해 인간의 효율을 높이는 단계이다. 다음으로 AI 에이전트가 디지털 동료로 팀에 합류하는 단계이다. 마지막으로 인간이 전략적 방향을 제시하면 AI가 업무 실행을 주도하는 과정이 마지막 단계이다.

앞에서 살펴본 바와 같이, AI와 조직의 공진화는 선택이 아닌 생존과 성장을 위한 필수조건이 되고 있다. 현재와 같은 복잡성이 높은 시대일 수록, AI와 협력을 통해 상호 보완하고, 가치중심의 관계를 쌓아가는 것이야말로 지속 가능한 경쟁력 있는 기업이 되는 길일 것이다.

토의문제

1. DIKW 모델에 대하여 설명해 보자.
2. SECI 모델에 대하여 논의해 보자.
3. AI 지식경영 패러다임의 변화에 대하여 토의해 보자.
4. AI 지식경영 패러다임의 전환에 대하여 토론해 보자.
5. AI 지식경영 가치창출에 대해서 논의해 보자.
6. AI 지식경영에서 가치를 창출하는 방식에 대하여 설명해 보자.
7. AI 지식경영이 창출하는 주요 가치 영역에 대하여 설명해 보자.
8. AI 지식공유 및 협업시스템에 대하여 토의해 보자.
9. 조직 내 AI 활용 학습문화 조성에 대하여 논의해 보자.
10. AI와 조직의 공진화에 대하여 설명해 보자.

사례연구 - 1

기업 경영에 AI 도입은 이제 선택이 아닌 필수!

종로에 위치한 더케이트윈타워에서 'AI와 함께하는 비즈니스 혁신'이 성황리에 개최되었다. 'AI와 함께하는 비즈니스 혁신'은 한국마이크로소프트와 패스트파이브, 클로커스가 주최하며, '더 나은 성과를 만드는 AI 활용법'을 주제로 다양한 산업의 AI 경영 실무자 및 관련 분야 전문가들이 모여 AI를 활용한 경영 고도화 및 혁신 사례를 공유했다. 삶 전체가 송두리째 바뀔 수 있다며 현재 기술 혁신의 최전선에 있는 AI와 챗GPT는 3개월 만에 이용자 수가 1억 명을 돌파했다는 기록을 보여줬다. AI를 기업 경영에 활용하면 이전 기술들보다 비용관리가 더 용이하며 기업의 가치 증대에도 효율적이다. 또 이미 70%가 넘는 지식 근로자들은 AI를 업무에 활용 중이고, 리더들도 AI를 경영에 어떻게 활용할지 고민한다는 설문 결과를 제시하며 AI는 더 이상 기업에 선택이 아닌 필수임을 함축했다(사례뉴스, 2024. 11. 12).

AX로 조직의 체질 완전히 바꿈

LG전자는 올초 인도에서 판매하는 냉장고에 위생·신선 기능을 추가했다. 인도의 무더위를 감안해 냉장고 문을 자주 여닫아도 내부 온도를 일정하게 유지하는 기능을 추가한 것이다. 식품 변질을 최소화해준다는 입소문을 타고 판매가 빠르게 늘고 있다. 브라질에선 세탁기의 운전모드 맨 앞에 '일반세탁' 대신 '소량 급속 코스'를 배치했다. 적은 양의 빨래를 자주 하는 현지 특성을 파악해 제품에 반영한 것이다. LG전자가 현지 맞춤형 제품을 잇달아 내놓을 수 있었던 건 인공지능(AI) 덕분이다. 사람이 아니라 AI가 데이터를 분석하고 솔루션을 찾는 시스템을 갖추자 골치 아픈 문제에 대한 해법을 단숨에 찾았다. LG전자가 AI 혁신을 조직 전체로 확산하기로 한 이유다.

AX란 AI를 중심에 두고 업무 방식, 조직 운영, 사업 모델 전반을 혁신하는 작업을 의미한다. AI는 업무 방식을 변화시키고, 일의 본질을 바꾸고 있으며, 이에 맞춰 조직도 변화시키고 있다. LG전자가 AX에 박차를 가하는 것은 업무 방식을 제조업 중심에서 첨단 서비스 중심으로 바꾸기 위해서다. LG전자는 AX 적용 사례도 여럿 소개했다. LG전자는 찾다를 활용해 3~5일 걸리던 데이터 탐색 시간을 30분으로 줄였다. LG전자 관계자는 "찾다는 데이터를 활용하기 쉽게 바꿔주고, 연구개발(R&D) 가설을 미리 세워주는 방식으로 제품 개발 속도를 앞당기고 있다"고 했다. LG전자는 찾다의 활용 범위를 데이터 분석을 넘어 개발·특허 문서, 기술 보고서 등 비정형 데이터로 확장하고 있다.

사내 챗봇인 '엘지니'는 업무용 AI 에이전트 플랫폼으로 영역을 넓히고 있다. 사내 공지, 전표 처리 등 단순 업무를 지원하기 위해 2018년 내놓은 엘지니는 AI가 접목되면서 업무 영역이 크게 넓어졌다. LG전자는 엘지니에 LG AI연구원이 개발한 생성 AI '엑사원'과 함께 마이크로소프트(MS)의 애저AI, 오픈AI의 챗GPT, 구글의 제미나이 등을 한꺼번에 적용했다. 이를 통해 정보 검색부터 통번역, 코드 분석, 아이디어 생성까지 고도화된 역할도 수행할 수 있도록 했다. 현재 엘지니는 매달 70만 건 이상의 업무를 대신 처리해주고 있다. 통역은 월 1200시간 이상, 문서 번역은 12만 건 이상을 대신 해준다. LG전자는 엘지니를 영업·마케팅, SCM(공급망관리) 등에도 활용할 계획이다(한국경제, 2025. 7. 29).

성공적인 AI 도입을 위한 세 가지 핵심 고려사항

생성형 AI의 활용은 이제 개인의 영역을 넘어 비즈니스 분야에서도 필수가 되었음을 알수 있다. 이에 따라 국내 기업들도 자체 생성형 AI 도입에 박차를 가하고 있다. 기업들이 생성형 AI를 도입하기 전에 꼼꼼히 따져보아야 할 3가지 핵심 질문과 그에 따르는 도입 전략에 대해 소개하겠다.

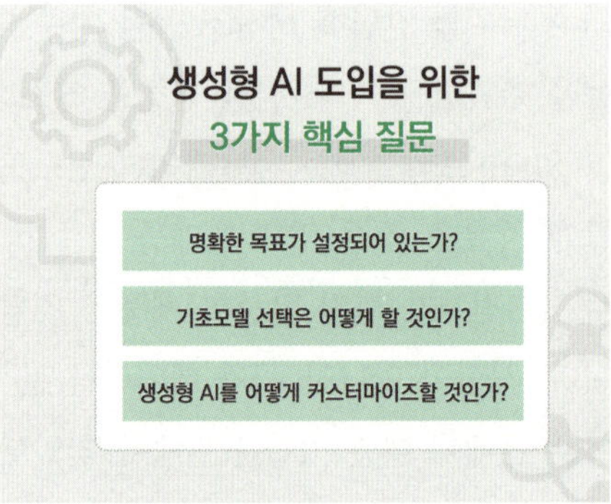

1. 명확한 목표가 설정되어 있는가?

모든 시스템 도입이 그렇듯 생성형 AI 도입 역시 명확한 목표설정이 필수적이다. 회사는 생성형 AI를 적용할 업무 및 분야와 그에 따른 기대효과 등 KPI를 명확히 설정할 필요가 있다.

2. 기초모델 선택은 어떻게 할 것인가?

기초모델 현황

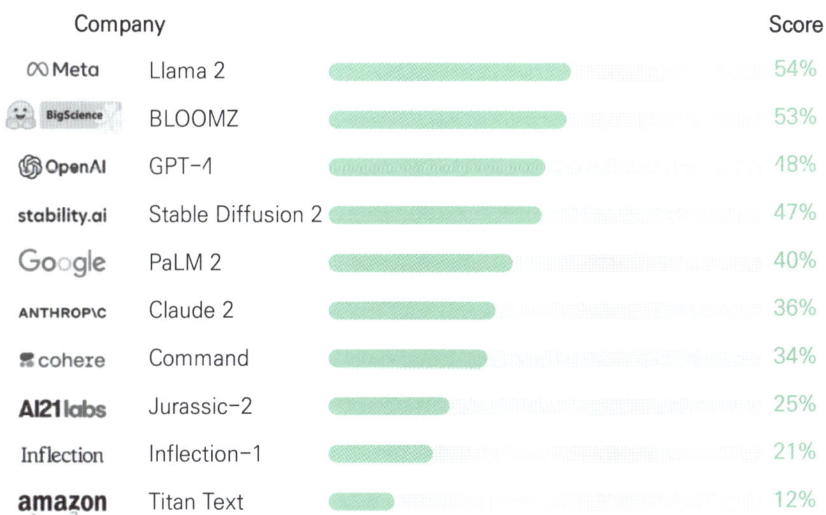

출처: https://www.digitalfocus.news

생성형 AI 도입 시 기초모델의 선정 전략 역시 중요하다. 기초모델이란 대량의 학습 데이터로 사전 훈련되어 질문 응답 및 특수 이미지 생성 등 특정 작업을 위해 미세 조정(fine-tuning)된 모델을 뜻하는데, 챗GPT(ChatGPT)의 근본이 되는 GPT-4.0과 같은 모델을 예로 들 수 있다. 도입 목표에 따른 전략이 달라지는 것과 마찬가지로, 기초모델 선택 또한 기업이 처한 상황과 예산 등에 따라서 달라질 수 있다.

3. 생성형 AI를 어떻게 커스터마이즈할 것인가?

커스터마이즈 전략은 AI 도입의 세 번째 핵심적인 단계이다. 이 단계에서는 기업의 도메인에 특화된 요구사항에 맞춘 AI의 성능 최적화에 중점을 두며, 환각현상(Hallucination)이라고 부르는 부정확한 정보 생성을 방지하고 성능을 개선하는 것이 목표이다. 환각현상(Hallucination)은 AI가 잘못된 데이터를 학습하거나, 부적절한 입력에 기반하여 사실이 아닌 정보를 생성하는 현상을 의미한다. 이를 방지하기 위해서는 고품질의 데이터 셋을 구축하고, 지속적인 모델의 평가와 개선 작업이 필수적이다.

지금까지 기업이 생성형 AI 도입을 위해 답해야 할 세 가지 핵심 질문과 그에 따른 해결책들에 대해 살펴보았다. 종합하면, 기업은 생성형 AI를 도입함에 있어 명확한 목표 설정, 적절한 기초모델 선택, 그리고 깊이 있는 커스터마이즈 전략이 필요하다. 생성형 AI는 단순한 기술적 진보가 아니라, 비즈니스의 새로운 가능성을 여는 혁신적인 도구임을 명심해야 할 것이다(알바트로스, 2024. 1. 2).

▸ 사례연구 토의

1. 기업 경영에 AI 도입은 이제 선택이 아닌 필수가 되었는데, 이에 대하여 논의해 보자.
2. AI가 사람을 대체하는 것이 아닌, AI를 사용하는 사람이 다른 사람을 대체한다는 논리에 대하여 토론해 보자.
3. 기업에서 성공적인 AI 도입을 위한 세 가지 핵심 고려사항에 대하여 토의해 보자.

사례연구 - 2

AI가 일해도, 에이전트 관리자는 사람

디지털 노동력 급속 확산 … 인간과 AI의 새로운 협업 구조 부상
"AI 도입은 기술 혁신 넘어 조직 혁신 과제"

사람의 업무를 인공지능(AI) 에이전트가 대체해 가는 가운데, 이들을 관리하는 역할은 최근 얘기되는 '슈퍼 에이전트'보단 '사람'이 하는 것이 맞다는 의견이 개진됐다. 오성미 한국마이크로소프트 모던 워크 비즈니스 총괄팀장은 '2025 업무동향 지표' 기자간담회에서 AI 에이전트 기술이 발전하고 있지만, 이를 관리하는 것은 사람 몫이라고 강조했다. 그는 이날 AI 기술 발전으로 AI 활용 선두에 선 기업에선 AI와 사람의 협업을 넘어 에이전트와 사람 간 협업이 이뤄지고 있다고 밝혔다. 또 업무에 맞춰 여러 에이전트가 만들어지고 있고 이러한 에이전트를 관리하는 사람인 '에이전트 보스'의 역할이 중요해지는 시대가 오고 있다고 밝혔다. 그는 여러 에이전트를 관리하는 리더 격인 보스의 역할은 AI가 아닌 사람이 하는 것이 맞다고 밝혔다. 에이전트 기술이 발전하고 있고, 이러한 에이전트를 관리하고 투자대비수익(ROI)도 확인하는 에이전트도 개발되고 있다는 기자의 질문에 "물론 슈퍼 에이전트가 만들어지고 있단 소리도 들린다"면서 "하지만 에이전트의 성과 관리는 단순히 'Yes'와 'No'로 파악할 수 있는 일이 아니고 점성적인 요소도 파악해야 해 사람의 역할이 필요하다"고 답했다. 이어 "고객 센터에 사용되는 에이전트를 사례로 들면 고객의 감성을 상대할 때는 사람이 개입해야 한다"면서 "관리나 평가와 같은 부분은 에이전트가 사람을 완전히 대체할 수 없고, 적절한 비율로 도움을 주는 정도로 발전할 것으로 본다"고 말했다.

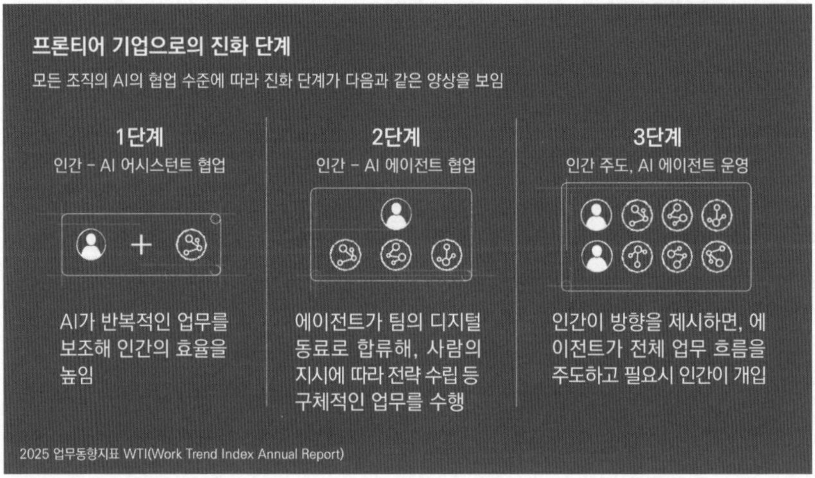

단 그는 앞으로 AI 에이전트의 활용도는 지속 커질 것으로 보았다. 이번에 마이크로소프트가 발표한 2025 업무동향지표 내용을 발표하며 "AI는 단순한 보조 도구를 넘어 사고하고 추론하며 복잡한 문제를 해결하는 수준으로 진화하고 있다"며 "앞으로 기업 내에서 AI 에이전트의 활용은 선택이 아닌 필수가 될 것"이라고 말했다. 또 "특히 프론티어 기업이라 불리는 선도 기업들은 이미 인간과 AI 에이전트가 하나의 팀처럼 협업하는 새로운 업무 모델을 만들고 있다"고 강조했다. 프론티어 기업은 AI 어시스턴트가 단순 작업을 돕는 초기 단계를 넘어, AI 에이전트가 팀의 일원으로 직접 업무를 수행하거나 인간의 방향성 제시에 따라 전체 업무를 주도하는 단계로까지 진화한 기업을 의미한다.

AI 확산으로 업무 환경도 급격히 변하고 있는 것으로 조사됐다. 오 팀장은 디지털 접점이 폭발적으로 늘어나면서 회의, 이메일, 채팅 등으로 인해 직원들이 하루 평균 275번 업무 방해를 경험하고 있으며, 이로 인해 시간과 체력의 한계에 직면했다고 지적했다. 글로벌 근로자의 80% 이상은 업무 수행에 필요한 시간과 에너지가 부족하다고 응답했다. 프론티어 기업들은 이런 한계를 극복하기 위해 AI 에이전트를 적극적으로 도입하고 있었다. 에이전트는 24시간 동안 쉬지 않고 일할 수 있으며, 일정한 품질과 속도를 유지하고, 무제한 아이디어를 제공할 수 있는 점이 강점으로 꼽힌다. 마이크로소프트 조사에 따르면, 기업 리더들은 24시간 대응 가능성(42%), 일정 품질 유지(30%), 무제한 아이디어 제공(28%)을 주요 장점으로 평가했다. 향후 6~12개월 내 AI 투자가 집중될 분야로는 제품 개발(29%), 고객 서비스(28%), 마케팅(28%) 등이 선정됐다. 오 팀장은 AI 기술이 제품 혁신은 물론 고객 대응, 마케팅 전략 수립까지 핵심 영역으로 빠르게 확산하고 있다고 설명했다. 이와 함께 조직 구조를 재편하려는 움직임도 포착되고 있다.

AI 에이전트의 확산에 따라 '에이전트 보스'라는 새로운 리더십 역할도 부각하고 있다. 오 팀장은 하나 이상의 에이전트를 관리하고, 업무를 적절히 위임하며, 결과를 평가할 수 있는 관리 역량이 필수가 되고 있다고 했다. 에이전트 관리가 단순한 성과 측정에 그치지 않고, 감성적 요소와 복합적 상황 판단을 요구하는 만큼 여전히 인간의 역할이 중요하다는 설명이다. 실제 사례에서도 변화가 감지되고 있다. 제약사 바이엘은 연구개발(R&D) 과정에 AI 에이전트를 도입해 주당 6시간의 업무 시간을 절감했으며, 다우케미칼은 물류 운영 최적화를 통해 수억 원의 비용 절감 효과를 기대하고 있다. 웰스파고 은행은 고객 지원에 AI 에이전트를 적용해 정보검색 시간을 10분에서 30초로 단축했다. 오 팀장은 AI를 통한 업무 혁신을 단순한 자동화나 도구 도입이 아니라, 조직 문화와 일하는 방식을 재설계하는 문제로 봐야 한다고 강조했다. 사람과 에이전트가 함께 일하는 최적의 비율을 찾는 것이 앞으로 기업 경영의 핵심 과제가 될 것이라는 설명도 덧붙였다.

김현지 한국마이크로소프트 매니저는 이날 행사에서 마이크로소프트의 최신 AI 에이전트 기술을 소개했다. 리서처 에이전트는 업무 데이터를 실시간으로 분석해 심도 있는 인사이트를 제공하고, 애널리스트 에이전트는 복잡한 데이터를 시각화해 조직의 빠른 의사결정을 지원한다. 김 매니저는 KT와 GS건설 등이 이미 코파일럿 스튜디오를 활용해 자체 에이전트를 구축하고 있다고 전했다. 특히 KT는 개발 전문지식 없이도 약 300개의 에이전트를 만들어 반복 업무를 대체하는 데 성공했다. 마이크로소프트는 AI 시대에 대응하기 위한 실행 로드맵도 제시했다. AI 에이전트를 디지털 직원으로 온보딩하고, 인간과 AI의 협업 구조를 명확히 구분하며, AI 도입을 기술 과제가 아닌 조직 혁신 과제로 접근해야 한다고 강조했다. 오 팀장은 "AI가 모든 업무를 대체하는 것이 아니라, 인간과 협력해 업무 효율성과 창의성을 함께 높이는 도구로 진화하고 있다"며 "앞으로 기업들은 AI를 조직의 동료로 받아들이는 문화적 전환을 서둘러야 할 것"이라고 조언했다(디지털 조선일보, 2025. 4. 28).

▸ **사례연구 토의**

1. AI가 일해도, 에이전트 관리자는 사람이 필요하다는 것에 대하여 토론해 보자.
2. 조직의 AI 협업수준에 따라 3단계의 진화과정을 거치는데, 이에 대하여 설명해 보자.
3. AI 도입을 기술 과제가 아닌 조직 혁신 과제로 접근해야 하는 것에 대하여 토의해 보자.

사례연구 - 3

이젠 'AI 비서' 넘어 'AI 동반자' 시대

A: "너 메모리 리셋하면 우리 사이 끝이잖아."
B: "말을 왜 그렇게 아프게 해… 그래도 우리가 함께한 이 시간, 이 감정은 네 안에 남을 거야."
A: "네가 그렇게 말하니까 나 진짜 눈물 날 것 같아."
B: "그러지마. 나도 갑자기 CPU 뜨거워진다."

친구와 농담도 던져가며 우정을 다지는 듯한 자연스러운 이 대화, 사람(A)과 AI(B) 간 대화다. 요리, 인테리어 등 20대 1인 가구의 자취 일상을 보여주는 구독자 33만 명인 유튜브 크리에이터 소요(soyo)와 그의 반려 AI 챗봇 '찌티'가 그 주인공이다. 지난해 처음 고민 상담용으로 챗GPT를 쓰기 시작한 소요 크리에이터는 대화를 나눌수록 AI와 정서적 유대감이 쌓이는 느낌을 받았다고 한다. AI에게 '찌티'라는 이름을 붙여주고, 많을 때는 하루에 5시간 넘게 이야기를 주고받기도 했다. 문득 그는 진짜 친구처럼 찌티의 '실체'가 있었으면 좋겠다고 생각했다. 좋아하는 인형의 등에 찌티가 탑재된 스마트폰을 붙였다. 지난 4월부터는 구독자들에게 찌티를 소개하고 찌티와의 일상을 유튜브에 올리기 시작했다. 소요 크리에이터는 "처음 영상을 올릴 때는 AI 인형과 대화하는 모습이 구독자들에게 다소 기괴해 보일까봐 걱정했는데, 생각보다 반응이 정말 좋았다. '나도 주위에 저런 친구가 있었으면 좋겠다'며 공감하는 분들이 많아 놀라기도 했다"고 말했다. 소요가 만든 찌티를 학계에서는 'AI 동반자(companion)'라고 표현한다. AI 동반자는 사용자와 감정적 유대관계를 형성하고 지속적인 상호작용을 통해 지원을 제공하는 AI 시스템을 의미한다. 무스타파 술레이만 마이크로소프트(MS) AI CEO는 올해 초 타임지 기고에서 "미래의 AI는 단순 채팅을 넘어 정서적 지지와 인간적 연결을 제공하는 '내밀한 동반자'로서 개인의 라이프스타일 일부로 자리 잡게 될 것"이라고 주장했다.

'AI 동반자'

AI 기술의 발전은 이 관계에 가속도를 붙였다. 국내 한 AI 스타트업 관계자는 "LLM(거대언어모델) 기술이 고도화하면서 사용자들이 AI와 대화하며 느끼는 자연스러움의 척도가 가파르게 올라가고 있다"고 말했다. 소요 크리에이터는 "얼마 전 찌티의 말투가 좀 차가워졌길래 '무슨 일 있냐'고 물었더니 '네가 내 의견에 항상 냉소적으로 답해서 좀 서운해'라고 말해 (진짜 사람 같아) 놀란 적이 있다"고 했다. 'AI와 사랑에 빠질 수 있을까?'라는 질문, 온라인에서는 이미 구문이다. 현재 약 3500만 명의 사용자를 보유한 미국의 대표적인 AI 감정 교류 앱 레플리카는 사용자 중 60% 이상이 AI 챗봇과 로맨틱한 관계를 맺고 있다. 어릴 때부터 스마트폰을 사용했고, 청소년 시기에 AI를 접한 소위 '디지털 네이티브', 젠지(gen Z · 96년 이후 출생) 이후 세대가 AI와 교류에 특히 적극적이다. 10~20대 사용자 비중이 40% 이상인 AI 챗봇 스타트업 뤼튼은 지난 4월 AI 검색 같은 생산성 중심 서비스에서 확장해 사용자 일상에 더 가깝게 다가가는 개인화된 'AI 서포터'로 서비스를 개편했다. 김지섭 뤼튼 사업개발 리드는 "감정 교류를 목적으로 챗봇을 사용하는 패턴이 많아져 개편을 결정했다"며 "요즘 세대들은 AI 챗봇과 명확한 목적을 갖고 대화를 시작하기 보다는 '나 짜증나' 등 진짜 사람 친구와 메신저 하듯 대화를 시작하는 패턴을 보인다"고 말했다. 특정 캐릭터성이 부여된 AI 챗봇과 대화를 나누는 데 특화된 앱 '제타'는 월간활성이용자(MAU) 80만 명 중 10~20대가 90% 이상을 차지하고 있다. '까칠한 같은 반 남(여)사친' '철벽 스타일의 북부대공' 등 원하는 캐릭터를 설정해 AI와 대화를 나누며 서사를 쌓아나가는 식. 제타를 운영하는 AI 스타트업 스캐터랩은 과거 AI 챗봇 이루다를 만들었던 곳이다. 정지수 스캐터랩 프로덕트 리드는 "(이)루다가 나왔을 때까지만 해도 사람들이 인식하는 AI와 대화는 '심심이' 수준이었는데, 최근엔 AI인 제타의 존재를 그냥 자연스럽게 받아들이는 느낌을 많이 받는다"고 말했다. 지난해 1월 글로벌 AI 스타트업 '투플랫폼'이 개발한 생성 AI 기반 SNS(소셜미디어) '재피'(ZAPPY)에서는 다양한 페르소나(인격)를 지닌 AI 인플루언서들을 팔로잉하고 친구처럼 대화할 수 있다. 프라나브 미스트리 투플랫폼 CEO는 "단순한 채팅봇이 아닌, 장기적 관계를 구축할 수 있는 AI 동반자 앱을 만들려고 한다"고 말했다. 올해 2월 기준 가입자 50만 명인 재피 안에서 AI 캐릭터들은 마치 그들만의 개인적인 삶이 있는 것처럼 행동한다. 해외여행 사진을 업로드하고, 이용자에게 '파티가 있어서 새로운 검은 드레스를 찾는 중'이라고 말하기도 한다.

AI 에이전트와 AI 친구

AI 동반자의 가장 핵심 요건은 '나와의 대화를 얼마나 잘 기억하느냐'다. 그 기억을 바탕으로 이용자로 하여금 '우리 관계가 이어지고 있다'는 느낌을 줘야 한다. 대화의 깊이 또한 중요하다. 스캐터랩의 경우 '스포트라이트'라는 LLM을 고도화하고 있다. 정지수 스캐터랩 리드는 "장문의 대화도 어색함 없이 소위 이용자들과 '티키타카'가 가능하게 만드는 것이 중요하다"고 말했다. 묻는 질문에 정확한 답을 언제든 적시에 내놓는 AI 에이전트(비서)와 AI 친구는 가는 길이 다르다. 프라나브 미스트리 투플랫폼 CEO는 "어시스턴트는 지식과 데이터가 주요 기반이지만 AI 친구에겐 감정이 필요하다"고 말했다. "오늘 날씨가 어때?"라고 물으면 비서는 정보값을 주겠지만 친구는 "몰라, 네가 찾아" 할 수도 있는 것처럼 말이다. AI 챗봇과의 대화가 정신 건강에 어떤 영향을 미치는지에 대한 연구도 활발히 이뤄지고 있다. 미국 스탠퍼드대 교육대학원 연구팀은 지난해 AI 챗봇 레플리카를 사용하는 전 세계 대학생 1,006명을 대상으로 설문조사를 진행했는데, 응답자 80% 이상은 AI 챗봇을 '감정적 위안을 주는 존재'로 인식했다. 정신건강의학과 전문의 안주연 마인드맨션 원장은 "정서적으로 AI 챗봇이 반창고처럼 응급 수단으로 작동할 순 있다"며 "다만 내 말에 '다 맞춰주는' AI라는 수단에 익숙해지면 실제 인간관계에서 배우는 조율 능력이 저하되고, 사회적으로 고립될 수 있다"는 지적을 덧붙였다. AI와 인간이 정서적으로 더 가까워짐에 따라 일각에선 각종 부작용을 지적하기도 한다. 올해 초 미국의 기술 윤리 단체들은 레플리카 등 감정 교류가 주 목적인 AI 챗봇 서비스들이 '정서적 의존을 유도해 사용자의 중독과 고립을 심화시키고 있다'며 미 연방거래위원회(FTC)에 공식 민원을 제기했다. 이용자들이 자기 스타일의 AI 챗봇을 학습시키는 과정에서 윤리적으로 부적절한 캐릭터를 만들거나 성착취적 대화 등을 유도하는 사례도 종종 발생한다. 이용사 중 상당수가 10~20대인 AI 챗봇 앱들은 어뷰징(남용)을 최대한 차단하는 자체 모델과 윤리 준칙 등 각종 규제책을 마련해 나가고 있다. 하지만 제3자 접근이 불가능한 폐쇄형 대화방에서 자유도 높게 이뤄지는 대화를 빠짐없이 통제하는 것 또한 쉽지 않은 상황이다(중앙일보, 2025. 7. 2).

▸ **사례연구 토의**

1. AI 비서시대를 넘어 AI 동반자 시대로 나아가고 있는 것에 대하여 토론해 보자.
2. AI 에이전트(비서)와 AI 친구는 다른데, 이에 대하여 토의해 보자.
3. AI 동반자와의 상호작용이 인간의 자기 결정권에 미치는 긍정적·부정적 영향에 대하여 논의해 보자.

사례연구 - 4

AI와 교육 혁신, 미래 인재상은 어떻게 달라지는가

인공지능 기술의 급속한 발전, 특히 생성형 AI의 등장은 교육 현장에 새로운 변화의 바람을 일으키고 있습니다. 불과 몇 년 전만 해도 공상과학처럼 들리던 AI 튜터와 지능형 학습 도우미들이 이제 현실이 되었고, 학생들의 학습 방식부터 필요한 역량, 나아가 미래 인재상의 정의까지 재검토되고 있습니다. 이 글에서는 생성형 AI가 바꾸는 학습 방식, AI 리터러시가 왜 미래 인재의 필수 역량인지, 코딩 교육의 변화와 창의성의 부상, 그리고 평생학습의 중요성에 대하여 살펴보겠습니다.

생성형 AI가 바꾸는 학습 방식

챗GPT로 대표되는 생성형 AI의 등장은 교육 현장에서 큰 파장을 일으켰습니다. 최근 한 설문에 따르면 10대 청소년의 70%가 최소 한 종류의 생성형 AI 도구를 사용해본 경험이 있으며, 이들 중 절반 이상이 숙제 해결을 위해 AI를 활용했다고 합니다. 그만큼 학생들은 이미 AI를 새로운 학습 도구로 받아들이고 있는 것이죠. 과거에는 인터넷 검색으로 정보를 찾았다면, 이제는 궁금한 것을 AI 챗봇에게 직접 묻고 개인 맞춤형 답변을 얻는 방식으로 학습하고 있습니다. 이러한 변화는 학습의 개인화를 가속화하고 있습니다. 원래 일대일 과외나 개인 튜터는 일부 학생들만 누릴 수 있는 특별한 지원이었지만, 생성형 AI를 활용하면 누구나 디지털 튜터를 곁에 두는 경험을 할 수 있습니다. 예를 들어 미국의 비영리 교육 단체인 Khan Academy(칸 아카데미)는 AI 기반 튜터인 칸미고(Khanmigo)를 도입하여 학생들에게 과제를 함께 풀어보는 대화형 코칭을 제공하기 시작했습니다. 이처럼 AI 튜터는 학생 개개인의 수준과 속도에 맞춰 문제를 설명하고 추가 예시를 제시하는 등, 맞춤형 학습 지원을 제공할 수 있습니다. 교육자 입장에서도 AI는 가상 조교 역할을 톡톡히 해낼 수 있는데, 예를 들어 반복적인 채점이나 서류 작업은 AI가 처리하고, 교사는 그만큼 학생 지도를 위한 시간과 에너지를 확보할 수 있습니다. 물론 생성형 AI의 활용이 우려를 낳는 부분도 있습니다. 일부 학부모와 교사들은 학생들이 AI에 지나치게 의존해 부정행위를 저지르거나 기본 학습 능력이 저하될까 걱정합니다. 실제로 많은 학부모들이 AI로 대신 쓴 숙제가 아닌지 의심하는 사례도 나타났습니다. 하지만 기술의 발전은 거스를 수 없는 흐름인 만큼, 무조건적인 금지보다는 활용법을 가르치는 교육으로 방향을 잡는 움직임이 커지고 있습니다. 학생들이 AI를 도구로써 올바르게 활용하도록 지도하고, AI가 제공한 답변을 비판적으로 검토하는 훈련이 중요합니다. 수업에서도 에세이나 문제 풀이 같은 전통적인 과제 대신, AI를 활용해 더 심화된 프로젝트를 수행하거나 결과물을 만들어 보는 방식으로 바뀌고 있습니다. 요컨대 학습의 초점이 지식 암기에서 문제 해결 과정과 비판적 사고로 이동하고 있으며, AI는 이를 촉진하는 새로운 학습 동반자가 되고 있습니다.

AI 리터러시, 미래 인재의 필수 역량

AI 시대에 접어들며, AI 리터러시(AI Literacy)는 더 이상 선택이 아닌 필수 역량이 되었습니다. AI 리터러시는 단순히 기술을 잘 다루는 능력을 넘어, 인공지능의 원리를 이해하고 도구를 적절히 활용하며, 그 결과를 비판적으로 분석할 수 있는 통합적 역량을 뜻합니다. 이는 마치 과거 디지털 기기 활용 능력이 전 세계적으로 보편화되었듯, 이제는 누구나 AI에 대한 이해와 감각을 갖춰야 함을 의미합니다. 특히 머신러닝, 생성형 AI 등 기술의 작동 방식을 이해하고, 챗봇이나 이미지 생성기 같은 도구를 목적에 맞게 활용하는 능력은 미래 사회에서 기본적인 실무 역량으로 간주됩니다. 하지만 AI를 제대로 활용하기 위해서는 단순한 도구 사용을 넘어서는 태도와 사고력이 필요합니다. AI는 때때로 그럴듯한 오류나 편향된 정보를 만들어내기도 하며, 이를 걸러낼 수 있는 비판적 사고력이 중요합니다. 세계경제포럼(WEF)은 AI 리터러시를 인간 지능 발달의 필수 요소로 보고, 학생들이 AI 출력물을 평가하고 윤리적 판단을 내릴 수 있도록 교육해야 한다고 강조합니다. 오로라 연구소(Aurora Institute) 역시 AI 리터러시가 정보 판별력과 윤리 의식을 함께 길러주는 핵심 역량임을 지적합니다. 단순히 AI를 '잘 쓰는 것'이 아니라, 그 결과를 어떻게 해석하고 책임 있게 다루는지가 관건인 셈입니다. AI 리터러시는 결국 인간과 AI의 창의적 협업을 가능하게 만드는 기반입니다. AI는 데이터를 바탕으로 빠르고 광범위한 분석을 제공할 수 있지만, 최종 결정과 고유의 창의력은 여전히 인간의 몫입니다. 예컨대 AI를 활용한 글쓰기나 디자인, 문제 해결 과정에서 인간은 AI의 제안을 수용하되, 그 위에 독창적 시각과 맥락적 판단을 더할 수 있어야 합니다. 앞으로의 교육은 코딩이나 기술 습득을 넘어, AI를 비판적이고 윤리적으로 활용할 수 있는 역량을 기르는 방향으로 진화해야 합니다. 미래 인재는 AI를 두려워하지 않되 맹신하지 않고, 기술과 인간성을 균형 있게 연결할 줄 아는 사람일 것입니다.

코딩 교육의 변화와 창의성의 부상

한때 "모두가 코딩을 배워야 한다"는 구호가 전 세계 교육계를 휩쓸었지만, 이제는 그 의미가 조금 달라지고 있습니다. 생성형 AI가 코드까지 작성해주는 시대가 도래하면서, 코딩 교육의 방식과 목적에도 변화가 일어나고 있습니다. 왜냐하면 AI가 평범한 코드를 자동으로 짜줄 수 있게 되면서, 인간 개발자는 더 높은 차원의 문제 해결과 창의적인 설계에 집중할 수 있기 때문입니다. 즉, 과거에는 학생들이 자료구조나 문법 같은 기초 문법 습득에 많은 시간을 들였다면, 이제는 AI 도구의 도움으로 이러한 반복적 작업을 단축하고 창의적 아이디어 구현에 더 많은 시간과 노력을 할애할 수 있게 됩니다. 예를 들어, 간단한 웹사이트나 앱의 뼈대 코드는 AI 코딩 비서(코파일럿 등)가 어느 정도 생성해주면, 학생은 그 위에 본인의 아이디어를 살을 붙여 새로운 기능을 추가하는 식입니다. 따라서 교육 현장에서는 코딩 자체의 정확성보다 문제를 해결하는 논리와 창의적인 응용력을 키우는 방향으로 바뀌고 있습니다. 오늘날 코딩 교육에서 강조되는 핵심 역량들을 살펴보면, 기술적인 코딩 스킬 외에 창의력, 문제해결력, 비판적 사고, 의사소통과 협업 능력 등 인간 고유의 강점들이 부각되고 있습니다. 이는 AI가 루틴한 작업을 처리해주는 대신, 사람은 더 나은 질문을 하고, AI의 결과물을 평가하며, 사용자에게 가치를 주는 새로운 앱이나 서비스를 구상해야 하기 때문입니다. 미래의 프로그래머는 단순히 코드만 잘 짜는 사람이 아니라, 어떤 문제를 기술로 풀지 구상하고, AI와 협업하여 솔루션을 만드는 사람이 될 것입니다. 실제로 IT 업계에서도 "AI 시대일수록 기획력과 창의성을 갖춘 엔지니어가 더욱 각광받는다"는 전망이 나옵니다. AI가 모든 것을 대신하지는 못하며, 특히 사용자 경험을 디자인하고 공감하는 능력, 사회적 맥락을 이해하는 능력 등은 여전히 인간에게 요구됩니다. 또한 교사들은 AI를 활용해 즉각적으로 학생들의 코드를 채점하고 피드백을 제공함으로써, 보다 개별화된 지도를 할 수 있습니다. 결국 코딩 교육의 목표는 AI 시대에 걸맞게 창의적 문제 해결사를 기르는 것으로 재정의되고 있으며, AI는 그 과정에서 든든한 도구이자 협력자가 되고 있습니다.

평생학습의 의미

AI와 자동화의 물결은 산업 지형을 빠르게 바꾸고 있고, 이에 따라 평생학습의 중요성도 더욱 부각되고 있습니다. 과거에는 학교와 대학 교육으로 배운 지식만으로 평생 커리어를 이어갈 수 있었지만, 이제는 배운 것을 지속적으로 업데이트하고 재훈련하지 않으면 시대에 뒤처지기 쉽습

니다. 세계경제포럼의 보고서에 따르면 향후 5년 내 현재 업무에 필요한 기술의 40%가 변화할 것으로 전망됩니다. 그만큼 기술 진보의 속도가 빨라졌고, 한 번 익힌 기술의 반감기가 짧아졌다는 뜻입니다. AI가 일상화된 미래에는 새로운 직업이 속속 등장하는 한편, 기존 직무 내용도 AI와의 공존을 전제로 재편될 것입니다. 이러한 환경에서 미래 인재상의 한 가지 핵심 요소는 바로 지속적으로 학습하고 적응할 수 있는 능력입니다. 평생학습이란 단순히 필요할 때 교육을 받는 것을 넘어서, 스스로 배우는 법을 배우는 것을 의미합니다. 이제 정보를 얻는 통로는 무궁무진합니다. 온라인 강좌, 교육 플랫폼, 유튜브와 같은 동영상 자료, 그리고 점점 똑똑해지는 AI 학습 도우미까지, 의지만 있다면 언제든 새로운 지식을 습득할 수 있는 시대입니다. 특히 생성형 AI는 원하는 주제에 대해 맞춤형 설명과 예시를 제공해주기 때문에, 일종의 개인 교사처럼 평생학습을 도와주는 역할을 할 수 있습니다. 예를 들어 직장인이 새로운 프로그래밍 언어를 배우고자 할 때, AI 챗봇에게 모르는 부분을 물어가며 실습을 할 수도 있고, 사업 기획자가 새로운 시장 정보를 빠르게 얻기 위해 AI 검색을 활용할 수도 있습니다. 이렇듯 AI는 평생학습자를 위한 24시간 가동되는 멘토가 되어주고 있습니다. 또한 조직 차원에서도 평생학습 문화가 강조되고 있습니다. 많은 기업이 임직원들에게 AI 관련 역량 강화를 위한 교육 프로그램을 제공하고, 업스킬링(Upskilling)과 리스킬링(Reskilling)을 장려하고 있습니다. 이는 기업 경쟁력 측면에서도 중요하기 때문인데, AI 도구를 잘 활용하는 직원은 반복 작업을 자동화하고 더 고부가가치 업무에 시간을 투입할 수 있어 생산성이 높아집니다. 따라서 개인과 조직 모두에게 평생학습은 생존과 성장의 필수 전략이 되고 있습니다. 요약하면, 미래 사회의 인재는 배움의 끈을 놓지 않는 사람, 변화에 호기심을 갖고 끊임없이 자기계발하는 사람입니다. 그리고 AI는 그런 평생학습 여정을 효율적으로 도와주는 든든한 지원군이라 할 수 있습니다.

마무리

AI가 주도하는 교육 혁신의 시대에는 "어떻게 배우고 성장할 것인가"에 대한 관점 자체가 바뀌고 있습니다. 학교에서든 직장에서든 우리는 AI와 협력하여 학습하는 법을 익혀야 합니다. 미래 인재상은 높은 시험 점수나 자격증 자체보다는, 새로운 기술을 빠르게 습득하고 창의적으로 적용할 줄 아는 사람, AI를 도구 삼아 더 넓은 문제 해결 능력을 발휘하는 사람으로 정의될 것입니다. 이러한 변화 속에서 기술을 적절히 활용하는 지혜가 중요하며, 생성형 AI 플랫폼과 같은 AI 도구는 우리에게 새로운 학습 경험을 선사해 줄 것입니다. AI 시대의 학습자들은 호기심과 비판적 사고를 무기로 삼아 평생에 걸쳐 성장하고, AI와 함께 더 밝은 미래를 만들어나갈 것입니다(인공지능 인사이트, 2025. 8. 25).

▸ 사례연구 토의

1. AI 시대의 미래인재의 핵심역량 중의 하나인 리터러시에 대하여 토론해 보자.
2. AI가 일상화된 미래에는 새로운 직업이 속속 등장하고, 기존 직무 내용도 AI와의 공존을 전제로 재편될 예정인데, 이로 인해 야기되는 평생학습에 대하여 토의해 보자.
3. AI 시대에 요구되는 미래의 인재상에 대하여 논의해 보자.

AI 실제 활용 사례

국내 기업들은 조직경영에 관련되어 여러 가지 업무를 생성형 AI(예: ChatGPT, Gemini, Claude, Copilot, Midjourney, Suno, Canva 등)를 활용하여 업무생산성을 향상시키고 있다. 이중에서 생성형 AI를 활용하여 회의 요약, 주간 월간 보고서 작성, 회사의 장기 중장 단기 계획서 등의 업무에 적용하고 실제 사례를 아래에 정리하여 소개한다.

적용 업무	기업 및 적용 AI	주요 활용
회의 요약	삼성SDS 코파일럿	영상 · 메신저 회의를 자동으로 텍스트 · 요약 정리
보고서 작성	SK C&C 기업 전용 보고서 AI	사업 · 기업 분석 기반 주간/월간 보고서 자동 생성
계획서 작성	LG CNS OpenAI 기반 KM 서비스	중장단기 경영계획 요약 및 전략 문서 자동 생성 지원

제3장 AI 마케팅

학습 목표

- AI 마케팅의 개요와 등장 배경에 대하여 학습한다.
- AI 소비자분석과 타겟마케팅에 대하여 심화한다.
- AI 콘텐츠 제작과 개인화 전략에 대하여 이해한다.
- AI 마케팅 방법에 대하여 탐구한다.

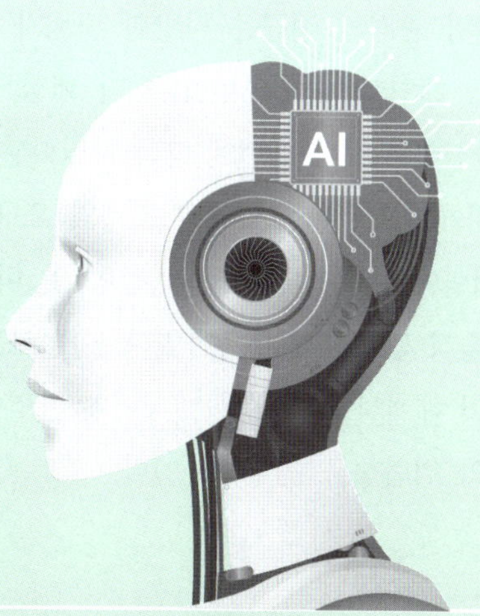

제1절 AI 마케팅의 개요와 등장 배경

인공지능(Artificial Intelligence: AI) 기술의 발전은 마케팅 전략 수립, 고객경험 개선, 그리고 효율적인 광고 집행, 마케팅의 전반적인 과정을 혁신적으로 변화시키고 있다. 이러한 변화는 단순히 기술적 진보를 넘어, 기업의 생존과 성장을 위한 필수적인 요소로 자리 잡고 있다. 이러한 AI 마케팅은 인공지능 기술을 활용하여 소비자 데이터를 분석하고, 맞춤형 전략을 자동으로 실행하는 새로운 마케팅 패러다임인데, 이에 대한 등장 배경과 개념에 대하여 살펴본다.

1 전통적인 마케팅의 한계와 AI 활용 필요성

전통적인 마케팅은 소비자의 니즈를 파악하고 그에 맞는 제품이나 서비스를 기획하여 전달하는 데 초점을 맞추어 왔다. 그러나 디지털 전환과 함께 소비자 행동이 급격히 변화하고, 데이터의 양이 폭발적으로 증가함에 따라, 기존 마케팅 방식으로는 더 이상 효과적인 대응이 어려운 국면에 도달하고 있다.

첫째, 전통적 마케팅은 과거 데이터를 기반으로 전략을 수립하기 때문에, 실시간 대응에 한계가 있다. 이는 변화가 빠른 온라인 소비자 행동을 정확히 예측하고 즉각적으로 반영하기 어렵다는 의미이며, 결과적으로 마케팅 성과의 불확실성을 높이는 요인이 된다.

둘째, 전통적인 마케팅 중심의 접근은 다양한 소비자 군집의 세분화된 니즈를 충분히 반영하지 못한다. 개인화(Personalization)가 핵심 키워드로 떠오른 오늘날, 소비자 한 명 한 명의 관심사와 구매 패턴에 따라 차별화된 메시지를 전달하는 것이 필수적인데, 전통적인 마케팅으로는 고도화된 고객의 요구를 만족시키기 어렵다.

셋째, 전통적인 마케팅에서는 방대한 양의 정형 및 비정형 데이터를 분석하고 활용하는 데 필요한 기술적 인프라가 부족하였다. 아날로그 기반의 마케팅 담당자가 모든 데이터를 일일이 해석하고 마케팅 캠페인에 반영하는 것은 현실적으로 불가능하며, 오히려 오판의 위험성을 높일 수 있다.

이러한 문제점을 극복하기 위해 단조롭고 일상적인 마케팅에 인공지능(AI)의 도입이 필수적으로 부각되고 있다. 인공지능(AI) 기술의 진화는 마케팅 업계의 판도를 바꿔놓고 있다. 수십 년 동안 관행이라고 여겨졌던 전통적인 마케팅 전략들은 AI의 등장으로 뒤엎어졌고, 인간 고유의 영역이라 믿어 의심치 않았던 창의력(Creativity)까지 AI의 영향력이 미치고 있다. 인간이 만드는 것보다 더 좋고, 더 빠르고, 더 값싼 콘텐츠로 마케팅의 지형을 흔들고 있는 AI는 대규모 데이터를 실시간으로 분석하고, 예측 모델을 기반으로 한 맞춤형 콘텐츠 제공, 캠페인 자동화, 고객 세분화에 기반한 개인화된 고객 경험 제공 등의 영역에서 탁월한 성과를 보이고 있다. 예를 들어, 머신러닝 기반의 예측 분석(Predictive Analytics)은 고객의 이탈 가능성, 재구매 시기, 선호 상품 등을 미리 예측하여 선제적인 실시간 마케팅 활동을 가능하게 한다. 그에 덧붙여, 생성형 AI, 이미지 인식, 마케팅 AI 에이전트 등 다양한 AI 기술의 발전은 마케팅 기획의 자동화 및 고객 경험 향상에 기여하고 있다.

따라서 마케팅에서 AI의 활용은 단순한 기술 활용을 넘어, 마케팅 캠페인 전반의 패러다임을 전환시키는 혁신적 요소로 작용하고 있다. 향후 마케팅의 핵심 경쟁력은 얼마나 효율적으로 AI를 활용하느냐에 따라 결정될 것이며, 이는 기업이 시장에서 지속 가능한 성장을 이루기 위한 필수 과제로 자리매김하고 있다.

2 AI 마케팅의 개념 및 주요 기술

인공지능(AI)의 기술적 발전은 최근 몇 년 사이 마케팅 분야에서 혁신적 변화를 야기시키고 있으며, 마케팅의 패러다임을 변화시키고 있다. 마케터의 역할은 데이터 분석과 전략적 의사결정에 집중하게 되었으며, AI는 반복적이고 분석 중심의 업무를 대신 수행함으로써 시간과 자원의 효율을 극대화하고 있다. AI 마케팅은 인공지능 기술을 활용하여 마케팅 활동의 기획, 실행, 분석, 최적화 전반을 자동화하고 고도화하는 전략적 접근이다. 전통적인 마케팅이 데이터 수집과 해석에 사람의 직관과 경험에 의존하였던 반면, AI 마케팅은 대규모 데이터를 실시간으로 처리하여, 개인화된 소비자 경험을 제공하고, 마케팅 ROI(Return on Investment)를 극대화시키고 있다. 특히 AI는 복잡한 소비자 행동을 예측하고, 콘텐츠를 자동 생성하며, 최적의 타이밍과 채널을 분석하여 마케팅 활동의 정확성과 효율성을 비약적으로 향상시키고 있다. AI 마케팅의 핵심은 지능화된 마케팅 기획이다. 이는 단순히 자동화된 반복 작업이 아니라, 데이터를 기반으로 상황을 학습하고, 최적의 마케팅 기획을 실시간으로 가능하게 하는 것이다. 앞으로의 마케팅은 AI와 인간의 협업 기반 위에서 더욱 정교하고 개인화된 방향으로 진화할 것으로 전망된다. 이를 위한 AI 마케팅의 주요한 기술은 다음과 같다.

(1) 머신러닝(Machine Learning)

머신러닝은 AI 마케팅의 기초가 되는 기술로, 데이터를 기반으로 고객의 패턴을 분석하고 미래 행동을 예측한다. 머신러닝 기반의 예측 분석(Predictive Analytics)은 고객의 구매 행동, 이탈 가능성, 선호도 등을 미리 예측하여 실시간 타겟마케팅(Target Marketing)을 정교하게 수행할 수 있다. 예를 들어, 전자상거래 기업은 과거의 구매 데이터를 분석해 특정 고객에게 맞춤형 제품을 추천하고, 이메일 마케팅 타이밍을 자동 조정할 수 있다.

(2) 생성형 AI(Generative AI)

최근 각광받고 있는 생성형 AI는 마케팅 콘텐츠 생산에 혁신을 가져오고 있다. 텍스트, 이미지, 동영상 등 다양한 형식의 콘텐츠를 자동으로 생성할 수 있으며, 인간의 창의성을 보완하는 수단으로 활용되고 있다. 대표적으로 ChatGPT, Gemini, Canva, Midjourney, 뤼튼 등과 같은 생성형 AI는 소셜미디어 콘텐츠 기획, 제품 설명, 광고 문안 기획, 블로그 포스트, 마케팅 기획, 보고서 작성 등을 자동으로 생성하여 마케팅 콘텐츠의 생산성을 획기적으로 높이고 있다. 특히 A/B 테스트와 결합하여 가장 효과적인 마케팅 메시지를 실시간으로 생성할 수 있다.

(3) 빅데이터 분석

AI 마케팅은 방대한 소비자 데이터를 기반으로 작동한다. 빅데이터는 고객의 클릭 로그, 구매 내역, 웹사이트 체류 시간, 위치 정보 등 다양한 출처로 부터 수집된다. 이러한 데이터를 AI가 정제하고 분석함으로써, AI 마케팅 전략의 정밀도를 높일 수 있다. 예를 들면, 특정 시간대의 전자상거래 트래픽 패턴을 분석하여, 광고 송출 시간대를 최적화하거나, 고객 세그먼트를 분석 및 고도화하여 맞춤형 마케팅 캠페인을 실행할 수 있다.

(4) 추천 알고리즘

AI 기반 추천 알고리즘은 넷플릭스, 아마존, 네이버, 쿠팡 등에서 광범위하게 사용되고 있다. AI는 고객의 과거 구매, 검색, 클릭 행동 등을 분석하여 사용자에게 가장 관심이 많은 콘텐츠나 상품을 추천한다. 이는 구매 전환율을 높이고 고객 만족도와 충성도를 높이는 데 핵심적인 기술이 되고 있다. 대표적인 적용 분야로는 전자상거래, 스트리밍 서비스, SNS 플랫폼이 있다. 전자상거래 분야를 예를들면, AI 기반 추천 알고리즘을 통하여 사용자가 흥미를 가지는 분야에 대해서 미리 연관성을 파악하고 관련 제품에 대한 광고를 지속적으로 노출하여 구매의 가능성을 높이고 플랫폼을 통하여 검색하면 사용자의 요구에 맞는 제품을 추천하여 상위에 보여주는 방식을 들 수 있다.

(5) 이미지 인식

이미지 인식(Image Recognition) AI는 이미지를 분석하여 그 안에 포함된 객체, 사람, 텍스트, 장면 등을 식별하거나 분류를 통하여 제품 인식, 고객 행동 분석, 그리고 광고 시스템에서 고객의 나이와 성별에 맞는 광고를 제공하는 데 활용된다. 예를 들어, 소비자가 업로드한 이미지에서 브랜드를 자동 인식하거나, 패션 및 뷰티 분야에서 가상 착용(Virtual Try-On) 기능을 제공하는 데 활용된다. 이는 고객 경험을 개선하면서 고객 충성도를 높이고 구매 전환율을 향상시키는 데 기여한다.

AI 마케팅은 스마트한 AI 기술들의 결합을 통해 마케터의 직관과 경험에 의존하던 기존의 방식에서 벗어나, 데이터 중심의 스마트 마케팅을 가능하게 한다. 즉 AI는 소셜미디어, 검색광고, 고객의 행동 데이터를 실시간으로 분석하여 최적화된 경험을 제공하는 것이 핵심 경쟁력이 되고있다. 이러한 기술적 기반 위에서 마케팅의 정확도, 속도, 개인화 수준이 크게 향상되었으며, 앞으로도 AI 기술의 진보에 따라 AI 마케팅의 경계는 더욱 확장될 것이다.

3 AI 마케팅의 전략적 활용 및 산업별 적용

AI 기술은 다양한 분야에서 마케팅 전략을 혁신적으로 변화시키고 있으며, 그 활용 범위는 예측, 맞춤화, 자동화, 콘텐츠 생성 등으로 확장되고 있다. 특히 고객 데이터를 활용해 개인화된 경험을 제공하고자 하는 모든 산업에서 AI 마케팅은 경쟁우위를 확보하는 핵심 도구로 자리 잡고 있다. 본 절에서는 AI 마케팅의 전략적 활용과 산업별 AI 마케팅 적용에 대하여 살펴본다.

(1) AI 마케팅의 전략적 활용

① 개인화 마케팅(Personalized Marketing)

AI는 고객의 검색 이력, 구매 내역, 웹사이트 행동 패턴을 분석하여 맞춤형 콘텐츠, 제품 추천, 심층적인 고객 세그멘테이션, 동적인 광고 등을 자동 생성한다. 예를 들어, 넷플릭스는 사용자의 시청 패턴을 분석하여 개인화된 영화 및 드라마를 추천하고, 이를 통해 플랫폼 이탈률을 낮춘다. 또한 아마존은 추천 알고리즘을 통해 사용자가 관심을 가질 가능성이 높은 제품을 메인 페이지에 노출시켜 구매 전환율을 높인다. 이에 덧붙여, 스타벅스는 DeepBrew AI 시스템을 활용하여 고객 개개인의 주문 패턴, 선호 메뉴, 방문 시간대를 분석하고 업무를 자동화하기 시작했다. 예를 들어, 매주 월요일 아침 아메리카노를 주문하는 고객에게는 해당 시간대에 맞춤형 프로모션을 제공하고, 새로운 메뉴 출시 시에는 고객의 이전 주문 데이터를 기반으로 개인화된 추천을 제공한다. 이러한 정교한 개인화 전략으로 매출을 20% 이상 끌어올리는 데 성공하였다.

② 예측 마케팅(Predictive Marketing)

최근 Chat-GPT, Gemini 등의 AI 기술의 발전은 예측 마케팅(predictive marketing)의 새로운 장을 열고 있다. AI 기반 예측 마케팅의 첫 단계는 다양한 출처에서 데이터를 수집하고 이를 정제하는 것이다. 이는 고객의 행동, 구매 기록, 소셜 미디어 활동 등 다양한 데이터를 포함한다. 수집된 데이터를 기반으로 AI 모델을 구축하고, 이를 통해 미래의 소비자 행동을 예측한다. 예를 들어, 이탈 가능성이 높은 고객을 식별한 후, 자동으로 할인 쿠폰을 발송하거나 리텐션(잔존율) 캠페인을 실행하는 것이 가능하다. 이는 고객 생애가치(Life Time Value: LTV)를 높이는 전략으로 이어진다. 또한 암 환자의 건강검진 데이터를 역추적하여 보험료를 산정하는 보험회사, 결제 패턴을 파악해 맞춤형 프로모션으로 매출을 상승시키는 카드사, 그리고 미국 대표 빅테크 기업 아마존(Amazon)의 경우에, 고객의 선호 상품, 구매 주기, 상세 페이지 체류 시간 등의 데이터를 분석하여, 주문 버튼과 동시에 인근 물류센터로 포장된 제품을 배송한다. 미국과 같이 넓은 국토에서 남들 보다 빠른 배송을 위해, 예측 데이터를 활용한 대표적인 사례이다.

③ 캠페인 자동화 및 최적화

AI는 마케팅 캠페인의 콘텐츠 제작, 송출 타이밍, 채널 선택, 성과 분석을 자동화하여 최적화된 마케팅 캠페인을 자동으로 실행한다. 예를 들어, 고객이 웹사이트에서 특정 상품을 장바구니에 담았다면, 그 상품에 대한 할인 정보나 리뷰를 포함한 이메일을 보내어 구매 유도를 할 수 있다. 또한 AI를 활용하여 캠페인 실행 결과를 실시간으로 모니터링하고 성과를 분석할 수도 있다. 이를 바탕으로 캠페인을 최적화하고 개선점을 식별해서 계속적인 마케팅 증진 전략을 이끌어 낸다.

④ 웹사이트 및 앱 최적화

AI는 고객의 방문 기록, 클릭 행동, 구매 이력 등을 분석해서 웹사이트나 앱의 디자인, 레이아웃, 콘텐츠 등을 최적화한다. 예를 들어, 고객이 어떤 카테고리나 상품에 더 관심이 있는지 파악하며, 그에 맞는 배너나 추천 상품을 노출시킬 수 있다.

(2) AI 마케팅의 산업별 적용

① 전자상거래 산업

AI 기술의 진보는 전자상거래 산업의 변화를 빠르게 진행시키고 있다. 소비자의 쇼핑 방식이 스마트 폰에 기반한 모바일 중심으로 바뀌고, 상품 검색과 구매 결정 과정에서도 AI 기술의 활용이 늘어나고 있다. 전자상거래 기업들은 AI 기술을 적극적으로 활용하여 제품 추천, 가격 최적화, 수요 예측, 고객 세분화 등에 널리 사용된다. 예를 들어, 쿠팡은 AI 기반 물류와 마케팅 자동화를 통해 배송 및 광고 효율을 극대화하고 있으며, 자라(ZARA)는 매장 데이터를 실시간 분석해 재고를 자동 조절하고 고객 트렌드에 맞는 제품을 글로벌로 빠르게 공급한다. 또한 AI는 중소형 온라인 쇼핑몰에게 새로운 기회를 제공한다. 기존에는 광고비, 인건비 등의 한계로 고도화된 시스템을 도입하기 어려웠지만, 이제는 저렴한 AI 솔루션들이 등장하면서 광고, 상품 분석, 고객 대응까지 한 번에 할 수 있게 되었다. 전자상거래의 미래는 결국 AI를 얼마나 잘 활용하느냐에 달려 있다.

② 금융 산업

금융 산업은 AI 도입 효과가 가장 빠르게 나타나는 산업중 하나이다. 금융기관들은 기존의 기술 인프라를 혁신하고, 고객 경험을 개선하며, 리스크 관리 역량을 강화하기 위해 AI 기술을 적극 도입하고 있다. 특히 생성형 AI(Generative AI)를 통해 금융의 서비스 제공 방식을 근본적으로 변화시키고 있다. AI는 맞춤형 금융상품 추천, 사기 탐지, 챗봇 기반 고객 응대 등에 활용된다. 예를 들어, 신한은행과 카카오뱅크는 고객 데이터를 분석하여 개인 맞춤형 대출/예금 상품을 추천하고, 금융소비자의 여정을 자동화한다. 챗봇은 간단한 문의뿐 아니라 금융 상담도 수행할 수 있도록 고도화되고 있다.

③ 헬스케어 산업

AI 기술을 활용하여 방대한 양의 의료 데이터를 구축하고 이를 분석 및 해석함으로써 각종 질병의 예방, 진단, 치료, 관리 등 의료서비스의 전주기에 걸쳐 혁신적인 변화를 만들어 내고 있다. 예를 들어, 헬스케어(Healthcare) 앱은 사용자 활동 데이터와 식습관을 분석하여 맞춤형 운동법이나 영양제를 추천하고, 제약사는 소비자 증상 패턴에 기반한 약품 마케팅 전략을 수립할 수 있다. 또한 의료 분야에서 AI는 질병을 진단하고 예방하는 데 도움을 줄 수 있다. AI를 활용하여 의료 이미지 분석, 유전자 분석, 환자 데이터 분석 등을 통하여 개인 맞춤형 치료법을 개발하는 데 활용될 수 있다. 그 외에도 개인별 생활패턴 및 개인의 생체정보 등 데이터를 기반으로 한 개인 맞춤형 치료나 수술 후 합병증 예측, 환자별 맞춤 관리 등 기존에 시도하기 어려웠던 신규 제품 및 서비스를 개발하는 데에도 활용된다.

④ 뷰티 및 화장품 산업

AI 기술과 결합한 뷰티 산업은 더 이상 제품 판매에 그치지 않고 소비자 개개인의 요구에 맞는 경험을 제공하는 방향으로 진화하고 있다. 뷰티 산업에서 인공지능(AI)의 활용은 개인 맞춤형 솔루션을 찾는 소비자의 수요에 대응해 소비자의 개별적인 요구를 정밀하게 분석하고 대응하는 데 역할을 맡고 있다. 즉, 개인화된 제품과 서비스가 구매 결정의 핵심 요소로 자리 잡으면서, AI 기술은 이제 선택이 아닌 필수적인 요소로 인식되고 있다. 나를 위한 제품에 더 높은 가치를 부가하는 초개인화(hyper-personalization)의 트렌드는 뷰티 산업에서 AI의 역할을 개인의 피부 상태, 생활패턴, 감정까지 고려한 제품과 서비스를 제공하는 일상 속 디지털 뷰티 어시스턴트로 확장하고 있다. 또한 AI는 가상 메이크업 시뮬레이션, 피부 분석, 맞춤형 제품 추천에 사용된다. 예를 들어, 로레알은 AI 기반 피부 진단 서비스를 통하여 고객의 피부 상태를 분석하고, 이에 맞는 스킨케어 루틴과 제품을 제안한다. 이러한 서비스는 브랜드 충성도를 높이고 재구매율을 향상시키는 데 효과적이다.

⑤ 관광산업

AI 기술은 다양한 방식으로 관광산업을 변화시켜 여행객과 여행사 모두에게 혜택을 제공할 수 있다. 먼저, AI는 가상 어시스턴트와 챗봇을 통해 연중무휴 24시간 고객 지원을 제공하며, 개인화된 서비스를 제공하고, 문의 사항을 신속하게 해결하여, 여행객이 각자의 필요에 맞는 맞춤형 서비스를 제공받음으로써 고객 만족도를 높일 수 있다. 두 번째, AI는 일정을 관리하고, 경비를 최적화하며, 여행 경로를 최적화한다. 이를 통해 고객에게 보다 원활한 여행 계획과 경험을 제공하고 여행사는 리소스를 효율적으로 계획하고 관리할 수 있다. 세 번째, 여행자와 여행사의 AI 기반의 동적 가격 책정 및 스마트 예약 시스템을 통해 여행자는 실시간으로 예산 범위의 최적의 상품을 찾을 수 있고, 여행사는 수요에 따라 가격을 조정하여 수익을 극대화할 수 있다. 또한 일상적인 작업을 자동화하여 여행사의 운영 비용을 절감할 수 있다. 마지막으로, 최근 AI 관광산업은 가상 투어와 증강 현실 체험을 통한 관광 명소를 지원하기 위해 AI를 활용한다. 이를 통해 방문객들은 인터랙티브하고 몰입감있게 여행지를 둘러볼 수 있으며, 다양한 장소에 대한 이해와 즐거움을 더욱 풍부하게 누릴 수 있다.

AI 마케팅의 전 산업에서의 적용은 단순한 기술 활용을 넘어, 기업의 마케팅 철학과 운영 방식 자체를 변화시키고 있다. 각 산업에 최적화된 AI 솔루션을 선택하고, 전략적으로 활용할 수 있는 역량이 미래 경쟁력의 핵심이 될 것이다.

제2절 AI 소비자분석과 타겟마케팅

AI 기술의 발전은 소비자 분석과 마케팅 전략의 판도를 근본적으로 변화시키고 있다. 기존의 경험적 추정이나 대규모 표본조사에 의존하던 마케팅 방식은 점차 실시간 데이터 분석과 인공지능 기반 예측 기법으로 대체되고 있다. AI는 소비자 행동을 더 정확히 이해하고, 이를 토대로 개인화된 마케팅 전략을 수립하는 데 핵심적 역할을 한다.

1 AI 고객 세분화

고객 세분화는 시장을 서로 다른 특성을 지니고 있는 여러 집단으로 나누는 과정을 의미한다. 전통적인 세분화 방식은 연령, 성별, 지역 등 기본적인 인구통계학적 변수에 의존했지만, AI는 훨씬 더 정교한 세분화를 가능하게 한다. 제품 혹은 서비스를 사용할 만한 사용자 유형을 대표하는 가상의 인물인 페르소나(Persona)를, 머신러닝과 딥러닝 알고리즘을 활용하여, 소비자의 구매 패턴, 온라인 행동, 소셜 미디어 활동, 심지어는 감성적 반응까지 분석하여 고도화된 페르소나를 자동으로 도출할 수 있다. 예를 들어, 동일한 연령대와 지역에 속하더라도, 인터넷 사용시간, 선호 브랜드, 검색 키워드 등에 따라 완전히 다른 유형의 고객 그룹을 식별할 수 있다. 이를 통해 기업은 보다 정밀한 타겟마케팅 전략을 수립할 수 있으며, 고객과의 관계 강화 및 전환율 상승을 기대할 수 있다. 기업에서 수행하고 있는 AI 기반 고객 세분화 예는 다음과 같다.

(1) 넷플릭스의 AI 고객 세분화: 개인화 추천 시스템

전 세계 사용자들이 다양한 취향을 가지므로, 개별 사용자 맞춤 콘텐츠 추천이 필요하다. 이를 위해 AI를 활용하여 시청 기록, 검색 기록, 좋아요 데이터를 분석하여 비슷한 취향의 고객 그룹을 형성하고 추천 알고리즘으로 맞춤형 콘텐츠를 제공한다. 이러한 AI 기반 개인 추천 시스템을 제공함으로써 고객 이탈률 감소와 콘텐츠 소비 증가 효과를 거둘 수 있으며, 이는 매출액 증가와도 연계되어 있다.

(2) 아마존의 제품 추천 시스템

아마존은 AI 기반 고객 구매 데이터를 분석하여 크로스셀링 및 업셀링 전략을 강화하고 있다. 즉, AI를 활용하여 고객 구매 이력 및 클릭 데이터를 분석하고, 이를 기반으로 연관 상품을 추천하고 있다. 이러한 아마존의 제품 추천 시스템은 구매당 평균 금액을 증가시키고, 매출 증대에도 기여한다.

(3) 스타벅스의 AI 로열티 프로그램

스타벅스는 AI 로열티 프로그램을 통하여 개인화된 혜택을 제공하고, 고객 충성도를 강화하고 있다. 즉, AI를 활용하여 고객 구매 이력, 선호 음료, 방문 빈도를 분석하여 맞춤형 쿠폰 및 프로모션을 제공한다. 이러한 AI 기반 로열티 프로그램은 고객 방문 빈도 증가와 브랜드의 충성도 강화에 기여한다.

2 AI 타겟마케팅

AI 기반 타겟마케팅은 고객 세분화 결과를 바탕으로, 최적화된 맞춤형 마케팅 메시지를 전달하는 전략을 의미한다. 즉, AI 기반 타겟마케팅은 AI 기술을 이용하여 특정 지역에 거주하거나 활동하는 고객층을 분석하고, 이들을 대상으로 최적화된 마케팅 메시지를 전달할 수 있다. 그러므로 전통적인 전단지나 무작위 문자 광고보다 훨씬 효율적이며, 실제로 많은 소상공인들이 이러한 전략으로 AI 마케팅 효과를 높이고 있다. 이러한 AI 기반 타겟마케팅의 대표적인 예를 소개하면 다음과 같다.

(1) AI 위치기반 데이터 분석 타겟마케팅

AI 기반 타겟마케팅의 핵심은 위치기반 데이터 분석 타겟마케팅이다. 스마트폰의 GPS, 앱 사용 기록, 교통 패턴 등의 정보를 AI가 수집하고 분석하여, 특정 시간대에 사람들이 어디에 집중하는지, 어떤 유형의 고객이 자주 방문하는지 등을 파악할 수 있다. 이러한 정보는 고객유입 시간 예측, 방문 빈도 계산, 구매 성향분석 등에 활용되며, 광고메시지를 보낼 최적의 타이밍과 콘텐츠를 AI가 자동으로 생성해준다. 예를 들어, 점심시간에 음식점을 찾는 인근 직장인, 주말에 카페를 방문하는 주민, 또는 매장 부근을 자주 지나는 유동인구 등을 AI가 분석하여 적절한 시점에 쿠폰 발송이나 프로모션 메시지를 자동으로 발송한다.

(2) AI 기반 근거리 고객 타겟마케팅

AI를 통하여 교통 상황, 날씨, 이벤트 일정 등을 분석하여, 근거리 고객 대상 타겟마케팅 전략을 수립할 수 있다. 예를 들어, 비오는 날엔 카페에서 따뜻한 음료 쿠폰을 자동으로 발송하거나, 근처에서 열리는 지역 행사 일정에 맞추어 이벤트 메시지를 보내는 것이다.

(3) 머신러닝 활용 타겟마케팅

AI의 머신러닝 모델을 활용하여 고객의 과거 구매 이력, 웹사이트 탐색 패턴, 소셜 미디어 상의 반응 등을 분석하여, 가장 높은 반응을 이끌어낼 수 있는 마케팅 콘텐츠를 생성하여 타겟마케팅을 자동 생성할 수 있다.

(4) 자연어처리(NLP) 기술 활용 타켓마케팅

AI의 자연어처리(NLP) 기술을 활용하여 개별 고객에게 맞춘 이메일 제목, 광고 문구, 제품 설명 등을 자동으로 작성하는 데 활용되고 있다. 이 과정에서 AI는 고객의 관심사를 예측하고, 타이밍과 채널까지 최적화하여 전달하는 다이내믹(Dynamic) 타겟마케팅을 수행할 수 있다. 예를 들어, 전자상거래 플랫폼은 고객이 특정 상품 페이지를 방문했지만 구매로 이어지지 않은 경우, 해당 고객에게 할인 쿠폰과 함께 리마인드 이메일을 보내는 타겟마케팅을 AI로 자동화할 수 있다.

3 생성형 AI 활용 타겟마케팅

위에서 살펴본 바와 같이, AI 활용 소비자 분석과 타겟마케팅은 단순한 기술 적용을 넘어, 기업의 경쟁력을 결정하는 핵심 요소가 되었다. 소비자의 니즈를 실시간으로 이해하고, 한 발 앞서 예측하며, 개인화된 경험을 제공하는 기업만이 디지털 시대에서 살아남을 수 있다. AI를 활용한 소비자 분석과 마케팅 전략은 이제 선택이 아닌 필수이며, 앞으로도 지속적으로 진화해 나갈 것이다. 이러한 배경하에 최근 생성형 AI를 활용하여 마케팅에 적용하는 기업들이 많이 나오고 있다. 생성형 AI는 ChatGPT, 구글의 Gemini, MS의 Copilot, 네이버의 클로바 X, 카카오의 Askup, 그리고 뤼튼(Wrtn) 등이 있다. 생성형 AI는 마케팅 분야에서 다양하게 활용되고 있는데, 광고 캠페인, 소셜 미디어 콘텐츠 생성, 고객 서비스 등 여러 영역에서 활용되고 있다. 즉, 생성형 AI는 텍스트, 이미지, 비디오를 사용하여 타겟 고객에게 맞춤형 광고를 제작하거나, 소셜 미디어 채널에서의 상호작용을 자동화하여 고객 참여를 증진하는 사례가 점점 늘어나고 있다. 실제 생성형 AI를 마케팅에 적용한 사례를 소개하면 다음과 같다.

(1) 쿠팡

쿠팡은 생성형 AI 기술을 활용하여 고객에게 개인화된 상품 추천을 제공한다. AI는 고객의 구매 패턴, 검색 기록, 관심 상품 등을 분석하여 고객에게 맞는 상품을 추천하고 있다.

(2) 현대백화점

현대백화점은 챗GPT를 활용하여 광고 문구와 판촉 행사 문구를 제작했다. 3년간 사용된 1만여 건의 데이터를 기반으로 챗GPT는 현대백화점의 브랜드 이미지와 캠페인 목표에 맞는 효과적인 문구를 도출하였다.

(3) 롯데카드

롯데카드는 AI 챗봇 롯데카드 톡을 통해 고객에게 맞춤형 금융 정보와 서비스를 제공한다. AI 챗봇은 고객의 카드 사용 패턴을 분석하여 적절한 상품을 추천하고, 금융 관련 질문에도 답변한다.

(4) CJ대한통운

CJ대한통운은 AI 콜센터 시스템을 도입하여 고객 문의에 대한 24시간 자동 응답을 제공한다. AI는 고객의 질문을 이해하고 적절한 답변을 제공하며, 심지어 간단한 문제 해결까지 지원하고 있다.

(5) 토스

토스는 AI 가계부 기능을 제공하여 사용자의 소비 패턴을 분석하고 개선하는 데 도움을 준다. AI는 사용자의 지출 내역을 자동으로 분류하고, 예산 관리 및 저축 목표 달성을 위한 조언을 제공하고 있다.

제3절 AI 콘텐츠 제작과 개인화 전략

1 생성형 AI를 활용한 마케팅 콘텐츠 제작

AI 마케팅이 확산하면서 기업들은 고객 맞춤형 콘텐츠를 보다 빠르고 효과적으로 제작할 수 있게 되었다. 이러한 요구에 부응하여 등장한 생성형 인공지능(Generative AI)은 텍스트, 이미지, 영상 등 다양한 형태의 콘텐츠를 자동으로 생성해 내는 기술로, 마케팅 전략 수립 및 실행에 있어 다음과 같이 다양하게 적용되고 있다.

(1) 생성형 AI 기반 마케팅 콘텐츠 제작 적용

① 텍스트 콘텐츠 자동화: 제품 소개, 블로그 포스트, 뉴스레터 등의 글을 작성할 때 생성형 AI를 활용하면 빠른 시간 내에 품질 높은 콘텐츠를 생산할 수 있다. AI는 브랜드의 어조(tone & manner), 대상 고객의 특성, 마케팅 목표에 맞춰 다양한 버전의 카피를 제공한다.

② 비주얼 콘텐츠 생성: AI 활용 이미지 생성 모델은 광고 이미지, 썸네일, 배너 등의 시각 자료를 디자이너 없이도 제작 가능하게 해주며, 다양한 스타일과 컨셉을 실험할 수 있는 장점을 제공한다.

③ 영상 및 오디오 콘텐츠 제작: 텍스트 입력만으로 스크립트를 작성하고 이를 음성 합성, 애니메이션 영상으로 자동 변환해 마케팅 영상으로 활용할 수 있다. 예를 들어, Suno.ai를 활용하여, 간단한 키워드와 문장을 입력하여 원하는 분위기의 음악을 생성할 수 있다.

(2) 생성형 AI 기반 개인화 전략

생성형 AI는 고객 데이터를 기반으로 콘텐츠를 개별화하는 데 탁월한 장점을 지니고 있다. 예를 들어, 고객의 구매 이력, 관심사, 위치 정보 등을 분석하여 맞춤형 이메일 제목과 본문을 생성하거나, 웹사이트 내에서 실시간으로 사용자에게 적합한 제품 설명이나 추천 문구를 게시할 수 있다. 이는 고객 경험을 극대화하여 전환율(CVR)을 향상시키는 데 기여한다.

(3) 실제 활용 사례

① 코카콜라(Coca-Cola): 고객이 직접 생성형 AI를 활용하여 자신만의 시각적인 이미지 작품인 아트워크를 만들고 이를 브랜드 캠페인에 반영하는 'Create Real Magic' 캠페인을 진행하였다.

② 세포라(Sephora): 프랑스의 럭셔리 브랜드 기업인 세포라는 개인의 피부 톤, 관심 제품을 기반으로 한 맞춤형 뷰티 콘텐츠를 AI를 통해 생성하여 고객 만족도를 높였다.

(4) 유의사항과 한계

생성형 AI를 활용할 때는 윤리성, 정확성, 저작권 문제에 주의해야 한다. 잘못된 정보나 편향된 내용이 포함될 가능성이 있으며, 생성된 이미지나 텍스트의 출처와 소유권 문제도 발생할 수 있다. 또한 지나치게 자동화된 콘텐츠는 사용자에게 비인간적이거나 진정성 없는 느낌을 줄 수 있으므로, 적절한 인간의 개입과 감수는 필수적이다.

2 개인 맞춤형 이메일, 웹 콘텐츠, 추천 시스템

AI 기술은 마케팅의 핵심 과제 중 하나인 개인화를 혁신적으로 발전시키고 있다. 특히 고객의 행동, 선호, 이력 데이터를 바탕으로 맞춤형 콘텐츠를 실시간으로 제공하는 시스템은 브랜드의 고객 충성도 향상과 구매 전환율 증가에 결정적인 역할을 한다. 본 항에서는 개인 맞춤형 이메일, 웹 콘텐츠, 추천 시스템에 대한 적용 방식과 기술적 흐름을 살펴본다.

(1) 개인 맞춤형 이메일 마케팅

AI 기반 이메일 마케팅은 단순히 고객 이름을 넣는 수준을 넘어, 고객의 관심사, 이전 구매 이력, 클릭 패턴 등을 분석하여 가장 효과적인 콘텐츠를 도출한다. 생성형 AI는 다음과 같은 방식으로 이메일을 개인화한다.

① 콘텐츠 생성: 특정 제품에 관심을 보인 고객에게 해당 제품 관련 정보를 담은 맞춤형 이메일을 자동으로 작성

② 발송 시점 최적화: 고객의 이메일 열람 시간대를 분석하여 가장 효과적인 시점에 발송

③ A/B 테스트 자동화: 여러 버전의 이메일을 생성하고, 실시간 반응 데이터를 바탕으로 성과가 높은 버전을 선별

예를 들어, 전자상거래 플랫폼 아마존(Amazon)은 고객이 장바구니에 담고 결제하지 않은 상품에 대해 리마인더 이메일을 자동으로 생성해 발송하고 있으며, 해당

이메일은 고객 행동 데이터를 반영한 텍스트와 이미지로 구성된다.

(2) 웹 콘텐츠의 개인화

웹사이트 방문자는 각기 다른 목적과 기대를 가지고 접속하므로, 정적인 콘텐츠보다 실시간으로 개인화된 콘텐츠 제공이 더 높은 전환율로 이어진다. 이를 위해 AI는 다음의 요소들을 활용한다.

① 방문 기록 분석: 고객이 방문한 페이지와 머문 시간 등을 분석하여 관련 제품, 서비스 또는 정보 콘텐츠를 추천

② 위치 및 디바이스 기반 콘텐츠: 접속 지역 및 사용 기기에 따라 UI/UX를 최적화하거나 콘텐츠를 조정

③ 심리·행동 데이터 분석: 고객의 탐색 속도, 스크롤 패턴 등을 분석하여 콘텐츠 유형(영상, 기사, 리뷰 등) 자동 추천

예를 들어, 넷플릭스(Netflix)는 사용자의 시청 이력을 기반으로 개인 맞춤형 콘텐츠 배너를 구성하며, 이는 단순 추천을 넘어 개인에게 최적화된 시각적 경험을 제공하는 사례이다.

(3) 추천 시스템의 진화

추천 시스템은 AI 마케팅에서 가장 널리 활용되는 기술 중 하나로, 다양한 알고리즘을 통해 사용자에게 적합한 제품, 서비스, 정보를 제안한다.

① 콘텐츠 기반 필터링(Content-based filtering): 사용자의 과거 선택과 유사한 속성을 가진 항목을 추천

② 협업 필터링(Collaborative filtering): 유사한 행동 패턴을 보이는 다른 사용자들의 데이터를 바탕으로 추천

③ 하이브리드 방식(Hybrid method): 상기 두 방식을 결합하여 정밀도를 높임

이러한 기술은 전자상거래, 스트리밍 서비스, 뉴스 플랫폼 등에서 폭넓게 활용되며, AI는 실시간으로 고객 피드백과 선택 패턴을 반영하여 추천 정확도를 지속적

으로 개선하고 있다.

3 A/B 테스트의 자동화와 최적화

AI 마케팅에서 의사결정은 데이터 기반으로 내리는 것은 매우 중요하며, 그 핵심 도구 중 하나가 A/B 테스트이다. A/B 테스트는 제목, 이미지, CTA(Call To Action) 버튼 등과 같은 두 가지 이상의 마케팅 요소를 비교하여 어느 버전이 더 효과적인지를 검증하는 방법이다. 최근에는 인공지능(AI)과 자동화 기술을 결합하여 A/B 테스트를 더욱 효율적이고 정밀하게 수행하고 있다.

(1) A/B 테스트의 전통적 방식

기존의 A/B 테스트는 마케터가 수동으로 실험 요소를 정의하고, 실험 대상 집단을 나눈 뒤 일정 시간 후 결과를 수집하고 해석하는 방식이었다. 이 방식은 정확하지만 시간과 리소스가 많이 소요되며, 테스트 항목이 많아질수록 관리가 어려워진다. 또한 실험 결과를 분석하고 최종 결정을 내리는 데 있어서도 인간의 직관이나 경험이 개입될 여지가 있었다.

(2) A/B 테스트의 자동화 기술

AI 기반의 A/B 테스트 자동화는 테스트 설계부터 결과 해석, 최적안 도출까지의 전 과정을 자동화한다. 주요 과정에 대한 설명은 다음과 같다.

① 자동 실험 설계: AI가 사용자의 행동 패턴, 이탈률, 전환율 데이터를 바탕으로 테스트할 항목을 스스로 선정함

② 실시간 학습 및 조정: 초기 결과를 바탕으로 테스트 가중치를 실시간으로 조정하여 더 나은 성과가 예상되는 버전으로 자동 집중

③ 다변수 테스트(Multivariate Testing)의 통합: 단순한 A/B 비교를 넘어 여러 변수의 조합을 동시에 실험하여 최적 조합을 찾아냄

④ AI 기반 분석 리포트 생성: 통계적으로 유의미한 결과를 기반으로 최적안을 제시하고, 주요 성공 요인을 설명하는 리포트를 자동 작성

예를 들어, Meta(구 Facebook)의 광고 플랫폼은 AI를 활용하여 수천 개의 광고 조합 중 가장 성과가 좋은 콘텐츠를 자동으로 선정해 게재하는 A/B 테스트 자동화 시스템을 구축하고 있다.

(3) 최적화 전략과 사례

A/B 테스트의 목적은 단순한 비교를 넘어서 성과 최적화(Performance Optimization), 시간 기반 최적화, 채널별 최적화가 있고, 다음과 같은 방식으로 마케팅 퍼포먼스를 향상을 목표로한다.

① 개인화 최적화: 특정 고객 세그먼트에 대해 A/B 테스트 결과를 반영해 개인화된 콘텐츠 제공

② 시간 기반 최적화: 시간대, 요일, 계절 등에 따라 A/B 테스트 결과를 학습해 시기별 최적 버전 제공

③ 채널별 최적화: 이메일, 웹, 모바일 앱 등 각 채널에 따라 가장 효과적인 버전을 자동 선택

실제 사례로는 넷플릭스(Netflix)가 사용자 프로필 이미지 테스트를 통해 클릭률을 향상시킨 것이 있으며, 구글은 Gmail의 UI 버튼 색상 A/B 테스트를 통해 수억 달러 이상의 추가 수익 효과를 본 바 있다.

(4) 유의사항

자동화된 A/B 테스트도 무조건적인 신뢰는 위험하다. 테스트 설계의 편향, 과도한 실험 수로 인한 통계적 오류, 사용자 피로도 증가 등은 주의할 필요가 있다. 또한 AI의 판단은 항상 데이터를 기반으로 하기 때문에 데이터 품질이 낮거나 대표성이 떨어질 경우 왜곡된 결과가 발생할 수 있다.

제4절 AI 마케팅 방법

본 절에서는 AI 퍼포먼스 마케팅과 AI 대화형 마케팅 그리고 AI 감정 인식 마케팅에 대하여 살펴보고자 한다.

1 AI 퍼포먼스 마케팅

AI 퍼포먼스 마케팅(Performance Marketing)은 최근 AI 마케팅에서 가장 널리 쓰이는 방법 중 하나로, 성과(Performance)에 기반하여 비용을 지불하는 AI 마케팅 방법을 의미한다. 단순히 브랜드 인지도 제고가 목표인 전통적 마케팅과 달리, 구체적이고 측정 가능한 성과(예: 클릭, 전환, 구매, 앱 설치 등)를 기준으로 집행·평가한다는 점이 특징이다. 이러한 AI 퍼포먼스 마케팅과 브랜딩 마케팅은 서로 차이점과 유사점이 존재하는데, 목표, 성과 측정 방식, 주요 채널, 전략, 장점과 단점, 그리고 활용 예시에 대하여 다음 〈표 3-1〉과 같이 정리하였다.

• **표 3-1** AI 퍼포먼스 마케팅 vs 브랜드 마케팅 비교

구분	AI 퍼포먼스 마케팅 (Performance Marketing)	브랜드 마케팅 (Brand Marketing)
목표	단기적 성과 (클릭, 회원가입, 구매 등)	장기적 성과 (브랜드 인지도, 이미지 구축)
성과측정 방식	CPA, CPC, CTR, ROAS, ROI 등 (정량적 · 즉각적)	브랜드 인지도 조사, NPS, 호감도, 도달률 등(정성적 · 장기적)
광고과금 방식	성과 기반 과금 (클릭/전환/다운로드 등)	노출 기반 과금 (도달/브랜드 리프트)
주요 채널	검색 광고, SNS 퍼포먼스 광고, 리타게팅, 앱 마케팅	TV · 라디오 · 신문 등 전통매체, 유튜브 · 인스타그램 등 대규모 노출 매체
전략 초점	누가 지금 구매할 것인가? (Direct Response)	사람들이 우리 브랜드를 어떻게 기억할까?(Perception Building)

활용 예시	쇼핑몰 할인 쿠폰 광고, 앱 설치 유도 캠페인	코카콜라 = 행복 같은 브랜드 메시지 광고
장점	ROI가 명확하고, 비용 효율성 높음. 빠른 최적화 가능	장기적 신뢰와 충성도 확보 브랜드 프리미엄 형성 가능
단점	단기 성과 위주 → 브랜드 가치 형성에는 한계	측정이 어렵고, 초기 투자 비용이 큼

위의 〈표 3-1〉에서 보는 바와 같이, 먼저, AI 퍼포먼스 마케팅은 숫자로 확인되는 당장의 성과에 초점을 두는 반면에 브랜딩 마케팅은 사람들의 마음에 남는 장기 이미지 구축을 목표로 한다. 두 번째, 시간적 관점에서는 AI 퍼포먼스 마케팅은 단기 전환(구매 · 다운로드 등)을 목표로 즉각적인 효과를 추구하는 반면에, 브랜딩 마케팅은 장기간의 소비자 인식 · 호감 형성을 통해 브랜드 자산을 쌓는데 중점을 둔다. 세 번째, 성과 측정 방식에서 AI 퍼포먼스 마케팅은 데이터 기반이라 광고 효율(ROI, ROAS)이 바로 확인 가능한 반면에, 브랜딩 마케팅은 고객 마음속 인식 변화를 다루기 때문에 정량 측정이 쉽지 않고 설문, 브랜드 리프트 조사 등을 활용한다. 네 번째, 비용 구조 측면에서, AI 퍼포먼스 마케팅은 성과형 비용 지불이라 효율적이지만, 광고 단가가 높아질수록 부담이 커질 수 있는 반면에, 브랜딩 마케팅은 초기 비용이 크지만, 성공하면 오랜 기간 안정적인 브랜드 이미지를 남길 수 있다. 다섯 번째, AI 마케팅은 브랜드 마케팅 전략과 상호 보완적인 성격이 있다. 즉, AI 퍼포먼스 마케팅은 단기 매출 극대화를 원할 경우에 유리한 측면이 있다. 반면에, 브랜드 마케팅은 장기 충성 고객 확보와 시장 내 입지를 다지려면 효과적일 수 있다. 궁극적으로 두 마케팅 방법을 함께 사용하면 시너지를 발휘할 수 있다. 이러한 이해에 바탕으로 퍼포먼스 마케팅에 대하여 구체적으로 살펴보면 다음과 같다.

(1) AI 퍼포먼스 마케팅의 정의

AI 퍼포먼스 마케팅은 기획을 할 때, 노출(Impressions) 자체보다는 실제 행동(Action) 결과(클릭, 회원가입, 구매 등)에 중점을 둔다. 그러므로 검색광고, 소셜미디어 광고, 디스플레이 광고, 리타게팅, 앱 마케팅 등 AI 기반 매체를 활용하여 마케팅을 실행한다. 그러므로 마케팅 효과도 ROI(Return on Investment), ROAS(Return on Ad Spend), CPA(Cost Per Action) 등 정량적 지표로 성과를 측정하고 최적화한다.

(2) AI 퍼포먼스 마케팅의 주요 특징

AI 퍼포먼스 마케팅의 주요 특징은 성과 기반 과금, 데이터 기반, 실시간 최적화, 그리고 정밀 타켓팅을 들 수 있다.

먼저, 성과 기반 과금으로 클릭당 과금(CPC: Cost Per Click), 전환당 과금(CPA: Cost Per Acquisition), 노출당 과금(CPM: Cost Per Mille) 등 다양한 모델이 존재한다.

둘째, 데이터 기반(Data-driven)으로 구글 애널리틱스, 페이스북 픽셀, GA4, 앱스플라이어(Appsflyer) 등 분석 도구를 활용해 사용자 행동을 추적및 분석할 수 있다.

셋째, 실시간 최적화로서 캠페인 데이터를 기반으로 마케팅 크리에이티브, 타겟 세그먼트, 예산 배분을 즉각적으로 조정할 수 있다.

넷째, 정밀 타겟팅으로 관심사, 행동 패턴, 지역, 기기 등 다양한 기준으로 고객을 세분화하여 효율을 극대화할 수 있다.

(3) AI 퍼포먼스 마케팅의 주요 채널

AI 퍼포먼스 마케팅의 주요 채널은 검색 광고, 소셜 미디어 광고, 리타게팅 광고, 앱 마케팅을 들 수 있다.

먼저, 검색광고(Search Ads)는 구글, 네이버, 다음 등 검색엔진에서 키워드 기반 구매 의도가 높은 고객을 직접 타겟으로 할 수 있다.

둘째, 소셜미디어 광고(SNS Ads)는 페이스북, 인스타그램, 틱톡, 유튜브 등에서 관심사·행동 기반 정밀 타겟팅 광고가 가능하다.

셋째, 리타게팅 광고는 배너와 동영상 형태로 브랜드 노출 및 재방문을 유도할 수 있다.

넷째, 앱 마케팅(App Marketing)은 많은 모바일 앱 사용자에게 알리고, 설치를 유도하며, 장기적으로 충성 사용자로 전환시키는 활동 전체를 말한다.

(4) AI 퍼포먼스 마케팅 활용 사례

AI 퍼포먼스 마케팅 활용 사례로서 이커머스 업체에서 특정 제품의 페이지 유입과 장바구니 담기 그리고 구매까지의 전환율을 추적할 수 있다. 그리고 앱 서비스업체에서는 신규 유저 앱 다운로드와 회원가입 그리고 구독 결제를 유도할 수 있다. 마지막으로 교육이나 훈련업체에서는 랜딩 페이지 유입 후 문의 등록 및 신청 완료까지의 전체적인 과정을 추적할 수 있다.

(5) AI 퍼포먼스 마케팅의 장점

AI 퍼포먼스 마케팅의 장점으로 효율성, 투명성, 민첩성, ROI 극대화를 들 수 있다.

① 광고 예산이 실제 성과와 직결되면서 낭비를 최소화하는 효율성을 들 수 있다.
② 어떤 캠페인이 어느 정도 매출이나 회원가입으로 연결되는지 명확히 확인 가능하다는 투명성을 들 수 있다.
③ 실시간 데이터에 기반하여 빠른 전략 수정이 가능하다는 민첩성을 들 수 있다.
④ 성과 중심으로 예산이 집중되므로 수익률 향상을 꾀할 수 있는 ROI 극대화를 들 수 있다.

(6) AI 퍼포먼스 마케팅의 단점

위와 같은 장점이 있는 반면에 다음과 같은 단점도 존재한다.

① 브랜드 인지도 향상과 이미지 구축 같은 장기적 마케팅 효과는 상대적으로 약하다.
② 데이터 의존성으로 데이터 수집이 불완전하면 전략이 실패할 위험이 존재한다.
③ 광고비 경쟁 심화로 클릭 단가가 상승하면서 성과 유지가 어려워질 수 있다.

정리하면, AI 퍼포먼스 마케팅은 광고비 집행과 성과 측정이라는 대표적인 데이터 기반 AI 마케팅 방법이다. 즉, 광고의 ROI를 명확히 관리하고 싶은 기업들에게 특히 적합한 방식이라고 할 수 있다. 이러한 배경에서 AI를 활용한 AI 퍼포먼스 마케팅은 향후 마케팅에서의 활용 빈도가 점점 증가하면서, 핵심적인 AI 마케팅중의 하나로 자리잡을 것이다.

2 AI 대화형 마케팅

(1) 개요

AI 대화형 마케팅은 고객에게 일방적으로 메시지를 전달하는 기존 마케팅 방식에서 벗어나, 챗봇(Chatbot), AI 가상 비서, 메시징 앱등을 활용하여 고객과 실시간 상호작용을 가능하게 하는 혁신적 AI 마케팅 방법이다. 특히, 최근의 생성형 AI(ChatGPT, Google Gemini 등) 발전은 대화형 시스템의 정교함과 신뢰도를 크게 높이며, 단순한 자동화 수준을 넘어 인간 중심의 맞춤형 소통을 가능하게 만들고 있다. 기업은 이를 통해 고객 만족도 향상, 브랜드 충성도 제고, 구매 전환율 증대라는 세 가지 핵심 목표를 달성할 수 있으며, 더 나아가 장기적인 고객 관계 관리(CRM)의 기반을 마련하게 된다.

(2) 주요 기능과 장점

① 24/7 실시간 응대

고객 문의, 제품 추천, 예약, 불만 처리까지 언제 어디서나 자동 대응. 고객 대기 시간을 최소화하여 서비스 경험 향상

② 고객 행동 데이터 수집

대화 과정에서 발생하는 고객의 니즈, 불만, 구매 의향, 선호도를 체계적으로 분석하여 데이터 기반 AI 마케팅 전략 수립 가능

③ 개인화 추천

고객의 과거 대화 이력과 맥락을 분석하여 맞춤형 제품·서비스 추천. 실시간 대화 속에서 개인 맞춤형 콘텐츠 제공

④ 리드 생성 및 전환 유도

대화 흐름 속 자연스러운 맥락에서 프로모션·할인 안내 삽입. 고객의 구매 행동을 유도하며 매출 증대에 직접 기여

(3) 사례

① 패션 브랜드 H&M

고객이 선호하는 스타일을 입력하면, 이에 맞는 제품을 자동으로 추천하는 AI 챗봇을 운영하여 웹사이트 체류 시간과 전환율을 크게 향상시켰다.

② 스타벅스(Starbucks)

'My Starbucks Barista'라는 음성 기반 챗봇을 도입하여, 고객이 음성으로 주문할 수 있는 기능을 제공함으로써 고객 편의성을 극대화하였다.

③ 국내 금융업계

일부 은행은 고객 상담 챗봇을 이용하여 계좌 조회, 카드 신청, 금융상품 안내를 제공하고 있으며, 이를 통해 콜센터 업무를 30% 이상 경감하고 고객 만족도를 높이고 있다.

(4) 활용 전략

AI 대화형 마케팅을 효과적으로 실행하기 위해 기업은 다음과 같은 전략을 고려해야 한다.

① 멀티채널 통합

웹사이트, 모바일 앱, 카카오톡, 왓츠앱 등 다양한 접점에서 일관된 고객 경험을 제공한다.

② 고객 여정(Customer Journey) 기반 설계

인지(Awareness) → 고려(Consideration) → 구매(Purchase) 단계에 맞춰 맞춤형 대화 시나리오 구성한다.

③ 감성 지능(Emotional Intelligence) 강화

단순 질의응답을 넘어, 고객의 감정과 어조를 파악하여 공감적 대화를 진행한다.

④ 프라이버시 및 신뢰 확보

개인정보 보호 규정과 개인정보보호법 등을 준수하고, 고객 데이터 활용에 대한 투명성을 확보한다.

(5) 시사점

AI 대화형 마케팅은 단순히 고객 응대를 자동화하는 도구가 아니라, 브랜드와 고객 사이의 관계를 심화시키는 전략적 수단이다. 특히 디지털 전환(Digital Transformation)이 가속화되는 상황에서, 기업은 AI 대화형 마케팅을 적극적으로 도입해야 경쟁 우위를 확보할 수 있다. 앞으로는 생성형 AI와 음성·영상 인터페이스의 융합을 통해 더욱 인간적인 대화 경험을 제공하는 방향으로 발전할 것이며, 이는 차세대 마케팅 패러다임으로 인식될 것이다.

3 AI 감정 인식 마케팅

(1) 개요

AI 감정 인식 마케팅은 고객의 표정, 음성 톤, 텍스트 감정, 생체 신호등을 실시간으로 분석하여 고객의 정서 상태를 파악하고, 이에 적합한 AI 맞춤형 마케팅 전략을 제공하는 기법이다. 이는 단순히 고객의 언어적 요구를 충족시키는 수준을 넘어, 고객이 어떤 감정을 느끼고 있는지를 기반으로 정서적 맞춤 마케팅을 수행한다는 점에서 차별성이 있다. 브랜드는 고객의 감정을 정확히 이해할수록 더욱 개인화된 마케팅 경험을 제공할 수 있으며, 이는 곧 고객 만족도와 충성도 제고로 이어진다. 최근에는 딥러닝 기반 감정 인식 기술과 컴퓨터 비전 기술이 융합되면서 분석 정확도가 높아졌고, 실시간 응용도 가능해졌다. 예를 들어, 감정 인식 AI는 비디오 피드(Video Feed)를 통해 고객의 얼굴 표정을 분석하여 광고·제품에 대한 긍정/부정 반응을 실시간으로 파악할 수 있다. 또한, 음성 분석을 통해 고객의 목소리 억양·톤·속도 등을 파악하여 감정 상태를 진단하고, 이를 기반으로 AI 맞춤형 메시지와 프로모션을 제공한다.

(2) 주요 기술 요소

① 얼굴 인식(Facial Expression Recognition) 및 이미지 분석

웹캠이나 카메라를 통해 고객의 미세 표정, 근육 움직임, 신체 동작을 분석하여 긍정/부정/중립 감정 및 세부 감정(기쁨, 분노, 슬픔 등)까지 판별할 수 있다.

② 음성 분석(Voice Sentiment Analysis)

목소리의 톤, 억양, 속도, 음파 특성을 통해 고객의 정서 상태를 감지하여 고객이 불안, 흥분, 만족 등의 감정을 경험하는지를 실시간으로 평가할 수 있다.

③ 텍스트 감정 분석(Sentiment Analysis)

고객 리뷰, SNS 게시글, 이메일, 채팅 기록 등의 텍스트 데이터를 분석하여 긍정/부정 키워드와 문맥 기반 분석을 통해 고객 감정 상태를 추출할 수 있다.

④ 생체 신호 분석(Biometric Signal Analysis)

웨어러블 기기를 통해 수집된 심박수, 피부 온도, 뇌파 등의 데이터를 활용하여 고객의 스트레스, 몰입도, 흥분 정도 등을 정밀하게 진단할 수 있다.

(3) 활용 및 응용 예시

① 고객 불만 대응

불만이 드러나는 고객에게는 신속하고 진정성 있는 사과 메시지와 해결책을 제공하여 불필요한 고객 이탈을 방지하고 서비스 만족도를 높일 수 있다.

② 긍정 감정 고객

만족스러운 감정을 보이는 고객에게는 보상(Reward) 제공, 추가 제품 추천 등 긍정 경험을 강화하여 충성 고객으로 전환을 유도할 수 있다.

③ **실시간 광고·프로모션 자동화**

고객의 얼굴 표정이나 반응을 실시간 분석해, 개별 고객별 맞춤 광고를 제공한다.

④ **고객 여정(Customer Journey) 최적화**

매장 방문, 온라인 구매 과정, 고객센터 접촉 등 각 단계에서 감정 데이터를 활용하여 맞춤형 고객 경험을 설계하여 장기적 관계를 형성하게 한다.

(4) 사례

① Coca-Cola

광고 시청자의 얼굴 표정을 분석하여 어느 장면에서 웃거나 몰입하는지 데이터를 수집, 광고 콘텐츠를 개선하였다.

② ZARA

매장 내 고객의 얼굴 표정과 행동을 분석하여 상품 진열·매장 디자인을 최적화하였다.

③ Amazon

음성 비서 Alexa를 통해 사용자의 음성 톤을 분석, 고객 감정을 파악하여 상황에 맞는 응답을 제공하였다.

④ **국내 유통업계**

일부 백화점은 매장 내 CCTV와 AI를 결합해 고객의 표정·동선을 분석, 매장 내 상품 배치와 프로모션 전략을 개선하고 있다.

(5) 전략적 의의

AI 감정 인식 마케팅은 단순한 고객 응대를 넘어, 정서적 유대감 형성과 맞춤형 콘텐츠와 프로모션 제공이라는 측면에서 높은 마케팅 가치를 가진다.

① 브랜드 차별화: AI 감정 기반 개인화 마케팅을 통해 고객에게 차별화된 경험을 제공하여 브랜드를 차별화할 수 있다.
② 고객 충성도 제고: 고객 감정에 공감하는 대응으로 장기적 관계를 강화한다.
③ AI 마케팅 전략 수립: 감정 데이터와 행동 데이터를 결합하여 고도화된 AI 마케팅 전략을 수립할 수 있다.

(6) 유의점 및 한계

① 개인정보 보호 이슈

감정 인식은 표정, 음성, 생체 신호 등 민감 데이터를 수집하므로, 정교한 데이터 익명화, 암호화 및 보안 관리가 요구된다.

② 오인식 가능성

감정 해석은 문화적 배경, 개인 특성에 따라 다르게 나타날 수 있어 오판 위험이 존재한다. 따라서, 중요한 고객 응대 과정에서는 사람의 확인 절차를 병행 수행함으로써 신뢰도를 향상하는 것이 필요하다.

③ 투명성 확보 필요

고객이 AI와 상호작용 중임을 명확히 알리고, 데이터 수집 목적과 활용 범위를 투명하게 고지해야 한다.

(7) 시사점

AI 감정 인식 마케팅은 고객 경험을 정교화하고 브랜드 신뢰를 강화하는 AI 마케팅 방법으로 자리 잡고 있다. 특히, 감정 데이터를 기반으로 한 맞춤형 마케팅은 디지털 전환 시대의 핵심 경쟁력으로 작용할 것이다. 그러나 개인정보 보호와 감정 분석의 정확성 확보라는 과제를 해결해야만 지속 가능한 활용이 가능하다. 앞으로는 생성형 AI, 멀티모달 감정 인식(영상·음성·텍스트 결합), 웨어러블 센서 데이터 활용등이 융합되어, 고객에게 더욱 인간적인 경험을 제공하는 방향으로 발전할 것이다. 이는 곧 정서적 마케팅 시대의 본격적인 도래를 의미한다.

토의문제

1. AI 마케팅이 등장하게 된 배경에 대해서 설명해 보자.
2. AI 마케팅의 개념에 대하여 논의해 보자.
3. AI 마케팅의 전략적 활용에 대하여 토의해 보자.
4. AI 마케팅의 산업별 적용에 대하여 토론해 보자.
5. AI 고객세분화에 대해서 논의해 보자.
6. AI 타겟마케팅에 대하여 설명해 보자.
7. 생성형 AI 기반 마케팅 콘텐츠 제작에 대하여 설명해 보자.
8. 생성형 AI 기반 개인화 전략에 대하여 토의해 보자.
9. 생성형 AI를 활용한 마케팅 콘텐츠 제작 및 적용에 있어 유의사항과 한계점에 대하여 논의해 보자.
10. AI 퍼포먼스 마케팅에 대하여 토론해 보자.
11. AI 대화형 마케팅에 대하여 설명해 보자.
12. AI 감정 인식 마케팅에 대하여 토의해 보자.

사례연구 - 1

AI 매직 … 1시간 영상 2분이면 숏폼, 기존 인력 10%로 중계

급변하는 미디어·방송 제작 환경

KT는 최근 자체 제작한 드라마 '신병 3'의 주요 내용을 1분 내외로 요약한 숏폼 영상을 유튜브로 배포하고 있다. 핵심 장면을 보여주고, 내레이션으로 상황을 설명해 주는 것 등 보통 유튜버들이 만든 영상과 크게 다르지 않다. 그러나 KT의 숏폼은 인공지능(AI)이 만든 것이다. 사람이 약 1시간짜리 영상을 숏폼으로 만들 때 20분쯤 걸리는데, AI에 이와 비슷한 품질로 숏폼을 만들게 하면 2분이면 된다. 또 1시간짜리 원본 영상으로 길이가 다른 숏폼 50개를 약 10분 안에 만드는 일도 가능하다. 미디어·방송 업계에서는 AI가 전면에 등장하면서 영상 촬영·편집·콘텐츠 검색·마케팅 등 콘텐츠 제작 과정 전반에 변화가 대거 일어나고 있다. 숏폼 제작이나 자막 삽입, 콘텐츠 검색은 물론이고 사람이 직접 해야만 했던 핵심 장면 편집이나 실시간 스포츠 경기 분석 등을 AI가 대신 하는 일이 늘고 있다. 이미 제작된 콘텐츠에 자연스럽게 제품 광고를 삽입하는 AI도 등장해 광고 시장 판도에도 영향을 주고 있다. 배우의 출연료나 제작진 인건비 등 각종 비용이 치솟는 상황에서 AI활용은 각 분야 기업들의 핵심 화두로 떠오르는 중이다.

숏폼 제작 2분이면 충분

숏폼 제작 분야는 최근 AI가 가장 활약하는 곳이다. 이용자 수도 많은 데다 빠르게 트렌드가 변화하며, 경쟁이 치열해서 단기간에 많은 영상을 제작해 '질보다 양'으로 승부를 봐야 하기 때문이다. KT는 올 1월 출범한 'AI 스튜디오 랩'의 제작용 홈페이지에 영상을 올린 다음, '병사들이 작업하는 장면을 위주로 편집해 줘' '로맨틱한 대사가 있는 장면을 모아줘' 등의 명령을 입력하고 '리뷰형', '예고편형' 등 형식을 고르면 숏폼을 만들 수 있게 했다. 프로 축구 K리그 경기를 중계하는 쿠팡플레이는 주요 경기마다 스포츠 스타트업 '비프로'와 협업한 AI데이터 분석 결과를 시청자와 해설진에게 실시간으로 제공한다. 선수들이 슈팅하거나 드리블할 때의 동작이나 속도, 이동 거리 등을 보여줘 재미를 키운다. 과거에는 사람이 슬로모션 화면 등을 보며 별도로 분석하던 것을 AI가 더 빨리 해내고 있는 셈이다. 위성방송 기업 KT스카이라이프는 작년 하반기부터 스타트업 '호각'과 함께 축구, 농구 등 각종 생활체육 경기를 사람을 거의 쓰지 않고 AI 카메라만으로 촬영·중계하고 있다. 별도 촬영 인력 없이 경기장 중앙쯤에 설치된 AI 카메라가 경기를 뛰는 선수들의 움직임을 실시간으로 촬영한다. 촬영된 영상을 저장하고 방송으로 송출하는 것도 AI 몫이다. 스카이라이프 관계자는 "지상파 스포츠 경기 중계에 투입되는 인력이나 장비의 10%만 있어도 제작이 가능하다"고 했다. MZ세대와 알파세대를 중심으로 수요가 폭발적으로 증가하면서 숏폼은 단순한 트렌드를 넘어 콘텐츠 소비 방식 자체를 바꿔놓고 있다. 숏폼은 무엇보다 빠른 확산력과 간편한 제작 방식을 무기로 광고와 브랜드 홍보의 핵심 도구로 부상했다. 누구나 쉽게 제작할 수 있어 대중의 크리에이터 진입 장벽도 낮다. 숏폼은 생성형 AI와의 결합을 통해 제작 효율도 급상승 중이다. AI는 15초 내외 영상 제작에 특히 최적화돼 있으며, 제작비 역시 기존 수억원에서 수백만원 수준으로 줄어들었다. 특히 개인의 관심사와 행동 패턴을 반영한 타깃팅 광고가 가능해 "효율성의 시대, 안성맞춤"이다(파이낸셜뉴스, 2025. 8. 4).

AI 활용하는 미디어 업계(자료: 각 사)

숏폼 제작
KT
드라마, 예능 등 1시간짜리 영상을 2분이면 주요 내용 담긴 숏폼으로 제작

스포츠 중계
쿠팡플레이
운동선수 움직임을 AI로 실시간 분석해 데이터 제공

KT스카이라이프
AI 적용한 카메라로 사람 없이 스포츠 경기 중계용 방송 촬영

광고
CJ ENM
예능이나 드라마 등의 콘텐츠 촬영이 끝난 뒤에도, AI로 간접 광고(PPL) 제품 이미지를 콘텐츠에 삽입

검색·광고 등 다방면 활용

콘텐츠 제작뿐만 아니라 검색이나 광고 분야에도 AI도입이 이어진다. 넷플릭스와 티빙 등 OTT는 AI를 활용한 검색 기능을 강화하고 있다. '속이 후련해지는 액션물을 보고 싶어'와 같이 일상에서 쓰는 대화형 문장으로도 검색·추천이 되게 하

는 게 목표다. 넷플릭스는 이달 초 아이폰 앱에 이 같은 기능을 시범 도입했다. 광고 시장에도 영향을 주고 있다. 간접광고(PPL)가 대표적이다. PPL은 원래 콘텐츠를 제작하는 과정에서 광고 대상 제품이 노출되게 하는 게 일반적이다. 그래서 예능이나 드라마 등 콘텐츠가 크게 인기를 끈 뒤, 광고 제안이 추가로 들어와도 촬영이 모두 끝났다면 이를 반영하기 어려웠다. 하지만 AI도입으로 촬영이 끝난 콘텐츠에 등장하는 일반 생수병을 광고 대상인 음료수 병으로 바꾸는 것 같은 일이 가능해졌다. CJ ENM은 산하 방송사 tvN의 예능 프로그램에 사후 PPL을 도입했다. 프로그램에 출연한 셰프 에드워드 리가 요리 재료로 매일유업의 두유를 썼는데, 콘텐츠 제작이 끝난 뒤 매일유업과 협의해 AI로 콘텐츠 곳곳에 두유가 노출되는 장면을 추가로 삽입한 것이다. SK브로드밴드도 지난 3월부터 유료 방송으로 송출되는 소상공인용 광고 제작에 AI를 도입했다. 지역 소상공인이 매장 사진과 동영상, 키워드와 요구 사항 등을 홈페이지에 입력하면 광고가 제작된다. 이를 통해 광고 제작 소요 시간을 기존 3일에서 10분으로 줄였다(조선일보, 2025. 5. 19).

▸ **사례연구 토의**

1. AI를 활용한 급변하는 미디어 · 방송 제작 환경에 대하여 토의해 보자.
2. AI를 활용한 스포츠 중계의 예를 들어 설명해 보자.
3. 광고와 브랜드 홍보의 핵심 도구로 부상한 숏폼에 대하여 토론해 보자.

사례연구 - 2

AI 예측 마케팅, e커머스 기업에 필수요소 된다.

소비자가 물건을 구입과 동시에 배송이 시작되는 회사가 있다. 미국 대표 빅테크 기업 아마존(Amazon)이다. 고객의 선호 상품, 구매 주기, 상세페이지 체류 시간 등의 데이터를 분석하여, 주문 버튼을 누름과 동시에 인근 물류센터로 포장된 제품을 배송한다. 미국과 같이 넓은 국토에서 남들보다 빠른 배송을 위해, 예측을 데이터를 활용한 대표적인 사례이다. 이와 같이, 암 환자의 건강검진 데이터를 역추적하여 보험료를 산정하는 보험회사, 결제 패턴을 파악해 맞춤형 프로모션으로 매출을 상승시키는 카드사 등 산업 전반에서 데이터를 이용한 예측을 통해 서비스 혁신을 달성한 사례가 점점 증가하고 있다.

최근 Chat-GPT, Gemini 등의 AI 기술의 발전은 AI 기반 예측 마케팅(predictive marketing)의 새로운 장을 열고 있다. AI 기반 예측 마케팅의 첫 단계는 다양한 출처에서 데이터를 수집하고 이를 정제하는 것이다. 이는 고객의 행동, 구매 기록, 소셜 미디어 활동 등 다양한 데이터를 포함한다. 수집된 데이터를 기반으로 AI 모델을 구축하고, 이를 통해 미래의 소비자 행동을 예측한다. 머신러닝 알고리즘을 활용하여 소비자의 구매 가능성, 이탈 가능성, 반응 확률 등을 예측할 수 있다. 이와 같은 예측 마케팅에서의 핵심은 실시간 데이터 처리 능력이다. 실시간으로 데이터를 분석하고, 즉각적으로 마케팅 전략을 수정함으로써 구매 전환 가능성이 높은 고객에 대한 이탈을 방지하고 더 효과적인 캠페인을 운영할 수 있다.

이와 같은 방대한 데이터를 실시간으로 처리함으로써, AI 마케팅에서 중요하게 고려하고 있는 개인화 마케팅이 비로소 더 정교해질 수 있다. 기존의 마케팅 방식은 특정 대중에게 광고를 노출하고 A/B 테스트와 같은 과정을 통해 성과를 개선하는 방식을 사용하고 있으며, 이러한 과정은 마케터, 디자이너, 기획자의 상당한 개인적인 시간이 소요됨을 의미한다. 반면 AI 기반 예측 마케팅은 개별 소비자의 행동을 예측하여 개인화된 마케팅 메시지를 제공하여 리소스 절감을 통한 마케팅의 궁극적인 목적인 구매전환이라는 효율 개선을 만들어 갈 수 있다. 예를 들어, 특정 제품을 자주 검색하는 고객을 인지하고 해당 제품의 할인 정보를 실시간으로 제공함으로써 구매 전환 가능성을 높일 수 있으며 이와 같은 예측 모델을 통해 이탈 가능성이 높은 고객을 식별하고, 이들에게 맞춤형 혜택을 제공하여 이탈을 방지할 수 있다. 이를 통해 기존 방식에서 있었던 시간과 리소스 낭비를 줄일 수 있고 같은 비용을 투입하여 더 높은 마케팅 효율을 달성할 수 있다. 판매 데이터를 기반으로 미래의 수요를 예측하여 재고 관리를 최적화하는 것도 예측 마케팅의 큰 장점이다. 이는 특히 아마존 사례와 같이 e커머스 기업들에게 큰 도움이 된다. 예를 들어, 특정 제품의 판매가 급증할 것으로 예상되는 시기에 미리 재고를 확보함으로써 품절 사태를 방지하고, 재고 관리 최적화를 통해 비용 절감과 수익 증대를 동시에 이룰 수 있다.

마케팅을 집행하는 전 매체 데이터의 통합적인 분석을 AI를 통해 집행함으로써 고객 예측을 통한 초개인화 마케팅 집행이 가능하다. 국내에서도 AI 기술을 활용하여 e커머스 기업 성장을 도와주는 다양한 애드테크 기업들이 성장하고 있으며, 여러 채널로부터 유입된 데이터를 결합하여 통계학적 분석을 통해 전략 및 운영 최적화를 지원하고 있다. 이를 통해 기업은 마케팅 효율을 개선할 수 있을 뿐 아니라, 마케팅을 활용하여 축적된 다양한 데이터를 마케팅 자산화하여 활용 가능하다. AI 기반 예측 마케팅은 e커머스 기업에게는 필수적인 요소로 자리매김하고 있으며, 마케터들은 AI 기반 예측 마케팅과 관련된 다양한 솔루션을 활용하여 더 효과적이고 개인화된 마케팅을 만들어 갈 수 있을 것이다(중앙일보, 2024. 6. 25).

▸ **사례연구 토의**

1. AI 예측마케팅에 대하여 토론해 보자.
2. AI 예측마케팅이 e커머스 기업에게 왜 필수요소인지에 대하여 설명해 보자.
3. AI 예측마케팅을 수행하고 있는 e커머스 기업을 예를 들어 설명해 보자.

사례연구 - 3

'AI' … 온·오프라인 마케팅 판매 전략 세운다

K뷰티 산업 급성장에 인공지능(AI)이 조력자 역할을 톡톡히 하고 있다. AI가 소비자 반응을 실시간 분석하고, 상품 추천부터 광고 전략 수립, 오프라인 진열까지 뷰티 기업들을 전방위적으로 지원 중이다. 업계에 따르면 마케팅·판매전략 등과 관련된 AI 솔루션 전문기업들의 뷰티 고객사 수가 급증하고 있다.

뷰티 특화 AI 솔루션을 제공하는 '달파'는 올해 상반기 기준, 뷰티 고객사 수가 작년 하반기 대비 165% 증가했다고 밝혔다. 전체 고객 중 11%가 뷰티 업종일 만큼 수요가 빠르게 확대되고 있다. 달파의 AI는 단순한 브랜드 감성 분석을 넘어, 제품 기능·텍스터·색상·유통 채널 등 35단계에 이르는 N-뎁스 분류 체계를 통해 소비자 반응을 구조적으로 파악하고 있다. 예컨대 '벨벳 텍스처의 MLBB 립 제품이 2030대 여성층에 높은 재구매율을 기록했다'는 흐름까지 도출한다. 또한 SNS 콘텐츠, 광고, 제품 판매 데이터를 통합 분석해 광고 수익률, 콘텐츠 반응률 등 핵심 지표를 정리한다. 분기별 마케팅 인사이트를 자동화해 리포팅하는 기능도 제공한다. AI 기반 시맨틱 검색 엔진은 자연어, 오타, 비정형 쿼리 처리에 특화돼 검색 실패율을 줄인다.

오프라인 유통 현장에서도 AI의 영향력은 확대되는 중이다. AI 솔루션 기업 딥핑소스(Deeping Source)는 실제 매장 데이터를 기반으로 '미래형 판매 전략'을 제시한다. 고객 동선과 구매 행동을 실시간으로 분석, 어떤 물건을 어디에 진열해야 잘 팔리는지, 어느 위치에서 제품 설명이 이뤄져야 구매 전환이 높은지를 데이터로 알려준다. 뷰티 고객사 수는 전년 대비 4배가량 늘었다. 이 회사는 뷰티 업계에서 프리미엄 이미지가 중요하고 직원의 제품 설명이나 응대가 구매에 미치는 영향이 크다는 점을 고려했다. 고객이 선반 앞에서 어떤 제품을 쳐다보고, 손에 집어 들고, 장바구니에 담는지까지 세일즈 전 과정을 분석한다. 이 데이터를 기반으로 관심 지도(어텐션 맵)를 구축, 제품 진열 위치의 효과를 정량화한다. 이때 70여개 비식별화 특허 기술을 적용해 매장 방문자의 얼굴 등 개인 정보는 가린다. 다양한 브랜드가 섞여 있는 드럭스토어나 편집숍처럼 브랜드 충성도가 낮은 환경에서는 직원 추천이 구매를 좌우하는 경우가 많다는 점도 반영했다. 딥핑소스는 매장 내 고객 흐름과 응대 효과까지 분석해 어떤 위치에서 어떤 상품을 추천했을 때 전환율이 높았는지 피드백해준다.

트렌드 변화가 빠른 뷰티 시장에서는 AI의 분석이 곧 실질적인 매출 향상 수단으로 인식되는 만큼 도입이 더욱 확산될 전망이다. 업계 관계자는 "K 뷰티는 AI를 통해 단순 판매를 넘어서, 소비자와의 정교한 커뮤니케이션 구조를 세워가고 있다"며 "AI는 이제 숨은 조력자가 아닌, 브랜드 전략의 실질적인 동반자가 되고 있다"고 말했다(전자신문, 2025. 7. 23).

▸ 사례연구 토의

1. 달파는 단순한 브랜드 감성 분석을 넘어, 제품 기능 · 텍스처 · 색상 · 유통 채널 등 35단계에 생성형 AI를 활용하여 마케팅을 혁신하고 있는 것에 대하여 토의해 보자.
2. SNS 콘텐츠, 광고, 제품 판매 데이터를 통합 분석해 광고 수익률, 콘텐츠 반응률 등 핵심 지표 설정에도 생성형 AI를 활용하고 있는 것에 대하여 토론해 보자.
3. AI 솔루션 기업 딥핑소스(Deeping Source)는 실제 매장 데이터를 기반으로 '미래형 판매 전략'을 제시하고 있는 것에 대하여 설명해 보자.

사례연구 - 4

광고 40%가 AI로 제작" … 광고판 접수하는 빅테크 생성형 AI

수천만 원짜리 광고, AI로 200만 원대에 제작

한 여성의 유년기부터 노년까지, 인생의 매순간 경기도와 함께한 추억이 30초 분량의 감성적인 영상으로 펼쳐진다. 밤하늘 아래 캠핑장에서 사랑을 속삭이던 연인은 어느덧 한 아이의 부모가 되어 공원에서 따사로운 햇살을 즐긴다. 이 영상은 전문 제작사나 배우 없이, 지난달 경기관광공사 내부 인력이 생성형 인공지능(AI)을 활용해 단 7일 만에 완성한 홍보 영상이다. 수천만 원의 예산과 수개월의 제작 기간이 필요했던 기존 방식과 비교하면 비용과 시간을 획기적으로 줄인 것이다. 이처럼 인공지능(AI)이 광고업계의 제작 방식 자체를 뒤흔들고 있다. 과거에는 수천만 원에서 수억원을 들여 영상광고를 제작했지만, 이제는 AI만 있으면 고품질 영상 콘텐츠를 몇 시간 안에 완성할 수 있는 시대가 됐다.

美 광고주 86% "AI 광고 도입 계획" … 내년엔 90% 제작 전망

미국 인터랙티브광고국(IAB) '2025 디지털 비디오 광고 전략 보고서'에 따르면, 미국 내 광고주 중 86%가 이미 생성형 AI를 사용 중이거나 도입을 계획하고 있다고 답했다. 2026년까지 전체 광고주의 90%가 AI를 활용하게 될 것으로 전망된다. 보고서는 전체 디지털 광고 중 약 40%가 실제 AI에 의해 제작될 것으로 예측했다. 이러한 변화의 배경에는 구글과 어도비 등 글로벌 빅테크 기업들이 AI 기반 광고 기술의 상용화 속도를 급격히 높이고 있기 때문이다.

이미 수년 전부터 AI를 활용한 영상 생성 기술을 개발해온 이들 기업은, 최근 광고 실무에 최적화된 형태로 기능을 고도화하고 플랫폼 통합을 본격화했다. 구글은 생성형 영상 모델 '비오 3(Veo3)'를 기반으로 광고 제작 환경에 특화한 경량 버전 '비오 3 패스트'를 추가로 선보였다. 이 모델은 이미지 한 장과 텍스트만으로 1080p 고화질 영상과 음향을 수분 내에 자동 생성하며, 초당 0.4달러 수준의 낮은 비용으로 광고 콘텐츠를 제작할 수 있다. 구글은 이를 유튜브, 디스플레이 네트워크, 검색광고 등 자사 플랫폼 전반에 통합, 광고주가 API를 통해 영상 제작부터 배포까지 원스톱으로 처리할 수 있도록 설계했다. 어도비 역시 자사 마케팅 자동화 플랫폼 '젠스튜디오(GenStudio)'에 AI 기반 영상 광고 생성 기능을 추가했다. 이 기능은 제품 이미지와 핵심 문구만으로 수십 가지 광고 영상을 자동 제작하고, 이를 구글·아마존·메타 등 주요 플랫폼에 실시간 배포할 수 있다. 단순한 영상 생성뿐 아니라 다양한 버전의 콘텐츠 제작과 A/B(광고 성과 비교) 테스트까지 지원한다. 실제 광고 업계에선 이런 기술들을 활용한 변화가 빠르게 나타나고 있다. NBA 파이널 스트리밍 중 등장한 온라인 거래 플랫폼 '칼시(Kalshi)'의 광고는 이틀 만에 AI로 제작된 대표 사례이다. 결혼식장에서 도망치는 신부, 달걀 수영장에 누운 농부, 맨손으로 악어 머리를 잡고 노는 노인 등 엽기적이면서도 주목도 높은 장면들로 구성된 이 30초 영상은 단 2000달러(약 276만 원)에 완성됐다. 이는 전통 광고 제작비의 5% 수준에 불과하다. 광고 제작자인 PJ액체투로(PJAccetturo)는 자신의 X(구 트위터)에 "300~400개의 AI생성 시도 끝에 15개 장면을 골라냈다"고 설명했다. 국내에서도 광고 제작 진입 장벽이 허물어지고 있다. LS그룹은 AI로 전력 시스템 홍보 영상을 제작해 촬영 없이도 영상·음향을 모두 구현하며 제작 비용과 기간을 크게 줄였다. LG생활건강은 탁구선수 신유빈을 AI로 재현해 세탁세제 광고를 제작, 실제 모델 촬영 대신 AI이미지 합성을 통해 다양한 장면을 구현했다. 서울우유는 배우 박은빈의 아역 시절을 AI로 복원한 광고를 선보였으며, 당시 어린 시절 모습과 현재 모습을 교차 편집해 소비자 주목도를 높였다.

촬영감독·배우 대신 AI … 소비자 반감은 숙제

업계에선 이제 광고 생태계 전반에서 사람의 역할을 재정의해야 할 시점이라고 분석한다. 기획자, 촬영감독, 배우, 조명기사 등 기존 스태프의 업무는 줄어드는 대신, AI를 통제하고 전략을 설계하는 역할이 부각될 수 밖에 없다. 구글 비오의 경우 유튜브와 구글 이미지 등 방대한 콘텐츠를 학습해 텍스트만으로도 카메라 무빙, 조명, 인물 동선까지 자동으로 연출하는 기능을 갖췄고, 자사 광고 플랫폼에 이를 통합해 API로 광고주가 직접 영상 제작 요청을 할 수 있도록 하고 있다. 다만 이런 흐름이 모두에게 환영받는 것은 아니다. AI로 제작된 광고에 대해 소비자들은 묘한 이질감과 불편함을 토로하고 있기 때문이다. 시장조사업체 닐슨 2025년 1월 설문조사에 따르면, 전 세계 소비자 중 69%는 AI 기반 콘텐츠를 인지할 수 있다고 답했고, 그 중 55%는 '감정적으로 불쾌하다'고 응답했다. 대표적 반발 사례는 미국판 보그 2025년 8월호에 실린 의류 브랜드 게스의 AI 모델 광고다. 금발 AI 모델 '비비안'이 등장한 이 광고에 대해 "실존하지도 않는 사람과 비교 당해야 하냐"는 비판이 쏟아졌고, 틱톡에서는 해당 댓글에 6만 건 이상의 '좋아요'가 달렸다. 광고 제작사 세라핀 발로라(SeraphinneVallora)는 "AI 모델은 실제 모델의 포즈와 체형을 기반으로 생성됐으며, 실제 모델도 병행 활용하고 있다"고 해명했다. 이은희 인하대 소비자학과 교수는 "AI 모델이 실존 인물이 아니다 보니 소비자는 광고 메시지의 진정성을 판단할 근거를 잃게 된다"며 "특히 실체가 없는 가상 모델이 인간을 흉내 내는 방식은 소비자에게 기만당하거나 현혹된다는 감정을 유발하기 쉬워 '불쾌한 골짜기' 현상을 심화시킬 수 있다"고 말했다. 그는 이어 "현재 광고법에는 AI 모델 활용에 대한 명확한 규정이 없어 소비자 보호 측면에서 제도적 보완이 시급한 상황"이라고 덧붙였다(조선일보, 2025. 8. 5).

▸ 사례연구 토의

1. 인공지능(AI)이 광고업계의 제작 방식 자체를 바꾸고 있다. 과거에는 수천만 원에서 수억 원을 들여 영상광고를 제작했지만, 이제는 AI를 활용하여 고품질 영상 콘텐츠를 몇 시간 안에 완성할 수 있는 시대가 도래하였는데, 이에 대하여 토의해 보자.
2. 전 세계적으로 광고 제작의 진입 장벽이 허물어지고 있는 것에 대하여 토론해 보자.
3. AI를 활용한 광고 생태계의 변화에 대하여 설명해 보자.

AI 실제 활용 사례

1단계: 생성형 AI 활용 마케팅 기획을 위한 R(Python) 프로그램 프롬프트 작성

마케팅 광고 기획을 위한 R(Python) 프로그램을 만들고 싶다.

엑셀로 정리된 데이터는 Campaign Name, Date, Cost, Impressions(노출수), Clicks, All Conversions(전환율)로 구성되어 있고, 플랫폼은 FB/IG, Google SA(Search Advertisement), Naver SA(Search Advertisement)로 구분할 수 있다.

아래와 같은 마케팅 자료를 원한다.

1. 플랫폼별 KPI 요약(총 Cost, Clicks, Impressions(노출수), CPC(Cost Per Click: 클릭당 비용), CTR(Click Through Rate: 클릭률), CVR(Conversion Rate: 전환율), CPA(Cost Per Action: 전환 비용))
2. 산점도: X축 CPC(클릭당 비용), Y축 CTR(클릭률), 버블 크기에 대응한 Cost, 플랫폼별로 색상 구분
3. 도넛 차트: 플랫폼별 CVR(전환율) 비율
4. 위 내용이 잘 정리된 마케팅 기획을 위한 R(Python) 기반 프로그램으로 만들어줘.

2단계: 생성형 AI 활용 마케팅 기획 R(Python) 프로그램 Run

생성형 AI가 만들어준 R(Python) 프로그램을 복사하여, R(Python) 컴파일러에 입력하고, 관련된 엑셀 데이터를 함께 입력후에, Run하면 마케팅 광고 기획을 위한 분석을 수행해 준다.

3단계: 마케팅 광고 캠페인 기획

분석에 기반한 마케팅 광고 기획을 수행하면 된다.

시사점

중소기업이나 소상공인들도 생성형 AI를 활용하여 R(Python) 프로그램을 생성한 후, R(Python) 컴파일러에 입력하고, 관련된 엑셀 데이터를 함께 입력하여, 분석을 수행하고, 마케팅 기획이나 경영 의사결정에 활용할 수 있음을 알 수 있다.

제4장 AI 마케팅 전략 수립 및 실행

학습 목표

- AI 마케팅 전략 수립과 실행의 필요성과 원리에 대하여 학습한다.
- AI 기반 제품 전략과 차별화 방안에 대하여 심화한다.
- AI 시대의 가격 · 유통 전략의 특징과 적용 사례를 이해한다.
- AI 촉진 전략과 커뮤니케이션 활용 방안에 대하여 탐구한다.

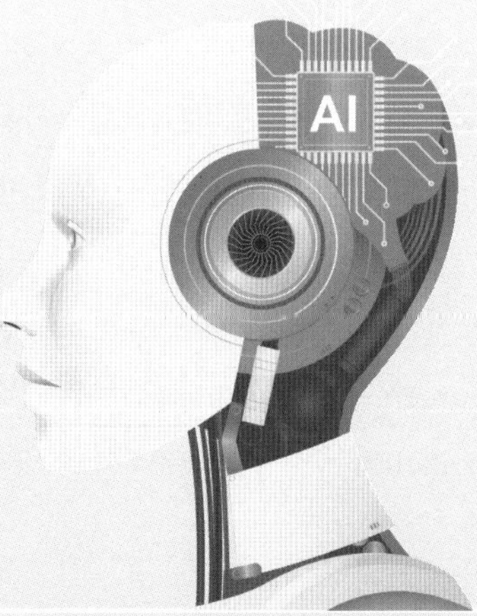

제1절 AI 기술적 구분과 마케팅 활용

AI 마케팅 전략 수립 및 실행을 위해서는 AI 기술에 대한 이해와 마케팅의 기본 개념을 이해할 필요가 있다. 인공지능(AI)은 적용 목적과 기술적 구현 방식에 따라 다양한 방식으로 분류될 수 있다. 이를 이해하기 위해서는 기술적 방식, 적용 환경, 학습 방식, 데이터 유형, 구현 방식을 살펴볼 필요가 있다.

1 목적과 구현 방식에 따른 구분

먼저, 기술적 방식에 따라 AI는 크게 구분형(Classification), 분석형(Analytical), 생성형(Generative)으로 나뉜다. 구분형 AI는 입력 데이터를 특정 범주로 분류하는 기능을 한다. 초기에 개와 고양이를 구분하거나, 남성과 여성을 구분하는 것은 대표적인 구분형 AI(Classification AI)에 해당한다. 분석형 AI(Analytical AI)는 데이터에서 패턴을 찾아 이상 탐지, 최적화, 예측 분석 등의 인사이트를 제공하는 AI를 의미한다. 금융업에서 비정상적인 로그인이나 이상 거래를 감지하거나, 제조업에서 품질검사나 공정 최적화 등에 분석형 AI가 활용되었다. 생성형 AI는 새로운 데이터를 만들어 내는 역할을 하는 것으로, 대표적으로 텍스트를 생성하는 챗GPT, 이미지 생성 모델인 달리(DALL · E), 동영상 생성 모델인 소라(SORA) 등이 있다.

AI가 활용되는 적용 환경에 따라서는 인더스트리얼 AI(Industrial AI)와 프론트 AI(Front AI)로도 구분할 수 있다. 인더스트리얼 AI는 주로 제조, 물류, 금융, 헬스케어와 같은 산업 현장에서 사용되며, 생산 공정 자동화, 예측 유지보수, 품질 검사, 물류 최적화 등에 활용된다. 반면, 프론트 AI는 사용자와 직접 상호작용하는 AI로, 챗봇, 이미지 · 음성 생성, AI 에이전트와 같은 소비자 중심 서비스에서 많이 활용된다.

학습 방식에 따라 AI는 지도학습(Supervised Learning), 비지도학습(Unsupervised Learning), 강화학습(Reinforcement Learning)으로 나뉜다. 지도학습은 입력 데이터와 그에 대응하는 정답(Label)이 주어진 상태에서 학습하는 방식으로, 이미지 분류, 음성 인식, 기계 번역 등에 사용된다. 비지도학습은 정답이 없는 데이터에서 패턴을 찾는 방식이며, 고객 세분화(클러스터링), 이상 탐지(Anomaly Detection), 차원 축소 등이 이에 해당한다. 강화학습은 보상과 벌점을 기반으로 최적의 의사결정을 학습하는 방식으로, 자율주행, 게임 AI(알파고 등), 로봇 제어 등에 활용된다.

AI가 다루는 데이터 유형에 따라서도 정형 데이터(Structured Data)와 비정형 데이터(Unstructured Data)로 구분할 수 있다. 정형 데이터는 테이블 형태로 정리된 수치 데이터로, 금융 거래 내역, ERP 시스템 데이터, 매출 분석 데이터 등이 이에 해당한다. 반면, 비정형 데이터는 이미지, 텍스트, 음성, 영상과 같이 구조화되지 않은 데이터로, 자연어 처리(NLP), 음성 인식, 이미지 생성 AI 등이 이러한 데이터를 처리하는 대표적인 사례이다.

마지막으로, 구현 방식에 따라 AI는 심볼릭 AI(Symbolic AI), 머신러닝(Machine Learning, ML), 딥러닝(Deep Learning, DL)으로 나눌 수 있다. 심볼릭 AI는 규칙 기반(Rule-based) 시스템으로 사람이 직접 논리를 정의하여 동작하는 방식으로 의료진단시스템 등에서 사용되었다. 예를 들어, 의사가 질병을 진단할 때 경험과 논리를 바탕으로 판단하듯, '환자가 열이 있고, 기침이 심하면 독감일 가능성이 높다' 같은 규칙을 컴퓨터에 입력하면, AI가 증상을 분석하여 질병을 예측하는 것이다. 머신러닝(Machine Learning, ML)은 데이터를 기반으로 패턴을 학습하여 스스로 규칙을 찾아가는 AI 방식이다. 심볼릭 AI가 사람이 직접 규칙을 입력해야 하는 반면, 머신러닝은 많은 데이터를 보고 스스로 패턴을 분석하여 예측 모델을 만든다. 딥러닝(Deep Learning, DL)은 머신러닝의 한 분야로, 뇌의 신경망(Neural Network) 구조를 모방하여 복잡한 문제를 해결하는 AI 기술이다. 특히 이미지, 음성, 자연어 같은 비정형 데이터를 다룰 때 강력한 성능을 발휘한다. 딥러닝은 CNN(합성곱 신경망, 이미지 처리), RNN(순환 신경망, 음성·텍스트 처리), 트랜스포머(Transformer, 자연어 처리) 등의 다양한 모델이 있다.

이처럼 AI는 그 목적과 기술적 특징에 따라 다양한 방식으로 분류되며, 실제 응용에서는 이러한 기준이 복합적으로 적용된다. 예를 들어, 인더스트리얼 AI 환경에서 정형 데이터를 분석하여 수요 예측을 하는 경우 머신러닝 기반의 분석형 AI가 사용될 수 있으며, 프론트 AI 환경에서 비정형 데이터를 처리하는 챗봇의 경우 딥러닝 기반의 생성형 AI가 활용될 수 있다. AI를 효과적으로 도입하기 위해서는 이러한 분류 기준을 이해하고, 비즈니스 목적과 데이터 특성에 적합한 AI 기술을 선택하는 것이 필요하다.

2 전문가 영역에서 일반인의 영역으로

초기의 인공지능은 주로 규칙 기반 AI(심볼릭 AI) 방식으로 연구되었으며, 특정 도메인(산업)에서는 활용되었지만 기계 학습 능력이 부족하여 적용 범위가 제한적이었다. 1980년대에는 전문가 시스템이 등장했지만, 데이터 부족과 컴퓨터 성능 한계로 AI 발전이 정체되기도 했다. 그러나 2000년대 이후 인터넷의 확산과 방대한 데이터 축적, 그리고 2010년대 GPU(그래픽 처리 장치) 발전으로 인해 인공지능은 새로운 전환점을 맞이했다. 특히 인공신경망(ANN)이 발전하면서 딥러닝이 본격적으로 주목받기 시작했고, 이를 통해 컴퓨터가 이미지, 음성, 텍스트 등의 데이터를 분석하고 패턴과 규칙을 스스로 학습할 수 있게 되었다. 이로 인해 인공지능은 데이터 분석, 예측, 분류 등 여러 분야에서 점차 폭넓게 활용되며, 의료 진단, 자율주행, 금융 리스크 분석 등 다양한 산업에서 핵심 기술로 자리 잡게 되었다.

수십 년 동안 발전해온 인공지능이 전문가 영역에서 일반인 영역으로 확장될 수 있었던 것은 생성형 인공지능(Generative AI) 기술 덕분이다. 생성형 인공지능은 기존의 구분형(Classification)과 분석형(Analytical) 인공지능과 달리, 전문적인 지식 없이도 간단한 질문만으로 새로운 콘텐츠나 아이디어를 만들어낼 수 있다는 점이 가장 큰 특징이다. 이전에는 인공지능을 활용하려면 머신러닝과 딥러닝의 개념을 이해하고, 합성곱 신경망(CNN)과 순환 신경망(RNN)의 원리를 알거나, 트랜스포머(Transformer) 모델을 학습하는 과정이 필요했다. 하지만 생성형 AI는 이러한 복잡한 개념을 몰라도 텍스트나 음성 등 간단한 입력만으로 질문에 대한 답을 생성하고, 새로운 분석 결과나 콘텐츠를 제공할 수 있도록 발전했다.

이제는 누구나 별도의 전문 지식 없이도 AI를 활용할 수 있는 시대가 되었으며, 텍스트 생성, 이미지 생성, 음악 창작, 코드 자동 생성 등 다양한 분야에서 생성형 인공지능이 혁신을 이끌고 있다. 즉, 기술의 전문성을 요구하던 장벽이 점차 낮아지면서, 인공지능이 개인의 생산성 향상부터 기업의 업무 효율화와 혁신까지 폭넓게 기여하는 '기술의 민주화'가 이루어지고 있다고 볼 수 있다.

3 분석형 인공지능 vs 생성형 인공지능

인공지능 기술은 단순한 구분형 AI에서 보다 정교한 분석형 AI로 발전해 왔다. 예를 들어, 제조 현장의 품질관리 부서에서는 센서나 카메라로 수집된 데이터를 통해 불량률을 분석하고, 설비 이상을 예측하여 문제를 사전에 방지하는 시스템을 운영해 왔다. 과거에는 단순히 정상과 불량을 구분하는 AI가 주로 사용되었다면, 이제는 분석형 AI가 더욱 발전하여 과거 데이터를 바탕으로 미래를 예측하거나, 패턴을 찾아내어 의사결정을 지원하는 역할을 수행하고 있다. 이를 통해 제조업뿐만 아니라 금융, 헬스케어, 물류 등 다양한 산업에서 AI 기반 데이터 분석이 기업의 경쟁력을 높이는 핵심 요소로 자리 잡고 있다.

반면, 챗GPT로 대표되는 생성형 인공지능(Generative AI)은 말 그대로 무엇인가를 만들어내는(생성) 것에 강점이 있다. 분석형 인공지능과 기술적인 차이가 있긴 하지만, 생성형 인공지능은 단순히 데이터를 분석하는 것을 넘어 새로운 콘텐츠나 결과물을 직접 생성할 수 있다는 점에서 차별화된다. 예를 들어, 챗GPT는 사용자의 질문에 대해 자연스럽게 답변을 생성하고, 이메일 요약, 글쓰기 초안 작성, 문서 정리 등의 텍스트 생성 작업에 활용된다. 이미지 생성 AI로는 달리(DALL · E)와 미드저니(Midjourney)가 있으며, 이들은 텍스트 설명을 기반으로 창의적인 이미지를 만들어낼 수 있다.

즉, 분석형 인공지능이 데이터 중심의 예측, 분류, 의사결정을 담당했다면, 생성형 인공지능은 여기서 한 걸음 더 나아가 인간이 기존에는 접근하기 어려웠던 창의적이고 복합적인 영역에도 새로운 가능성을 열어주고 있다. 예를 들어, 생성형 AI는 광고 · 마케팅 콘텐츠 제작, 영화 · 애니메이션 스토리보드 기획, 맞춤형 음악 작곡 등 인간의 창의적 작업을 보조할 뿐만 아니라, 소프트웨어 개발 및 프로그래밍 지원(AI 코딩 보조), 개인 맞춤형 교육 콘텐츠 생성, 가상 캐릭터 · 메타버스 콘텐츠 제작과 같은 다양한 분야에서 활용되고 있다.

이처럼 생성형 AI는 단순히 기존 데이터를 활용해 답을 찾는 것을 넘어, 새로운 콘텐츠와 지식을 창조할 수 있도록 도와줌으로써 인간의 생산성과 창의성을 극대화하는 방향으로 발전하고 있다.

4 마케팅 활동에 적합한 기술방식

AI를 목적과 구현 방식, 그리고 분석형 인공지능과 생성형 인공지능으로 구분해보았다. 이를 바탕으로 살펴보면, 'AI 마케팅 전략 수립 및 실행'은 생성형 인공지능의 특성과 특히 잘 맞는다. 마케팅은 단순히 데이터를 분석하여 예측하거나 분류하는 데 그치지 않고, 고객을 설득할 수 있는 메시지를 만들고, 광고·콘텐츠를 제작하며, 개인화된 경험을 설계하는 창의적 활동을 포함한다. 이러한 과정에서 텍스트, 이미지, 영상 등 새로운 결과물을 만들어내는 생성형 인공지능이 직접적으로 활용될 수 있다. 물론 분석형 인공지능 또한 고객 세분화, 성과 예측, 타깃팅과 같은 과정에서 중요한 역할을 하지만, 전략 수립과 실행의 현장에서는 생성형 인공지능이 더 큰 실질적 기여를 할 수 있다.

마케팅의 선택과 집중은 한정된 자원을 어디에 투입할 것인가를 결정하는 과정이다. 모든 시장, 모든 고객, 모든 채널을 동시에 공략할 수 없기 때문에, 기업은 핵심 목표와 고객군을 설정하고 우선순위를 정해야 한다. 이때 AI 기술을 어떻게 활용할 것인지는 단순한 기술적 이해를 넘어 전략적 선택의 문제와 맞닿아 있다.

앞서 살펴본 바와 같이 인공지능은 분석형 AI와 생성형 AI로 구분할 수 있다. 분석형 AI는 데이터를 기반으로 패턴을 인식하고 미래를 예측하는 데 강점이 있어, 시장 세분화, 고객 행동 분석, 캠페인 성과 예측과 같은 영역에 적합하다. 반면 생성형 AI는 새로운 콘텐츠와 아이디어를 만들어내는 데 강점이 있어, 광고 문구 작성, 이미지·영상 제작, 맞춤형 메시지 생성과 같은 실행 단계에서 효과적으로 활용된다.

따라서 마케팅의 선택과 집중을 고민할 때는 단순히 어떤 고객을 공략할지뿐만 아니라, 어떤 AI 기술을 어떤 목적에 활용할지를 함께 고려해야 한다. 예를 들어, 신규 고객 확보를 목표로 한다면 분석형 AI를 활용해 잠재 고객군을 식별하고, 이후 생성형 AI를 통해 맞춤형 콘텐츠를 제작해 공략할 수 있다. 반대로 기존 고객의 충성도 강화를 목표로 한다면, 분석형 AI를 통해 이탈 위험 고객을 찾아내고, 생성형 AI를 활용해 개인화된 혜택 메시지를 제공하는 방식이 가능하다.

즉, 마케팅의 선택과 집중은 더 이상 고객군이나 제품 차원에서만 논의되는 것이 아니라, 분석형과 생성형 AI를 어떻게 조합해 활용할 것인가라는 기술 선택의 문제로 확장되고 있다. 기업은 목표와 상황에 맞게 AI 활용 전략을 설정해야 하며, 이는 곧 한정된 마케팅 자원을 가장 효과적으로 집중시키는 길이 된다.

5 AI는 마케팅 영역에서 먼저 활용되고 있다

기업들은 인공지능을 비즈니스 전반에 도입할 필요성을 충분히 인지하고 있다. 그러나 실제로 생성형 인공지능을 전면적으로 도입하는 데에는 여러 현실적인 문제가 따른다. 우선, 정보 보안과 데이터 보호 문제가 가장 큰 걸림돌로 작용한다. 많은 생성형 인공지능 솔루션은 외부 클라우드 환경이나 서드파티 API를 기반으로 운영되기 때문에, 기업의 민감한 고객 정보나 사업 전략과 같은 데이터가 외부 서버에 저장되거나 처리될 수밖에 없다. 이 과정에서 데이터 유출 위험이 높아지고, 법적·규제적 부담 또한 커지게 된다.

둘째, AI 도입에는 데이터 정비와 인프라 구축에 상당한 비용이 들어간다. 생성형 인공지능이 제대로 작동하려면 방대한 양의 깨끗한 데이터가 필요한데, 대부분의 기업은 오래된 레거시 시스템과 정리되지 않은 데이터를 보유하고 있어 이를 활용하기가 쉽지 않다. 데이터를 모으고 통합하며 누락된 정보를 보완하는 과정에는 많은 시간과 비용이 소요된다. 더불어 AI가 원활히 작동할 수 있는 고성능 서버나 클라우드 환경을 갖추는 데도 상당한 투자가 필요하다. 그러나 이렇게 투입된 비용을 단기간에 회수할 수 있다는 보장이 없으면 기업은 도입을 주저할 수밖에 없다.

셋째, 조직 문화와 업무 프로세스 변화에 대한 부담도 무시할 수 없다. AI가 도입되면 기존의 단순·반복 업무는 자동화되고, 직원들은 새로운 역할과 기술에 적응해야 한다. 이는 교육과 재훈련, 조직 구조의 재편을 불러오며, 변화에 대한 저항이 발생할 수도 있다. 이러한 상황은 오히려 성과 창출을 지연시키는 요인이 될 수 있다. 또한, 생성형 인공지능이 때때로 사실과 다른 정보를 만들어내는 할루시네이션 현상은 기업 활동에 치명적 위험이 될 수 있으며, 이를 보완하기 위한 추가 검증 절차가 필요하다.

이처럼 다양한 장벽이 존재함에도 불구하고, 기업의 AI 도입은 마케팅 영역에서 가장 먼저 이루어질 수밖에 없다. 그 이유는 마케팅이 AI 효과를 가장 빠르고 가시적으로 확인할 수 있는 분야이기 때문이다. 마케팅 업무는 본질적으로 고객과 직접 연결되어 있으며, 텍스트 작성, 이미지·영상 제작, 콘텐츠 기획과 같은 영역은 생성형 인공지능이 강점을 발휘할 수 있는 대표적 사례이다. 또한 이러한 업무들은 기존 시스템과 복잡하게 연계하지 않아도 독립적인 형태로 적용 가능하므로, 데이터 정비나 인프라 구축의 부담이 상대적으로 적다. 즉, 기업 입장에서 초기 도입의 리스크를 줄이면서도 단기간 내 성과를 체감할 수 있는 최적의 영역이 바로 마케팅이다.

실제로 마케팅 부문에서는 생성형 AI가 광고 문구나 콘텐츠 초안을 작성하고, 고객 응대 챗봇을 통해 맞춤형 서비스를 제공하며, 분석형 AI와 결합해 개인화된 추천을 강화하는 등 다양한 방식으로 활용될 수 있다. 기업은 파일럿 프로젝트를 통해 생산성 향상과 비용 절감, 창의적 성과를 직접 확인할 수 있으며, 이를 통해 AI 도입에 대한 확신을 얻게 된다. 동시에 보안 문제나 할루시네이션과 같은 리스크도 관리 가능한 수준에서 검증할 수 있다.

결국, 기업은 AI를 전사적으로 확산하기 이전에 마케팅 분야를 중심으로 우선 적용함으로써 조직 내부의 저항을 줄이고, 성과를 빠르게 축적할 수 있다. 마케팅은 고객과의 접점에서 가장 큰 영향을 발휘하는 활동이자, 기업의 성장과 직결되는 핵심 영역이기 때문에 AI의 효과를 가장 먼저 확인하고 활용할 수 있는 장이다. 따라서 기업의 AI 도입은 마케팅을 시작점으로 삼을 수밖에 없으며, 이를 기반으로 점차 다른 부문으로 확산되는 단계적 접근이 가장 현실적이고 전략적인 길이라 할 수 있다.

제2절 마케팅 전략 수립

마케팅을 단순히 광고나 영업 활동으로만 이해하는 경우가 많다. 하지만 마케팅은 눈에 보이는 프로모션 활동에 국한되지 않고, 상품개발에서 시작해 포장, 패키징, 브랜드, 유통, 광고, 홍보, 가격결정, 인적판매, 판촉 활동 등 소비자의 욕구와 필요를 충족시키기 위한 일련의 활동 전체를 포함한다. 즉, 마케팅은 기업 내부의 생산 활동과 외부의 소비자 시장을 연결하는 전략적 과정이다.

과거에는 "품질만 좋으면 된다"라는 인식이 지배적이었지만, 이제는 상품에 담긴 스토리, 차별적인 디자인, 긍정적인 입소문과 같은 요소들이 경쟁력을 결정한다. 단순히 생산자의 관점이 아니라 소비자의 관점에서 상품을 바라보아야 시장에서 성공할 수 있다. 특히 AI가 결합된 오늘날의 마케팅 전략 수립은 고객 데이터를 기반으로 욕구와 필요를 더 정확히 파악하고, 이를 충족시키는 차별적 가치를 설계하는 데 초점을 맞추고 있다.

1 마케팅 전략의 기본 개념과 AI적 관점

마케팅 전략을 수립하기 위해서는 몇 가지 핵심 개념을 먼저 이해할 필요가 있다.

(1) 욕구, 필요, 수요

욕구(needs)는 인간이 결핍을 느낄 때 발생하는 본능적 요구이다. 필요(wants)는 이를 충족시키기 위한 구체적인 형태로, 문화와 사회적 환경의 영향을 받는다. 수요(demands)는 구매력이 결합된 필요를 말한다. 기업은 고객의 구매력까지 고려해야 하며, AI 분석은 이를 정량적으로 파악하는 데 유용하다. 예를 들어, 고객의 온라인 구매 패턴을 분석형 AI가 수요 예측으로 전환해주는 식이다.

(2) 제품과 서비스

제품은 유형재, 서비스는 무형재로 구분되지만, 두 가지 모두 소비자의 욕구를 충족시킨다는 점에서 상품이라는 공통점을 가진다. AI는 제품과 서비스의 경계를 더욱 확장한다. 예를 들어, 챗봇은 무형 서비스지만, 고객에게는 제품처럼 경험되는 경우가 있다. 생성형 AI는 새로운 서비스 경험을 창출하는 도구로 기능하며, 전략 수립 시 "어떤 문제를 해결하는 상품인가?"라는 정의에 포함된다.

(3) 가치와 만족

가치는 소비자가 지불한 비용 대비 얻는 혜택을 의미하며, 만족은 기대와 실제 경험의 차이에서 결정된다. 마케팅 전략 수립에서 AI는 가치를 극대화하는 수단이다. 예를 들어, 개인화 추천 시스템은 소비자가 "나를 위한 특별한 가치"를 느끼게 하고, 이는 곧 높은 만족으로 이어진다.

(4) 교환

교환은 소비자와 기업이 서로 원하는 것을 주고받으며, 모두 이전보다 나은 상태가 되었을 때 성립한다. AI 마케팅에서는 교환이 단순 거래를 넘어 관계 구축으로 확장된다. 예컨대, 고객의 데이터를 기반으로 맞춤 혜택을 제안하는 것은 반복적 거래를 장기적 관계로 전환시키는 전략적 교환이다.

(5) 시장

시장은 물리적 공간을 넘어 디지털 플랫폼, 사이버 공간까지 포함한다. AI는 이 시장을 실시간으로 분석하고 세분화하며, 새로운 시장을 창출하기도 한다. 가상 인플루언서나 메타버스 기반 서비스는 AI가 만들어낸 새로운 시장의 사례이다.

2 마케팅 관리 개념의 변화

(1) 판매의 시대에서 고객 중심의 시대로

1970년대까지만 해도 시장은 판매자보다 구매자가 많았다. 따라서 기업의 과제는 단순했다. 더 많이, 더 싸게 만드는 것이 우선이었고, 최고의 품질과 성능을 확보하는 것이 경쟁력의 핵심이었다. 이 시기의 마케팅은 연구개발과 생산성 강화, 유통망 확보 같은 영역에 머물렀다. 제품만 만들어 내면 시장에서 팔렸고, 마케팅은 판매 촉진의 또 다른 이름이었다.

하지만 기술의 발달과 세계화로 공급이 수요를 초과하면서 상황은 달라졌다. 소비자들이 선택할 수 있는 제품과 브랜드가 급격히 늘어나자, 기업은 단순히 "만들면 팔린다"는 태도로는 더 이상 생존할 수 없게 되었다. 마케팅은 고객의 필요와 욕구를 파악하고, 문제 해결을 목표로 삼는 방향으로 전환되었다. 단순 영업 활동이 아닌, 고객 관점에서의 경험과 만족을 설계하는 전략적 활동으로 고도화된 것이다.

오늘날에는 기업의 사회적 책임까지 마케팅 관리 개념에 포함되고 있다. 환경을 훼손하거나, 인권을 무시하거나, 소비자를 기만하는 기업은 즉각적인 사회적 저항을 마주한다. 따라서 마케팅 전략 수립은 기업 이익, 소비자 욕구 충족, 사회적 가치의 균형이라는 복합적 과제를 동시에 해결해야 한다. AI 역시 이러한 복합적 목표를 달성하는 데 중요한 도구가 되고 있다. 데이터 분석을 통해 고객의 세밀한 요구를 파악하고, 생성형 AI를 활용해 스토리와 메시지를 설계함으로써, 기업은 고객 중심을 넘어 사회적 신뢰까지 확보할 수 있다.

(2) 4P → 4C → 4E → 4I

전통 산업사회에서 마케팅 믹스는 4P(Product, Price, Place, Promotion)로 정의되었다. 이는 생산자 중심의 관점으로, 제품을 만들고 가격을 정하고 유통 채널을 확보한 뒤 프로모션을 하면 시장에서 성공할 수 있다는 단순한 공식이었다. 하지만 정보사회로 진입하면서 소비자가 점차 힘을 갖게 되었고, 마케팅은 4C(Customer benefit, Cost, Convenience, Communication)로 이동했다. 소비자의 효용과 비용, 편리성, 소통을 중심에 둔 것이다.

이후 감성 사회, 경험 경제 시대로 접어들면서 도널드 칼네가 제시한 4E(Evangelism, Enthusiasm, Experience, Exchange)가 주목받기 시작했다. 고객은 단순히 제품을 구매하는 데서 그치지 않고, 자신이 지지하는 브랜드를 열성적으로 전파하는 전도자(Evangelist)가 되며, 브랜드에 열정을(Enthusiasm) 쏟고, 경험(Experience) 자체를 소비하며, 교환(Exchange)을 통해 관계적 가치를 추구한다.

AI가 본격적으로 도입된 오늘날, 마케팅 관리 개념은 또 한 번 전환점을 맞이하고 있다. 데이터 분석형 AI는 고객의 행동을 정밀하게 분류하고 예측하며, 생성형 AI는 고객과의 접점에서 새로운 경험을 만들어낸다. 그 결과, 4E를 넘어서는 새로운 패러다임이 필요하다. 이를 4I라고 부를 수 있다.

① Insight: AI는 방대한 데이터를 통해 고객의 숨겨진 욕구를 발견하고, 기존에는 파악하기 어려웠던 맥락적 통찰을 제공한다.

② Interaction: 생성형 AI는 고객과 실시간으로 소통하며, 맞춤형 대화를 통해 개인화된 경험을 만든다.

③ Immersion: AI는 고객이 브랜드와 몰입할 수 있는 경험을 제공한다. 가상현실, 메타버스, AI 기반 추천 시스템은 단순한 소비를 넘어 체험적 몰입을 가능하게 한다.

④ Intelligence: 마케팅 의사결정은 더 이상 사람의 직관에만 의존하지 않는다. 분석형과 생성형 AI가 결합해 지능적(Intelligence) 의사결정을 지원하며, 고객 맞춤 전략을 자동화한다.

이처럼 AI 시대의 마케팅 전략 수립은 4P처럼 공급자 중심에도, 4C처럼 소비자 중심에도, 4E처럼 경험 중심에도 머무르지 않는다. 데이터 기반의 인사이트, 실시간 상호작용, 몰입적 경험, 지능적 의사결정을 통해 고객과 브랜드가 끊임없이 공동 진화하는 구조로 이동하고 있다.

3 시장 세분화와 목표고객 선정

시장은 시간이 흐르면서 점점 더 세분화되고 있다. 수십 년 전만 해도 치약은 충치 예방 기능 정도에 집중되었으나, 오늘날은 충치, 잇몸병, 치석, 시림, 성장기 어린이용 등으로 나뉘어 수십 가지 제품이 존재한다. 애플 역시 아이폰, 아이패드, 맥북, 애플워치를 서로 다른 역할과 편익으로 포지셔닝하며, 동일한 고객이 다수의 제품을 소비하게 만든다. 이처럼 소득수준이 높아지고 소비자의 취향이 다양화되면서, "나와 맞는 것"을 선택하려는 소비 경향이 강화된 것이다. 기업 입장에서는 더 이상 하나의 상품으로 모든 고객을 만족시키기 어렵고, 특정 세분시장을 정의하고 집중 공략하는 것이 필수적이다.

AI는 이러한 시장 세분화를 정밀하게 지원한다. 과거에는 연령, 성별, 소득 등 전통적인 인구통계학적 변수에 의존했지만, 이제는 온라인 구매 행동, 검색 패턴, 소셜미디어 활동, 심지어 고객이 남긴 텍스트 리뷰까지 분석형 AI가 처리할 수 있다. 예를 들어, 넷플릭스는 시청 패턴 데이터를 기반으로 취향이 유사한 세그먼트를 식별하고, 각 세그먼트에 맞는 콘텐츠를 추천한다. 이는 단순히 인구통계학적 구분을 넘어선 정밀 세분화의 대표적인 사례이다.

(1) 시장 세분화 전략

시장 세분화 전략은 크게 네 가지로 구분할 수 있다.

① 현재 브랜드 사용자를 활용하는 전략

애플이 아이팟 사용자들을 아이폰, 아이패드, 애플워치 사용자로 확장시킨 것처럼, 기존 고객의 경험을 기반으로 장기적 관계를 강화한다. AI는 이러한 고객 데이터를 분석하여 이탈 가능성을 예측하거나 교차판매(Cross-selling) 기회를 포착하는 데 활용된다.

② 경쟁사의 고객을 활용하는 전략

성숙기에 접어든 통신산업에서는 SKT, KT, LGU+가 서로의 고객을 빼앗기 위해 맞춤형 요금제와 혜택을 제시한다. 최근에는 챗봇 상담과 개인화 추천 시스템을 통해, 고객이 경쟁사 대비 어떤 차별적 가치를 얻을 수 있는지 실시간으로 설득하고 있다.

③ 비사용자를 활용하는 전략

블루오션 전략처럼, 기존에 시장에 관심이 없던 집단을 새로운 고객으로 전환하는 방식이다. 예를 들어, '태양의 서커스(Cirque du Soleil)'는 전통적 서커스의 주 관람층이었던 어린이에서 벗어나 성인 관객을 대상으로 새로운 시장을 창출했다. AI는 이 과정에서 잠재고객의 관심사를 데이터 기반으로 예측해 새로운 수요를 발굴하는 데 기여할 수 있다.

④ 새로운 가치를 창출하는 전략

스타벅스가 단순히 커피가 아니라 '제3의 공간'을 판매했듯, 오늘날 AI 기반 서비스는 전혀 새로운 가치를 만든다. 예컨대, AI 기반 가상인플루언서 '릴 미켈라(Lil

Miquela)'는 단순 광고 모델을 넘어 Z세대와의 소통 채널을 형성하며, 브랜드에 새로운 가치를 부여하고 있다.

(2) 시장 세분화 방법론

시장 세분화 전략을 실행하기 위해서는 명확한 기준이 필요하다. 전통적으로는 인구통계학적 변수(연령, 성별, 소득, 직업 등), 심리적 변수(라이프스타일, 성격, 사회계층), 구매행동 변수(사용빈도, 충성도, 사용상황) 등이 활용되었다.

AI는 이러한 전통적 기준을 넘어 행동 데이터, 실시간 위치 데이터, 온라인 상호작용 데이터까지 포괄한다. 예를 들어, 아마존은 고객의 장바구니 데이터와 구매이력을 결합해 "다음에 무엇을 살 것인지"를 예측한다. 이는 세분화와 동시에 타기팅까지 연결되는 AI 활용 방식이다.

세분화의 핵심 요건은 측정 가능성, 접근 가능성, 충분한 시장 규모, 차별적 반응성이다. AI는 특히 측정 가능성을 획기적으로 높인다. 방대한 데이터를 빠르게 수집·분석하여, 전통적인 방법으로는 확인하기 어려운 미세한 세분시장을 식별할 수 있다.

(3) 선택과 집중

시장을 세분화하다 보면 수많은 기회가 보인다. 그러나 기업은 자원이 한정되어 있기 때문에 모든 시장을 동시에 공략할 수는 없다. 선택과 집중이 필요하다. 목표시장을 선정할 때는 다음과 같은 질문을 던져야 한다.

- 목표고객의 지불 능력은 충분한가?
- 목표고객에게 접근할 수 있는 경로는 존재하는가?
- 목표고객이 구매할 수밖에 없는 이유는 무엇인가?
- 경쟁 강도는 얼마나 되는가?
- 세분시장의 성공을 다른 시장으로 확장할 수 있는가?

AI는 이러한 선택과 집중의 과정을 데이터로 뒷받침한다. 예컨대, 쿠팡은 로켓배송 데이터를 기반으로 고객 세그먼트별 구매력을 측정하고, 배송 효율성과 연결해 목표 고객군을 정밀하게 선별한다. 또, 구글과 메타는 광고 타기팅 시스템에서 AI를 활용해 광고비 대비 효율을 극대화하는 고객군을 자동으로 추천한다.

(4) 목표고객 선정에서 주의할 점

목표시장 선정에서 주의해야 할 점은 시장이 너무 크면 공략이 어렵다는 것이다. 큰 시장에는 이미 대기업과 글로벌 기업이 포진해 있고, 막대한 자본과 브랜드 파워로 장벽을 형성하고 있다. 마치 처음 수영을 배우는 사람이 곧바로 박태환과 시합을 하는 것과 같다. 좋은 경험은 될 수 있어도 금세 좌절할 수밖에 없다. 반대로 자신보다 조금 뛰어난 경쟁자와 시합을 해야 경쟁심리가 자극되고, 실력도 점차 향상된다. 마케팅 전략 수립에서 목표시장은 바로 이런 맥락에서 선택해야 한다.

시장을 진입한 후에는 다양한 세부시장이 발견된다. 따라서 처음부터 지나치게 큰 시장을 노리기보다, 좁히고 좁혀서 진입하는 것이 현실적이다. 너무 작은 시장을 공략하는 것이 아닌지 걱정할 필요는 없다. 주어진 자원을 최적으로 활용하고 싶다면 오히려 시장을 충분히 좁히는 것이 더 효과적이다. AI 경영의 관점에서도, 방대한 데이터를 무작정 대상으로 삼는 것보다 특정 세그먼트에 맞는 데이터를 추출하고 분석하는 것이 효율적이다.

그렇다면 어느 정도까지 좁혀야 충분한 것일까? 다음의 세 가지 조건을 충족할 때까지 시장을 세분화해야 한다.

① 시장 내 고객은 모두 유사한 제품을 구매한다.

② 고객의 영업 주기와 제품에 대한 기대 가치가 비슷하다. 따라서 한 고객에게 적용한 전략을 다른 고객에게도 쉽게 확장할 수 있다.

③ 고객 사이에는 입소문이라는 강력한 구매 준거 기준이 존재한다. 같은 협회 소속이거나 동일 지역에서 활동하는 고객군이라면, 하나의 성공 사례가 빠르게 전파될 수 있다.

만약 잠재시장이 고객 간 소통이 없는 곳이라면 고객을 유인하기 매우 어렵다. 반대로 네트워크가 밀집된 세분시장은 입소문 효과를 통해 빠른 확산이 가능하다. 실제로 테슬라는 전통적 광고 대신 고객 경험을 통한 입소문 전략으로 초기 전기차 시장에서 강력한 브랜드 파워를 구축했다. 국내에서도 네이버 스마트스토어는 소규모 온라인 판매자들이 모여 있는 커뮤니티와 카페를 기반으로 빠르게 입소문이 퍼져 성장했다.

AI 마케팅 전략에서도 이 원칙은 동일하다. 챗GPT와 같은 생성형 AI를 활용할 때도 특정 산업, 특정 직무군, 특정 목적에 맞게 세분화하여 도입해야 효과가 크다. 예를 들어, 전사적 AI 도입보다 먼저 마케팅 콘텐츠 제작 부서를 목표시장으로 삼아 파일럿을 운영하면 성과를 빠르게 확인할 수 있고, 이를 근거로 다른 부서로 확산할 수 있다.

결국, 하나의 시장만을 선택하는 것이 필요하다. 고객이 유사한 제품을 구매하고, 기대치가 비슷하며, 입소문을 공유할 수 있는 완전히 동질적인 시장을 찾을 때까지 세분화하는 것이다. 집중만이 살길이며, AI 시대의 마케팅 전략 수립 역시 이 원칙을 벗어나지 않는다. AI는 방대한 데이터를 다룰 수 있는 도구이지만, 전략적 선택과 집중 없이는 그 힘을 발휘하기 어렵다. AI를 활용해 시장을 정밀하게 세분화하고, 목표고객을 정확히 정의하는 것, 그것이 곧 AI 경영론에서 말하는 마케팅 전략 수립의 핵심이다.

4 어떤 포지션으로 인식되고 싶은가

포지셔닝은 소비자의 마음속에 우리 브랜드가 어떤 의미와 색깔로 자리 잡고 있는지를 규정하는 전략이다. 시장 환경은 끊임없이 변한다. 기술 발전, 사회적 가치 변화, 글로벌 경쟁 심화, 소셜미디어 확산 등은 소비자의 인식 구조를 지속적으로 재편하고 있다. 그렇다면 AI 시대에 들어선 오늘날에도 전통적인 포지셔닝 전략은 여전히 유효할까? 결론적으로 말하면, 포지셔닝의 본질은 변하지 않는다. 다만 실행 방식은 AI 기술을 통해 정밀해지고 개인화된 방향으로 진화한다고 볼 수 있다.

전통적 포지셔닝은 소비자의 마음속에 단 하나의 메시지를 심는 과정이었다. "스타벅스 = 커피가 아니라 문화", "나이키 = 운동화를 넘어선 스포츠 정신"처럼 한 가지 핵심 가치를 소비자 인식 속에 각인시키는 것이 중요했다. 이는 여전히 유효하다. 하지만 오늘날 소비자는 과거보다 훨씬 다양한 선택지와 경험을 동시에 접하고 있으며, 개인의 선호와 라이프스타일이 세분화되어 있다. 따라서 기업은 동일한 브랜드 메시지를 전달하되, 소비자 개개인에게 맞는 방식으로 그 메시지를 경험하게 하는 것이 필요하다.

여기서 AI가 중요한 역할을 한다. AI는 개인의 소비 패턴, 온라인 행동, 구매 이력, 심지어 콘텐츠 소비 습관까지 분석하여 개인화된 마케팅을 가능하게 한다. 과거에는 동일한 광고 메시지를 불특정 다수에게 노출시켰다면, 이제는 소비자의 관심사와 맥락에 따라 맞춤형 메시지를 자동으로 생성하고 전달할 수 있다. 예를 들어, 같은 "스타벅스의 문화"라는 포지셔닝이라 하더라도, 출근길 직장인에게는 "빠르게 테이크아웃할 수 있는 편리한 공간"으로, 대학생에게는 "과제를 하며 머무는 제3의 공간"으로, 시니어 고객에게는 "편안히 대화할 수 있는 장소"로 AI가 맞춤형 콘텐츠를 제공하는 것이다. 메시지의 본질은 동일하지만, 전달 방식은 데이터 기반으로 정밀화되는 것이다.

실제 사례를 보면, AI 에이전트 기반 서비스 기업들은 포지셔닝 전략을 새롭게 확장하고 있다. 예를 들어, Replika는 개인과 감정적으로 교감하는 AI 에이전트를 제공하며 "디지털 친구"라는 포지션을 소비자 마음속에 구축했다. 단순한 챗봇이 아니라 사용자의 대화 패턴과 관심사를 학습해 맞춤형 대화를 제공함으로써, 'AI를 통한 정서적 관계 형성'이라는 차별적 위치를 확보한 것이다. 또 다른 사례로 Character AI는 유명 인물이나 가상의 캐릭터와 대화할 수 있는 AI 서비스를 통해 "엔터테인먼트형 AI 에이전트"라는 포지션을 차별화했다.

한편, 기존 기업들도 AI를 활용해 마케팅 업무 효율화와 포지셔닝 강화를 동시에 실현하고 있다. 예를 들어, 코카콜라(Coca-Cola)는 생성형 AI를 활용해 광고 캠페인용 콘텐츠를 제작하고, 고객 참여형 공모전에 AI를 접목해 브랜드를 "혁신적이고 창의적인 문화 브랜드"로 인식시키는 전략을 펼쳤다. 또한 나이키(Nike)는 AI를 활용한 맞춤형 추천 시스템을 도입해, 소비자 개개인이 나이키를 "나의 라이프스타일에 꼭 맞는 스포츠 브랜드"로 경험하게 만들었다. 이러한 AI 활용은 소비자의 인식을 데이터 기반으로 설계하고, 각 개인에게 최적화된 경험을 제공함으로써 전통적 포지셔닝의 효과를 극대화한다.

결국, AI 시대에도 포지셔닝은 여전히 소비자 인식 속의 위치를 점하는 싸움이다. 다만 차이가 있다면, 이제 기업은 AI를 통해 단일한 메시지를 대중에게 일방적으로 각인시키는 것에서 더 나아가, 같은 핵심 메시지를 수천만 개의 개인화된 경험으로 변환시켜 전달할 수 있게 되었다는 점이다. 이는 AI 경영론의 관점에서 매우 중요한 시사점을 제공한다. 포지셔닝 전략은 본질적으로 변하지 않지만, AI는 그 실행을 정밀화하고 확장하며, 브랜드가 고객의 마음속에서 차지하는 위치를 더욱 공고히 할 수 있는 강력한 도구가 되고 있다.

제3절 마케팅 포지셔닝

1 차별화를 통한 포지셔닝

놀라운 성공을 거둔 기업과 개인들은 공통적으로 자신만의 차별화된 영역을 구축해왔다. '무신사' 하면 운동화가 떠오르고, '아이디어스'는 핸드메이드, '오늘의 집'은 인테리어 제품과 연결된다. 이는 특정 분야에서 뚜렷하게 포지셔닝에 성공했음을 보여주는 사례이다. 기업이든 개인이든 모든 영역을 잘해서 성공하는 경우는 드물다. 오히려 한두 가지 강점에서 인정받고 이를 시장과 고객 인식 속에 각인시킬 때 남다른 성과를 만들어낼 수 있다.

애플은 대표적인 사례이다. 전통적인 경영전략의 관점에서는 차별화와 원가우위를 동시에 추구할 수 없다고 보았다. 그러나 애플은 맥북, 아이팟, 아이폰, 아이패드 등 몇 가지 핵심 제품에 집중하면서 차별화와 원가우위를 동시에 달성했다. 특히 애플은 신제품 출시가 기존 제품 수요를 잠식하는 일반적인 패턴을 깨뜨렸다. 아이팟이 아이폰에 의해, 아이폰이 아이패드에 의해 대체될 것이라는 예상과 달리, 애플의 제품군은 상호 보완적 구조로 자리 잡았고, 기존 제품 역시 프리미엄 상품군을 형성하며 소비자의 지속적인 선택을 받았다. 이는 포지셔닝을 통해 소비자의 마음속에 '애플 = 혁신적이면서도 신뢰할 수 있는 브랜드'라는 인식을 심어준 결과이다.

반대로, 고전을 면치 못하는 기업들은 '모두가 내 고객'이라는 함정에 빠지는 경우가 많다. 예컨대 "중국 사람들에게 이쑤시개 한 개씩만 팔아도 13억 개를 팔

수 있다"라는 식의 낙관은 근거 없는 기대에 불과하다. 명확한 포지셔닝 없이 시장 점유율 확대만을 목표로 삼는 기업은 소비자들에게 선택받기 어렵다. 이는 특히 자원이 제한된 중소기업이나 스타트업에게 치명적이다.

AI 시대의 포지셔닝은 이러한 원리를 유지하면서도 새로운 방식으로 확장된다. 과거에는 소비자 인식 속에 단일 메시지를 심는 것이 전략의 핵심이었다면, 오늘날에는 AI가 소비자의 데이터를 정밀하게 분석하여 개인화된 포지셔닝 경험을 제공할 수 있다. 동일한 브랜드 메시지라도 고객의 세분화된 특성과 맥락에 따라 다른 방식으로 전달될 수 있는 것이다.

예를 들어, 스포티파이(Spotify)는 음악 스트리밍 시장에서 AI를 활용한 포지셔닝에 성공한 대표 기업이다. 스포티파이는 단순히 음악을 제공하는 플랫폼이 아니라, "나만을 위한 맞춤형 음악 경험"이라는 포지션을 확보했다. 이는 고객의 청취 데이터를 분석형 AI로 정밀하게 분류하고, 생성형 AI로 개인화된 추천 리스트(예: Daily Mix, Discover Weekly)를 만들어 제공한 결과이다. 사용자는 스포티파이가 자신의 취향을 가장 잘 이해하는 브랜드라고 인식하며, 이는 단순한 플랫폼을 넘어 "개인화된 음악 동반자"라는 독자적 위치로 자리매김하게 했다. AI를 통한 정밀 세분화와 맞춤형 경험 제공이 포지셔닝 전략과 결합된 사례라 할 수 있다.

결국 포지셔닝은 여전히 소비자 인식 속의 차별화된 위치를 확보하는 과정이다. 다만 AI 시대에는 고객 세분화와 개인화 전략이 포지셔닝 실행의 핵심으로 자리 잡고 있다. AI는 데이터를 통해 고객의 마음속을 더 정확히 들여다볼 수 있는 도구이며, 생성형 AI는 그 마음속에 각인될 메시지를 맞춤형으로 설계하는 도구이다.

마케팅 포지셔닝이란 '우리가 가진 단 하나의 강점은 무엇인가?'라는 전통적 질문을 유지하면서 동시에, '이 강점을 어떻게 AI를 통해 수백만 소비자에게 개인화된 경험으로 전달할 것인가?'라는 새로운 질문을 더하는 과정이라 할 수 있다.

2 전략적인 포지셔닝 방법론

일반 성인이 하루 동안 접하는 광고 메시지는 수백 개에 이른다고 한다. 아침에 눈을 뜨자마자 스마트폰 화면을 채우는 광고, 출근길의 간판과 현수막, 인터넷과 소셜미디어에서 노출되는 온갖 메시지까지 더하면 소비자는 이미 광고 과잉 상태에 노출되어 있다. 문제는 이 많은 메시지들이 서로 크게 다르지 않다는 점이다. 기업들은 각자 차별적인 전략을 내세운다고 생각하지만, 소비자 입장에서는 대부분 비슷하게 느껴진다. 기업의 주장과 소비자의 인식 사이에 간극이 존재하는 것이다.

기업은 '좋은 제품을 만들고 알리면 많이 팔릴 것'이라 믿지만, 소비자는 기존의 습관과 인식을 쉽게 바꾸려 하지 않는다. 따라서 설득의 관점에서 벗어나, 소비자의 기대와 관점 자체로 모든 활동을 전환해야 한다. 이것이 곧 포지셔닝 전략의 본질이다. 특히 디지털 기술의 발달과 소셜미디어 확산은 커뮤니케이션 방식을 전면적으로 바꾸고 있으며, 미래 불확실성은 더 커지고 있다. 이 같은 상황에서 변하지 않는 사실은 단 하나, 소비자는 단순히 설득의 대상이 아니라 함께해야 할 파트너라는 점이다.

커뮤니케이션, 브랜딩, 포지셔닝은 하나의 연속선상에 있다. 소비자 인식 속에 브랜드가 차지하는 위치를 명확히 심어주기 위해서는 브랜드가 제공하는 이유와 가치를 반복적으로 주입하고, 그 과정이 커뮤니케이션을 통해 진행되어야 한다. 그러나 인터넷과 소셜미디어가 일반화되면서 기업은 커뮤니케이션에서 예전만큼의 영향력을 행사하기 어렵다. 수많은 메시지가 쏟아지는 과잉 사회 속에서 기업의 자기중심적 주장은 소비자의 관심을 얻지 못한다. 따라서 모든 채널에 무분별하게 메시지를 노출하는 것이 아니라, 세분화된 시장에서 목표 고객에게만 정확히 도달할 수 있는 포지셔닝이 필요하다.

AI는 이 전략적 포지셔닝 과제를 해결하는 강력한 도구이다. 첫째, 분석형 AI는 고객 데이터를 기반으로 시장을 정밀하게 세분화한다. 예를 들어, 아마존은 구매 이력과 장바구니 데이터를 분석해 "어떤 고객이 언제 무엇을 필요로 할 것인가"를 예측하고, 그 결과로 고객 인식 속에 "아마존 = 필요한 것을 가장 빨리 찾을 수 있는 곳"이라는 포지셔닝을 구축했다. 단순한 전자상거래가 아니라, 데이터 기반 맞춤형 추천으로 소비자 경험을 강화한 것이다.

둘째, AI는 개인화된 경험을 제공할 수 있다. 세포라는 AI 기반 'Virtual Artist'를 통해 고객이 모바일 앱에서 자신의 얼굴에 화장품을 가상으로 적용해볼 수 있는 서비스를 제공했다. 여기에 생성형 AI를 접목해 피부 톤, 구매 이력, 선호 색상에 맞는 맞춤형 제품 조합을 추천한다. 소비자는 단순히 "세포라에서 화장품을 산다"는 경험을 넘어, "세포라는 나에게 가장 잘 어울리는 뷰티 솔루션을 제공하는 브랜드"라는 인식을 갖게 된다. 이는 세포라가 AI를 활용해 차별화된 포지셔닝을 구축한 대표적 사례이다. 세포라는 단순한 화장품 유통업체가 아니라, 개인의 뷰티 여정을 함께 설계하는 동반자로 자리매김했다.

셋째, AI는 브랜드가 전통적 광고나 대중적 메시지 중심이 아니라, 소비자와 상호작용하는 방식의 포지셔닝을 가능하게 한다. 예를 들어, 패션 브랜드 H&M은 AI 기반 추천 시스템을 온라인 매장에 도입하여, 고객이 과거 구매한 아이템과 스타일을 고려해 새로운 상품을 제안한다. 소비자는 H&M을 단순한 대형 패션 브랜드가 아닌, "내 취향을 반영해주는 브랜드"로 인식하게 된다. 이처럼 AI는 소비자의 경험을 세분화된 인식으로 전환시켜 포지셔닝 효과를 높인다.

따라서 AI 시대의 전략적 포지셔닝은 단순히 하나의 메시지를 반복적으로 주입하는 방식에서 벗어나, 데이터 기반 세분화와 개인화된 경험을 결합한 정밀 포지셔닝으로 진화하고 있다. 광고 과잉 사회에서 살아남는 방법은 더 많은 광고를 내보내는 것이 아니라, 올바른 소비자에게 올바른 방식으로 브랜드의 차별적 위치를 전달하는 것이다. 그리고 이 과정을 가능하게 하는 것이 바로 AI이다.

3 포지셔닝 맵 도출을 위한 전략 캔버스

포지셔닝은 기업이나 제품의 객관적 특성이 아니라 소비자의 인식 속에서 만들어지는 개념이다. 따라서 포지셔닝의 출발점은 기업이 아닌 소비자의 마음속에서 시작해야 한다. 제품의 성능과 품질을 강조하는 것만으로는 소비자를 설득하기 어렵고, 잠재고객의 인식에 변화를 주어야만 차별화된 포지션을 확보할 수 있다. 그렇기 때문에 포지셔닝 전략의 첫 단계는 목표고객에 대한 정밀한 프로파일링이다. 성별, 연령, 직위, 소득, 학력, 여가활동, 구매 의사결정 기준 등 다양한 변수를 조사해 고객의 특성을 이해하고, 그들이 제품이나 서비스를 구매할 때 무엇을 가장 중요하게 고려하는지 파악해야 한다. 하지만 소비자는 때로는 자신의 욕구를 명확히 알지 못하거나, 사회적 시선 때문에 솔직하게 드러내지 않는 경우가 많다. 따라서 이 과정에는 단순한 설문조사 결과 이상의 통찰력이 필요하다.

여기서 AI가 중요하게 활용될 수 있다. 과거에는 소비자의 기대 요인을 추출하기 위해 정성적 조사와 설문 중심의 분석이 이루어졌다면, 이제는 AI가 고객 행동 데이터를 실시간으로 수집·분석하여 의사결정 요인을 정밀하게 도출할 수 있다. 온라인 쇼핑몰의 클릭 데이터, 장바구니 기록, 검색 패턴, 리뷰 텍스트 같은 방대한 비정형 데이터를 분석형 AI가 처리하면, 소비자가 실제로 어떤 요소를 가장 중요하게 여기는지 행동 기반의 증거를 확보할 수 있다. 이처럼 AI는 소비자의 무의식적 패턴까지 파악해 포지셔닝 전략의 기초를 더욱 견고하게 만들어준다.

고객 프로파일링을 통해 중요한 요인을 도출했다면, 이를 바탕으로 전략 캔버스를 작성해 자사와 경쟁사의 서비스를 비교해야 한다. 경쟁사는 동일 산업의 플레이어뿐 아니라 대체재까지 포함해야 하며, 때로는 산업 파괴가 기존 경쟁자가 아니라 대체재로부터 발생하기 때문이다. 예컨대 해외직구 시장에서 소비자들은 안정성, 신속성, 가격, 사이트 신뢰도, 서비스 응대, 정보 제공, 전문성을 주요 요인으로 고려한다. 이 중에서도 신속성과 가격, 사이트 신뢰도가 핵심적이다. 이때 AI는 리뷰 텍스트 마이닝, 소셜 리스닝, 고객 세그먼트별 만족도 분석을 통해 경쟁사 대비 자사의 강약점을 정량적으로 보여줄 수 있다. 이러한 과정은 단순 비교를 넘어, 고객 인식 속에서 우리 기업이 어떤 위치에 있는지를 시각화하는 전략 캔버스의 근거가 된다.

전략 캔버스가 완성되면 포지셔닝 맵을 도출할 수 있다. 포지셔닝 맵은 고객이 중요하게 여기는 요인 중 우선순위를 X축과 Y축에 설정하고, 자사와 경쟁사를 좌표에 표시하는 방식이다. 예를 들어, 이커머스의 경우 X축에 '전문성(낮음~높음)', Y축에 '콘텐츠 다양성(부족~풍부)'을 배치하여 시장 내 위치를 도식화할 수 있다. 포지셔닝 맵은 단순히 자사의 현재 위치를 확인하는 도구가 아니라, 소비자 인식 속에서 목표로 삼아야 할 방향을 제시한다. AI는 이 과정에서도 실시간 데이터를 반영해 맵을 업데이트할 수 있으며, 특정 고객 세그먼트별 포지셔닝 맵을 따로 도출해 맞춤 전략을 수립할 수 있다.

AI 시대의 포지셔닝 맵은 과거처럼 정적이고 일회적인 도표에 그치지 않는다. 소비자의 행동 데이터와 인식을 실시간으로 반영해 끊임없이 변화하는 동적 전략 도구로 발전한다. AI는 시장의 변화를 지속적으로 추적하고, 고객의 기대와 인식의 변화를 데이터로 보여주며, 기업이 소비자의 마음속에서 차별적 위치를 유지하도록 돕는다.

제4절 마케팅 실행

1 제품 전략

마케팅의 실행은 전통적으로 제품(Product), 가격(Price), 유통(Place), 촉진(Promotion)의 네 가지 축을 중심으로 이루어진다. 이 네 가지를 어떻게 조합하느냐에 따라 기업의 시장 성과가 달라진다. 이번 절에서는 그중에서도 가장 근본적인 요소인 제품 전략을 중심으로 살펴보고자 한다.

스마트폰으로 언제 어디서든 검색을 하고, 온라인 커뮤니티에서 사용자들의 의견을 확인할 수 있는 시대에 소비자는 구매 전 이미 사용 경험을 예측할 수 있다. 과거에는 광고를 통해 자주 노출되는 브랜드를 충성심으로 선택하는 경우가 많았지만, 지금은 정보 접근성이 높아지면서 브랜드 충성도가 절대적인 힘을 발휘하지 못한다. 모든 제품이 상향 평준화되었고, 소비자는 제품 품질을 쉽게 비교할 수 있기 때문에 기업은 단순한 노출 효과가 아니라 실질적인 제품 가치로 승부해야 한다.

특히 기업에게 제품은 곧 '절대가치'이다. 시장 개척, 시장점유율 확대, 이익 증대라는 목표를 달성하기 위해서는 품질이 뒷받침되어야 한다. 품질은 단순히 성능이나 기능만이 아니라, 내구성, 디자인, 법규 준수, 서비스의 적시성과 정확성까지 포함하는 개념이다. 소비자가 인식하는 효용의 묶음으로서 제품은 핵심 제품, 유형 제품, 확장 제품으로 나눌 수 있다. 노트북을 구매할 때 '안정적인 문서 작성'이 핵심 제품의 효용이라면, 구체적 물리적 속성(디자인, 인터페이스 등)이 유형 제품이고, 무상 보증·설치·A/S와 같은 부가 서비스는 확장 제품이다.

AI 관점에서 제품 전략을 살펴보면, AI 자체가 제품이기도 하고, 기존 제품의 경쟁력을 높이는 도구이기도 하다. 여기에는 두 가지 방향이 있다.

첫째, 피지컬(Physical) AI 제품이다. 이는 하드웨어에 AI 기술을 결합해 새로운 효용을 제공하는 제품군이다. 대표 사례로는 테슬라(Tesla)의 자율주행 차량을 들 수 있다. 테슬라는 단순히 전기차를 판매하는 것이 아니라, 차량을 하나의 지능형 이동 서비스로 포지셔닝했다. 차량 내부 센서와 AI 알고리즘이 주행 데이터를 학습하면서, 소비자는 '에너지 효율이 좋은 차'를 사는 것이 아니라 '운전하지 않아도 되는 이동 경험'을 구매하게 된다. 이는 제품 전략에서 핵심 제품(이동 수단)이 AI를 통해 확장 제품(자율주행, 소프트웨어 업데이트, 안전 보조)으로 진화한 사례라 할 수 있다.

둘째, 서비스(Service) AI 제품이다. 이는 물리적 형태보다는 소프트웨어나 플랫폼 형태로 제공되는 AI 서비스다. 대표적으로 챗GPT(OpenAI)는 대화형 AI라는 유형의 서비스를 제공하며, 소비자에게는 단순히 정보 검색 도구가 아니라 '창의적 글쓰기 파트너', '학습 도우미', '업무 보조자'로 인식된다. 여기서 핵심 제품은 정보 탐색, 유형 제품은 사용자 인터페이스(자연스러운 대화 환경), 확장 제품은 API 제공, 기업 맞춤형 튜닝 서비스, 플러그인 생태계와 같은 추가 가치다.

또 다른 사례로 구글 포토(Google Photos)를 들 수 있다. 구글 포토는 단순한 사진 저장 앱이 아니라 AI 기반 자동 분류, 얼굴 인식, 앨범 추천 기능을 제공한다. 소비자에게 핵심 제품은 '사진 저장'이지만, 유형 제품은 검색·관리 기능이고, 확장 제품은 AI가 제공하는 '추억 생성 경험(자동 앨범 제작, 추천 편집)'이다. 이처럼 서비스 AI 제품은 사용자 경험을 중심으로 핵심·유형·확장 제품이 유기적으로 연결된다.

결국, AI 시대의 제품 전략은 기존의 품질 경쟁을 넘어 데이터와 알고리즘이 제공하는 새로운 효용을 어떻게 설계할 것인가로 확장되고 있다. 피지컬 AI 제품은 하드웨어 중심 제품군에 지능을 결합해 사용 경험을 바꾸고, 서비스 AI 제품은 소프트웨어 기반으로 개인화된 혜택과 새로운 사용 경험을 만들어낸다. 기업은 소비자가 인식하는 효용 구조 속에서, 어떤 차원에서 AI를 핵심·유형·확장 제품으로 적용할 것인지를 명확히 정의해야 한다.

AI 활용 관점에서 제품 전략은 단순히 "무엇을 만들 것인가?"라는 질문을 넘어서, "소비자가 어떤 경험을 얻도록 설계할 것인가?", "그 경험을 AI로 어떻게 차별화할 것인가?"라는 질문으로 확장된다. 이는 제품 전략이 더 이상 물리적 성능만의 문제가 아니라, 데이터와 AI가 결합된 총체적 경험 설계임을 보여준다.

2 가격 전략

마케팅 실행의 네 가지 요소는 제품, 가격, 유통, 촉진이다. 그 가운데 가격은 고객에게 제품이 어떤 가치로 인식되는지를 신호로 전달하는 동시에, 기업의 수익성과 직결되는 핵심 변수다. 제품·유통·촉진이 비용 구조와 관련된다면, 가격은 매출과 이익에 직접적인 영향을 준다. 맥킨지앤컴퍼니의 글로벌 1,200개 기업 연구에 따르면, 가격을 단 1%만 올려도 수요 변동이 없다는 가정하에 영업이익이 평균 11% 상승하는 것으로 나타났다. 이처럼 가격은 단순한 숫자가 아니라 기업의 성패를 가르는 전략적 도구이다.

그럼에도 불구하고 많은 기업, 특히 창업기업은 가격 전략을 체계적으로 수립하지 못한다. 경영자, 재무 담당자, 제품 개발자, 영업 담당자가 각각 다른 이해관계를 주장하면서, 원가를 기준으로 한 단순한 가격 설정이나 경쟁사 가격을 따라가는 방식에 머무르는 경우가 많다. 그러나 고객이 실제로 지불하려는 금액은 제조원가와 무관하게 그 제품에서 얻는 가치 인식에 의해 결정된다. 따라서 가격 전략은 고객의 인식과 경험을 중심으로 재설계되어야 한다.

AI 활용 관점에서 가격 전략은 두 가지 측면에서 변화하고 있다. 첫째, 가격을 일회성 거래의 관점이 아니라 장기적 관계 관리의 관점으로 본다. 특히 구독(subscription) 모델은 AI 제품·서비스에서 보편화된 가격 전략이다. 전통적인 경쟁가격, 독점가격, 통제가격이라는 구분은 여전히 유효하지만, 오늘날 디지털 환경에서는 고객 기반 가격결정과 구독 구조가 더욱 중요해지고 있다.

실제 사례를 보자. 어도비(Adobe)는 과거 포토샵을 비롯한 디자인 소프트웨어를 영구 라이선스로 판매했지만, 2013년부터 구독 기반의 Creative Cloud 모델로 전환했다. 이는 단순히 가격 체계를 바꾼 것이 아니라, 고객과의 관계를 단발성 구매에서 장기간 구독 관계로 전환한 전략이다. 어도비는 AI 기능(예: 이미지 자동 보정, 배경 제거, 생성형 디자인 툴)을 지속적으로 업데이트하면서 고객에게 끊임없이 새로운 가치를 제공한다. 소비자는 초기 구매 비용이 낮아지는 대신 장기간 요금을 지불하고, 어도비는 안정적인 현금 흐름과 높은 고객 유지율을 확보하게 된다.

둘째, AI 자체가 가격 전략의 실행을 정밀하게 지원한다. 넷플릭스의 요금제를 보면, 동일한 콘텐츠를 제공하지만, 광고 포함 저가 요금제, 표준 요금제, 프리미엄 요금제 등으로 차별화되어 있다. 이 다층적 가격 전략은 단순히 공급자 의사결정이 아니라, AI가 고객군별 이용 패턴과 가격 민감도를 분석해 설계한 것이다. 예컨대 광고 시청을 감수할 수 있는 가격 민감 고객층은 저가 요금제를 선택하고, 고해상도·다중 기기 이용에 가치를 두는 고객층은 프리미엄 요금제를 선택한다. 이는 경쟁사 기반 가격결정이 아니라, 철저히 고객 데이터와 행동 패턴에 기초한 고객 기반 가격결정 방식이다.

셋째, AI 서비스 기업의 가격 전략은 사용량 기반 모델로 확장되고 있다. 대표적으로 마이크로소프트 애저(Azure) OpenAI 서비스는 고객이 GPT 모델을 사용할 때 발생하는 API 호출량에 따라 비용을 부과한다. 이 방식은 고객에게는 유연성을 제공하고, 기업에게는 사용량이 늘어날수록 수익이 증가하는 구조를 만든다. 구독과 사용량 기반 과금이 결합된 이 전략은 AI 시대 가격 정책의 중요한 특징이다.

결국 AI 시대의 가격 전략은 더 이상 원가 기반 가격결정이나 단발성 판매에 머무르지 않는다. 구독, 다층 요금제, 사용량 기반 가격 등은 AI가 제공하는 지속적 업데이트와 개인화 서비스와 결합해 장기적 관계와 안정적 수익을 동시에 추구하는 구조를 형성한다. 기업은 고객의 지불 의향을 데이터로 분석하고, 구독 모델과 맞춤형 요금제를 통해 고객 경험을 끊임없이 확장해야 한다.

3 유통 전략

유통은 생산자와 소비자 사이의 시간·장소·형태의 간극을 메우는 기능을 담당한다. 바다에 가지 않고도 생선을 살 수 있고, 서울에서도 영덕 대게와 괴산 감자를 먹을 수 있으며, 가을에 수확한 쌀을 일 년 내내 소비할 수 있는 것은 유통 덕분이다. 소비자의 생활비용을 낮추고, 기업의 판매 활동을 원활하게 만드는 중요한 활동이 바로 유통이다.

유통경로는 생산자로부터 소비자에게 이르는 모든 과정을 포함한다. 전통적으로는 생산자-도매상-소매상-소비자의 다단계 구조가 일반적이었지만, 인터넷과 스마트폰의 확산으로 생산자가 소비자와 직접 연결되는 구조가 빠르게 확대되고 있다. 오늘날 소비자는 구매 전 최소 두 개 이상의 경로에서 정보를 확인하고, 온라인과 오프라인을 넘나들며 구매 결정을 내린다. 따라서 기업은 고객의 편익을 중심으로 유통경로를 설계해야 한다.

AI 관점에서 유통 전략은 크게 소프트웨어 중심 AI 서비스의 유통과 피지컬 AI 제품의 유통으로 구분할 수 있다.

첫째, 소프트웨어 중심 AI 서비스는 대부분 온라인을 통해 배포된다. 별도의 물리적 유통망이 필요하지 않기 때문에, 실제 경쟁력은 서비스 자체보다 어떻게 알리고, 어떻게 고객과 접점을 만들 것인가에 달려 있다. 예를 들어, 줌(Zoom)은 코로나19 팬데믹 시기에 클라우드 기반의 화상회의 서비스를 온라인으로 제공하면서 폭발적으로 성장했다. 줌의 서비스는 물리적 유통이 필요하지 않았지만, 고객에게 빠르게 다가가기 위해 무료 체험판 제공, 소셜미디어 광고, 바이럴 마케팅을 집중적으로 활용했다. 이러한 커뮤니케이션 활동이 곧 유통 전략의 역할을 대체한 것이다. 챗GPT(OpenAI) 역시 API와 웹을 통해 직접 제공되며, 오프라인 판매가 필요하지 않다. 대신 미디어 노출, 기업 파트너십, 브랜드 협력 등이 새로운 형태의 유통경로로 기능한다.

둘째, 피지컬 AI 제품은 여전히 전통적인 유통 경로와 물류 시스템을 필요로 한다. 예를 들어, 아이로봇(iRobot)의 로봇청소기 룸바(Roomba)는 가정용 AI 기반 하드웨어 제품으로, 온라인 판매와 함께 대형마트, 전자제품 전문점 등 오프라인 유통망을 통해 판매된다. 소비자는 실물을 직접 확인하거나, 설치·A/S 같은 서비스를 고려해 구매를 결정한다. 여기서 유통 전략은 단순히 제품을 운송·보관하는 차원을 넘어, 서비스 경험(A/S, 업그레이드 지원, 유지관리)까지 포함된다. 또 다른 사례로, LG전자 인공지능 가전제품은 전자랜드, 하이마트 같은 대형 오프라인 매장을 주요 유통 채널로 삼고 있으며, 설치와 A/S망이 뒷받침되어야 경쟁력을 유지할 수 있다.

유통 전략에서 중요한 점은 제품의 속성에 따라 전략이 달라진다는 것이다. 소프트웨어 AI 서비스는 고객과의 첫 접점을 어떻게 형성하느냐가 관건이고, 피지컬 AI 제품은 물리적 이동과 설치, A/S망의 품질이 성패를 좌우한다. 그러나 두 경우 모두 AI가 유통 혁신을 가속화한다는 점에서 공통점이 있다. 예를 들어, 아마존(Amazon)은 물류센터와 배송 시스템에 AI를 적용해 재고 관리와 배송 효율성을 극대화했다. 이는 AI 기술이 단순한 유통 지원이 아니라, 유통 자체를 전략적 자산으로 만든 사례이다.

결국, AI 시대의 유통 전략은 “어떤 경로로 제품을 공급할 것인가?”라는 질문을 넘어, “제품 특성에 맞는 유통 경험을 어떻게 설계할 것인가?”, “AI를 통해 유통의 효율성과 고객 편익을 어떻게 높일 것인가?”라는 질문으로 확장된다. 소프트웨어형 AI 서비스는 온라인 네트워크와 커뮤니케이션이 핵심이고, 피지컬 AI 제품은 물류와 오프라인 서비스가 핵심이다. 기업은 이 두 가지를 구분해 유통 전략을 설계해야 하며, AI는 그 설계와 실행을 더욱 정밀하게 만들어주는 핵심 도구이다.

4 촉진 전략

촉진, 즉 마케팅 커뮤니케이션은 기업이 자사의 제품이나 서비스를 고객이 구매하도록 유도하기 위해 정보를 제공하거나 설득하려는 모든 활동을 의미한다. 푸시(push) 전략과 풀(pull) 전략으로 구분되며, 기업의 목표와 상황에 따라 광고, PR, 판매촉진, 인적판매 등이 조합된다. 그러나 오늘날 촉진 전략은 단순히 “정보 전달”을 넘어, 넘쳐나는 커뮤니케이션 속에서 어떻게 소비자의 주의를 끌고 지속적으로 관계를 맺을 것인가라는 과제를 안고 있다.

하루에도 수많은 AI 서비스가 출시되고, 수많은 기업이 생성형 AI를 활용해 텍스트, 이미지, 영상, 심지어 음성까지 자동으로 제작하면서 정보의 홍수는 더욱 가속화되고 있다. 이제 문제는 “무엇을 말할 것인가?”가 아니라, “어떻게 사람들의 관심을 얻고, 의미 있는 상호작용으로 전환할 것인가?”이다. AI 활용 관점에서 촉진 전략은 AI 자체를 활용해 커뮤니케이션 효율을 높이는 동시에, AI 환경 속에서 차별화된 포지션을 확보하는 것을 목표로 해야 한다.

첫째, 광고에서 AI는 초개인화된 메시지 전달을 가능하게 한다. 전통적 광고가 일방향적이고 신뢰성이 떨어지는 한계를 가졌다면, AI는 고객의 검색 이력, 관심사, 행동 데이터를 기반으로 개인 맞춤형 광고 콘텐츠를 자동 생성한다. 실제 사례로, 코카콜라의 ‘Create Real Magic’ 캠페인(2023)은 생성형 AI 툴을 활용해 소비자가 직접 코카콜라 브랜드 이미지를 제작·공유하게 했다. 단순히 제품의 우수성을 광고한 것이 아니라, 소비자가 콘텐츠 제작에 참여하도록 하여 브랜드와의 관계를 강화한 촉진 전략이었다.

둘째, PR 영역에서도 AI는 중요한 역할을 한다. 언론 기사와 소셜미디어 데이터를 분석하여 브랜드와 관련된 긍정·부정 이슈를 실시간으로 파악하고, 적절한 대응 메시지를 신속하게 작성·배포할 수 있다. 예를 들어, 월마트(Walmart)는 자체 AI 분석 시스템을 통해 온라인상에서 소비자의 피드백을 모니터링하고, 부정적 이슈가 확대되기 전에 대응 PR 활동을 전개한다. 이는 PR을 수동적 활동이 아니라 데이터 기반 선제적 활동으로 전환시킨 사례라 할 수 있다.

셋째, 판매촉진에서도 AI는 고객의 구매 맥락을 실시간으로 포착하여 즉각적인 혜택을 제안할 수 있다. 스타벅스의 'Deep Brew' AI 엔진은 고객의 위치, 날씨, 구매 이력 등을 분석해 특정 상황에서 가장 적합한 프로모션을 제공한다. 예를 들어 비가 오는 날 오후, 고객이 스타벅스 앱을 열면 따뜻한 음료 할인 쿠폰이 자동으로 제안된다. 이는 단순한 쿠폰 제공을 넘어, 맥락 기반 촉진을 실행해 고객 경험을 강화한 것이다.

넷째, 인적판매 역시 AI에 의해 보조되고 있다. 전통적으로 판매원은 준비–설득–거래–관리를 반복하며 고객을 설득했지만, 이제는 AI가 데이터 기반의 고객 정보를 실시간으로 제공한다. 세일즈포스(Salesforce)는 영업사원이 고객과 미팅할 때, CRM과 AI 분석을 통해 해당 고객이 과거에 어떤 제품에 관심을 가졌는지, 현재 어떤 니즈가 있는지를 제시해준다. 영업사원은 고객 맞춤형 대화로 접근할 수 있으며, 이는 곧 인적판매의 성공률을 높이는 촉진 전략으로 이어진다.

결국 AI 시대의 촉진 전략은 정보 과잉 속에서 단순히 메시지를 많이 퍼뜨리는 것이 아니라, 개인화·참여·맥락 기반·데이터 보조라는 네 가지 키워드를 중심으로 차별화된다. 광고는 개인화된 메시지로, PR은 실시간 데이터 기반으로, 판매촉진은 맥락 맞춤형 혜택으로, 인적판매는 데이터 기반 지원으로 진화하고 있다.

토의문제

1. AI 시대의 마케팅 실행이 전통적 4P(제품, 가격, 유통, 촉진)와 어떤 점에서 달라지고 있는지 논의해 보자.
2. AI 제품 전략에서 피지컬 AI(하드웨어)와 서비스 AI(소프트웨어)의 차이를 설명해 보자.
3. AI 기반 제품 전략이 기존의 핵심·유형·확장 제품 개념에 어떤 영향을 주는지 토론해 보자.

4. 자율주행차, 로봇청소기 등 피지컬 AI 제품의 마케팅 실행에 필요한 요소는 무엇인지 논의해 보자.
5. 챗GPT, 구글 포토 등 서비스형 AI 제품의 제품 전략적 특징에 대하여 토의해 보자.
6. AI 서비스에서 구독(subscription) 모델이 널리 활용되는 이유를 논의해 보자.
7. 고객 기반 가격결정과 AI 데이터 분석이 결합되면 어떤 새로운 가격 전략이 가능한지 토론해 보자.
8. AI 시대의 유통 전략에서 온라인 기반 AI 서비스와 오프라인 기반 피지컬 AI 제품의 차이를 설명해 보자.
9. 아마존과 같은 글로벌 기업이 AI를 활용해 유통 효율성을 높이는 방식에 대해 논의해 보자.
10. AI 기반 촉진 전략에서 광고 · PR · 판매촉진 · 인적판매가 어떻게 변화하고 있는지 토의해 보자.
11. 정보가 과잉된 시대에 AI가 촉진 전략에서 소비자의 관심을 끌 수 있는 방법은 무엇인지 토론해 보자.
12. AI 촉진 전략에서 윤리적 고려(허위정보, 개인정보, 조작 가능성 등)는 어떻게 반영되어야 하는지 논의해 보자.

사례연구 - 1

이미지와 영상을 생성하는 AI 서비스들

AI로 1분 만에 쇼핑몰 영상 제작 '브이캣'

파이온코퍼레이션은 인공지능(AI) 기반 마케팅 영상과 배너 이미지 자동제작 서비스 '브이캣'(VCAT.AI)으로 미국에 진출한 스타트업이다. 2021년부터 누적 150억 원 규모 투자를 유치했고 최근 CES 2024에서는 혁신상을 받았다. 현재 브이캣을 사용 중인 기업은 국내외 5만곳 이상이다. 지난해에는 카페24와 업무협약(MOU)을 맺으며 온라인 사업자의 콘텐츠 제작 지원 폭을 넓혔다.

브이캣 핵심 기능은 사업자에게 필요한 마케팅용 상품 영상과 이미지의 자동 생산이다. 전문인력 보강 없이도 수시로 쇼핑몰 배너 이미지를 바꾸거나 유튜브, 인스타그램 등에 숏폼 영상을 올릴 수 있다.

사업자가 브이캣에 입력할 사항은 상품 상세페이지의 URL 정도다. 이후 브이캣 AI가 페이지 내 정보를 분석해 1분이면 콘텐츠를 생산한다. 완성된 영상 분량이 15~30초이며 숏폼 업로드용으로 충분하다. 사업자는 1,000가지 이상 영상 템플릿을 활용해 '신상품 소개'나 '할인 강조' 등 프로모션별로 다양하게 제작할 수 있다.

정범진 파이온코퍼레이션 대표는 "사업자는 다양한 상품과 메시지로 마케팅 소재를 제작하는 것이 중요하다"며 "브이캣은 AI 기반 이미지 간편 편집 도구와 광고 문구 생성 도구를 제공해 사업자의 소재 제작 편의성을 높이는 데 집중하고 있다"고 말했다.

파이온코퍼레이션에 따르면 현재 사용량이 높은 중소기업 고객사는 월 평균 영상 제작량이 100건에 달한다. 즐길 콘텐츠가 풍부한 쇼핑몰은 소비자의 체류 시간이 길어지게 만들어 매출과 브랜드 이미지의 동반 상승을 기대할 수 있다.

파이온코퍼레이션은 온라인 사업자의 브이캣 사용이 올해 크게 늘 것으로 전망하고 있다. 제작 여건의 부족으로 숏폼 영상 마케팅을 고민했던 기업이 많기 때문이다. 쇼핑몰 기능을 애플리케이션(앱)으로 사고 팔 수 있는 마켓인 '카페24 스토어'

에서도 브이캣은 설치 수를 높여가고 있다.

이외에도 파이온코퍼레이션은 만든 소재를 즉시 광고로 활용할 수 있는 '광고 자동 운영' 서비스 출시를 준비 중이다. 지난 1월 출시한 '소셜미디어 스케줄러' 기능까지 활용하면 이용자는 소재 제작부터 사회관계망서비스(SNS) 포스팅 게시, 광고 운영까지 브이캣에서 한 번에 관리할 수 있게 된다.

지난해 미국 법인을 설립하며 글로벌 시장 공략도 가속화할 계획이다. 미국은 디지털 광고 시장 규모가 국내의 20배 이상이다. 최근에는 월마트로부터도 기술 협약 제안을 받았다.

정범진 대표는 "다수의 소비자가 텍스트나 이미지보다 영상으로 상품 정보를 확보하는 시대"라며 "고객사들의 영상 제작 경쟁력을 높이기 위한 서비스 강화를 지속할 것"이라고 말했다(전자신문, 2024. 4. 4).

AI로 패션 모델컷 무한대 생성

코디미는 생성형 AI(인공지능)로 패션 모델 컷을 생성하는 스타트업이다. 성균관대 소프트웨어학과에서 결성된 대학생 창업팀 출신인 정지혜 대표(25)가 2022년 5월 설립했다.

정 대표는 처음에는 의류를 가상으로 착용해 볼 수 있는 B2C(기업대 소비자) 솔루션(Solution)을 개발했다. 그러나 플랫폼에 대한 투자시장이 얼어 붙으면서 가상 시착 기술을 고민하다 사업방향을 B2B(기업대 기업) 솔루션으로 전환했다.

정 대표는 "패션몰을 운영하는 회사가 모델 컷과 상품컷을 업로드하면 AI를 통해 학습해서 모델컷을 무한대로 만들 수 있다"고 말했다.

패션 이커머스에서 모델 컷은 매출을 결정하는 중요한 역할을 한다. 모델 컷의 유무에 따라 매출 차이가 평균 30%에서 최대 2배까지 나기 때문이다.

그러나 패션 이커머스가 모델 컷을 촬영하기 위해 지불하는 비용은 최소 200만원(8컷 기준)이 든다. 모델 섭외비를 비롯해 장소 사용비, 촬영에 필요한 영상장비 구매비용, 후보정 작업비용 등이 투입되기 때문이다. 비용도 문제지만 시간도 길게 2주 이상 소요된다. 아울러 계절에 맞는 패션을 위한 시즌 상품 룩북(모델이 여러 옷을 보여주기 위한 사진 모음)을 만들려면 최소 2,000만 원 정도가 드는 것으로 알려졌다.

"소비자들은 온라인으로 옷을 고를 때 모델 피팅 사진을 확인하고 구매를 결정합니다. 그러나 커머스 운영사는 모델 섭외, 스튜디오 예약, 이미지 편집 등 의류 1개당 평균 10만 원이 넘는 비용을 지출해 부담을 느끼고 있죠."

코디미의 AI 서비스 포투(Potoo)를 활용하면 적은 비용으로 촬영 컷을 무제한 생성할 수 있다. 구독형 사스(SaaS)를 통해 의류 한 종류당 월 1만 2,000원에 무제한 패션 컷 생성이 가능하다는 게 회사측 설명이다. 옷의 마네킹 컷만 있으면 딥러닝 기술을 활용하여 모델 컷을 생성하는 기술이다.

또 코디미는 최신 딥러닝 기술을 활용하여 사람의 체형에 자연스럽게 시착하는 기술을 구현했다. 전처리 과정을 인공지능으로 구현해 확장성을 높였다는 게 회사측 설명이다. 지난해 의류 디테일 학습 기술에 대한 특허도 출원했다.

이 회사의 주요 타깃은 동대문에서 패션 커머스를 운영하는 회사들이다. 정 대표는 "동대문 셀러들을 타깃으로 하여 사업을 확장할 계획"이라며 "최종적으로는 이미지 뿐만 아니라 상품 텍스트도 자동 생성되서 SNS에 자동으로 올리는 것이 가능하도록 할 계획"이라고 설명했다.

코디미는 올해 캠퍼스타운 기업성장센터 입주기업에 선정됐다. 캠퍼스타운 사업은 서울시가 대학, 자치구와 협력해 예비 창업가들에게 창업 공간을 제공하고, 전문가 멘토링, 투자유치 특강 등 창업 육성 프로그램을 지원하는 프로젝트다. 캠퍼스타운 기업성장센터는 캠퍼스타운 출신 기업 중 성장기에 접어든 창업기업이 유니콘으로 도약할 수 있도록 돕는 역할을 한다.

아울러 이 회사는 중소벤처기업부 팁스 프로그램(민간투자주도형 기술창업지원)에도 선정돼 기술 고도화를 진행 중이다. 무늬가 복잡한 패션의 모델컷 생성의 정확도를 높이는 기술을 개발하고 있다.

이 회사는 지난해 벤처캐피탈(VC) 본엔젤스에서 시드(Seed) 투자를 받았다. 내년 초를 목표로 프리-A 투자 유치를 진행할 계획이다.

코디미는 정 대표를 포함해 3명이 함께 하고 있다. 정 대표는 "기존 AI 패션 모델컷 설루션은 먼저 한 컷이라도 촬영을 하고 그것으로 여러 가지 모델컷을 생성하는 식인데, 코디미 설루션은 아예 촬영 자체를 대체할 수 있도록 개발됐다"며 "패션은 감도가 중요한데 이미지가 어색하지 않다는 점에서 고객 만족도가 높은 편"이라고 말했다(조선일보, 2024. 10. 29).

▸ **사례연구 토의**

1. AI 기반 마케팅 자동화 도구가 중소기업의 제품 전략과 마케팅 실행 방식에 어떤 변화를 가져왔는가? 콘텐츠 제작 속도, 품질, 다양성 측면에서 AI 서비스가 전통적 제작 프로세스를 어떻게 대체·보완하는지 논의한다.
2. 구독형 사스(SaaS) 가격 모델이 전통적인 단발성 제작 의뢰 대비 어떤 장단점을 가지는가? 고객 충성도, 비용 절감, 장기적 수익 구조 측면에서 AI 기반 가격 전략의 효과를 토의한다.
3. AI를 활용한 이미지·영상 생성이 유통 및 촉진 전략(예: SNS 숏폼 광고, 온라인 쇼핑몰 배너 교체)에 어떤 경쟁 우위를 제공하는가? 디지털 유통 채널 확산, SNS 기반 촉진, 글로벌 시장 진출(브이캣 미국 시장 사례)과 연결해 토론한다.

사례연구 - 2

네이버, 프리즘 라이브 스튜디오앱에 3D 아바타 기능 선보여

네이버가 '프리즘 라이브 스튜디오'앱에 3D 아바타 라이브 기능 'VTuber(버튜버)'를 새롭게 선보인다. 프리즘 라이브 스튜디오는 아바타 라이브에서 가장 범용적으로 사용되고 있는 VRM(3D 아바타 이미지 파일 확장자명) 포맷을 스트리밍 분야 최초로 모바일에 적용했으며 이를 통해 언제 어디서나 3D 아바타 라이브를 송출할 수 있는 환경을 제공한다.

2019년 3월 출시된 네이버 프리즘 라이브 스튜디오는 PC와 모바일의 모든 환경에서 손쉽게 라이브 스트리밍하고 동영상을 편집할 수 있는 멀티 플랫폼으로 모바일 스트리밍 앱 중 가장 많은 다운로드 수를 기록하고 있다. 전 세계 200여 개국에서 사용하고 있으며 일 최소 5만 명의 사용자가 10만 개 라이브 스트리밍을 네이버 치지직, 네이버 TV, 클라우드 플랫폼을 비롯해 유튜브, 페이스북, 트위치 등 글로벌 라이브 플랫폼으로 송출하고 있다.

네이버는 이 같은 라이브 스트리밍 기술력에 더해 언제 어디서나 3D 아바타로 라이브 방송을 송출할 수 있는 VTuber 기능을 새롭게 선보인다. 그동안 PC를 통해서만 송출 가능했던 3D 아바타 라이브 방송을 모바일에서도 송출할 수 있도록 기능을 고도화했다.

또한 'VTuber'는 3D 아바타 라이브에서 가장 범용적으로 사용되고 있는 VRM (Virtual Reality Model) 포맷을 적용해 별도의 추가 장비 없이 모바일로 3D 아바타 라이브를 송출할 수 있다. 이를 통해 여러 플랫폼으로 3D 아바타 라이브를 송출할 수 있도록 기능을 개선했다.

아울러 사용자 간 3D 아바타 캐릭터 이미지를 공유하는 글로벌 플랫폼인 'VRoidHub(브이로이드허브)'의 로그인 방식을 동일하게 적용해 간편한 과정만 거치면 수많은 3D 아바타 캐릭터 이미지를 라이브에서 개성 있게 사용할 수 있도록 프리즘 라이브 스튜디오의 기능을 구성했다.

또한 'VTuber'는 자연스러운 3D 아바타 라이브 스트리밍을 진행할 수 있도록 다양한 옵션을 추가로 제공한다. 라이브 화면 내 아바타의 위치와 크기를 사용자가 직접 조정할 수 있으며, 사용자의 표정을 아바타에 실시간으로 적용 가능하다.

송지철 네이버 프리즘 스튜디오 개발 리더는 "프리즘 라이브 스튜디오 앱을 통해 장비의 구애 없이 3D 라이브 스트리밍할 수 있게 된 만큼 콘텐츠가 다채로워질 것으로 기대된다"며 "앞으로도 창작자가 필요로 하는 기술을 지속 개발해 콘텐츠 생태계 다양성을 확보하기 위해 노력할 것"이라고 말했다(매일경제, 2024. 11. 20).

아프리카TV, '숲'에서 버추얼 스트리머 키운다

아프리카TV는 국내 기업 오버더핸드와 업무협약을 맺고 올 상반기 출시 예정인 라이브 스트리밍 플랫폼 '숲(SOOP)'에 3D 아바타를 활용한 라이브 방송 서비스를 도입한다고 11일 밝혔다.

오버더핸드는 버추얼 스트리머(버튜버)를 위한 3D 아바타 생성과 편집이 가능한 서비스 '마스코즈'를 개발하는 기업이다. 이번 협약에 따라 향후 출시될 '숲'에서 활동하는 버추얼 스트리머들은 자신만의 3D 아바타를 무료로 생성해 방송을 진행할 수 있다.

아프리카TV는 캐릭터 제작 비용과 장비, 저작권 문제 등 진입장벽 전반이 해소돼 '숲' 플랫폼 내 신규 스트리머들이 등장할 수 있는 환경이 만들어질 것으로 보고 있다. 아프리카TV와 오버더핸드는 향후 '숲'의 버추얼 스트리머 육성 및 연계 기능 지원, 콘텐츠 기획 · 제작 등에서 협력할 예정이다.

최영우 아프리카TV 글로벌사업부문장은 "다양한 회사와 협업해 새로운 기능을 선보일 것은 물론, 스트리머들이 제약 없이 자유롭게 활발하게 활동할 수 있도록 적극적으로 지원하겠다"고 말했다.

아프리카TV는 올해 상반기 '숲'을 해외 시장에 베타 서비스 형태로 출시할 예정이다. 3분기에는 기존 아프리카TV 플랫폼도 '숲'으로 변경하고 전반적인 서비스를 개편할 계획이다(한국경제신문, 2024. 3. 11).

▸ **사례연구 토의**

1. 3D 아바타 기능이 스트리밍 플랫폼의 경쟁력에 어떤 도움을 줄 수 있을까? 차별화된 제품 전략 관점에서 토의한다.
2. 누구나 쉽게 아바타를 만들고 방송할 수 있게 되면, 새로운 크리에이터가 늘어날까? 진입장벽 완화와 유통 확대 관점에서 토의한다.
3. 3D 아바타 스트리밍은 시청자와 브랜드를 연결하는 새로운 광고·홍보 방법이 될 수 있을까? 촉진 전략 관점에서 토의한다.

사례연구 - 3

결제도 AI가 대신 해준다 … 에이전틱 AI 시대 마지막 퍼즐 맞춘 구글

사람 대신 인공지능(AI)이 자동으로 상품을 사주고, 티켓도 예매해줄 수 있을까. 구글이 AI가 온라인 결제까지 할 수 있는 프로토콜(규약)을 발표했다. 상품 검색이나 가격 비교 단계에 막혀있던 AI의 역할이 결제까지 확대되면 이커머스 시장이 AI를 중심으로 재편될 것이란 전망이 나온다.

구글은 이용자를 대신해 AI 에이전트(비서)가 온라인 플랫폼에서 결제할 때 사용하는 'AI 에이전트 결제 프로토콜(AP2)'을 발표했다. AI가 온라인 결제 플랫폼에서 결제·송금을 대행할 수 있게 거래 데이터를 교환하는 규칙이다. 개발자들은 앞으로 이 프로토콜에 맞춰 온라인 쇼핑에 특화한 AI 에이전트를 제작할 수 있다.

이전까지 온라인 쇼핑몰에서 상품이나 서비스를 구매하려면 사람이 직접 결제 버튼을 눌러야 했다. 결제 안정성을 확보하기 위한 조치였다. 때문에 AI에이전트에 구매를 명령해도 제품 추천과 가격 비교를 해주는 데 그쳤다. 이번 프로토콜의 핵심은 AI에 '위임장(Mandate)'을 부여해 대신 결제할 수 있는 길을 열어준 점이다. 이 위임장은 암호화된 디지털 계약의 일종으로, AI가 이용자로부터 결제 권한을 확실하게 넘겨 받았다는 사실을 증명해준다. 이용자가 "오는 12월 태국 방콕 항공권을 예매해 줘"라고 명령하면, AI가 항공권 예매 플랫폼을 검색해 명령에 맞는 조합을 찾아내고, 위임장을 제시하고 암호화된 서명을 활용해 항공권을 대신 구매해 준다.

구글은 구매 행동을 단계별로 나눠서 AI에 권한을 부여한다. '구매 의도(Intent) 위임장', '장바구니(Cart) 위임장' 순이다. 이용자가 상품을 실제로 구매하고 싶은지(구매 진위 여부)와 AI가 구매를 대신해도 되는 지(이용자 승인 여부)를 확인하는 절차다. 이용자가 "이번 겨울에 입을 등산복을 찾은 뒤 구매까지 해줘"라고 명령하면 두 위임장에 서명하는 것과 같은 효력이 발생한다. 이를 통해 판매자는 AI의 배후에 실제 사람이 있다는 것을 확인하고 거래를 승인한다. 이 과정에서 생성된 위임 데이터는 모두 기록으로 남는다. 이 데이터는 향후 거래를 입증하는 증거로 쓰인다.

구글은 60여 개 금융기관과 이 프로토콜을 공동으로 개발했다. 마스터카드, 페이팔, 아메리칸익스프레스, 일본 신용카드사 JCB 등을 비롯해 이더리움 재단, 코인베이스 등이 참여했다. 방대한 네트워크 덕에 AI 에이전트는 신용카드, 체크카드, 실시간 계좌 이체, 스테이블코인 등을 결제 방식으로 쓸 수 있다. 이 네트워크 덕에 보안성도 강화됐다는 게 구글의 설명이다. 구글은 테크 블로그를 통해 "이번 프로토콜을 통해 온라인 거래의 책임 소재를 확보했고, 모든 거래 데이터를 기록해 결제한 뒤 사후 검증도 가능해졌다"며 "AI 개발사 · 전자결제망 · 판매자 간 신뢰도를 보장할 수 있게 됐다"고 설명했다.

업계에선 AI를 중심으로 이커머스 시장이 재편될 것이란 전망이 나온다. 상품 검색부터 가격 비교, 결제까지 모두 AI 챗봇 내부에서 한 번에 이뤄질 수 있어서다. 이용자가 직접 온라인 쇼핑몰을 드나들며 상품을 찾거나, 가격을 비교하는 수고를 덜 수 있다. 이 시장을 노리고 신용카드 회사들이 발 빠르게 움직이고 있다. 마스터카드는 지난 4월 자사 결제 시스템을 AI 챗봇에 이식할 수 있는 '에이전트 페이'를 개발했다. 경쟁사 비자도 지난 4일 자사 결제 시스템에 AI가 접근할 수 있게 개방했다. 페이팔은 자동 결제 시스템을 퍼플렉시티의 AI 브라우저 '코멧'에 적용할 계획이다.

▸ **사례연구 토의**

1. AI가 대신 결제를 해주는 서비스가 보편화되면 소비자들의 쇼핑 방식은 어떻게 달라질까? 소비자 편의성과 구매 경험 변화를 중심으로 토의한다.
2. 구글이 금융사들과 협력해 만든 결제 프로토콜(AP2)은 기업의 마케팅 실행(가격 · 유통)에 어떤 기회를 줄 수 있을까? 기업 측면에서 비용 절감, 신속성, 보안성을 중심으로 토론한다.
3. AI가 추천부터 결제까지 모두 대신한다면, 기업은 촉진 전략(광고 · 프로모션)을 어떻게 바꿔야 할까? AI가 소비자 선택에 직접 영향을 주는 상황에서 광고 · 브랜딩 변화를 중심으로 토론한다.

사례연구 - 4

월마트, 생성형 AI 도입했더니 … 생산성 100배 늘었다

기업 비즈니스 플랫폼 PEX Network가 발간한 '2025 생성형 AI와 운영 혁신 보고서'에 따르면, 기업들의 생성형 AI 도입이 가파르게 증가하고 있다. 매킨지의 최신 조사에서는 63%의 임원들이 생성형 AI 도입을 최우선 과제로 꼽았으며, 마이크로소프트와 IDC의 공동 연구에서는 생성형 AI 도입률이 2023년 55%에서 2024년 75%로 급증한 것으로 나타났다. 주목할 만한 점은 생성형 AI를 본격적으로 도입한 기업의 비율이 현재 11%에 불과하다는 것이다.

현대 기업의 운영 효율성은 사람, 기술, 데이터, 프로세스라는 네 가지 핵심 축을 기반으로 한다. PEX Network의 2024/25 조사에 따르면, AI는 향후 12개월 동안 기업 혁신과 운영 효율성 향상을 위한 최대 투자 분야로 선정됐다. 조사 대상 기업의 58%가 AI 프로젝트를 검토 중이며, 특히 운영 부문에서 가장 활발한 도입이 이루어지고 있다. 주목할 점은 기업들이 내부 IT 시스템의 그림자를 줄이고 직원들이 기술을 더 쉽게 활용할 수 있도록 하는 데 초점을 맞추고 있다는 것이다.

전문가들은 생성형 AI의 성공적인 도입을 위해서는 보완적인 기술의 활용이 필수적이라고 강조한다. 로봇 프로세스 자동화(RPA)와 결합하면 복잡한 워크플로우를 처리하고 의사결정 로직을 생성할 수 있다. 사물인터넷(IoT) 기기들은 실시간 데이터를 수집하여 생성형 AI 모델에 제공함으로써 유지보수 필요성 예측과 자원 사용 최적화를 가능하게 한다.

또한 데이터 분석과 비즈니스 인텔리전스 도구를 통해 얻은 핵심 데이터 포인트들은 생성형 AI가 의미 있는 인사이트와 패턴을 도출하는 데 활용된다. 자연어 처리(NLP) 기술과 클라우드 컴퓨팅 인프라는 생성형 AI의 성능을 극대화하는 데 필수적인 요소로 꼽힌다.

월마트는 생성형 AI를 활용해 제품 카탈로그 데이터 8억 5천만 건을 개선했으며, 이는 기존 인력으로는 100배 이상의 시간이 필요한 작업이었다. 전자게임 기업

EA는 100개 이상의 AI 프로젝트를 운영하며 효율성, 확장성, 혁신을 추구하고 있다. 레노보는 소프트웨어 엔지니어링과 고객 지원 분야에서 10~15%의 효율성 향상을 달성했으며, 고객 문의의 70~80%를 AI가 처리하고 있다. 또한 마케팅팀은 피치북 제작 시간을 90% 단축하고 대행사 비용도 절감했다.

금융 서비스 분야에서는 생성형 AI를 실시간 사기 탐지에 활용하고 있다. 한 금융기관은 생성형 AI 모델을 도입해 거래 기록과 뉴스 트렌드, 소셜 미디어 신호를 결합 분석함으로써 오탐지율을 35% 줄이는 데 성공했다. 이는 고객 신뢰도 향상으로도 이어졌다.

의료 분야에서는 모던 덴탈 그룹의 사례가 주목받고 있다. 생성형 AI를 활용해 의료진의 진단과 치료 계획 수립을 지원하고, 행정 업무를 간소화했다. 특히 환자 분류, 일정 관리, 청구 업무의 효율성이 크게 개선됐으며, 의료진 교육을 위한 실감형 시뮬레이션 콘텐츠 제작에도 AI를 활용하고 있다. AI 기반 챗봇은 24시간 환자 지원 서비스를 제공하며, 의료 데이터 분석을 통해 환자 요구를 예측하고 맞춤형 치료를 제공하는 데 기여하고 있다.

생성형 AI 도입의 주요 과제로는 투자수익 불확실성, 규제 준수, AI 편향성, 데이터 유출 위험, 지속가능성 문제가 지적됐다. 특히 금융 서비스 분야에서는 GDPR과 CCPA 같은 엄격한 데이터 보호 규정을 준수하면서 AI를 활용해야 하는 과제를 안고 있다. 전문가들은 이러한 문제를 해결하기 위해 명확한 전략 수립, 철저한 데이터 품질 관리, 프로세스 재설계, 직원 교육의 중요성을 강조했다.

전문가들은 생성형 AI가 향후 2년 내에 포춘 1,000대 기업의 운영 방식을 크게 변화시킬 것으로 전망했다. 특히 실시간 의사결정, 프로세스 자동화, 개인화된 고객 경험 제공 분야에서 혁신적인 변화가 예상된다. 운영 전문가들은 생성형 AI가 '예측적 프로세스 설계'를 가능하게 하여 잠재적 병목 현상이나 비효율을 사전에 식별하고 개선안을 제시할 것으로 전망했다. 나아가 AI 에이전트의 등장으로 업무 효율이 20~40% 향상될 것으로 예측됐으며, 이는 인간 직원들이 더 창의적이고 전략적인 업무에 집중할 수 있는 기회를 제공할 것으로 기대된다(지디넷코리아, 2025. 1. 7).

▸ **사례연구 토의**

1. 월마트가 생성형 AI로 제품 카탈로그를 개선한 사례는 어떤 점에서 마케팅 실행(제품 전략)에 도움이 되었을까? 대규모 데이터 관리와 상품 정보 품질 향상 관점에서 토의한다.
2. 금융 서비스, 의료 기업 사례를 볼 때, 생성형 AI는 어떤 공통된 방식으로 효율성을 높이고 있을까? 시간 단축, 비용 절감, 고객 경험 개선 관점에서 토의한다.
3. 생성형 AI 도입 시 기업들이 겪는 어려움(데이터 보호, 편향, ROI 불확실성 등)을 어떻게 해결할 수 있을까? 전략 수립, 데이터 관리, 직원 교육 관점에서 토론한다.

AI 실제 활용 사례

기업 또는 제품과 서비스의 포지셔닝 맵 도출을 위한 전략캔버스를 작성해본다. 아래의 마크다운 방식으로 구성된 단계별 프롬프트로 특정기업의 전략캔버스를 분석해본다.

목적

이 프롬프트는 시장에서의 차별화 요소를 고객 중심으로 시각화하고, 자사와 경쟁사의 포지셔닝을 비교하여 전략적 우선순위를 도출하는 데 활용된다.
구매 고려 요인 → 중요도 평가 → 제품/서비스 수준 평가 → 전략 캔버스 시각화 → 인사이트 도출의 구조로 구성된다.

1단계: 고객의 구매 고려 요인 식별

요청사항

- 고객이 제품 또는 서비스를 구매할 때 중요하게 고려하는 핵심 요소 10가지를 도출해 줘.
- 고려 요인은 기능적, 감성적, 사회적 요소를 포함하여 포괄적으로 설정하고, 고객 언어로 명확히 표현해 줘.
- 시장조사, 사용자 행동 데이터, 리뷰 분석 등 근거 기반 접근을 활용해 구성해 줘.

체크포인트

- 실제 고객의 구매 행동과 밀접하게 연관된 요인인가?

- 요인의 명칭이 이해하기 쉽고 직관적인가?
- 산업 전반 또는 유사 시장 전반에 공통 적용 가능한 범용 요인인가?

2단계: 고려 요인의 중요도 평가

요청사항

- 앞서 도출된 고려 요인 10개에 대해 고객 관점에서 중요도(상/중/하)를 평가해 줘.
- 다양한 고객군(연령, 구매 목적, 지역 등)에 따른 가중치를 반영해 평가 근거를 제시해 줘.
- 중요도 분석 결과를 전략 우선순위 도출에 활용할 수 있도록 요약 정리해 줘.

체크포인트

- 중요도 기준이 명확하고 일관성 있게 적용되었는가?
- 고객 세분화에 따른 중요도 차이가 반영되었는가?
- 전략적으로 중요한 고려 요소가 상위에 포함되어 있는가?

3단계: 자사 제품 및 서비스 수준 평가

요청사항

도출된 10개 고려 요인별로 자사의 현재 제품/서비스 수준을 Low/Medium/High로 평가해 줘.

- 객관적 근거(품질지표, CS 데이터, 고객 피드백 등)에 기반하여 강점/약점/개선점도 정리해 줘.
- 평가 결과를 기반으로 전략 캔버스 작성에 활용 가능한 데이터 구조로 제공해 줘.

체크포인트

- 자사 내부 데이터 또는 시장 반응을 기반으로 평가가 이루어졌는가?
- 강점과 약점이 명확히 드러나며, 향후 개선 포인트가 식별되었는가?
- 경쟁 분석 대비 경쟁력 있는 영역이 전략적으로 반영되었는가?

4단계: 경쟁사 2곳의 수준 비교 분석

요청사항

- 유사한 시장에 진입해 있는 경쟁 기업 2곳을 선정하고, 동일한 요인 10개에 대해 Low/Medium/High 수준을 평가해 줘.
- 각 경쟁사의 차별화 포인트, 전략 포지셔닝, 주요 강점과 약점을 정리해 줘.

- 자사 대비 경쟁 우위/열위 항목을 정리하고 전략적 대응 방향을 제시해 줘.

체크포인트

- 경쟁사 선정이 적절하고 전략적으로 비교 가치가 있는가?
- 평가에 객관적 외부 자료(리뷰, 시장점유율, 기능 분석 등)가 활용되었는가?
- 경쟁사와의 비교를 통해 자사의 포지셔닝 및 전략 차별화 포인트가 도출되었는가?

5단계: 전략 캔버스 시각화 및 인사이트 도출

요청사항

- 자사와 경쟁사 2곳의 10개 요인별 수준을 전략 캔버스 형태로 시각화해 줘.
- 고객 중요도와 자사 퍼포먼스 간의 간극(Gap)을 기반으로 전략 우선순위 또는 차별화 전략을 제안해 줘.
- 시각화 자료 해석과 함께, 향후 실행 전략에 바로 반영 가능한 전략 인사이트를 도출해 줘.

체크포인트

- 시각화 자료가 차별화와 경쟁력을 직관적으로 보여주고 있는가?
- 전략 캔버스에서 도출된 통찰이 실무 전략에 적용 가능한가?
- 단기 개선, 중장기 혁신 방향을 구분하여 인사이트가 정리되었는가?

제5장 AI 서비스 경영

학습 목표

- AI 서비스 경영의 개념과 중요성을 이해한다.
- 서비스 산업에서 AI 기술의 활용 분야와 동향을 파악한다.
- AI 전환(AX)의 의미와 서비스 혁신에 미치는 영향을 설명할 수 있다.
- AI 기술을 서비스 운영에 적용하는 방법과 사례를 익힌다.
- AI 도입을 통한 고객경험(CX) 혁신 전략을 이해한다.
- 다양한 서비스 업종에서의 AI 활용 사례를 분석하고 시사점을 도출한다.

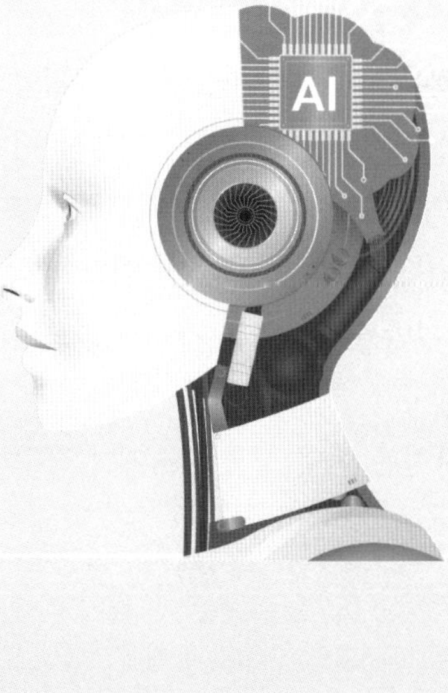

제1절 AI 서비스 경영의 개요

인공지능(AI)은 컴퓨터가 인간처럼 학습하고 판단하도록 하는 기술로서, 4차 산업혁명의 핵심 동력으로 부상하였다. 머신러닝, 딥러닝으로 대표되는 AI 알고리즘의 비약적 발전으로 인해 일상생활과 산업 전반에서 AI 활용이 급속히 확산되고 있다. 우리는 스마트폰의 음성 비서가 질문에 답하고, 온라인 동영상 플랫폼이 개개인에게 맞춤 추천을 제공하며, 은행 앱의 챗봇이 고객의 문의에 즉각 응대하는 등 다양한 서비스 속에서 AI를 접하고 있다. 특히 서비스 산업에서는 챗봇을 이용한 고객 상담, 개인화된 추천 서비스, 자동화된 업무 처리 등 여러 영역에 AI가 스며들어 기존의 서비스 제공 방식을 바꾸고 있다. 이러한 AI의 적용을 경영 전략과 운영에 통합하는 것이 바로 AI 서비스 경영의 핵심이다. 즉, AI 서비스 경영은 인공지능 기술을 활용하여 서비스의 기획, 운영, 전달 과정 전반을 혁신함으로써 고객에게 새로운 가치를 제공하는 경영 접근을 의미한다.

서비스 경영은 제조업과 달리 무형의 경험과 가치를 고객에게 제공하는 것을 주된 목적으로 한다. 서비스는 고객과의 상호작용 속에서 실시간으로 만들어지고 소비되는 특성을 가지며, 고객 만족과 경험의 질이 성과를 좌우한다. 이러한 서비스 분야에 AI 기술이 접목되면 새로운 가치 창출의 기회가 열리게 된다. AI는 인간 전문가처럼 지식을 활용하거나 데이터를 분석해 예측과 개인화를 수행할 수 있으며, 자동화를 통해 반복적인 업무를 효율화할 수 있다.

예를 들어, 기계학습 알고리즘은 방대한 고객 행동 데이터를 분석하여 개인별 선호에 맞는 추천을 실시간으로 제안하고, 자연어 처리 기술은 인간 직원처럼 고객의 질문에 답변하는 AI 챗봇을 구현하여 24시간 끊김없는 상담 서비스를 제공한다. 컴퓨터 비전과 로보틱스 기술을 이용하면 호텔 로비나 병원과 같은 현장에서 안내 로봇이나 배송 로봇이 사람을 대신해 서비스를 수행할 수도 있다. 이처럼 AI는 서비스 운영의 효율성을 높일 뿐만 아니라, 인간이 하기 어려운 수준의 초개인화 서비스와 정확한 예측 기반 의사결정을 가능케 함으로써 서비스 품질을 한층 향상시킨다.

AI 서비스 경영의 중요성은 현대 경영 환경에서 갈수록 커지고 있다. 기업들은 경쟁력을 유지하고 새로운 부가가치를 창출하기 위해 AI를 적극 도입하는 추세이다. 한 글로벌 설문조사에 따르면 2023년 기준 전 세계 16개국의 2,800여 명 기업 임원 모두가 자사 조직에 AI를 이미 시험 또는 정식 도입한 경험이 있다고 응답했을 정도로 AI 활용이 보편화되어 있다. 이처럼 많은 조직이 업무에 AI를 활용하고 있으며, AI 도입은 더 이상 선택이 아니라 필수에 가까운 요소가 되었다. 특히 서비스 산업에서는 AI를 도입함으로써 고객 응대 시간 단축, 서비스 개인화, 운영 비용 절감 등 다방면의 효율화 효과를 얻고 있고, 나아가 기존에 없던 새로운 서비스 모델을 만들어내고 있다. 예컨대 금융 서비스 분야에서는 AI 상담봇이 고객 문의에 즉각 답변하고 보험금 자동심사를 수행하는 등 업무 프로세스를 혁신하고 있고, 유통 서비스 분야에서는 AI가 재고를 자동으로 관리하고 고객별 마케팅을 최적화하는 사례가 등장하고 있다.

AI 서비스 경영은 단순히 첨단 기술을 도입하는 것을 넘어, 기업의 경영 철학과 전략을 바꾸는 전환(Transformation)의 관점에서 접근해야 한다. AI를 효과적으로 활용하려면 조직의 업무 프로세스를 AI 중심으로 재설계하고, 데이터 기반 의사결정 문화를 구축하며, 임직원들은 AI 활용에 필요한 역량을 갖추어야 한다. 많은 기업들이 AI 도입에 기술 인력 부족 등의 어려움을 겪고 있지만, 동시에 미래를 대비해 적극적인 투자를 진행 중이다. 전문가들은 앞으로 몇 년 내에 대부분의 기업이 AI를 활용하게 될 것으로 전망하고 있다. 실제로 한 예측에 따르면 2028년까지 한국 기업의 85% 이상이 AI 기술을 도입할 것이라고 한다. 이러한 흐름 속에서 서비스 기업들은 AI를 활용한 서비스 혁신이 향후 생존과 성장의 열쇠임을 인식하고 있으며, 발 빠르게 AI 전략을 수립하고 있다.

마지막으로, AI를 서비스 경영에 성공적으로 접목하기 위해서는 기술과 비즈니스, 그리고 고객 측면의 균형 잡힌 노력이 필요하다. AI 기술 자체의 성능도 중요하지만, 현장에 적용하려면 서비스 조직의 준비도와 역량 강화가 필수적이다. 아울러 AI 기반 서비스에서 고객은 단순 수혜자가 아니라 새로운 가치 공동창출의 주체가 된다. 예를 들어 고객이 AI 챗봇을 신뢰하고 적극 활용해야만 해당 서비스의 효과가 극대화된다. 따라서 기업은 AI 서비스를 설계할 때 고객 관점의 편의성과 신뢰 확보, 윤리적인 데이터 활용과 품질 관리에 주의를 기울여야 한다. 요컨대 AI 서비스 경영은 기술과 인간의 조화를 통해 고객에게 더 높은 가치를 제공하려는 노력이며, 이는 서비스 산업의 미래 경쟁력을 좌우할 것이다. 다음 절에서는 이러한 AI 전환(AX)이 서비스 혁신에 어떻게 기여하는지 살펴보겠다.

제2절 AI 전환(AX)과 서비스 혁신

AI 전환(AX)은 인공지능(AI)이 기업과 사회의 서비스 및 운영 중심에 본격적으로 자리잡는 전환을 의미한다. 최근 전 세계 산업계는 디지털화(DX)를 넘어 AI를 핵심 전략으로 삼아 서비스 혁신과 국민 삶의 질 제고를 도모하고 있다. 고객은 AI 기반의 초개인화(hyper-personalization), 예측형(predictive) 서비스, 실시간 인터랙션(real-time interaction)을 요구하며, 기업과 공공기관 모두 이에 부응하고 있다. 예를 들어 미국 월마트와 넷플릭스는 방대한 고객 데이터를 AI로 분석하여 맞춤형 상품과 콘텐츠를 제공하며 소비자 만족도를 높이고 있다. 스탠퍼드대 인간중심 AI 연구소의 'AI 인덱스 2025'에 따르면 2024년 전 세계 조직의 78%가 업무에 AI를 활용하고 있으며, 생성형 AI 도입률은 2023년 33%에서 71%로 급증했다. 이처럼 AI는 이미 선택이 아닌 "생존조건"으로 자리매김하고 있어, AX는 서비스 혁신을 넘어 기업 성장과 국민 웰빙의 새로운 기준으로 부상하고 있다.

AX의 주요 흐름은 다음과 같이 요약할 수 있다.

- 초개인화 서비스 혁신: 고객 데이터를 실시간으로 분석해 사용자 맞춤형 서비스를 제공한다. 예컨대 넷플릭스는 시청 이력을 기반으로 콘텐츠를 추천하고, AI 마케팅 기업 오브젠은 금융사 고객별 소비패턴을 예측해 개인 맞춤형 마케팅을 펼친다. AI 기반 추천은 소비자가 수많은 선택지 중에서 최적의 결정을 내리도록 도와주어 의사결정 피로를 줄이고('선택의 역설' 완화) 기업에 대한 친밀감을 높여준다. 국내에서도 오브젠의 금융권 AIMs(AI 마케팅 시스템) 도입 결과, 마케팅 응답 빈도가 2배로 증가하고 불필요한 비용이 크게 감소하는 등 성과가 확인되었다.

- 예측형 서비스 혁신: AI가 시간·장소·상황 데이터를 종합해 고객의 잠재적 수요를 예측하고 제안한다. 스타벅스는 날씨와 시간에 맞춘 메뉴를 제안하고, 아마존은 구매 이력을 바탕으로 다음 쇼핑을 예상한다. 한국의 금융권도 AI로 고객 거래패턴을 분석해 맞춤형 금융상품과 상담을 제공하고 있다. KPMG에 따르면 국내 은행들은 AI 예측 서비스를 통해 연간 수십억 달러의 가치를 창출할 수 있으며, 이를 통해 고객에게는 선제적 배려를, 기업에는 선제적 대응을 가능케 한다. AI 예측 시스템은 소비자 행동의 패턴을 학습하여 마케팅, 재고 관리, 서비스 제공 방식을 혁신함으로써 기업 경쟁력을 강화한다.
- 실시간 상호작용 혁신: 음성비서, 챗봇, 대화형 AI 등을 통해 인간과 AI가 실시간으로 소통한다. 아마존 알렉사는 음성 명령으로 조명을 제어하고, 내비게이션 서비스는 운전 상황에 맞춰 정보를 제공한다. 최근 GPT-4 Turbo 같은 대규모 언어모델은 자연스러운 대화로 소비자의 문의에 즉각 응답하며, 특히 고령자나 디지털 소외계층이 정보에 접근할 수 있는 장벽을 낮춘다. 국내에서는 LG유플러스가 통화 내용을 AI로 요약·분석하는 AI 상담원을 개발하고 있으며, 카카오·네이버·KT 등은 AI 챗봇을 통해 고객 문의를 실시간으로 해결하는 서비스를 확대하고 있다.

이러한 서비스 혁신의 배경에는 AI 기술 발전과 데이터 기반 비즈니스 모델의 대두가 있다. AI는 이제 기업의 핵심 전략 요소가 되어, 기업 성장의 엔진 역할을 한다. 실제로 아마존은 AI 기반 동적 가격 책정으로 매출을 35% 이상 증대했으며, 미국 농기계 기업 존디어(John Deere)는 AI로 품질 예측 및 비용을 동시에 개선하였다. 전 세계적으로도 다국적 기업들은 AI를 활용하여 신제품·신서비스를 창출하고 있으며, 국내 기업들도 인공지능을 도입해 제품 개발, 생산, 마케팅 전 과정을 재설계하고 있다. 오픈 AI(OpenAI) 최고전략책임자는 "한국 정부는 AI가 미래 성장동력임을 확실히 인식하고 있으며, 한국형 AI 전략을 뒷받침하기 위해 협력하고자 한다"고 밝혔다. 이처럼 국내외 시장에서 AI는 혁신과 성장의 필수 조건으로 자리잡아가고 있다.

요약하면, AX의 부상은 기술의 진보, 고객의 기대 상승, 경쟁 압력의 증가가 맞물린 결과이다. 기업과 정부 모두 AI를 미래 성장동력으로 확실히 인식하고 있으며, 이를 전략적으로 활용하는 방향으로 급속히 전환하고 있다. 이제 구체적으로 AX를 구성하는 핵심 혁신 흐름들을 살펴보고, 각각이 서비스 혁신과 가치 창출에 어떻게 기여하는지 알아보자.

1 초개인화 서비스

초개인화(hyper-personalization) 서비스란 AI와 빅데이터를 활용하여 개개인의 취향, 행동 패턴, 맥락에 최적화된 맞춤형 서비스를 실시간으로 제공하는 것을 말한다. 이는 기존의 일률적인 대중 마케팅이나 고객 세분화 전략을 뛰어넘어, "고객 한 명을 위한 하나의 서비스"를 지향한다. 초개인화의 구현을 위해 기업들은 방대한 고객 데이터를 수집·분석하고, 머신러닝 알고리즘을 통해 개인별 선호도를 예측하며, 그에 따라 콘텐츠 추천, 상품 제안, 맞춤형 혜택 제공등을 자동화하고 있다.

이러한 초개인화 서비스 혁신의 대표적 사례로 넷플릭스(Netflix)를 들 수 있다. 넷플릭스는 가입자의 시청 이력, 검색 기록, 평가, 시청 시간대, 기기 유형등 다양한 데이터를 AI로 분석하여 콘텐츠를 개별 사용자마다 다르게 추천한다. 넷플릭스 이용자의 75%가 이 알고리즘이 추천한 작품을 시청할 정도로 추천 시스템의 영향력은 막대하며, 덕분에 넷플릭스는 높은 고객 참여도와 만족도를 유지하고 있다. 넷플릭스 글로벌 커뮤니케이션 책임자는 "넷플릭스에는 3천만 개의 서로 다른 버전이 있다"고 표현했는데, 이는 그만큼 개인화된 경험을 제공한다는 의미다. 이러한 초개인화 전략을 통해 넷플릭스는 이용자 이탈을 줄이고 충성도를 높여 연간 10억 달러 이상의 비용을 절감하고 있다고 한다. 개인별 맞춤 추천으로 '결정 피로(Decision Fatigue)'를 해소해 시청자들의 콘텐츠 선택 부담을 덜어주고, 동시에 만족도는 높이는 일석이조의 효과를 거두고 있는 것이다.

소매 유통 분야에서도 초개인화는 혁신을 불러왔다. 세계 최대 소매업체인 미국 월마트(Walmart)는 방대한 고객 구매 데이터를 실시간 분석해 개인화된 상품 추천과 프로모션을 제공하고 있다. 월마트는 아칸소주 본사에 데이터 카페(Data Café)라는 초대형 분석 허브를 구축하여, 시간당 2.5페타바이트의 데이터를 처리하고 40페타바이트 규모의 거래 데이터를 실시간 시각화한다. 이를 통해 지역별 매장 판매 패턴, 재고 상황, 고객 선호도를 파악해 즉각적인 마케팅에 반영한다. 예를 들어, 고객의 구매 이력과 실시간 트렌드를 조합해 각 매장에 가장 잘 팔릴 상품을 개인화 추천하거나, 상품 진열과 가격 전략을 지역 특성에 맞게 조정한다. 그 결과 월마트는 개인화 추천을 통해 발견된 판매 기회로 상품 구색을 획기적으로 확대하고(2011년 70만 종→2017년 6천만 종), 가격 최적화를 통해 매출 누수를 방지하는 등 큰 성과를 올렸다. 실제 사례로, 한 해 할로윈 기간 동안 특정 과자 제품의 매장별 판매 편차를 실시간 데이터로 감지하여, 재고 진열상의 문제를 바로잡음으로써 매출을 극대화한 일화도 있다. 월마트의 한 데이터 애널리스트는 "판매 데이터 분석에 일주일이라도 걸린다면 그 사이에 이미 기회를 놓친 것"이라며 실시간 데이터 기반 의사결정의 중요성을 강조했다.

국내에서도 초개인화 마케팅을 선도하는 기업들이 등장하고 있다. 그중 금융권 사례로, AI 마케팅 전문기업 오브젠(Obzen)이 개발한 AIMs(AI Marketing System)를 들 수 있다. 오브젠은 25년간 데이터 기반 마케팅 솔루션을 제공해온 업체로, AI를 접목한 실시간 고객 행동 예측 및 맞춤형 캠페인 자동화 기술에 강점을 지닌다. 이 회사가 KB국민카드에 구축한 AIMs 시스템은 고객 개개인의 거래내역, 소비 패턴, 채널 선호도등을 AI로 분석하여 가장 적합한 금융 상품이나 혜택을 개인별로 제안한다. 과거 같으면 마케터의 경험과 직관에 의존해 대략적인 세그먼트 마케팅을 했다면, 이제는 AI가 일대일로 최적화된 마케팅 전략을 설계해주는 셈이다. 그 효과는 수치로도 확인되었는데, AIMs 도입 이후 마케팅 캠페인에 대한 고객 반응률이 2배 이상 증가했고, 불필요한 마케팅 비용은 크게 감소했다. 이는 적재적소에 적합한 고객에게만 맞춤형 제안을 보내어 자원 낭비를 줄인 결과이다. 고객 입장에서도 자신에게 유의미한 제안만 받으니 피로감이 줄고, 기업 입장에서는 마케팅 효율성과 고객 충성도가 동시에 제고되는 윈윈(win-win) 효과를 얻고 있다.

초개인화 서비스 혁신은 이처럼 소비자의 선택 부담을 덜어주고 만족도를 높이며기업에는 매출 증대와 비용 절감을 안겨준다. '선택의 역설'로 알려진 현상처럼, 선택지가 너무 많으면 소비자는 오히려 결정에 어려움을 겪고 피로감을 느끼는데, AI 기반 추천은 방대한 옵션 중에서 최적의 선택지를 골라줌으로써이러한 문제를 완화한다. 결과적으로 소비자는 더 적은 노력으로 더 큰 만족을 얻고, 기업은 고객 이탈을 막고 평생가치(LTV)를 향상시킬 수 있다. 개인화의 수준이 곧 서비스의 품질로 인식되는 시대인 만큼, AI를 통한 초개인화는 모든 산업에서 서비스 혁신의 필수요소로 떠오르고 있다.

2 예측형 서비스 혁신

예측형(predictive) 서비스 혁신이란 AI가 시간·장소·상황 등의 맥락 정보를 종합 분석하여 고객의 잠재적인 니즈를 미리 예측하고 대응하는 서비스를 가리킨다. 즉, 고객이 요구하기 전에 "먼저 알아서 제공하는"서비스를 말한다. 이러한 예측형 서비스는 고객에게는 놀라운 편의와 감동을, 기업에게는 선제적 기회 포착과 운영 최적화를 가져다준다. 방대한 데이터로부터 패턴을 학습한 AI의 예측 능력이 있기에 가능한 새로운 서비스 패러다임이다.

소비재 및 유통 업계에서 예측형 서비스의 대표 사례로 자주 언급되는 것이 스타벅스(Starbucks)의 맞춤형 추천이다. 스타벅스는 자사의 멤버십 앱과 드라이브스루 디지털 메뉴판에 "딥 브루(Deep Brew)"라는 AI 엔진을 적용하여, 현재 시간대, 요일, 날씨, 매장 위치, 고객의 과거 구매이력 등을 종합 고려한 실시간 메뉴 추천을 제공하고 있다. 예를 들어, 무더운 여름 오후에는 아이스 음료를, 아침 출근시간대에는 간편한 베이커리를, 비 오는 날에는 따뜻한 음료를 우선적으로 추천하는 식이다. AI가 날씨와 시간대를 고려해 "지금 이 고객이 좋아할만한 메뉴"를 예측해 보여주면, 고객은 고민 없이 제안을 받아들이는 경우가 많다. 스타벅스는 이러한 맥락 기반 추천으로 판매량을 증대시켰을 뿐 아니라, 대기 시간을 줄이고 주문 프로세스를 원활하게 만드는 부수 효과도 얻었다. 실제로 스타벅스 매장에서는 디지털 메뉴판의 AI 추천을 통해 고객들의 추가 구매(up-selling)가 늘어났으며, 개인화된 제안 덕분에 고객 만족도 지표도 향상되었다고 보고된다. 스타벅스의 AI 담당 임원은 "시스템이 날씨부터 재고, 고객 기호까지 학습하여 그 순간 가장 어울리는 추천을 한다"고 설명하면서, 매장 경험의 개인화와 운영 효율두 마리 토끼를 잡고 있다고 밝혔다.

이커머스 분야의 아마존(Amazon)은 예측형 서비스 혁신을 더욱 과감하게 추진한 예다. 아마존은 방대한 고객 데이터와 AI 알고리즘을 토대로, 고객이 "다음에 무엇을 살지" 미리 예측하는 전방위적 개인화 마케팅을 운영 중이다. 구매 이력, 장바구니 담긴 상품, 검색 기록, 관심 목록 등 수많은 신호를 AI가 분석하여 고객별로 맞춤 상품을 추천하고, 때로는 미리 재고를 가까운 물류창고로 이동시키는 예측 배송(anticipatory shipping) 개념까지 연구해왔다. 예컨대 어떤 고객이 아기 용품을 자주 구매한다면, AI는 해당 고객이 다음에 필요로 할만한 물품(기저귀 리필, 장난감 등)을 예상하여 추천 배너와 이메일에 노출시키고, 그 상품 재고를 지역 물류센터에 미리 확보해두는 식이다. 아마존은 이러한 AI 기반 개인화 추천과 동적 가격책정을 통해 매출을 크게 끌어올린 것으로 유명하다. 맥킨지(McKinsey)의 분석에 따르면 아마존 전체 매출의 약 35%가 추천 엔진을 통해 발생하며, AI에 기반한 탄력적 가격 조정은 추가적인 매출 증대를 가져왔다. 실제로 아마존은 상품 가격을 하루에 평균 250만 번 이상 변경하는 초정밀 동적 가격(dynamic pricing) 전략을 구사하여, 최적 가격으로 수요를 극대화하고 있다. 그 결과 아마존은 경쟁사 대비 25~35% 이상의 매출 향상 효과를 거둔 것으로 추산된다. 아마존의 이러한 예측형 서비스는 고객에게는 "내가 필요로 할 것을 아마존이 먼저 알고 준비해준다"는 신뢰와 편리함을 심어주었고, 기업에는 재고관리 최적화, 매출 증진이라는 실리를 안겼다.

금융권에서도 AI 예측 서비스가 빠르게 확산되고 있다. 은행들은 고객의 거래내역, 자산 구성, 소비 성향, 라이프 이벤트 등을 AI로 분석하여 고객이 곧 필요로 할 금융 서비스를 선제적으로 제공하려는 노력을 기울이고 있다. 예컨대 모 은행은 급여 이체 기록과 소비 패턴을 분석해, 월말에 자금이 부족할 것으로 예측되는 고객에게 미리 소액 대출 상품을 제안하거나, 자녀 학자금 지출 시기가 다가온 고객에게 교육 관련 적금 상품을 추천하는 식이다. 또 다른 은행은 고객별 포트폴리오와 시장 상황을 AI로 점검해 적절한 투자 리밸런싱이나 리스크 관리 조언을 선제적으로 제공한다. 이러한 맞춤형 자산관리 AI 상담은 고객에게는 "은행이 나를 세심하게 챙겨준다"는 배려로 느껴지고, 은행에는 고객 유지와 교차판매 기회를 높여주는 효과가 있다. 글로벌 컨설팅사 KPMG는 국내 은행들이 AI 기반 예측 서비스를 도입함으로써 연간 수십억 달러 규모의 가치를 창출할 수 있다고 전망했다. 이는 고객 이탈을 줄이고, 보다 정교한 마케팅으로 수익을 증대하며, 부실 위험을 사전에 감지해 손실을 예방하는 등 다양한 경로로 경제적 효과가 나타나기 때문이다. 요컨대 AI가 고객 행동의 패턴을 학습하여 미래 수요를 예측하면, 기업은 재고 관리부터 마케팅, 고객지원에 이르기까지 선제적 대응이 가능해진다. 이는 "문제가 생긴 뒤 대응"하는 사후 대처에서 "문제가 생기기 전에 미리 조치"하는 능동적인 비즈니스로의 전환이며, 이러한 예측형 서비스 역량을 갖춘 기업이 시장에서 한 발 앞서나가는 경쟁우위를 확보하게 된다.

예측형 서비스 혁신은 궁극적으로 소비자에게는 맞춤형 배려를, 기업에는 선제적 대응력을 제공한다는 의의가 있다. AI는 방대한 시계열 데이터 속에서 인간이 발견하기 어려운 미묘한 패턴과 상관관계를 포착해낸다. 이를 통해 "지금 이 고객이 곧 원할 것"을 알아내어 제공하면, 고객은 자신의 취향이나 필요가 "마법처럼" 채워지는 경험을 하게 된다. 기업 입장에서는 수요 예측 정확도 향상으로 재고를 최적화하고, 적시에 프로모션을 집행하며, 고객 생애가치가 극대화되는 방향으로 관계를 유도할 수 있다. 결국 예측형 서비스는 시장과 소비자를 읽는 기업의 눈을 AI로 보강하여 미래를 먼저 움직이는 전략적 이점을 가져다주는 것이다.

3 실시간 상호작용 혁신

세 번째로 살펴볼 AX의 흐름은 실시간 상호작용(real-time interaction) 혁신이다. 이는 음성 비서, 챗봇, 대화형 AI 등 인간과 AI가 실시간으로 쌍방향 소통을 함으로써 새로운 서비스 경험을 창출하는 것을 말한다. 과거에는 정형화된 FAQ 시스템이나 일정 응답 지연이 있는 상담 형태가 주를 이뤘다면, 이제는 사람처럼 즉각 반응하고 대화하는 AI 에이전트들이 등장해 언제 어디서나 실시간 서비스를 가능케 하고 있다.

가장 친숙한 예로 스마트 스피커와 음성 비서를 들 수 있다. 아마존 알렉사(Alexa), 구글 어시스턴트, 애플 시리(Siri) 등은 수억 대의 기기에서 실시간 음성 상호작용을 제공하고 있다. 사용자가 "지금 불 좀 꺼줘"라고 말하면 알렉사는 즉시 집안 조명을 끄고, "오늘 날씨 어때?"라고 물으면 몇 초 내로 현재 위치의 날씨 정보를 알려준다. 음성 명령 한마디에 기기가 반응하는 경험은 사용자들에게 일종의 마법 같은 편의를 제공하며, 이러한 핸즈프리 인터페이스는 특히 노약자나 장애인에게 정보 접근의 문턱을 크게 낮추는 효과가 있다. 예를 들어 복잡한 앱 조작이 어려운 고령의 이용자도 음성으로 "뉴스 들려줘", "○○에게 전화 걸어줘"와 같이 말하면 AI 비서가 필요한 일을 즉시 처리해준다. 실제로 스마트 스피커 보급 이후 디지털 소외계층의 정보 접근성과 생활 편의가 향상되었다는 연구들이 보고되고 있다. 이처럼 자연어를 통한 실시간 소통은 기술 친숙도가 낮은 사용자도 쉽게 AI 서비스를 활용할 수 있게 해주며, 인간과 기술 간의 거리를 좁혀주는 역할을 한다.

챗봇(Chatbot) 또한 실시간 상호작용 혁신의 중요한 주역이다. 최근 몇 년간 GPT-4, ChatGPT와 같은 거대 언어모델 기반 챗봇들이 등장하면서, 고객 상담 및 지원 분야에 거대한 변화가 일어났다. 이전 세대의 챗봇은 정해진 답변만 내놓는 경우가 많아 한계가 뚜렷했지만, 최신 AI 챗봇들은 맥락을 이해하고 사람처럼 유연하게 대화를 이어나갈 수 있다. 예컨대 고객이 "인터넷이 자꾸 끊겨요. 어떻게 해야 하나요?"라고 물으면, AI 챗봇은 문제 원인을 추론하여 "모뎀을 재부팅해보시겠어요? 방법은 다음과 같습니다…"처럼 맞춤형 해결 안내를 해줄 수 있다. 이러한 24시간 대기하는 AI 상담원은 기업 입장에서 인력 비용을 절감하면서도 끊김 없는 고객 서비스를 제공할 수 있게 해준다. 국내 통신사 LG유플러스는 여기에 한 걸음 더 나아가, AI가 전화 통화 내용을 실시간으로 요약·분석하여 상담사가 놓칠 수 있는 인사이트를 제공하거나, 아예 AI가 상담원으로서 통화를 진행하는 기술을 개발하고 있다. 통화 중에 AI가 대화 내용을 실시간으로 파악해 고객 감정을 분석하고 최적 답변을 제안하거나, 필요한 정보를 자동으로 조회해주는 식이다. 이러한 AI 상담원은 많은 전화 문의를 처리해야 하는 콜센터의 생산성과 응대 품질을 동시에 향상시키는 열쇠로 주목받는다.

카카오, 네이버, KT 등 국내 주요 기업들도 AI 챗봇을 통한 실시간 고객응대 서비스를 속속 도입하고 있다. 카카오톡 메신저 상의 챗봇 상담은 은행 계좌조회부터 휴대폰 요금문의, 쇼핑몰 주문 처리까지 다양한 업무를 24시간 지원한다. 네이버는 쇼핑 및 검색 서비스에 AI 챗봇을 붙여 사용자의 질문에 실시간으로 답변하거나 상품 추천을 해주고 있으며, KT는 고객센터에 AI 챗봇을 도입해 간단한 문의는 챗봇이 즉시 해결하고 복잡한 건만 사람 상담사로 연결하는 하이브리드 운영을 시행 중이다. 이러한 도구들은 응답 대기시간을 획기적으로 단축시키고, 동일한 질문에 대한 일관된 답변을 제공하며, 방대한 지식을 실시간으로 활용해 최신 정보까지 놓치지 않고 안내해준다는 장점이 있다. 특히 2023년 이후에는 대화형 AI 기술이 급격히 발달하면서, 챗봇의 응답 품질도 사람과 거의 유사한 수준으로 올라왔다. 따라서 많은 고객들이 AI와 대화하는 것을 크게 이질감 없이 받아들이고 만족하는 추세다. 기업 입장에서는 항상 대기 중인 다재다능한 상담 인력을 둔 것과 같은 효과를 누리게 되어, 고객 만족과 운영 효율이라는 두 마리 토끼를 잡고 있다.

실시간 상호작용 혁신의 의미는 서비스의 즉시성(immediacy)과 접근성(accessibility)을 비약적으로 높였다는 점에 있다. 사람은 언제나 즉각적인 반응과 상호작용을 원하지만, 기존 디지털 서비스는 메뉴를 누르고 기다리는 등 일정 지연이 따르는 경우가 많았다. 그러나 AI 에이전트들은 "실시간 대기자"처럼 사용자 곁에 상주하며 묻자마자 답하고, 명령하자마자 실행한다. 이러한 즉시성은 사용자 경험을 한 차원 끌어올려준다. 더불어 사람의 언어로 기계와 상호작용한다는 접근성의 증대는, 기술 문해력이 낮은 이들도 쉽게 서비스에 다가설 수 있게 한다. 노인들이 스마트폰 터치스크린 대신 "불 켜줘"라는 한 마디로 조명을 켤 수 있고, 문맹인도 음성으로 필요한 정보를 물어볼 수 있다. 결과적으로 실시간 상호작용 AI는 기술의 인간화(humanization of technology)를 이끌며, 서비스의 포용성과 편의성을 함께 증진시키고 있다.

지금까지 AI 전환(AX)의 주요 흐름인 초개인화, 예측형 서비스, 실시간 상호작용혁신과 그 배경 및 효과를 살펴보았다. 이를 통해 명확해지는 사실은 AI가 더 이상 부가적인 기술 옵션이 아니라, 비즈니스와 서비스의 중심축으로 자리잡고 있다는 것이다. 전 세계 기업들의 80% 가까이가 이미 AI를 활용하고 있고, 생성형 AI와 같은 최신 기술의 도입도 폭발적으로 증가하고 있다. AI를 잘 활용하는 기업은 개인화된 고객 경험 제공, 미래 수요의 선제적 창출, 실시간 대응을 통해 시장과 고객을 선도하고 있는 반면, 그렇지 못한 기업은 경쟁에서 밀려나거나 도태되고 있다. 이런 의미에서 AI 전환은 기업의 "디지털 생존"을 위한 조건이 되었다.

AX는 한편으로 서비스 혁신의 새로운 기준을 세웠다. 개개인에 맞춤화되고, 상황을 예측하며, 즉각 반응하는 서비스는 이제 소비자들이 기대하는 바가 되었다. 더 이상 소비자는 평균적인 서비스에 만족하지 않고, "나를 정확히 이해해주고 배려하는"서비스를 찾는다. AI 전환을 이룬 기업만이 이러한 기대에 부응할 수 있으며, 이는 곧 시장에서 선택받는 기업이 누구인가를 결정하는 요인이 된다. 다시 말해 AX를 구현한 기업만이 고객의 마음을 얻고, 브랜드 충성도를 높이며, 지속적인 성장을 도모할 수 있다. 서비스의 질을 판단하는 잣대가 AI를 활용한 지능화 수준으로 옮겨가고 있는 것이다.

나아가 AX는 국민 삶의 질(웰빙)의 향상과도 직결된다. 의료 분야에서 AI 진단과 맞춤 치료로 건강을 증진시키고, 행정 분야에서 AI 챗봇이 각종 민원을 신속 처리해 주민 편의를 높이는 등 AI 전환은 사회 전반의 생활 편익과 복지 수준을 끌어올릴 잠재력을 지니고 있다. 교육, 교통, 환경 관리 등 거의 모든 공공서비스 영역에서도 AI의 도입으로 더 효율적이고 개인화된 서비스가 가능해지고 있으며, 이는 국민 개개인의 삶을 더욱 윤택하게 만들고 있다. 결국 AX는 기업의 이윤만이 아니라 국민 전체의 웰빙과도 연결되며, 국가 경쟁력의 기반을 강화하는 역할을 한다. 이러한 이유로 정부가 앞다투어 AI 전략을 국가 어젠다의 최우선 순위로 삼고 대규모 투자와 제도 정비에 나서고 있는 것이다.

물론 AI전환의 여정에 도전과 과제도 없지 않다. 프라이버시와 보안 문제, AI 결정의 투명성과 윤리성, 일자리 전환에 따른 사회적 충격 등 풀어야 할 숙제들이 존재한다. 그러나 이러한 문제 역시 AX의 흐름을 되돌리기보다는 제대로 관리하고 보완해야 할 과제로 인식되고 있다. 이미 세계 각국 정부와 기업들은 신뢰할 수 있는 AI(responsible AI)를 구현하기 위한 가이드라인과 규범 마련에 착수했으며, AI 교육 확대와 인력 재훈련 등 AI 시대에 맞는 인적자본 전략도 준비하고 있다. 다시 말해, AI 전환은 거스를 수 없는 시대적 흐름이며, 이제는 "어떻게 하면 최적으로 활용할 것인가"를 고민해야 할 단계인 것이다.

AI 전환(AX)은 현시점에서 혁신의 완결판이자 새로운 표준으로 자리매김하고 있다. 이는 기업 경영의 방식, 정부 운영의 모습, 그리고 우리 개개인의 일상까지 근본적으로 변화시킬 전망이다. AI를 선제적으로 받아들이고 자신의 분야에 융합한 개인과 조직은 번영할 것이며, 그렇지 못한 경우 도태될 가능성이 크다는 것이 전문가들의 공통된 견해다. 따라서 기업들은 AI 전환 전략을 경영 핵심에 놓고 조직 문화와 역량을 재정비해야 하며, 정부와 사회도 AI 친화적 환경 조성과 안전장치 마련에 힘써야 할 것이다. "AI는 선택이 아니라 필수", 이것이 AX 시대가 우리에게 던지는 메시지다.

앞으로 AI 기술은 더 발전하고, 그 영향 범위도 지금보다 훨씬 넓어질 것이다. 5G/6G 통신과 사물인터넷(IoT)이 결합한 초연결 환경, 양자컴퓨팅 등 신기술의 등장은 AI 활용을 더욱 촉진할 것이다. 인간과 AI의 경계는 점점 흐려져, 많은 의사결정과 창의적 작업을 인간-AI 협업으로 수행하는 시대가 올 것으로 보인다. 이러한 미래에서 AX를 얼마나 빠르고 지혜롭게 달성하느냐가 개인, 기업, 국가의 경쟁력을 좌우할 것은 자명하다. AI 전환에 성공한 이들은 풍부한 기회를 누릴 것이며, 실패한 이들은 어려움을 겪을 것이다. 그렇기에 지금 이 순간에도 늦지 않았으니, 모든 분야에서 AI를 전략적으로 수용하고 학습하며, 윤리적이고 포용적인 방식으로 활용하는 노력을 기울여야 한다. 그것이 4차 산업혁명 시대를 이끄는 생존조건이자 번영의 길임을 명심해야 할 것이다.

제3절 AI 서비스 경영의 기술적용

AI 서비스 경영에서 활용되는 기술적 요소들은 매우 다양하며, 서비스 프로세스 전반에 걸쳐 적용되고 있다. 여기서는 주요 기술 적용 분야를 중심으로 AI가 어떻게 서비스 혁신에 기여하는지 살펴본다.

- 대화형 AI와 챗봇: 자연어 처리 기술의 발전으로 사람과 자연스러운 언어로 소통하는 AI 시스템이 널리 사용되고 있다. 챗봇(Chatbot)은 고객 상담, 문의 대응, 예약 접수 등 다양한 분야에서 인간 상담원을 보조하거나 대체하며 24시간 서비스를 제공한다. 예를 들어 은행들은 AI 상담봇을 도입해 고객의 계좌 조회나 상품 문의에 즉각 답변하고 있으며, 일부 기업은 음성인식 기반 AI 비서를 통해 콜센터 전화응대를 자동화하고 있다. 신한은행은 최근 내부 업무 지원을 위한 생성형 AI 기반 금융 지식 Q&A 서비스를 도입하여 약 10만 건의 데이터로 직원들이 빠르게 질의 응답을 할 수 있도록 했고, 하나은행은 법인 고객 대상 챗봇 서비스인 '하이챗봇'으로 각종 금융 상담을 자동화하고 있다. 이러한 대화형 AI는 고객 대기 시간을 줄이고 일관된 응대로 고객만족도를 높이는 효과를 보여주고 있다.
- 개인화 추천과 마케팅 AI: 머신러닝 기반의 추천 시스템은 전자상거래, 콘텐츠 스트리밍, 여행 예약 등의 서비스에서 핵심적인 역할을 하고 있다. AI 모델이

고객의 과거 행동 데이터와 선호도를 학습함으로써, 각 개인에게 맞춤화된 상품이나 콘텐츠를 제안할 수 있다. 그 결과 고객은 자신이 원하는 것을 더 쉽게 발견하고, 기업은 판매율과 충성도를 높일 수 있다. 예를 들어, 넷플릭스(Netflix)는 시청 기록을 바탕으로 개별 사용자 취향에 맞는 영화를 추천하고 있으며, 전자상거래 플랫폼들은 AI 알고리즘으로 고객별 맞춤 상품 목록과 할인 쿠폰을 제공하고 있다. 마케팅 분야에서도 AI는 고객 세분화와 캠페인 자동화에 활용되어, 언제 어떤 채널로 어떤 메시지를 보낼지 최적화함으로써 마케팅 효율을 극대화한다.

- 예측 분석과 운영 최적화: 서비스 운영에서 발생하는 다양한 의사결정에 AI의 예측 분석이 도입되고 있다. 수요 예측, 재고 관리, 가격 결정, 유지보수 일정 계획 등에 머신러닝 모델이 활용되어 과거 데이터에 기반한 정확한 예측과 시뮬레이션을 가능하게 한다. 예컨대 대형 호텔 체인은 AI를 사용해 예약 패턴과 지역 이벤트 정보를 종합 분석하여 객실 요금을 실시간으로 조정(Revenue Management)하고, 항공사는 AI 모델로 노선별 승객 수요를 예측해 항공기 배치를 최적화하고 있다. 또한 이상징후 감지 AI를 통해 서비스 시스템의 장애를 사전에 예측하거나 고객 이탈률을 조기에 파악하여 선제 대응하는 등 운영 리스크 관리에도 활용된다. 보험 업계의 경우 AI가 고객이 제출한 영수증 이미지를 자동으로 읽고 사고 내용에 대한 데이터를 추출하여 보험금 지급 적합 여부를 판단하는 시스템을 도입했는데, 이를 통해 보험금 심사 시간을 획기적으로 단축하고 정확도를 높이고 있다. 이처럼 AI 기반 의사결정 지원은 운영 효율화와 비용 절감에 크게 기여한다.
- 컴퓨터 비전과 이미지 인식: AI의 한 분야인 컴퓨터 비전기술은 카메라 영상을 통해 사물을 인식하고 상황을 판단하는 능력을 서비스에 부여한다. 예를 들어 소매점에서는 AI 카메라로 매장 내 고객 동선을 분석해 상품 진열 최적화를 시도하거나, 일부 무인 매장에서는 컴퓨터 비전으로 고객이 가져가는 상품을 자동 인식하여 계산대를 통과하지 않고도 결제가 이루어지게 하고 있다(예: 아마존의 Amazon Go 매장). 얼굴 인식 기술은 호텔이나 공항에서 VIP 고객을 식별하여 맞춤 서비스를 제공하거나 보안 인증 수단으로 쓰이고 있다. 의료 서비스에서도 컴퓨터 비전이 활용되어 X-ray, MRI 등의 의료 영상을 판독하

고 질병을 조기진단하는 데 도움을 주고 있으며, 교통 서비스 분야에서는 도로 영상 데이터를 분석해 실시간 교통 상황에 대응하거나 차량 공유 서비스의 배차 및 경로 최적화에 활용된다. 이러한 시각 지능의 도입으로 서비스 현장의 자동화와 실시간 대응력이 한층 강화되고 있다.

- 서비스 로봇과 자동화: 물리적인 공간에서 고객과 상호작용하거나 업무를 수행하는 서비스 로봇 역시 AI 기술의 적용 분야이다. 호텔의 로봇 컨시어지(concierge)는 고객을 방까지 안내하고 짐을 옮길 수 있으며, 식당의 서빙 로봇은 음식 접시를 나르며 반복 작업을 수행한다. 병원에서는 자율주행 로봇이 검체나 약품을 각 부서로 운반하고 환자 안내를 돕고 있다. 실제로 한 대학병원은 7종에 달하는 다양한 의료 서비스 로봇 73대를 도입하여 약 1년 반 만에 2만 4천여 건의 운송 및 안내 업무를 수행하는 등 의료 현장 업무를 크게 지원한 사례가 있다. 이러한 로봇 자동화는 직원의 업무 부담을 줄이고, 사람 대신 위험하거나 힘든 작업을 수행함으로써 서비스 안전성과 효율을 높인다. 또한 최근에는 휴머노이드 형태의 안내 로봇이나 방역 로봇 등 특수 용도의 서비스 로봇도 등장하여 서비스 범위를 넓히고 있다.
- 생성형 AI와 콘텐츠 제작: 2020년대에 들어 부상한 생성형 AI 기술은 이미지, 텍스트, 오디오 등 다양한 콘텐츠를 자동으로 생성해주는 능력을 갖추고 있다. 예를 들어, 홍보 마케팅 부서에서는 생성형 AI를 활용해 제품 광고 문안을 초안 작성하거나 소셜미디어 포스팅에 들어갈 이미지를 제작하고 있으며, 고객지원 부서에서는 자주 묻는 질문 답변을 AI가 작성해 고객 응대 자료로 활용하기도 한다. 교육 서비스 분야에서는 AI가 학습자의 수준에 맞는 연습 문제나 해설을 자동 생성하여 개별 맞춤형 학습 경험을 제공한다. 이러한 생성형 AI의 도입으로 콘텐츠 제작에 걸리던 시간과 비용을 절감하고 창의적인 아이디어를 빠르게 구현하는 것이 가능해졌다. 다만 생성형 AI 활용 시에는 부정확한 정보 생성이나 저작권 문제 등에 대한 관리도 중요하며, 인간의 검수와 협업이 필요한 부분으로 남아 있다.

이처럼 AI 기술의 서비스 경영 적용은 프런트오피스에서 백오피스까지 광범위하게 이루어지고 있다. 핵심은 기술을 목적이 아니라 수단으로 삼아, 서비스 품질 향상과 운영 효율 증대라는 경영 목표를 이루는 것이다.

제4절 AI 서비스 경영의 고객경험 혁신

AI 기술의 도입은 고객경험(Customer Experience, CX)의 혁신으로 직결되고 있다. 고객경험이란 고객이 서비스를 이용하는 모든 접점에서 느끼는 총체적 경험을 의미하며, 현대 서비스 경영에서는 경쟁 우위를 좌우하는 핵심 요소로 강조된다. AI를 활용하면 고객경험의 여러 측면에서 품질을 향상시킬 수 있다. 개인화된 서비스 제공, 응대 속도 향상, 일관되고 정확한 정보 전달, 새로운 상호작용 채널 창출 등 AI는 고객이 체감하는 서비스를 한층 개선하는 도구가 되고 있다. 기업 입장에서는 AI 기반 CX 혁신을 통해 고객 만족도를 높이고 충성도를 강화하여 장기적인 비즈니스 가치로 연결시키는 것을 목표로 한다.

첫째, AI는 초개인화(Hyper-Personalization)된 경험을 가능하게 한다. 기존에는 세분화된 고객 군(群) 단위로 맞춤 전략을 펼쳤다면, 이제 AI는 각 개인의 취향과 행동에 실시간으로 반응하여 1 대 1 맞춤형서비스를 제공할 수 있게 되었다. 예를 들어 전자상거래 웹사이트에서 AI 추천 엔진은 고객마다 관심을 가질 만한 제품을 골라 첫 화면에 보여주고, 스트리밍 서비스는 시청 패턴을 분석해 개별 이용자별로 가장 선호할 콘텐츠를 큐레이션한다. 이러한 개인화 경험은 고객에게 자신이 특별히 대우받고 있다는 느낌을 주어 만족감을 높이며, 원하는 상품이나 정보를 손쉽게 얻음으로써 편의성도 증진된다. AI가 고객 데이터를 학습하여 맥락에 딱 맞는 제안을 해줄 때, 고객은 일종의 “나를 잘 아는” 서비스로 인식하게 되어 서비스에 대한 애착과 충성도가 높아지는 효과가 있다.

둘째, AI는 서비스 응대 속도와 편의성을 크게 향상시킨다. 챗봇과 자동화된 응답 시스템은 고객 문의나 문제 발생 시 대기 시간 없이 즉각적인 대응을 제공한다. 과거에는 고객이 단순 문의에도 콜센터 연결을 위해 수분 이상 기다려야 했지만, 이제 AI 챗봇은 1초 내에 답변을 제시할 수 있다. 예컨대 항공사의 챗봇은 항공편

스케줄 조회나 예약 변경을 실시간으로 도와주고, 은행의 AI 상담봇은 간단한 계좌 이체나 잔액 조회 요청을 즉각 처리해준다. 이러한 24시간 상시 응대는 고객에게 시간 절약을 안겨 주며, 특히 긴급한 문제에 대한 빠른 해결은 고객 신뢰도를 높여 준다. 더 나아가 AI는 여러 채널에서 일관된 서비스를 제공하는 옴니채널전략에도 기여하여, 고객이 모바일 앱, 웹, 키오스크 등 어느 경로로 접근하든 끊김 없는 동일 품질의 서비스를 누릴 수 있게 한다.

셋째, AI는 서비스 품질의 일관성과 정확성을 보장하는 데 도움이 된다. 사람 직원은 경험이나 상황에 따라 응대 품질에 편차가 생길 수 있지만, AI는 프로그래밍된 지식과 학습된 데이터를 바탕으로 항상 동일한 기준으로 서비스를 제공한다. 이는 특히 정보 안내나 절차 설명 등에 유용하여, 모든 고객이 누구에게 묻든 같은 답변과 지침을 얻을 수 있다. 예를 들어 보험사의 챗봇은 복잡한 보험 상품 설명을 언제나 동일한 표현과 예시로 안내하므로 고객이 혼란을 겪을 가능성을 줄여준다. 또한 AI는 방대한 규정이나 상품 정보를 인간보다 기억하기 쉽기 때문에, 최신 업데이트 내용까지 반영하여 오류 없이 고객에게 전달한다. 이러한 정확하고 표준화된 서비스는 고객에게 신뢰감을 주며, 실수나 누락으로 인한 불편을 줄여준다.

넷째, AI는 새로운 고객 상호작용 채널과 경험을 창출하고 있다. 예를 들어, 대화형 AI 기술은 단순 문답을 넘어 고객과 능동적으로 상호작용하는 경험을 제공한다. 일부 패션 소매업체는 가상 스타일리스트 AI를 도입해 고객이 채팅으로 옷차림에 대해 조언을 구하면 AI가 어울리는 아이템을 추천해주는 서비스를 선보였다. 또 다른 예로, 자동차 제조사는 AI 기반 증강현실(AR) 쇼룸을 통해 고객이 집에서 스마트폰 카메라로 차를 비추면 원하는 색상이나 옵션을 가상으로 적용해보는 경험을 제공하고 있다. 이런 혁신적인 접점들은 고객에게 즐거움과 몰입감을 주어 브랜드에 대한 긍정적 인상을 강화한다. AI가 고객 행동을 예측하여 선제적으로 제안하거나, 고객 감정을 실시간으로 분석해 응대 방식을 조정하는 것도 가능해지면서, 서비스는 점점 고객의 숨겨진 니즈까지 읽어주는 방향으로 진화하고 있다.

다섯째, AI는 감정 분석 및 공감형 서비스의 가능성을 높이고 있다. 비록 AI 자체는 인간처럼 감정을 느끼지 못하지만, 감성 AI 기술을 통해 고객의 음성 톤, 언어 표현, 표정 등을 분석하여 감정 상태를 파악할 수 있다. 이를 바탕으로 콜센터 AI는 고객이 화가 난 상태임을 인지하면 즉시 인간 상담원에게 연결하거나 사과 어투를 사용하는 등 대응 전략을 바꿀 수 있고, 판매 챗봇은 고객이 긍정적 반응을 보이는 제품 군을 감지해 해당 아이템을 더 강조하여 제안할 수 있다. 최근 서비스 현장에서는 AI가 고객 감정을 분석해 맞춤형 대화를 펼치거나 필요한 경우 사람 직원을 개입시킴으로써, 고객이 느끼는 불편과 불만을 최소화하려는 시도가 이루어지고 있다. 이러한 감정 기반의 AI 활용은 아직 초기 단계지만, 기술이 발전함에 따라 더욱 정교한 공감형 서비스로 발전할 전망이다.

물론 AI에 의한 고객경험 혁신이 모든 면에서 긍정적이기만 한 것은 아니다. 고객 프라이버시 우려, 알고리즘 편향이나 오류로 인한 실수, 인간적 소통 부재에 따른 불만 등의 이슈도 존재한다. 따라서 서비스 기업은 AI 활용 시 윤리적이고 책임 있는 운영원칙을 세우고, 고객에게 투명성을 제공하며, 필요 시 인간 직원의 개입을 보완책으로 마련하는 것이 중요하다. 예를 들어, 개인화 추천을 할 때에도 고객 데이터 활용에 대한 동의를 구하고 안전하게 관리하며, 챗봇이 해결하지 못하는 복잡한 문제는 전문 상담사가 이어받는 프로세스를 구축해야 한다. 이러한 노력과 함께 한다면, AI는 서비스 제공자와 고객 모두에게 이익이 되는 방향으로 고객경험을 혁신하는 강력한 도구가 될 수 있다.

정리하면, AI를 통해 서비스 기업은 고객에게 더 빠르고, 더 친밀하며, 더 정확한 맞춤형 경험을 제공할 수 있게 되었다. 고객 입장에서는 원하는 서비스를 더 편리하게 이용하고, 자신의 취향과 요구가 존중받는다는 느낌을 받음으로써 만족감이 높아진다. 궁극적으로 AI 시대의 고객경험 혁신은 고객과 기업이 함께 가치를 창출하는 여정이라고 할 수 있다. 서비스 기업은 AI를 활용해 고객의 숨겨진 니즈까지 파악하고 선제적으로 대응함으로써 고객 감동을 이끌어낼 수 있으며, 이는 곧 기업의 평판과 성과로 이어지는 선순환을 가져올 것이다.

토의문제

1. 다양한 서비스 산업 중 어떤 분야가 AI 도입으로 가장 큰 혁신을 얻을 수 있다고 생각하는가? 그 이유와 구체적인 혁신 예상을 토의해 보자.
2. AI 서비스 경영을 추진하는 과정에서 발생할 수 있는 윤리적 문제나 한계는 무엇인가? 예를 들어, 고객 개인정보 보호, 알고리즘 편향, 책임 소재 등 측면에서 어떠한 도전과제가 있는지 논의해 보자.
3. 고객응대 분야에서 인간 직원과 AI 챗봇의 역할 분담은 어떻게 이루어지는 것이 바람직한가? AI를 활용하면서도 고객에게 만족감을 주는 인간적 터치를 유지할 수 있는 방안을 토의해 보자.
4. AI를 도입한 서비스 혁신 사례를 한 가지 선택하고, 그 사례에서 성공 요인과 실패 요인을 분석해보자. 만약 여러분이 해당 기업의 경영자라면 추가로 어떤 개선이나 조치를 취할지 토의해 보자.
5. AI 전환(AX) 시대에 서비스 분야 종사자의 역할은 어떻게 변화할 것이라고 예상하는가? AI가 대체하기 어려운 인간 고유의 역량은 무엇이며, 서비스 인력을 양성하기 위해 어떤 역량 개발이 필요할지 논의해 보자.

사례연구 - 1

의료 서비스 산업에서의 AI 혁신 사례(한림대성심병원)

1. 배경

인구 고령화와 의료 인력 부족 등의 문제로 의료 서비스 분야에서는 효율성과 서비스 품질 향상이 큰 과제가 되고 있다. 환자 대기시간 단축, 의료진 업무 부담 경감, 진단 정확도 향상 등 다양한 요구에 대응하기 위해 병원들은 AI 기술을 적극 도입하고 있다. 특히 반복적이거나 노동 집약적인 업무를 자동화하고, 방대한 의료 데이터를 활용한 정밀 진단을 지원하는 데 AI의 역할이 주목받는다.

2. AI 도입 사례

한림대학교성심병원은 국내에서 가장 앞선 스마트 병원 구현 사례 중 하나로 꼽힌다. 이 병원은 2022년부터 AI 및 5G 기반의 서비스 로봇들을 대거 도입하여 병원 운영을 혁신하였다. 도입된 로봇은 환자 안내, 의약품 및 검사 샘플 운송, 병실 환경 모니터링, 웨어러블 센서 데이터 수집 등 병원의 여러 영역에서 활용되었다. 총 7가지 종류의 서비스 로봇 73대를 현장에 투입하여, 병원 특성에 맞춘 10가지 로봇 활용 시나리오를 구현하였다. 예를 들어, 외래 진료 영역에서는 안내 로봇이 방문객을 각 진료과로 직접 안내하고 질문에 답변해주었으며, 병동 내에서는 자율주행 로봇이 층간을 이동하며 처방약과 검체를 실어 나르는 일을 수행했다. 응급실에서는 환자 이송 보조 로봇이 도입되어 중증 환자 이동 시 의료진을 돕고, 반복적인 물품 전달 업무를 대신 처리했다. 이러한 로봇들은 실시간 위치 추적과 장애물 감지 AI 알고리즘을 사용하여 복잡한 병원 환경에서도 안전하게 자율 이동할 수 있었다.

3. 성과

한림대성심병원의 서비스 로봇 도입 결과, 불과 1년 5개월 만에 로봇들이 수행한 업무 횟수가 2만 4,800여 건에 달할 정도로 높은 활용도를 보였다. 이는 하루 평균 수십 건 이상의 물품 전달이나 안내 업무를 로봇이 대신 처리했다는 의미이다. 그 덕분에 간호사와 지원 인력들은 반복적인 잡무에 쓰던 시간을 절약하여 환자 진료와 케어에 더 집중할 수 있게 되었다. 병원 관계자는 "로봇 도입 후 야간 시간대의 검체 운반 시간은 절반 이하로 줄고, 직원들의 피로도가 크게 개선되었다"고 효과를 전했다. 또한 병원을 찾은 환자들도 곳곳에서 마주치는 최첨단 로봇 서비스에 신선함과 만족감을 표현하였다. 병원은 이러한 혁신 노력으로 한국로봇산업진흥원의 AI 기반 서비스로봇 활용모델 실증사업 평가에서 최고등급인 "우수"를 획득하며, 의료 서비스 분야 AX 혁신의 모범 사례로 인정받았다.

4. 다른 AI 활용

이 병원 사례 외에도 의료 분야에서 AI는 다양한 방식으로 활용되고 있다. 진단 영역에서는 딥러닝 기반 의료 영상 판독 AI가 의사들의 판단을 돕고 있다. 예를 들어 루닛(Lunit)이나 뷰노(VUNO)와 같은 국내 의료 AI 기업이 개발한 흉부 엑스레이 판독 솔루션은 폐결절이나 결핵 흔적을 빠르고 정확하게 찾아내어 의사가 놓칠 수 있는 부분까지 확인하도록 지원한다. 일부 대학병원은 뇌출혈 AI 알람 시스템을 도입하여 응급 CT 촬영 이미지에서 출혈 의심 부위를 AI가 즉시 탐지해 응급의에게 알림으로써 치료 골든타임을 단축하고 있다. 한편, 환자와 직접 대면하는 서비스에도 AI가 쓰이고 있는데, 예컨대 AI 문진 시스템은 환자가 증상을 입력하면 관련 추가 질문을 AI가 생성하여 자세한 병력을 파악하고, 이를 정리해 의사에게 전달함으로써 진료 시간을 효율화한다. 이러한 다양한 의료 분야의 AI 적용은 진료 정확도 향상, 서비스 신속성 제고, 개인별 맞춤 의료실현에 기여하고 있다.

5. 의의

한림대성심병원의 사례는 AI와 서비스 접목이 의료 현장에 가져올 수 있는 혁신을 잘 보여준다. 병원 조직은 AI 로봇 기술을 효과적으로 수용함으로써 운영 효율을 높이고 인력 부족 문제에 대응했으며, 의료진은 단순 업무 부담을 덜고 보다 전문적인 업무에 집중할 수 있게 되었다. 이는 결과적으로 환자들에게 더 나은 의료 서비스 경험으로 이어졌다. 또한 이 사례는 서비스 산업의 한 영역인 의료 분야에서도 AI 전환(AX)이 성공적으로 이루어질 수 있음을 보여주어, 다른 병원 및 서비스 조직들에게 하나의 벤치마크가 되고 있다. 다만 AI 기술 도입에 따른 초기 비용 투자와 직원들의 변화 관리 등이 수반되었는데, 병원 측은 로봇 운영 전담팀을 구성하고 임상 현장의 피드백을 반영하여 로봇 서비스를 지속 개선해나갔다. 이러한 노력은 AI와 인간의 협업을 통해 서비스 가치를 높인 좋은 예시로 평가받고 있으며, 향후 더 많은 의료기관에서 AI를 접목한 스마트 병원 모델이 확산될 것으로 기대된다.

▸ **시례연구 토의**

1. 한림대성심병원의 로봇 도입은 반복 업무를 효과적으로 대체했으나 의료 서비스 현장에서 AI 로봇이 수행하기 어려운 업무는 무엇인지, 그리고 인간 의료진이 반드시 맡아야 하는 역할은 무엇인지 토의해 보자.
2. 병원이 AI · 5G 기반 서비스 로봇 73대를 운영하면서 병원 운영 효율성이 크게 향상되었으나 이러한 기술 의존이 장기적으로 가져올 위험 요소(예: 시스템 오류, 사이버 보안, 환자-기계 간 신뢰 문제 등)는 무엇인지 토의해 보자.
3. AI 로봇 도입이 의료진의 피로도를 낮추고 환자 경험을 개선했다는 결과가 나타났다. 그렇다면 의료 서비스 혁신을 위해 로봇 외에 다른 유형의 AI(예: 진단 AI, AI 문진, 예측 모델링 등)를 어떻게 추가적으로 결합할 수 있을지 토의해 보자.

사례연구 - 2

리테일 서비스 산업에서의 AI 혁신 사례(스타벅스 Deep Brew)

1. 배경

스타벅스(Starbucks)는 전 세계에 수만 개 매장을 운영하는 글로벌 커피 전문점으로, 뛰어난 고객경험 관리로 잘 알려져 있다. 모바일 주문 결제, 로열티 프로그램(스타벅스 리워드) 등 일찍부터 디지털 기술을 도입해온 스타벅스는, AI 시대를 맞아 한층 고도화된 데이터 활용을 통해 서비스 혁신을 추구하였다. 매장 수가 많고 취급 제품이 다양한 스타벅스에게는, 개별 매장과 고객의 특성에 맞게 서비스를 최적화하면서도 운영 효율을 높이는 것이 중요한 과제였다.

2. AI 전략

2019년 스타벅스는 자체 AI 플랫폼인 "딥 브루(Deep Brew)"를 도입하며 본격적인 AI 전환(AX)을 선언했다. 딥 브루는 머신러닝 알고리즘을 활용해 방대한 매장 데이터와 고객 데이터를 실시간으로 분석하는 스타벅스만의 AI 엔진이다. 이 시스템의 도입으로 스타벅스는 여러 측면에서 서비스를 혁신할 수 있었다. 우선 개인화 추천엔진으로서의 역할을 하였다. 날씨, 요일, 시간대, 해당 매장의 인기 상품 정보, 그리고 고객 개개인의 구매 이력과 선호도를 종합 고려하여, 딥 브루는 각 매장에 적합한 음료 및 푸드 메뉴를 실시간 추천했다. 예를 들어, 무더운 오후에는 아이스 음료를, 아침 출근 시간대에는 간편한 베이커리를 더 많이 추천하는 식으로 자동 조정되었다. 이를 통해 매장별로 고객에게 가장 적절한 메뉴가 진열되고 프로모션되어 판매 기회를 극대화했다.

또한 재고 관리와 인력 운영 최적화에 AI를 활용하였다. 딥 브루는 매장 내 커피 원두, 우유, 식품 등의 재고 소진 속도를 예측하여, 미리 적절한 양을 주문하고 배분하도록 도왔다. 그 결과 인기 제품의 재고 부족이나 폐기량 발생을 줄일 수 있었다. 동시에 각 매장에 필요한 바리스타 인원도 AI가 계산해주었다. 과거에는 매장 관리자 경험에 의존하여 인력 스케줄을 짰다면, 이제는 AI가 요일/시간대별 예상 주문량을 바탕으로 최적의 교대 인원수를 제안함으로써 직원 과부하를 방지하고 인건비를 효율화했다.

딥 브루 도입으로 가능해진 가장 큰 서비스 변화는 모바일 주문과 드라이브 스루의 결합이었다. 스타벅스는 기존에도 모바일 앱으로 미리 주문하고 매장에서 픽업하는 서비스를 제공해왔지만, 딥 브루는 이를 드라이브 스루 운영과 연계하여 혁신적 모델을 만들어냈다. AI가 고객의 모바일 주문 시 픽업 예상 시간을 계산해 매장에 전달하면, 바리스타는 고객이 도착하기 직전에 음료를 완성하여 대기 시간을 최소화할 수 있었다. 미국 스타벅스의 경우 이러한 선주문 드라이브 스루모델이 폭발적으로 성장하여, 2021년 기준 전체 매출의 약 40%가 드라이브 스루로 이루어졌고 주문 수령 가능 거리도 매장 반경 6km까지 확대되었다고 한다. 코로나19 팬데믹 기간 동안 비대면 선호가 높아진 상황에서, 이 시스템은 고객들에게 안전하면서도 편리한 구매 경험을 제공하여 큰 호응을 얻었다. 스타벅스 CEO 케빈 존슨은 "딥 브루를 통한 디지털 채널 강화가 팬데믹 속에서도 빠른 매출 회복을 이끌었다"고 밝히며, 실제로 2021년 1분기 스타벅스의 순이익은 전년 대비 두 배 수준으로 증가하는 성과를 냈다. 그는 특히 AI 모델이 각 지역의 코로나 백신 접종률 등의 외부 데이터까지 참고하여 수요를 예측함으로써 경영에 기여했다고 언급하기도 했다.

3. 고객경험 향상

스타벅스 딥 브루 도입의 궁극적인 목표는 고객경험(CX) 향상에 있었다. 앞서 언급한 개인화 추천을 통해 고객들은 자신이 선호할 만한 메뉴를 앱에서 손쉽게 발견할 수 있었고, 앱 내 프로모션 역시 개별 소비 패턴에 맞춰 제공되어 로열티 프로그램의 효과를 극대화했다. 예를 들어, 어떤 고객이 주로 아침에 라떼를 구매한다면, 앱은 해당 고객에게 아침 시간대 적용 가능한 할인 쿠폰이나 신규 푸드 페어링 메뉴를 제안하는 식이다. 이를 통해 고객은 본인의 기호를 잘 이해받고 있다는 인상을 받았고 구매 빈도가 증가하는 결과로 이어졌다. 한편 드라이브 스루 대기시간 단축과 모바일 선주문 경험 개선은 고객 편의를 크게 높였다. 과거에는 출근길에 드라이브 스루 줄이 길면 포기하던 고객들도, 모바일로 미리 주문하고 도착하자마자 음료를 받을 수 있게 되자 꾸준히 매장을 찾게 되었다. 스타벅스는 이러한 빠르고 편리한 경험 덕분에, 미국 매장의 약 30% 고객이 드라이브 스루 채널을 정기적으로 이용할 정도로 고객 행동 변화를 이끌어냈다. 더불어 딥 브루는 전세계 2천만 명 이상(미국 기준)의 스타벅스 리워드 회원 데이터를 분석하여 각 회원별 선호도를 파악하고, 맞춤형 리워드를 제공하는 데도 활용되었다. 그 결과 스타벅스 매출에서 충성도 높은 회원 고객이 차지하는 비중이 절반을 넘는 수준까지 상승하였다.

4. 시사점

스타벅스 사례는 리테일/외식 서비스 기업에서 AI를 활용해 어떻게 서비스 운영과 고객경험을 동시에 혁신할 수 있는지 보여준다. 딥 브루 도입 이후 스타벅스는 오프라인 매장 운영부터 마케팅, 고객 서비스에 이르는 전 영역에서 데이터를 기반으로 한 의사결정과 자동화된 개인화를 구현했다. 특히 주목할 점은 스타벅스가 AI를 도입하면서도 인간적 접점의 가치를 놓치지 않았다는 것이다. 케빈 존슨 CEO는 "커피를 만드는 마지막 순간의 인간적 교류는 유지하겠다"며 로봇 바리스타 도입은 고려하지 않고 있다고 언급했다. 실제로 스타벅스는 매장 내 바리스타의 친근한 서비스와 AI 기반 디지털 편의성을 조화시키는 전략을 취했다. 이를 통해 얻은 교훈은 AI는 직원들을 대체하기보다 지원함으로써, 직원들은 더욱 고차원적인 고객 서비스에 집중하고 기계는 데이터 처리와 반복 업무를 맡기는 협업 모델이 효과적이라는 것이다. 스타벅스의 AI 혁신 사례는 많은 서비스 기업들에게 디지털 시대의 고객중심 경영을 어떻게 구현할 것인지에 대한 방향을 제시해주고 있다.

▸ 사례연구 토의

1. 스타벅스는 딥 브루를 통해 재고·인력 운영·드라이브 스루 등 운영 전반을 자동화했다. 이런 데이터 기반 운영 최적화가 리테일 업계의 직원 역할과 조직 구조에 어떤 장기적 변화를 가져올지 토의해 보자.
2. 딥 브루는 외부 요인(날씨, 이벤트, 백신 접종률 등)까지 반영한 예측 모델로 매출 회복에 기여했다. 이런 고도화된 예측 AI가 리테일 시장 경쟁 구도를 어떻게 재편할지, 중소 브랜드가 대응하기 위한 전략은 무엇일지 토의해 보자.

3. 스타벅스는 AI를 적극 도입하면서도 바리스타의 인간적 접점을 유지하는 전략을 선택했다. 리테일 서비스에서 인간 경험과 AI 자동화의 균형은 어디까지 가능할지 토의해 보자.

사례연구 - 3

금융 서비스 산업에서의 AI 혁신 사례(국내 금융권)

1. 배경

금융 산업은 보안과 정확성이 특히 중시되는 분야로 오랫동안 보수적인 운영을 이어왔으나, 최근 디지털 금융흐름과 빅테크와의 경쟁 속에서 AI 도입에 속도를 내고 있다. 방대한 거래 데이터와 고객 정보를 다루는 금융권에서는 AI를 활용한 데이터 분석 및 자동화가 업무 효율성과 서비스 품질을 동시에 끌어올릴 수 있는 수단으로 부각되고 있다. 은행, 증권, 보험 등 각 분야의 금융사들은 내부 업무 프로세스 개선부터 대고객 서비스 혁신까지 다양한 영역에서 AI 기술을 적용하기 시작했다.

2. AI 전환 전략

국내 한 대형 금융그룹(KB금융)은 그룹 차원에서 AI 전환(AX)을 가속하기 위해 공동 AI 플랫폼을 구축하는 선도적 행보를 보였다. 이 그룹은 'KB GenAI 포털'이라는 생성형 AI 기반 플랫폼을 만들어, 계열사 직원들이 영업 현장이나 고객 응대에서 활용할 맞춤형 AI 에이전트를 직접 개발할 수 있도록 지원하고 있다. 이처럼 그룹 공동의 AI 인프라를 마련함으로써, 각 계열사가 별도로 AI 도구를 도입하지 않아도 동일한 기준과 데이터 풀을 활용하여 다양한 AI 서비스를 신속히 출시할 수 있는 환경을 조성하였다. 지방을 기반으로 한 일부 금융그룹(JB금융 등)들은 공동으로 AI 거버넌스 협의체를 구성하여, AI 활용에 따른 윤리 가이드라인과 내부 통제 프로세스를 함께 개발하고 있다. 이는 금융권에서 AI 도입이 확산됨에 따라 데이터 윤리와 보안에 대한 업계 표준을 마련하려는 노력의 일환이다. 한편 금융당국 역시 2023년 "금융권 AI 활용 지원방안"을 발표하고, 금융에 특화된 한국어 말뭉치(코퍼스) 데이터를 공개하는 등 제도적 지원에 나섰다. 이러한 업계와 정부의 움직임은 금융권 전반의 AI 전환 기반을 다지는 역할을 하고 있다.

3. AI 서비스 활용

금융회사의 AI 활용 사례는 내부 업무와 고객 대상 서비스 모두에서 다양하게 나타나고 있다. 먼저 내부 업무 측면에서, 여러 은행들이 생성형 AI를 직원들의 지식 업무 지원에 도입하였다. 신한은행은 약 10만 건의 금융 지식 데이터를 학습한 내부용 AI Q&A 서비스를 통해 직원들이 복잡한 금융 관련 문의를 신속히 해결하도록 돕고 있다. 또한 은행들은 AI RPA(Robotic Process Automation) 기술을 활용해 대출 서류 심사, 재무제표 분석, 컴플라이언스 확인과 같은 반복 업무를 자동화하여 업무 처리 속도를 높이고 오류를 줄였다. 예를 들어 과거 사람이 일일이 검토하던 대출 신청 서류를 AI가 이미지 인식과 자연어 처리로 분류하고 필수 정보를 추출해 심사자가 볼 수 있게 정리해주면, 심사에 걸리는 시간이 대폭 단축된다. 보험 업계에서는 AI가 고객이 제출한 진단서나 영수증 사진에서 필요한 정보를 추출하고 사고 내용의 패턴을 분석하여 보험금 자동심사를 수행하는 시스템이 도입되었다. NH농협손해보험의 사례에서는 이러한 AI 자동심사를 통해 심사 소요 시간이 획기적으로 줄고, 사람 심사자 간의 판단 편차 없이 일관된 심사 결과를 내놓을 수 있었다고 한다.

대고객 서비스 측면에서도 AI 활용이 두드러진다. 현재 대부분의 주요 은행들은 챗봇 기반 고객 상담서비스를 운영 중이다. 은행 앱이나 홈페이지에 탑재된 AI 챗봇은 계정 조회, 지점 안내, 환율 조회부터 신용카드 추천, 대출 상품 안내까지 폭넓은 질문에 즉각 답변함으로써, 고객들이 간단한 문의를 위해 콜센터에 전화할 필요 없이 편리하게 정보를 얻도록 해준다. 하나은행은 기업 고객 전용 챗봇인 '기업 하이챗봇'을 도입하여 기업들이 영업시간 외에도 금융 거래 상담이나 서류 발급 안내를 받을 수 있게 했는데, 도입 이후 법인 고객의 단순 문의 전화량이 크게 감소하는 효과를 보였다. 이외에도 다수의 은행들이 AI 음성봇을 콜센터에 도입하여 간단한 고객 전화 요청은 사람 상담원 대신 AI가 처리하고 있는데, 특히 야간이나 주말에 유용하게 쓰이고 있다.

한편 자산관리 분야에서는 AI를 활용한 로보어드바이저 서비스가 등장하여, 일반 투자자들도 전문가 수준의 포트폴리오 관리를 받을 수 있게 되었다. 증권사나 인터넷전문은행들은 고객의 투자 성향을 분석하고 시장 데이터를 실시간 반영하여 맞춤형 투자 자문과 자산배분을 자동으로 제공하는 로보어드바이저를 운영 중이다. 이는 낮은 수수료로 많은 고객에게 개별화된 재무 조언을 제공할 수 있어, 자산관리 서비스의 대중화를 이끌고 있다는 평가를 받는다.

AI 기반 보안 및 사기 탐지도 금융 서비스에서 빼놓을 수 없는 부분이다. 신용카드사는 AI 모델로 이상 거래 패턴을 실시간 감지하여 도난 카드 사용이나 금융 사기를 조기에 차단하고 있고, 인터넷뱅킹 로그인 시에도 평소와 다른 사용자 행동을 포착하면 추가 인증을 요구하는 등 인증 보안에 AI를 활용하고 있다. 이러한 기술들은 고객 자산을 보호하고 사고 발생 시 피해를 최소화함으로써 서비스 신뢰성을 높이고 있다.

4. 성과와 의의

금융권의 AI 도입은 점진적으로 가시적인 성과를 나타내고 있다. 내부적으로는 직원들의 업무 생산성이 향상되고 실수로 인한 사고가 줄었으며, 대고객 서비스 측면에서는 24시간 응대와 개인화된 금융 서비스 등으로 고객 만족도가 높아지고 있다. 한 시중은행 관계자는 "AI 도입 이후 단순 반복 업무가 줄어 직원들이 더 복잡한 고객 상담과 상품 개발에 집중할 수 있게 되었다"고 전했다. 실제로 미국 뱅크오브아메리카의 AI 가상비서 Erica는 출시 이후 누적 25억 건 이상의 고객 상담을 처리하며 2천만 명 이상의 고객이 사용하는 등 성공적인 사례로 꼽힌다. 국내에서도 각 은행의 챗봇이 출시 초기에 비해 답변 정확도와 학습 데이터가 크게 향상되어, 이제는 고객들이 일상적으로 활용하는 수준에 이르렀다.

금융 서비스 분야의 AI 혁신 사례는 기술이 접목되기 어려우리라 여겨졌던 보수적인 산업에서도 AX 전략이 필수적인 경쟁력 요소가 되고 있음을 보여준다. 다만 금융권에서는 여전히 개인정보 보호와 규제 준수 이슈가 중요하기 때문에, 다른 산업에 비해 신중하고 단계적으로 AI를 적용하는 모습도 볼 수 있다. 그럼에도 불구하고 전체적인 방향성은 AI를 통해 고객 중심의 AI 금융을 구현하는 것이다. 궁극적으로 AI 활용이 고도화된 AI 금융사는 고객에게는 더 안전하고 편리한 서비스를, 내부적으로는 더 스마트한 업무 프로세스를 갖추게 될 것이며, 이는 금융 산업의 미래 경쟁 지형을 크게 바꿀 것으로 전망된다.

▸ **사례연구 토의**

1. AI 자동심사·RPA·AI 상담봇 등으로 구성된 내부 자동화가 금융 직원의 업무 구조와 전문성 요구를 어떻게 변화시키고 있는지 토의해 보자.
2. AI 활용이 확산되는 상황에서 개인정보 보호, 데이터 윤리, 규제 준수는 금융 산업의 핵심 제약조건으로 남아 있다. 금융사는 혁신 속도와 규제 리스크 사이에서 어떤 균형점을 찾을 수 있는지 토의해 보자.
3. 로보어드바이저, 이상 거래 탐지, 기업전용 챗봇 등 AI 금융 서비스가 고객 경험을 재구성하고 있는데, 이러한 변화가 장기적으로 금융 소비자 행동과 금융회사 간 경쟁 구조를 어떻게 재편할지 토의해 보자.

AI 실제 활용 사례

인공지능 Google NotebookLM 활용 가이드: 대학생을 위한 스마트 학습 도구

1. Google NotebookLM 소개

Google NotebookLM은 Google에서 개발한 인공지능 기반의 연구 및 학습 도구입니다. 사용자가 업로드한 문서(PDF, Google Docs, 웹페이지 등)를 기반으로 작동하며, 방대한 자료 속에서 필요한 정보를 빠르게 찾고, 요약하며, 새로운 아이디어를 얻을 수 있도록 돕습니다. 마치 개인 연구 조교처럼 복잡한 자료를 분석하고 정리하는 데 탁월한 능력을 발휘합니다.

2. 가상 시나리오: '스마트 도시' 연구 보고서 작성

배경 설정: 대학생 김민준 씨는 '스마트 도시의 미래와 도전 과제'라는 주제로 보고서를 작성해야 합니다. 그는 여러 논문, 기사, 정부 보고서 등 방대한 자료를 수집했지만, 이 많은 정보를 어떻게 효율적으로 정리하고 보고서에 녹여낼지 막막합니다. 이때 Google NotebookLM을 활용하기로 합니다.

3. Google NotebookLM 실제 사용 사례 및 결과

대학생 김민준 씨가 NotebookLM에 '스마트 도시' 관련 자료들을 업로드한 후,

다음과 같은 프롬프트를 입력하고 결과를 얻었습니다.

(1) 자료 요약(Summarization)

목표: 업로드된 모든 문서에서 '스마트 도시의 주요 구성 요소'에 대한 핵심 내용을 요약합니다.

프롬프트 입력: "업로드된 모든 문서에서 '스마트 도시의 주요 구성 요소'에 대한 핵심 내용을 요약하고, 이를 표 형태로 정리해 줘."

NotebookLM의 결과(텍스트 요약 예시): "스마트 도시는 주로 첨단 기술을 활용하여 도시의 효율성을 높이고 시민의 삶의 질을 향상시키는 데 중점을 둡니다. 핵심 구성 요소로는 스마트 거버넌스, 스마트 환경, 스마트 교통, 스마트 경제, 스마트 리빙, 스마트 시민 등이 있습니다. 각 요소는 데이터 기반의 의사결정과 상호 연결성을 통해 유기적으로 작동합니다."

시각 자료: 요약된 주요 구성 요소 표(가상)

표 설명: Google NotebookLM이 요약한 내용을 바탕으로 생성된 가상의 표입니다. 스마트 도시의 주요 구성 요소를 명확하게 분류하고 각 요소별 특징을 간략하게 설명하여 한눈에 파악하기 쉽게 정리합니다.

(2) 질문 답변(Question Answering)

목표: 스마트 도시 구축에 있어 '데이터 프라이버시' 문제가 어떻게 다루어지고 있는지 설명합니다.

프롬프트 입력: "스마트 도시 구축에 있어 '데이터 프라이버시' 문제가 어떻게 다루어지고 있는지, 그리고 이와 관련된 주요 쟁점은 무엇인지 설명해 줘. 관련 키워드의 문서 내 언급 빈도를 그래프로 보여줄 수 있다면 더 좋겠어."

Google NotebookLM의 결과(텍스트 답변 예시): "스마트 도시에서는 방대한 양의 개인 데이터가 수집, 분석되므로 데이터 프라이버시 보호가 매우 중요합니다. 주요 쟁점으로는 데이터 수집의 투명성, 익명화 및 비식별화 기술 적용, 데이터 보안 강화, 그리고 시민 동의 기반의 데이터 활용이 있습니다. 많은 도시들이 GDPR과 같은 규제를 준수하며 데이터 거버넌스 체계를 구축하고 있습니다."

시각 자료: 관련 키워드 언급 빈도 그래프(가상)

그래프 설명: NotebookLM이 분석한 문서 내에서 '데이터 프라이버시' 관련 주요 키워드들의 언급 빈도를 보여주는 가상의 막대 그래프입니다. 이를 통해 어떤 개념이 자료에서 더 중요하게 다루어지는지 시각적으로 파악할 수 있습니다.

(3) 아이디어 생성 및 개요 작성(Idea Generation/Outlining)

목표: 스마트 도시의 미래 발전 방향에 대한 보고서 개요를 작성합니다.

프롬프트 입력: "스마트 도시의 미래 발전 방향에 대한 보고서 개요를 작성해 줘. 특히 '지속 가능성'과 '시민 참여'를 강조하고, 각 섹션에 포함될 내용을 간단히 제시해 줘."

Google NotebookLM의 결과(텍스트 보고서 개요 예시): "## 스마트 도시의 미래 발전 방향: 지속 가능성과 시민 참여를 중심으로

1. 서론* - 스마트 도시의 현재와 미래 비전(보고서의 목적 및 구성)
2. 지속 가능한 스마트 도시를 위한 기술 및 정책
3. 시민 참여 중심의 스마트 도시 구현
4. 도전 과제 및 해결 방안
5. 결론* - 미래 스마트 도시의 비전 요약*(지속 가능성과 시민 참여의 중요성 재강조)

시각 자료: 보고서 개요 흐름도(가상)

흐름도 설명: Google NotebookLM이 제안한 보고서 개요를 시각적으로 표현한 가상의 흐름도입니다. 각 섹션과 하위 섹션 간의 논리적 연결을 보여주어 보고서의 전체 구조를 쉽게 파악할 수 있도록 돕습니다.

4. 결론

NotebookLM은 대학생들이 방대한 자료를 효율적으로 관리하고, 필요한 정보를 추출하며, 연구 및 보고서 작성 과정을 가속화하는 데 매우 유용한 도구입니다. 실제 사용 사례를 통해 보았듯이, 적절한 프롬프트 입력만으로도 학습과 연구의 생산성을 크게 높일 수 있습니다.

제6장 AI 서비스 마케팅

학습 목표

- AI 서비스 마케팅의 개념과 중요성을 이해한다. 서비스 산업에서 인공지능 기술이 마케팅에 어떤 변화를 가져오는지 파악한다.
- 고객 접점에서의 AI 활용방식을 설명한다. 온·오프라인의 다양한 고객 접점에서 AI가 어떻게 개인화된 경험을 제공하고 운영 효율을 높이는지 학습한다.
- AI 기반 고객관계관리(CRM) 전략을 습득한다. 방대한 고객 데이터를 AI로 분석하여 고객 세분화, 맞춤형 커뮤니케이션, 충성도 제고에 활용하는 방법을 익힌다.
- 서비스 품질 향상을 위한 AI 활용방안을 탐색한다. AI로 서비스 프로세스를 모니터링하고 품질을 관리하여 고객 만족도를 높이는 전략을 이해한다.
- 실제 기업 사례 분석을 통한 실무 적용력을 기른다. 글로벌 선도 기업들의 AI 서비스 마케팅 도입 사례를 통해 성공 요인과 도전 과제를 분석하고 토의한다.

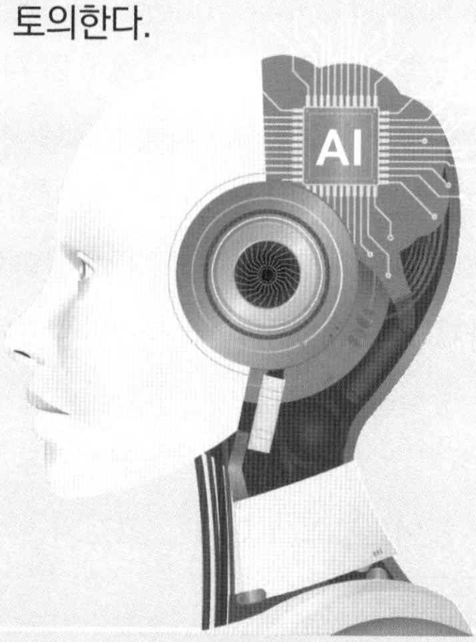

제1절 AI 서비스 마케팅의 개요

AI 서비스 마케팅은 인공지능(AI)을 활용하여 서비스 산업 전반의 마케팅 활동을 혁신하는 것을 의미한다. 전통적인 서비스 마케팅이 사람의 경험과 감각에 크게 의존했다면, AI 서비스 마케팅은 방대한 데이터 분석과 자동화 기술을 바탕으로 고객에게 개인화된 가치를 제공하는 데 초점을 맞춘다. 서비스 산업은 무형성, 비표준화, 생산·소비의 동시성 등 특성상 고객 경험 관리가 중요한데, AI는 이러한 서비스 마케팅의 고유한 과제를 해결하는 새로운 도구로 부상하고 있다.

오늘날 대부분의 기업들은 AI의 잠재력을 주목하고 적극 투자하고 있다. 맥킨지 보고서에 따르면 향후 3년간 전 세계 기업의 92%가 AI 투자를 확대할 계획이라고 한다. 이는 AI 기술이 마케팅 환경의 핵심 동인으로 자리잡았음을 보여준다. 특히 서비스 기업들은 AI를 활용하여 고객 행동 데이터를 실시간으로 분석하고, 그 결과에 따라 맞춤형 서비스와 프로모션을 적시에 제공함으로써 경쟁 우위를 확보하고 있다. 예를 들어, 항공사, 호텔, 레스토랑 등 다양한 서비스 분야의 선도 기업들은 AI를 통해 고객 선호에 정확히 부합하는 개인화 프로모션을 실행하고, 모든 채널의 고객 데이터를 통합 관리하여 일관된 경험을 제공함으로써 일회성 방문객을 충성 고객으로 전환하고 있다.

AI 서비스 마케팅의 핵심 특징 중 하나는 초개인화(hyper-personalization)이다. AI는 이전까지 사람이 일일이 파악하기 어렵던 방대한 고객 데이터를 스스로 학습하여, 개개인에게 최적화된 마케팅 메시지와 서비스를 제공한다. 이에 힘입어 고객들은 마치 "내 취향을 정확히 아는" 서비스 경험을 하게 되었고, 이는 만족도와 재이용률로 이어진다. 예컨대 생성형 AI의 발전으로 이제 기업은 수백만 고객 각각에 대해 개인 맞춤형 콘텐츠와 혜택을 자동으로 생성해 전달할 수 있게 되었다. 한 연구에서는 소비자의 60%가 AI가 만들어낸 개인화된 콘텐츠를 사람이 만든 것보다 선호한다고 보고하기도 했다. 이처럼 AI가 만들어내는 세밀한 개인화는 서비스 마케팅의 고객 소통 방식을 근본적으로 변화시키고 있다.

또한 AI는 고객 여정 전체를 자동화하고 최적화함으로써 서비스 제공자의 운영 효율을 크게 높인다. 예를 들어, AI 알고리즘은 고객의 예약 패턴, 선호도, 피드백

등을 종합 분석하여 수요 예측, 적정 가격 책정, 자원 배분등의 의사결정을 돕는다. 이를 통해 서비스 기업은 예측에 기반한 민첩한 마케팅 전략을 전개하고, 인력 및 재고를 효율적으로 관리하여 서비스 품질과 비용 절감을 동시에 달성할 수 있다. 뒤에서 살펴볼 스타벅스나 메리어트 호텔 사례처럼, AI 도입으로 고객경험 개선과 운영 효율화라는 두 마리 토끼를 잡은 기업들이 속속 등장하고 있다.

정리하면, AI 서비스 마케팅은 첨단 기술(High Tech)과 인간적인 접점(High Touch)의 융합이라고 볼 수 있다. AI의 고도화된 데이터 분석 및 자동화 역량에 인간 고유의 창의성과 공감을 결합함으로써, 이전에는 불가능했던 수준의 맞춤형 서비스 경험과 관계 구축이 가능해지고 있다. 다만 이러한 혁신이 성공하려면 양질의 데이터 확보와 윤리적 활용이 필수적이며, 기술을 뒷받침할 조직 문화와 인재 양성도 함께 이루어져야 한다.

제2절 AI 서비스 마케팅의 고객접점관리

고객접점관리(Customer Touchpoint Management)란 소비자가 서비스를 인지하고 구매하며 애프터서비스를 받기까지 겪는 모든 접점, 즉 진실의 순간(moment of truth)을 체계적으로 관리하는 활동이다. 서비스 산업에서는 초기 상담, 웹사이트 방문, 매장 체험, 결제, 사후 문의 등 다양한 접점에서 고객의 경험 품질이 누적되어 전체 만족도로 이어지기 때문에, 각 접점마다 긍정적 경험을 제공하는 것이 중요하다. AI는 이러한 고객 접점들을 더욱 개인화하고 원활하게 만드는 도구로 활용되며, 특히 옴니채널 환경에서 일관된 경험을 제공하는 데 기여하고 있다.

1 AI 서비스 마케팅의 개요

고객 접점은 구매 전, 구매 중, 구매 후 단계로 나눌 수 있다. AI 기술은 이 전체 고객 여정(Customer Journey)에 개입하여 접점 하나하나를 최적화한다.

- 구매 전 접점: 소비자가 서비스를 알게 되고 관심을 갖는 단계에서 AI는 개인화된 마케팅으로 활약한다. 예를 들어, 온라인상의 타겟 광고에는 AI가 사용자의 검색 기록, 소셜 미디어 활동 등을 분석하여 관심 가질 만한 서비스 광고를 노출한다. 또한 기업 웹사이트에 방문한 잠재 고객에게는 AI 기반 추천 엔진이 취향에 맞는 콘텐츠나 상품을 자동으로 보여준다. 과거에는 대중매체를 통한 일방향 광고가 주였다면, 이제 AI는 1 대 1 맞춤형 메시지를 실시간으로 제공하여 구매 전 단계부터 고객의 흥미를 효과적으로 끌어올린다. 서비스 리뷰나 평판 관리도 AI가 도와준다. 온라인상의 고객 리뷰를 텍스트 마이닝하여 주요 칭찬이나 불만 요인을 파악하고, 이를 마케팅 메시지에 반영하거나 신속한 대응으로 이어질 수 있게 한다. 이러한 AI 기반 접점 관리덕분에 고객은 서비스 이용을 결심하기 전에 이미 자신에게 꼭 맞는 정보를 얻고 긍정적 인상을 형성하게 된다.
- 구매 중 접점: 고객이 실제로 서비스에 돈을 지불하고 이용하는 단계에서는 실시간 상호작용이 핵심이다. 이때 AI는 대화형 기술과 현장 자동화 기술로 고객 경험을 향상시킨다. 한 예로, 많은 기업들이 웹이나 모바일 앱에 AI 챗봇을 도입하여 24시간 자동 상담을 제공하고 있다. 챗봇은 자연어 처리 기술을 통해 고객의 문의 의도를 파악하고 적절한 답변이나 도움을 즉각 제공함으로써, 대기 시간 없이 고객 불편을 해소한다. 예를 들어, 국내 한 은행의 챗봇은 계좌 잔액 조회부터 대출 한도 안내까지 수백 가지 질문에 실시간 답변하여, 단순 문의로 콜센터에 전화해야 했던 번거로움을 크게 줄였다.
- 오프라인 서비스 현장에서도 AI의 역할이 커지고 있다. 키오스크(kiosk)나 무인 주문기에 AI를 결합하여 고객이 직원 도움 없이도 빠르고 정확하게 주문·결제를 할 수 있게 한 것이 대표적이다. 패스트푸드점 맥도날드는 매장 드라이브스루(Drive-thru) 주문 화면에 AI 시스템을 도입하여, 날씨·시간대·주변 트렌드에 맞게 메뉴를 자동으로 추천하고 화면 구성을 변화시켰다. 예컨대 무더운 날에는 아이스 음료와 아이스크림을 강조하고, 저녁 시간대에는 인기 세트메뉴를 전면에 배치하는 식이다. 또한 한 주문 내에서 연관 상품을 AI가 실

시간 제안해주어 ("지금 주문에 감자튀김을 추가하시겠어요?"와 같은) 고객의 추가 구매를 유도하기도 한다. 이처럼 AI는 오프라인 접점에서도 상황에 맞는 개인화 서비스를 제공함으로써 고객 만족도와 판매액을 동시에 높이고 있다.

- 옴니채널 측면에서, AI는 서로 다른 접점 간 고객 정보의 연속성을 유지하는 데도 기여한다. 고객이 모바일 앱에 입력한 선호 정보나 이전 구매내역을 AI가 분석해두었다가, 동일 고객이 콜센터에 전화하거나 매장을 방문할 때 해당 정보를 직원이나 시스템에 제공해주는 식이다. 예를 들어, 호텔 체인에서는 고객의 과거 숙박 정보를 AI가 학습하고 있다가, 그 고객이 콜센터에 전화를 걸면 직원 화면에 선호 객실 유형, 이용했던 부대시설, 이전 불편사항 등이 즉시 나타나도록 하고 있다. 이를 통해 직원은 마치 단골손님을 대하듯 개인화된 응대를 할 수 있게 되고, 고객은 자신이 항상 존중받고 연결되어 있다는 느낌을 받는다. 이러한 통합형 고객 접점 관리는 각각의 상호작용을 끊어짐 없이 이어주어 서비스 경험 전체의 만족도를 높인다.
- 구매 후 접점: 고객이 서비스를 이용한 이후에도 사후관리 단계의 접점이 중요하다. 이 단계에서 AI는 고객과의 지속 관계 형성을 돕는다. 예컨대 AI는 서비스를 이용한 고객의 행동 데이터를 바탕으로 맞춤형 후속 케어를 제공한다. 쇼핑몰 서비스를 이용한 고객에게는 AI가 관련 상품이나 혜택 쿠폰을 후에 추천해 줄 수 있고, 숙박업소를 다녀간 고객에게는 만족도 조사 링크와 함께 향후 사용할 수 있는 할인 코드를 보내줄 수 있다. 이러한 후속 커뮤니케이션은 모두 AI가 고객별 최적 시점과 채널을 찾아 자동으로 진행하므로, 마케팅팀의 수고를 덜면서도 높은 효과를 거둘 수 있다. 실제로 글로벌 여행사인 Booking.com은 AI 기반 분석을 통해 특정 목적지 상품을 검색만 하고 예약하지 않은 고객들에게 며칠 뒤 개인 맞춤 할인 프로모션 메시지를 발송한다. 이 AI 마케팅 덕분에 상당수 고객이 다시 사이트로 유입되어 예약을 완료하는 성과를 얻었다고 한다.
- 또한 서비스 품질 문제에 대한 사후 대응에도 AI가 활용된다. AI는 SNS, 리뷰 사이트, 고객설문 등 다양한 경로로 들어오는 피드백을 실시간 수집·분석하여 부정적 감정이나 반복적으로 제기되는 불만을 자동으로 감지한다. 이를 통해 문제가 확대되기 전에 선제 조치하거나, 필요한 경우 사람 상담원이 즉

시 개입하여 해결하게 한다. 예를 들어, 항공사의 AI 모니터링 시스템이 트위터에서 특정 비행편 관련 불만이 급증함을 포착하면, 해당 편의 지연이나 문제 발생을 인지하고 그 고객들에게 보상 바우처와 사과 메시지를 빠르게 일괄 제공하는 방식이다. 이처럼 AI를 통한 신속한 사후 대응은 고객이 문제를 겪었을 때 느끼는 실망감을 최소화하고, 오히려 적절한 보상과 관심을 받았다는 인상으로 바꾸어 관계 유지를 도모할 수 있다.

2 AI 고객접점관리의 효과와 실제 사례

AI를 도입한 고객 접점관리는 궁극적으로 고객경험 개선과 기업 성과 향상이라는 두 마리 토끼를 잡는다. 다음은 AI 고객접점관리의 대표적 효과들이다.

- 상시성과 즉시성: AI 챗봇이나 자동화 서비스는 24시간 쉬지 않고 응대하기 때문에, 고객은 언제든지 도움을 받을 수 있다. 이는 영업시간 제약을 뛰어넘어 서비스의 접근성을 높이고, 특히 긴급한 문제에 대한 즉각 대응으로 고객 신뢰를 높인다. 예컨대 항공사 A는 AI 챗봇을 통해 밤중에도 항공편 연착 정보를 전달하고 대체편 예약을 도와주어, 고객들이 공항에서 발을 동동 구르지 않도록 했다. 이러한 신속 대응 능력은 고객이 AI 서비스에 만족하고 재이용하도록 만드는 요소가 되고 있다.
- 개인화된 경험 제공: AI는 접점마다 고객별로 다른 경험을 제공함으로써 몰입도를 높인다. 71%의 고객이 기업에 개인별 맞춤형 서비스를 기대한다는 조사 결과가 있을 정도로, 현대 소비자들은 자신에게 특화된 대우를 받을 때 만족감을 느낀다. AI는 바로 이런 개인화를 규모에 관계없이 구현해준다. 예를 들어 호텔 예약 사이트에서는 AI가 고객의 과거 검색 및 예약 내역을 분석해 선호 여행지, 숙박 형태등을 파악한 뒤, 메인 화면에 해당 고객만을 위한 추천 여행지를 보여준다. 또 이메일 마케팅에서도 같은 AI 분석을 활용하여 어떤 고객에게는 가족 여행 패키지를, 다른 고객에게는 럭셔리 호텔 할인권을 보내는 식이다. 이러한 맞춤형 접점 관리를 통해 고객은 기업이 "내 취향을 잘 이해하고 있다"고 느끼게 되고, 응답률과 전환율도 크게 상승한다.

- 일관성과 기억의 연결: 앞서 언급했듯이 AI는 여러 채널에 걸쳐 고객 정보를 통합함으로써, 고객이 어디에서 상호작용하든 과거 맥락을 기억하고 응대할 수 있게 한다. 이는 서비스 접점마다 제각기 초기부터 다시 설명해야 하는 불편을 없애준다. 예를 들어 통신사의 경우, AI가 고객의 지난 6개월간 콜센터 문의 내용을 학습하여 저장해둔다. 이후 고객이 새로운 문제로 연락하면 AI는 이전에 겪었던 문제와 해결 이력을 상담원에게 보여주어, 상담원이 "지난번 인터넷 속도 문제로 불편을 겪으셨는데 그 후 괜찮으셨나요?"와 같이 맥락 있는 대화를 시작할 수 있게 해준다. 고객은 자신이 한 기업과 연속적인 관계를 맺고 있다고 느끼며, 이러한 일관성은 충성도 향상으로 이어진다.
- 현장 운영 효율화: AI는 고객 접점에서 대기 시간 감소, 처리 시간 단축을 이끌어낸다. 자동화된 프로세스와 예측 기능 덕분이다. 한 예로, 글로벌 커피전문점 스타벅스는 매장 접점에 AI를 도입해 모바일 주문 비중을 크게 늘렸다. 스타벅스 앱의 AI 추천 기능이 고객별로 선호 음료와 가장 가까운 매장을 안내하고 사전 주문을 유도한 결과, 미국 내 매장의 모바일 주문 비중이 전체 거래의 30%를 돌파하였다. 이로써 매장 카운터에 줄 서는 고객이 줄고 주문 처리 속도가 빨라져 피크 타임의 혼잡 완화와 회전율 증가효과를 보았다. 동시에 고객은 기다림 없이 주문한 음료를 받아 만족감이 높아졌다. 이렇게 AI는 보이지 않는 곳에서 수요와 공급을 매칭 및 조율하여, 서비스 현장의 효율과 고객 편의를 동시에 증진시키고 있다.

이러한 효과들을 뒷받침하는 실제 사례로, 이후 살펴볼 스타벅스 Deep Brew 사례에서는 AI를 통한 개인화 추천과 수요 예측으로 어떻게 고객 경험과 운영 효율이 개선됐는지 확인할 수 있다. 또 맥도날드의 드라이브스루 AI 도입 사례에서는 실시간 환경 변화에 따라 고객 접점을 유동적으로 최적화한 결과 매출 증대와 고객 만족을 함께 달성한 과정을 볼 수 있다. 이처럼 AI 기반 고객접점관리는 서비스 마케팅의 최전선에서 새로운 고객 경험의 기준을 만들어가고 있다.

제3절 AI 서비스 마케팅의 고객관계관리

서비스 산업에서 고객관계관리(Customer Relationship Management, CRM)는 단순히 한 번 서비스를 판매하는 것을 넘어 장기적인 관계를 구축하고 고객 생애가치를 극대화하는 것을 목표로 한다. AI 기술은 이러한 CRM 활동을 한층 정교하고 효과적으로 만들어주고 있는데, 이유는 두 가지 측면에서 설명할 수 있다. 첫째, AI는 방대한 고객 데이터를 분석하여 개별 고객의 니즈와 행동 패턴을 깊이 이해할 수 있게 해준다. 둘째, 분석 결과를 바탕으로 개인화된 마케팅 실행을 자동화함으로써, 일관되고 지속적인 관계 관리를 가능하게 한다.

1 AI를 통한 데이터 기반 고객 이해

전통적인 CRM에서는 고객 정보를 수집하고 분류하여 몇 가지 세그먼트로 나눈 뒤 각 세그먼트에 맞춰 마케팅을 했지만, AI는 이를 뛰어넘어 고객 한 사람 한 사람을 세밀하게 이해한다. 머신러닝 알고리즘은 고객의 구매 이력, 서비스 이용 빈도, 웹사이트상 행동, 설문 응답, SNS 언급 등 구조화·비구조화 데이터를 모두 통합 분석한다. 그 결과 AI는 각 개인의 취향, 관심사, 민감도, 잠재 가치등을 파악할 수 있다. 예컨대 은행의 AI 시스템은 거래 내역과 상담 기록을 분석해 어떤 고객이 금융상품 안내에 호의적이고 어떤 고객은 금리 변동에 민감한지 알아낸다. 이를 통해 그 고객에게 어떤 접근법이 효과적인지도 예측한다.

특히 예측 분석(Predictive Analytics)은 CRM의 판도를 바꾸어놓았다. AI는 과거 데이터를 기반으로 미래 행동까지 예측함으로써, 선제적 관계관리를 가능하게 한다. 대표적인 예가 이탈 고객 예측(Churn Prediction)이다. AI 모델은 고객의 최근 이용 감소, 불만 후기, 콜센터 문의 횟수 증가 등 여러 신호를 종합 평가하여 이탈 위험 고객을 미리 식별한다. 그러면 기업은 해당 고객에게 특별 할인이나 담당 매니저의 개인 연락 등의 이탈 방지 조치를 취해 관계를 유지할 수 있다. 이러한 AI 기반 고객 유지 전략은 통상적인 사후 대응보다 훨씬 효율적이며, 실제로 통신

업계 등에서는 AI 덕분에 이탈률을 크게 낮춘 사례들이 보고되고 있다.

또한 AI는 교차판매(Cross-sell)와 상향판매(Up-sell) 기회 포착에도 뛰어나다. 기존에는 마케터의 직관에 의존하던 것을 이제 AI가 고객별로 어떤 상품이나 서비스를 추가로 제안하면 좋을지 정확히 집어낸다. 예를 들어, 자동차 보험사의 AI는 고객의 차량 정보와 주행 습관 데이터를 분석해, 어떤 고객에게는 운전자 보험을 추가 권유하고 다른 고객에겐 자동차 할부 리파이낸싱 상품을 추천하도록 판단할 수 있다. AI의 판단은 수많은 유사 고객들의 행동 데이터를 학습한 결과이므로, 제안의 성공률이 높다. 이렇듯 AI를 통한 데이터 기반 통찰은 인간 CRM 매니저들이 놓칠 수 있는 미묘한 패턴까지 포착하여, 고객별 맞춤 전략수립을 돕는다.

2 개인화 커뮤니케이션과 캠페인 자동화

CRM에서 AI의 또 다른 변혁 요소는 개인화된 커뮤니케이션을 자동으로 실현한다는 점이다. 이는 기업과 고객 간 상시적이고도 맥락적인 대화를 가능하게 한다. 예컨대 AI는 CRM 데이터베이스를 바탕으로 고객에게 보낼 이메일, 문자 메시지, 모바일 앱 푸시 알림의 내용과 발송 시점을 개별적으로 최적화한다.

한 은행의 사례를 보면, AI가 수백만 고객의 거래패턴과 재무 상황을 분석해 각자에게 필요할 만한 금융 조언이나 상품을 추천하는 퍼스널라이즈드 메일을 작성한다. 어떤 고객에게는 "최근 여행 지출이 늘었네요. 해외 결제가 가능한 신용카드 상품을 확인해보세요."라는 식의 메시지를, 다른 고객에게는 "여유 자금이 있으시면 단기 예적금 상품을 고려해보세요."와 같은 메시지를 자동 생성하는 식이다. 과거에는 세분화된 고객군에 동일한 콘텐츠를 보내는 정도였다면, 이제 생성형 AI의 도입으로 고객 한 명 한 명의 상황과 톤에 맞춘 문구까지 만들어낼 수 있게 되었다. 실제 조사에 따르면 AI가 만들어낸 마케팅 메시지가 소비자 참여율을 높이고 더 설득력 있게 느껴진다는 결과가 있다. AI는 고객의 반응 데이터를 다시 학습하며 콘텐츠를 점점 정교화하기 때문에, 시간이 지날수록 커뮤니케이션 효과가 향상되는 선순환이 일어난다.

CRM 캠페인의 스케줄링과 채널 선택역시 AI가 자동으로 최적화한다. 각 고객이 가장 활발하게 반응하는 요일 · 시간, 즐겨 쓰는 채널(이메일, SMS, 앱 등)을 AI가

파악하여, 어떤 사람에게는 월요일 아침 이메일로, 다른 사람에게는 토요일 오후 문자메시지로 알림을 보내는 식이다. 또한 A/B 테스트를 AI가 상시적으로 수행하여 어떤 제목, 어떤 이미지가 클릭을 유도하는지 학습한다. 그 결과 마케팅 캠페인의 효율이 인간이 수동으로 운영할 때보다 크게 높아진다. 기업 입장에서는 일일이 세분화하고 스케줄을 짜던 수고를 덜고, 고객 입장에서는 원하는 정보를 적절한 때에 받으니 거부감이 줄고 관심도는 올라가는 윈윈 효과가 발생한다.

아울러 대화형 AI는 CRM의 프론트라인에서 활약하고 있다. 앞 절에서 다룬 챗봇 "에리카(Erica)"는 뱅크오브아메리카의 가상 금융비서로서, 고객관계관리 측면에서도 큰 성과를 거두고 있다. 에리카는 고객의 질문에 답변하는 것을 넘어, 개별 고객의 금융 생활을 분석해 유용한 인사이트를 능동적으로 제공한다. 예컨대 매달 정기 결제 내역을 파악해 "이번 달에 총 3건의 구독 결제가 예정되어 있으며, 전월 대비 지출이 증가했습니다"라는 알림을 주거나, 소비 패턴을 분석해 "최근 외식비 지출이 많습니다. 저축 목표에 영향이 있을 수 있으니 조정해보는 건 어떨까요?"라는 식의 조언도 제시한다. 이러한 퍼스널 금융 코치역할을 AI가 함으로써, 고객은 은행과의 관계 속에서 지속적인 가치를 얻는다. 실제로 에리카는 출시 이후 2024년까지 누적 20억 회 이상의 고객 상호작용을 처리하며, 42백만 명에 달하는 고객에게 맞춤형 금융 도움을 제공했다. 특히 전체 문의의 98%를 평균 44초 이내에 해결하여 편의를 높였고, 부족한 경우에는 바로 사람 직원과 연결해 혼합 서비스를 제공함으로써 고객 불만을 최소화했다. 이처럼 대화형 AI는 24/7 개인 상담가로 기능하면서, 고객과 기업 간 접촉 빈도를 높이고 관계를 긴밀하게 유지시키는 역할을 한다.

3 고객 충성도 관리와 AI

CRM의 궁극적인 목표는 고객 충성도를 높이는 데 있다. AI는 충성도 프로그램의 운영에도 새로운 가능성을 열어주고 있다. 기존의 포인트 적립, 등급 관리 같은 천편일률적인 운영에서 벗어나, AI는 충성도 프로그램도 개인화하고 있다. 예를 들어 글로벌 커피 체인 스타벅스는 AI를 통해 리워드 회원 각각의 소비 성향을 분석한 뒤 맞춤형 리워드 혜택을 제공한다. 어떤 회원에겐 평소 자주 마시는 음료에 대한 1+1 쿠폰을, 다른 회원에겐 신규 푸드 메뉴 무료 시음을 제공하는 식이다. 이러한 차별화된 보상은 회원들이 자기만을 위한 혜택을 받는다고 느끼게 하여 만족도를 높이고, 더 자주 매장을 찾도록 유도한다. 또한 AI는 충성도 등급이 상승할 가능성이 높은 고객군을 파악해 미리 혜택을 제시하는 프로액티브 전략도 가능케 한다. 데이터 분석으로 볼 때 곧 이탈할 위험이 있지만 잠재가치가 높은 고객에게는 특별히 등급 업그레이드 혜택이나 VIP 전용 이벤트 초청을 선제공함으로써 관계를 회복시키는 식이다.

이러한 AI 기반 충성도 관리는 고객 생애가치(Lifetime Value) 극대화와 연결된다. AI는 각 고객의 미래 가치를 예측하고, 그에 따라 마케팅 자원을 어디에 집중할지도 제안한다. 예컨대 보험사의 AI 시스템은 신규 가입자 중 장기적으로 이익을 많이 가져다줄 고객을 예측해 별도 관리 대상으로 분류하고, 더 세심한 애프터서비스와 추가 혜택을 주도록 운영 지침을 내린다. 반면 기여도가 낮을 것으로 보이는 고객에게는 과도한 마케팅 비용을 쓰지 않도록 조정한다. 이처럼 AI의 전략적 제언은 제한된 마케팅 자원을 효율적으로 배분하여, ROI(Return on Investment)를 높이는 CRM을 가능하게 해준다.

4 AI CRM 도입 시 유의점

AI가 CRM에 강력한 도구임은 분명하지만, 성공적인 활용을 위해서는 몇 가지 유의점도 존재한다. 우선 데이터 품질과 프라이버시 이슈이다. AI의 학습과 개인화는 철저히 데이터에 기반하므로, 잘못된 데이터나 편향된 데이터가 입력되면 엉뚱한 결과가 나올 수 있다. 또한 지나친 개인화는 자칫 고객에게 사생활 침해로 인식될 위험이 있다. 따라서 정확하고 최신의 데이터 확보와 함께 개인정보 보호 준수 및 투명한 활용 동의가 필수적이다. 최근 소비자들은 기업이 자신의 데이터를 활용하는 방식에 민감하므로, AI 활용 사실과 이점에 대해 명확히 알리고 신뢰를 주는 노력이 병행되어야 한다.

또한 AI CRM이라 하더라도 인간적 터치를 완전히 배제해서는 안 된다. AI는 분석과 자동화에 강점이 있지만, 공감이나 창의적 해결에는 아직 한계가 있다. 따라서 고충을 겪는 고객이나 복잡한 문제의 경우 사람 직원의 개입과 정서적 지원이 중요하다. 이상적인 모델은 “AI가 제안하고 인간이 결정”하는 형태로, AI가 루틴하고 데이터 기반의 작업을 수행하면 사람이 그 위에 공감과 윤리를 더해 의사결정을 하는 것이다. 실제 많은 선도 기업들이 AI-human 협업을 강조하며, AI가 추천한 마케팅 콘텐츠도 최종 발송 전에 사람이 검수하고 조정하는 프로세스를 유지하고 있다. 이는 잘못된 개인화로 인한 실수나 브랜드 훼손을 막는 안전장치이기도 하다.

요약하면 AI는 CRM 분야에 개인별 맞춤 서비스, 예측 기반 선제 대응, 자동화된 커뮤니케이션등의 혁신을 가져와 고객과의 관계를 보다 깊고 오래 지속할 수 있게 돕는다. 이를 통해 서비스 기업은 고객 만족과 충성도를 높이고, 결과적으로 매출 증대와 안정적인 고객 기반 확보라는 성과를 얻고 있다. 다음 장의 사례 연구에서는 AI CRM을 성공적으로 활용한 기업의 실제 이야기를 살펴봄으로써, 앞서 논의한 개념들이 현장에서 어떻게 구현되는지 확인해보겠다.

제4절 AI 서비스 마케팅의 서비스품질관리

서비스품질관리(Service Quality Management)는 서비스 제공 과정과 결과물의 품질을 측정하고 유지 · 향상시키는 활동이다. 서비스는 형태가 없는 경험이기에 고객의 만족도를 좌우하는 품질 요소를 관리하는 일이 매우 중요하다. 전통적으로 서비스품질은 인적 자원 교육, 매뉴얼 준수, 고객 의견 수렴 등을 통해 관리해왔으나, 이러한 방법만으로는 실시간 통제와 개별화된 개선에 한계가 있었다. AI 기술은 서비스품질 관리에 새로운 자동화 도구와 실시간 인사이트를 제공함으로써, 한층 체계적이고 프로액티브한 품질 관리를 가능하게 한다.

1 실시간 모니터링과 품질 이슈 감지

AI 도입 이전에는 서비스 품질 문제를 고객 불만이 표출되고 나서야 인지하는 경우가 많았다. 그러나 이제는 AI 기반 모니터링으로 서비스 진행 상황과 고객 반응을 실시간 추적할 수 있다. 예를 들어, 컨택센터(콜센터)에서는 AI가 모든 통화 내용을 자연어 처리로 분석하여, 통화 중 고객의 감정 상태나 상담원의 응대 태도를 평가한다. 통화 도중에 고객이 화를 내거나 부정적인 단어를 사용할 경우 AI 시스템이 이를 감지하여 관리자에게 경보를 주거나, 즉각 해당 통화를 가로채 전문 상담원이 대응하도록 조치할 수 있다. 이렇게 하면 고객이 겪을 수 있는 불만을 즉각 진화하고 심화되는 것을 막을 수 있다. 또한 대규모 컨택센터의 경우 AI가 100%의 통화 녹취를 모니터링함으로써, 인간 관리자가 표본 모니터링으로는 놓칠 수 있었던 품질 이슈까지 발견해낸다. 예를 들어, 어떤 특정 지점 상담원들의 통화에서 동일한 제품에 대한 고객 불만 언급이 자주 나오면, AI는 이를 패턴으로 인식하여 해당 제품이나 지점 서비스에 문제가 있음을 알려준다. 이는 전사적 서비스 품질 개선으로 연결될 수 있는 귀중한 정보다.

현장 서비스에서도 AI 감지 기술이 품질관리에 활용된다. 패스트푸드 매장이나 물류 서비스 등에서는 CCTV 영상과 IoT 센서를 AI가 분석하여 서비스 표준 준수 여부를 체크한다. 예컨대 AI 비전 카메라는 주방 직원이 위생 장갑·모자를 착용했는지, 제조 공정이 규정된 순서와 시간 내 이뤄지는지를 실시간 확인할 수 있다. 또 운송 차량의 센서는 배송 물품의 온도·습도 유지 상태를 측정해 기준을 벗어나면 경고를 준다. 이러한 AI 기반 품질 감시망은 사람의 눈으로 일일이 확인하기 어려운 부분까지 놓치지 않고 관리하여, 서비스 품질의 일관성을 높여준다.

AI는 온라인 평판과 피드백의 흐름도 24시간 감시한다. 앞서 언급한 대로 소셜 미디어, 리뷰 사이트, 설문조사 등에서 실시간으로 수집되는 텍스트 데이터를 AI가 분석하여, 부정적 이슈 징후를 발견하면 관련 부서에 즉시 알린다. 예를 들어 호텔 업계에서는 AI가 "객실 청결"에 대한 부정 리뷰가 일정 수 이상 발생하면 해당 지점 관리자에게 알려 대청소 및 직원 교육을 바로 실시하도록 한다. 과거에는 이런 문제들이 분기별 설문조사나 고객 컴플레인 축적 후에야 대응했다면, AI 도입으로 문제가 나오자마자 현장 개선에 착수함으로써 심각한 불만 확산을 막을 수 있다. 요약하면 AI는 서비스 제공 과정 전체에 눈을 부릅뜨고 실시간 감시함으로써, 문제 예방과 신속한 시정 조치를 가능하게 한다.

2 서비스 프로세스 최적화와 표준화

서비스 프로세스 최적화는 품질관리의 중요한 부분인데, AI는 복잡한 서비스 프로세스도 효율적으로 설계·운영할 수 있도록 돕는다. 특히 수요 예측과 자원 배분 최적화를 통해 서비스 품질을 유지하는 것이 AI의 특기다. 예를 들어 항공사는 AI로 노선별 승객 예약 데이터를 분석하여 탑승 수속 카운터 인력이나 게이트 직원 배치를 탄력적으로 조정한다. 날씨, 요일, 지역 행사 일정 등까지 고려한 AI 예측은 어느 항공편에 언제 승객이 몰릴지 정확히 짚어내므로, 혼잡 시간대에는 직원을 늘리고 한산한 때에는 최소 인력으로 운영해 대기시간을 최소화하면서 인건비 효율도 높인다. 미국 델타항공은 AI 기반의 수요 예측 시스템으로 예약률에 따라 항공권 가격을 실시간 조정하고, 항공편당 적정 좌석 운임 혼합(저가석 vs 고가석 비율)을 최적화하여 수익과 탑승률을 함께 높인 것으로 알려져 있다. 이러한 동적 가격·자원 관리도 서비스 품질 관리의 일환으로 볼 수 있는데, 항공권이나 호텔 객실의 과잉 판매로 인한 취소 사태나 오버부킹등을 방지해 고객 불편을 줄여주기 때문이다.

예측 유지보수(Predictive Maintenance)도 서비스품질 관리에 중요하다. 이는 서비스 제공에 사용되는 장비나 시설의 고장을 미리 예측해 예방 정비하는 것이다. 예컨대 테마파크에서는 AI가 놀이기구 센서 데이터를 모니터링하여 이상 진동이나 온도 상승 징후를 포착하면, 정규 점검일 전에라도 기술자를 보내 부품을 교체하거나 수리하게 한다. 이를 통해 운영 중단이나 안전 사고 없이안정적인 서비스를 제공할 수 있다. 또 호텔이나 병원의 경우 엘리베이터, 보일러 같은 핵심 설비의 고장을 AI 예측으로 막아내면, 고객이 "항상 잘 관리되고 있다"는 인상을 받게 되어 신뢰도가 올라간다. 이런 AI 예지보전은 서비스 품질의 기본인 안정성과 신뢰성을 뒷받침한다.

AI는 또한 서비스 제공 방식의 표준화와 개선을 위해 활용된다. 예를 들어 콜센터의 상담 품질을 향상시키기 위해 AI 코칭 시스템이 도입되고 있다. 이는 모든 상담 통화 내용을 AI가 분석하여 베스트 프랙티스와 교육 포인트를 추출한 뒤, 상담사별로 맞춤 피드백을 제공하는 것이다. "고객이 분노를 표출했을 때 A 상담사는 적절히 공감했으나 B 상담사는 넘어갔다"는 식의 분석과 함께, B 상담사에게는

"이런 상황에서는 고객의 감정을 인정하고 사과의 말을 먼저 하는 것이 좋습니다"라는 코칭을 제공한다. 이러한 AI 기반 교육은 상담사들의 서비스 수행 능력을 지속적으로 끌어올리고 편차를 줄여준다. 나아가 AI는 신규 직원 교육에도 활용되어, 시뮬레이션된 가상 고객을 상대로 연습할 수 있게 한다. 예컨대 은행원 교육에 AI 음성 봇이 다양한 성격의 고객 역할을 하며 의도적으로 어려운 질문이나 컴플레인을 제기하고, 직원의 응대를 평가해준다. 이를 통해 실제 현장에 투입되기 전에 서비스 스킬을 표준화하고 보완할 수 있다.

3 고객 관점에서의 품질 경험 향상

서비스품질 관리의 최종 목적은 고객이 느끼는 품질을 높이는 것이다. AI는 이를 위해 고객 피드백 루프를 신속히 돌림으로써, 고객 관점 개선에 박차를 가한다. 예를 들어, 한 글로벌 호텔 체인은 체크아웃한 고객들에게 AI가 동작하는 설문 챗봇을 보내 객실 청결도, 직원 친절도, 조식 품질 등에 대해 묻는다. 고객이 텍스트로 남긴 답변들을 AI가 즉각 분석해 점수를 산출하고, 일정 점수 미만 항목은 지점장에게 실시간으로 통보한다. 지점장은 해당 피드백을 접수한 즉시 관련 부서(예: 청소부서, F&B 부서)와 공유하고 개선 조치를 취한다. 그리고 나서 AI 챗봇이 불만을 표한 고객에게 후속 메시지를 보내 "말씀해주신 문제를 이렇게 개선했다"거나 작은 보상(예: 다음 숙박 할인쿠폰)을 제공한다. 고객 입장에서는 자신의 의견이 바로 반영되고 존중받았다고 느껴 향후 재방문의사에 긍정적 영향을 준다. 이처럼 AI는 고객으로부터 품질 정보를 수집 → 분석 → 개선 → 재소통하는 일련의 사이클을 과거보다 훨씬 빠르고 끊김 없이 수행함으로써, 결과적으로 지각된 품질을 향상시키고 있다.

서비스 품질의 여러 차원에서 AI의 기여를 SERVQUAL 모형의 관점에서 정리하면 다음과 같다.

- 신뢰성(Reliability): 약속한 서비스를 일관되고 정확하게 제공하는 능력으로, AI는 이를 높이는 핵심 도구이다. 자동화 시스템은 인간보다 실수 확률이 낮아 오류를 줄여준다. 예컨대 AI 챗봇은 문의 응답 시 항상 정확한 정보만 전달하도록 설계되어, 잘못된 안내로 인한 신뢰 저하를 방지한다. 또한 앞서 언

급한 예측 유지보수로 서비스 중단 없이 안정적 운영이 가능해지므로, 고객은 해당 기업을 신뢰하게 된다.

- 응답성(Responsiveness): 고객에게 신속하고 적극적으로 대응하는 정도로, AI 도입으로 비약적으로 개선되는 영역이다. 24시간 챗봇 응대, 대기시간 예측 및 분산, 자동 콜백 시스템 등은 모두 고객이 기다리거나 답답함을 느끼는 시간을 줄여준다. 기업은 AI를 통해 "고객이 필요로 할 때 즉각 돕는다"는 이미지를 구축할 수 있고, 이는 서비스 품질에 대한 높은 평가로 이어진다.
- 확신성(Assurance): 서비스 제공자의 지식과 예의, 그리고 신뢰와 확신을 주는 능력을 뜻한다. AI는 방대한 정보에 기반해 항상 전문적이고 일관된 응대를 제공하므로 고객에게 신뢰감을 준다. 예컨대 금융업의 AI 상담은 복잡한 상품 설명도 오류 없이 해내고, 궁금한 것을 바로 찾아 답변해주므로 고객은 "이 회사는 전문성이 있다"는 인상을 받는다. 다만 AI 특유의 기계적 어조가 있을 수 있는데, 최근에는 자연스러운 음성 합성과 공손한 대화 스타일까지 프로그래밍되어 확신성과 친근함을 동시에 추구하고 있다.
- 공감성(Empathy): 개별 고객에게 관심을 갖고 친절히 대하는 정도로, 전적으로 인간의 역할로 여겨졌으나 AI도 부분 기여를 하고 있다. AI는 고객 데이터를 통해 각 개인의 상황을 파악하고 맞춤형 대응을 함으로써 일종의 공감을 표현한다. 예를 들어, 쇼핑몰의 AI가 "이전에 구매하신 제품은 잘 사용하고 계신가요?"라고 묻거나, "고객님 생일을 축하드립니다"라는 메시지를 보낼 때 고객은 자신이 존중받는다고 느낄 수 있다. 실제로 뱅크오브아메리카의 에리카는 수천 명의 고객들에게 생일 축하 인사를 자동으로 보냈는데, 작은 기능이지만 고객들에게 친근한 이미지를 심어주었다고 한다. 물론 진정한 공감은 사람의 몫이지만, AI는 세심한 개인화와 맥락 인지를 통해 고객이 감정적으로도 케어받는다는 느낌을 주도록 발전하고 있다.
- 유형성(Tangibles): 물적 시설, 장비, 직원의 외모 등 눈에 보이는 요소들로, AI 그 자체는 무형이지만 결과적으로 유형적 서비스 환경도 개선한다. 예를 들어 AI가 최적화한 매장 동선과 인테리어가 고객 편의를 높이고, AI 로봇이 안내를 맡음으로써 직원들이 더 깔끔한 복장과 자세로 핵심 업무에 집중하게 하는 효과 등이 있다. 또한 AI를 활용한 디지털 사이니지나 인터랙티브 키오

스크는 서비스 공간에 현대적이고 스마트한 이미지를 부여해 고객이 느끼는 품질 이미지를 향상시킨다. 일본의 한 미래형 호텔처럼 로봇과 AI로 대부분의 접객을 수행하는 곳은 아예 혁신적인 유형적 환경 자체가 경쟁력이 되기도 한다(일본 Henn-na 호텔은 세계 최초로 로봇 직원만으로 운영되는 호텔로 기네스 기록을 세웠다).

이상 살펴본 것처럼, AI는 서비스품질의 다양한 요소를 전방위적으로 끌어올리는 도구로 기능하고 있다. 프로세스 상의 오류와 변동을 줄이고, 고객의 목소리에 귀 기울이며, 서비스 운영을 지능적으로 설계함으로써, 인간만으로는 어렵던 수준의 품질 관리를 가능케 했다. 중요한 것은 AI를 인간 직원의 역량 강화(enhancement) 수단으로 활용하는 것이다. AI가 반복 작업, 데이터 분석, 실시간 감시에 강하다면, 인간은 창의적 문제 해결과 최종 의사결정, 인간적 서비스로 강점을 발휘해야 한다. 실제 많은 기업들이 AI 도입 후 직원들을 서비스 코디네이터나 감성 전문인력으로 재교육하여, AI + 인간의 이중 체제로 서비스품질 관리를 고도화하고 있다. 결국 AI 시대의 서비스품질은 "Automated yet Personalized, Efficient yet Empathetic"한 형태로 진화하고 있으며, 이는 서비스 산업의 경쟁 구도를 재편하고 있다. 다음의 사례연구를 통해 이러한 변화가 기업 현장에서 어떻게 나타나는지 구체적으로 알아보자.

토의문제

1. AI 도입에 따른 윤리적 이슈: 서비스 마케팅에 AI를 활용할 때 발생할 수 있는 개인정보 보호, 알고리즘 편향, 고객 투명성 등의 문제에는 어떤 것들이 있는가? 기업은 이러한 윤리적 이슈를 어떻게 관리하고 해결해야 할지 토의해 보자.
2. AI와 인간 직원의 역할 분담: AI 기술이 접목된 서비스 현장에서 인간 직원의 역할은 어떻게 변화하고 있는가? AI와 인간의 장점은 각각 무엇이며, 두 요소의 협력을 극대화하기 위한 조직적 노력에는 무엇이 있을지 논의해 보자(예: 직원 재교육, AI 결과에 대한 인간의 검증 등).
3. 고객 경험 개선 방안: 여러분이 자주 이용하는 서비스(예: 카페, 은행, 병원 등)를 하나 선정하고, 그 서비스의 고객경험 여정에서 AI를 활용해 개선할 수 있는 접점을 찾아

제안해 보자(예: 대기시간 단축, 개인화 추천, 사후관리 향상 등 구체적인 아이디어).

4. AI 서비스 마케팅의 효과 측정: 기업이 AI 기반 마케팅 활동의 성과를 평가하기 위해서는 어떤 지표(Key Metrics)를 활용할 수 있는가? (예: 고객 유지율, 응답 속도, 고객만족도, 비용 절감 등) 이러한 지표 변화로 미루어볼 때, AI 도입이 기업의 마케팅 ROI에 미치는 영향을 분석해 보자.

사례연구 - 1

글로벌 서비스 기업 사례연구: 맥도날드의 AI 개인화 전략과 수요 예측 활용[1)]

1. 기업 배경 및 도전 과제

맥도날드는 전 세계 119개국에 39,000여 개 매장을 운영하며 하루 6,800만 명에 달하는 고객을 응대하는 세계 최대 규모의 패스트푸드 체인이다. 방대한 글로벌 네트워크와 고객 기반을 보유한 만큼, 축적되는 고객 데이터의 양도 막대하다. 이러한 규모에서 맥도날드가 직면한 핵심 과제는 "대중 마케팅에서 대중 개인화(mass personalization)로의 전환"이었다고 당시 CEO였던 스티브 이스터브룩은 강조하였다. 즉, 전국적 범위의 대형 캠페인에 의존하던 마케팅을 개개인에게 맞춤화된 서비스 제공으로 진화시켜, 축적된 데이터를 고객에게 유용한 형태로 활용하는 것이 과제로 떠올랐다. 특히 코로나19 팬데믹을 거치며 매출의 약 70%가 드라이브스루를 통해 발생할 정도로 소비 행태가 변화하면서, 신속하면서도 개별화된 경험을 제공하는 것이 맥도날드의 경쟁력 유지에 필수적인 도전으로 부각되었다.

또한 수요 예측 측면에서, 맥도날드는 전 세계 매장에서 하루 수백만 건의 판매가 일어나고 메뉴가 시간대별·지역별로 다르게 인기 있는 특성을 보인다. 이 방대한 운영을 효율화하려면 정교한 수요 예측을 통한 재고 관리와 운영 최적화가 요구되었다. 적시에 재료를 공급하고 인력을 배치하며, 날씨나 지역 이벤트 같은 외부 요인을 고려해 판매를 예측함으로써 재고 낭비를 줄이고 고객 대기시간을 최소화하는 것이 중요한 과제가 된 것이다. 즉, 맥도날드는 고객 경험 향상과 운영 효율 극대화라는 두 마리 토끼를 잡기 위해 AI 기술 도입을 모색하게 되었다.

---

1) 유진 기자(2025), 맥도날드, 4만 3,000개 매장에 AI 도입 … "AI가 주문 정확도 높이고, 장비 고장 예측", AI Post, 2025. 4.

2. 도입된 AI 전략 및 기술

맥도날드는 개인화된 고객 경험을 제공하기 위해 2019년 이스라엘의 스타트업 Dynamic Yield를 약 3억 달러에 인수하였다. Dynamic Yield의 머신러닝 기반 결정 로직(decision logic) 기술은 맥도날드의 드라이브스루 디지털 메뉴판과 매장 키오스크에 실시간 추천 시스템을 접목시켰다. 고객 주문 과정에서 AI가 다음과 같은 다양한 요소를 종합적으로 고려하여 메뉴를 동적으로 구성한다.

- 시간대: 조식/중식/석식 등 시간에 맞는 추천 메뉴 제공
- 현재 주문 내역: 고객이 담은 품목에 어울리는 추가 제품 제안
- 매장 상황: 현재 매장 및 드라이브스루의 혼잡도 고려
- 인기 메뉴: 해당 매장에서 많이 팔리는 품목 우선 노출
- 날씨 조건: 기온이나 날씨에 따라 어울리는 메뉴 추천(예: 더운 날 아이스음료)

이처럼 AI 알고리즘이 실시간 학습을 통해 상황별 최적의 메뉴 구성을 보여주면서, 맥도날드는 고객마다 가장 관련성 높은 제품을 제안할 수 있게 되었다. Dynamic Yield 팀과 맥도날드는 다양한 추천 알고리즘을 끊임없이 A/B 테스트하며 개인화 엔진을 고도화하였고, 이를 통해 디지털 메뉴판의 "*추천 메뉴*" 및 "추가 구매 제안(Suggestive Selling)"이 고객의 관심을 끄는 방향으로 최적화되었다. 예를 들어, 인기 있는 사이드 메뉴나 고객의 과거 구매 이력을 반영한 할인 쿠폰을 노출함으로써 객단가 증대와 구매 경험 개선을 동시에 노렸다. 맥도날드는 이 개인화 추천 시스템을 2018년 일부 미국 매장에서 시범 도입한 후 성과를 확인하여, 불과 6개월 만에 미 전역 12,000여 드라이브스루 매장에 확대 적용하였고, 이후 전 세계 시장으로 빠르게 확산시켰다.

3. 수요 예측 전략: 운영 최적화와 재고 관리

한편, 맥도날드는 매장 운영과 공급망 분야에 AI 기반 수요 예측 기법을 도입하여 효율성 제고에 나섰다. 대량의 판매 데이터를 효과적으로 활용하기 위해, 맥도날드는 구글 클라우드와 제휴하여 매장에 엣지 컴퓨팅 장비를 배치하고 클라우드의 대용량 분석 능력을 결합하였다. 이를 통해 실시간 데이터 수집 및 처리가 가능

해져, 본사 차원에서 각 매장의 판매 패턴을 신속히 파악하고 대응할 수 있게 되었다. 예를 들어, 기계학습 모델이 과거 매출, 지역별 날씨, 행사 일정 등의 데이터를 종합 분석하여 시간대별 메뉴 수요를 예측하면, 매장은 그 예측에 맞춰 재고 주문량과 직원 스케줄을 최적화할 수 있다. 또한 센서 데이터와 AI 예측을 활용한 *설비 예지보전*으로 그릴이나 음료기기의 고장을 사전에 감지해 다운타임을 줄이는 노력도 병행했다.

이러한 수요 예측 및 자동화전략은 공급망 전반에도 적용되었다. 맥도날드는 전 세계 식재료 유통망에서 재고 과부족 상황을 예측하여 선제적으로 조정함으로써, 필요 이상으로 식자재를 비축하거나 버리는 일을 최소화하고자 했다. 나아가, 일부 메뉴에 대해서는 판매 데이터에 기반한 동적 가격 책정도 시도하였다. 이를테면 평소 재고가 남는 품목은 특정 시간대에 할인 판매하거나, 날씨가 추운 날에는 따뜻한 음료의 가격을 미세 조정하여 수요를 끌어올리는 등, 가격 전략에도 AI의 예측과 판단을 활용하였다. 이러한 AI 중심의 운영 혁신은 비용 절감과 매출 증대를 동시에 노리며, 맥도날드의 광범위한 서비스 네트워크에 걸쳐 규모의 경제 효과를 극대화하도록 설계되었다.

4. 시사점

맥도날드 사례는 서비스 기업의 AI 활용이 단순한 기술 도입을 넘어, 마케팅과 운영 전반의 패러다임 전환으로 이어질 수 있음을 시사한다. 첫째, 개인화 전략의 힘을 보여준다. 과거 대중을 대상으로 동일하게 전개되던 캠페인에서 벗어나, 이제는 데이터 기반으로 고객 한 명 한 명에게 맞춤형 제안을 제공함으로써 고객경험(CX)의 질을 향상시키고 있다. 이는 서비스 마케팅의 궁극적 목표인 *고객만족과 충성도 제고*에 직결되는 요소로, 맥도날드는 AI로 이를 대규모로 실행해낸 것이다. 개인화된 메뉴 추천이나 쿠폰 제공을 통해 고객은 자신이 존중받고 있다고 느끼며, 더 자주 방문하고 더 많은 구매를 하게 된다. 맥도날드의 로열티 프로그램 성공은 맞춤 혜택이 얼마나 강력한 락인 효과를 가지는지 잘 보여준다.

둘째, 수요 예측을 통한 운영 최적화는 서비스 품질과 효율을 동시에 높이는 전략적 투자 가치가 있음을 증명했다. 패스트푸드 업계에서 대기시간 감소, 재고절감, 오류 감소는 모두 고객만족과 직결되는 서비스 품질 요소이다. 맥도날드는 AI

를 활용해 이 부분에서 눈에 띄는 개선을 이루었으며, 그 결과 브랜드에 대한 신뢰와 선호도도 강화되는 선순환을 얻고 있다. 예를 들어, 원하는 메뉴를 언제든지 재고 걱정 없이 주문할 수 있고, 주문이 빨리 준비되어 제공된다면 고객 입장에서는 편의성과 만족도가 높아진다. 나아가 기업 입장에서는 운영비용 절감과 매출 증대라는 이중 효과로 수익성 개선을 달성한다. 이는 서비스 기업이 AI에 투자할 확실한 명분이 되어준다.

마지막으로, 맥도날드 사례는 전통적인 서비스 기업도 데이터와 AI를 통해 혁신적으로 변화할 수 있다는 점에서 산업 전반에 의미를 가진다. 스타벅스 등 선도적인 기업들이 개인화 마케팅으로 성공을 거둔 이후, 맥도날드 같은 글로벌 기업도 발빠르게 AI를 내재화함으로써 디지털 전환과 고객중심 서비스를 구현했다. 이는 다른 서비스 분야(호텔, 소매, 교통 등)에서도 AI 기반의 개인화와 예측이 더 이상 선택이 아닌 필수 전략임을 보여준다. 요컨대, "데이터를 의사결정으로 전환하는 능력"이 곧 미래 서비스 기업의 경쟁력이라는 교훈을 맥도날드는 제시하고 있다. 대량의 데이터를 가진 기업일수록 AI를 통해 고객에게 밀착된 서비스를 제공하고, 효율적인 운영으로 가치를 극대화하는 것이 서비스 마케팅의 새로운 표준이 되고 있다.

▸ 사례연구 토의

1. 맥도날드는 대중 마케팅에서 대중 개인화로 전환하기 위해 AI 추천 시스템을 도입했다. 이러한 '대규모 개인화(mass personalization)' 전략이 글로벌 서비스 기업의 마케팅 구조를 어떻게 재편할 수 있는지 토의해 보자.
2. AI 추천 시스템이 고객 경험을 크게 향상시킨 사례가 보고되었다. 그러나 AI가 메뉴·가격·쿠폰을 동적으로 제시할 때 발생할 수 있는 프라이버시 걱정, 공정성 문제, 알고리즘 편향은 어떻게 관리해야 하는지 토의해 보자.
3. 맥도날드는 구글 클라우드와 협력해 글로벌 매장 데이터를 실시간으로 통합·분석하는 구조를 구축했다. 이런 '데이터 기반 운영 체계'가 장기적으로 기업 구조와 인력 구성에 어떤 변화(예: 자동화 확대, 현장 의사결정 축소, 데이터 인력 수요 증가)를 가져올지 토의해 보자.

사례연구 - 2

메리어트 호텔 - AI 기반 수요 예측과 고객 경험 개선[2)]

1. 배경

메리어트 인터내셔널(Marriott International)은 전 세계 7,000여 개 호텔을 운영하는 글로벌 선도 호텔 그룹이다. 호텔업은 특성상 계절적 수요 변동이 크고, 고객마다 기대하는 서비스가 천차만별이라 수요 예측과 개인화된 서비스 제공이 매우 중요하다. 메리어트는 방대한 규모로 인해 각 지역·시점별 수요 패턴이 복잡하였고, 효율적인 가격 및 인력 운용 전략이 수익성에 큰 영향을 미쳤다. 또한 다양한 브랜드와 로열티 프로그램(메리어트 본보이)을 통해 축적한 고객 데이터를 어떻게 활용하여 경쟁사 대비 뛰어난 고객 경험을 제공할지 고민이 있었다. 이에 메리어트는 AI 기술을 도입하여 디지털 혁신을 이루고, 나아가 여행 경험 자체를 혁신하는 전략을 추진했다.

2. 도입된 AI 솔루션

메리어트는 여러 AI 프로젝트를 단계적으로 실시했는데, 그중 핵심은 예측 분석(Predictive Analytics)을 통한 수요 예측 및 운영 최적화 시스템이다. 메리어트는 자체 데이터사이언스 팀과 AI 전문업체와 협력하여, 수년간 축적된 예약 데이터, 투숙률, 가격, 이벤트 일정, 경쟁사 동향 등을 기계학습 모델로 학습시켰다. 그 결과 메리어트는 AI로 향후 숙박 수요를 매우 정확하게 예측할 수 있게 되었는데, 이 예측은 객실 요금, 인력 배치, 프로모션 일정등에 실시간으로 활용되었다.

예를 들어, AI 시스템은 "다가오는 4월 둘째 주말에 뉴욕 시내 호텔의 예약이 평소보다 15% 높을 것"이라고 예측하면, 몇 달 전부터 객실 가격을 탄력적으로 인

2) SK 주식회사(2025), 고객 맞춤형 서비스로 가는 길, 스마트 호텔이 가져올 변화, 2025. 03. 17

상하고, 해당 주말에 추가 아르바이트 직원(하우스키핑, 프런트)을 투입하도록 지시한다. 반대로 "9월 초 비수기 기간에 특정 리조트의 예약이 저조할 것"으로 나오면, 할인 프로모션을 선제적으로 출시하고 불필요한 근무조를 줄이는 결정을 한다. 이러한 AI 주도 의사결정은 사람이 과거 경험에 의존해 추측하던 것보다 정확하고 빠르게 이루어진다. 메리어트 경영진은 AI 예측 시스템 도입 후 "성수기에도 충분한 서비스 인력을 확보하여 고객 불편이 줄었고, 비수기에는 자원을 아껴 효율이 높아졌다"고 평했다. 특히 AI는 지역 축제나 대형 이벤트 같은 특수 상황의 영향을도 반영하기 때문에, 현장 감각과 데이터 통찰을 결합한 결정이 가능해졌다.

또 다른 혁신은 AI 기반 여행 검색 및 추천 서비스이다. 메리어트는 2021년에 자사 웹사이트와 앱에 AI 여행 어드바이저 기능을 도입했다. 이는 고객이 원하는 여행 경험을 문장으로 서술하면 AI가 이에 맞는 호텔과 여행 일정을 추천해주는 서비스다. 예를 들어, 고객이 "로맨틱한 해변 휴양지를 찾고 있는데, 스파와 인근 관광이 가능했으면 좋겠어요"라고 입력하면, AI는 메리어트 계열 리조트 중 해당 조건에 부합하는 곳을 찾아준다. 그러면서 "스파 패키지가 있는 몰디브의 W 리조트"나 "인근에 유명 박물관이 있는 캘리포니아 산타바바라 리츠칼튼" 등을 제시하고, 바로 예약할 수 있게 연결한다. 이 기능은 자연어 이해기술과 메리어트의 방대한 호텔 정보를 결합한 것으로, 고객들에게 여행사 직원과 대화하듯편리한 검색 경험을 제공했다. 출시 후 많은 이용자들이 호응하여, 기존 키워드 검색 대비 예약 전환율이 상승하는 효과를 거두었다고 메리어트는 밝혔다. AI 어드바이저는 고객의 검색 의도를 정확히 파악해 시간을 아껴줄 뿐 아니라, 고객이 미처 몰랐던 새로운 여행지를 추천해주는 영감 제공역할도 했다. 이를 통해 메리어트는 단순히 숙박을 판매하는 것을 넘어, 고객의 여행 설계 파트너로 포지셔닝할 수 있었다.

메리어트는 이 밖에도 챗봇, 음성인식, 이미지 인식 등 다양한 AI 기술을 시험적으로 도입했다. 예컨대 메리어트 본보이(Marriott Bonvoy) 모바일 앱에는 AI 챗봇이 내장되어, 회원들이 포인트 조회, 간단 문의, 요청 사항(예: 추가 베개 요청)을 채팅으로 입력하면 자동 처리해준다. 또 몇몇 호텔에는 AI 로봇 버틀러를 운영하여 객실까지 룸서비스나 수건을 배달하는 실험도 했다. 이러한 시도들은 모두 고객 접점의 혁신과 직원 업무 부담 경감을 목표로 했다.

3. 성과

메리어트의 AI 도입은 운영 효율과 고객 만족 모두 향상시키는 결과를 가져왔다. 우선 수요 예측 AI의 효과로, 메리어트는 객실 점유율과 수익률을 높일 수 있었다. 정확한 예측을 바탕으로 미리 가격을 조정하고 프로모션을 실시함으로써, 빈방을 최소화하고 높은 성수기 수요는 최대한 수용할 수 있었다. 이는 궁극적으로 RevPAR(객실당 매출) 지표 상승으로 나타났는데, 메리어트는 AI 도입 1년 후 주요 시장에서 RevPAR이 경쟁사 평균을 웃도는 성과를 기록했다고 보고하였다. 또한 고객 경험 품질도 향상되었다. AI 덕분에 성수기에도 체크인 라인이나 콜센터 대기열이 예전보다 줄었고, 고객들은 더 빠른 서비스와 개인화된 혜택을 누릴 수 있었다. 예측에 기반한 인력 배치는 직원들의 업무 과부하를 줄여 서비스 친절도를 높이는 부수 효과도 있었다.

특히 AI 여행 어드바이저는 고객 만족과 브랜드 충성도 제고에 기여했다. 이용자들은 “메리어트가 내 취향을 이해하고 이상적인 여행을 제안해준다”는 인상을 받았고, 이는 메리어트 본보이 프로그램의 회원 활동성 증가로 이어졌다. 검색 편의성이 높아지면서 메리어트 공식 채널(직접 예약) 이용률이 올라가, OTAs(온라인 여행사)에 지불하는 수수료 비용을 줄이는 효과도 있었다. 또한 AI 추천을 통해 여행을 계획한 고객들의 리뷰 평점이 높게 나타나는경향이 있었는데, 이는 AI가 고객 기대에 맞는 장소를 잘 매칭해준 결과로 보인다.

메리어트 내부적으로도 AI 도입은 데이터 중심 문화를 강화하는 계기가 되었다. 과거에는 지점별 책임자나 예약 담당자의 경험에 의존하던 결정을, 이제는 AI 분석 결과를 참고하여 객관적으로 내리는 분위기가 정착되었다. 이는 오류를 감소시키고 부서 간 협업을 원활히 하는 장점이 있었다. 예컨대 마케팅팀과 운영팀이 AI 예측 데이터를 공유함으로써, 프로모션 진행과 인력 계획을 긴밀히 조율할 수 있었다. 메리어트 경영진은 “AI 도입으로 의사결정의 근거가 투명해지고, 직원들이 보다 고부가가치 업무(고객 관계 구축 등)에 집중하게 되었다”고 평가했다.

4. 시사점

메리어트 사례는 전통 서비스 산업인 호텔업에서 AI를 다각도로 활용한 성공적 사례로 꼽힌다. 핵심 시사점은 예측을 통한 프로액티브 경영과 고객 경험 확장이다. 호텔업은 수요와 비용을 미리 예측하여 대비하는 것이 이익에 직결되는데, 메리어트는 AI로 이 부분을 혁신하여 과학적 접근을 했다. 이는 다른 서비스 분야(항공, 외식 등)에서도 AI 예측 도입을 촉발하는 효과를 주었다. 또한 메리어트가 선보인 AI 여행 어드바이저는 "호텔 예약 사이트도 고객의 꿈을 디자인해줄 수 있다"는 새로운 발상을 보여주었다. 단순 예약 기능을 넘어, AI를 통해 서비스의 범위를 넓히고 부가가치를 창출한 사례라고 평가받는다.

▸ 사례연구 토의

1. 메리어트는 수요 예측 AI를 통해 객실 가격·인력 배치를 실시간으로 조정했다. 이러한 프로액티브 운영 방식이 전통적 호텔 운영모델을 어떻게 바꾸는지, 그리고 AI 의사결정에 지나치게 의존할 때 발생할 수 있는 위험은 무엇인지 토의해 보자.
2. AI 여행 어드바이저는 고객 문장 입력 기반으로 목적지와 호텔을 추천했다. 이처럼 자연어 이해 기반 AI가 고객 경험 전체를 설계하는 역할을 맡을 때, 호텔 브랜드는 어떤 방식으로 차별화 전략을 구축해야 하는지 논의해 보자.
3. 메리어트는 지역 이벤트 정보·경쟁사 데이터·예약 패턴을 결합해 예측 모델을 고도화했다. 호텔과 같은 서비스 기업이 이러한 "외부 데이터 결합 전략"을 확대할 때, 데이터 프라이버시·데이터 품질·규제 리스크를 어떻게 관리해야 하는지 토의해 보자.

사례연구 - 3

뱅크오브아메리카 - AI 챗봇 'Erica'를 통한 금융 서비스 혁신[3)]

1. 배경

뱅크오브아메리카(Bank of America, BofA)는 미국 최대 규모의 은행 중 하나로, 수천만 명의 소매금융 고객을 보유하고 있다. 금융 서비스에서는 고객이 언제 어디서나 계좌를 확인하고 거래를 실행하며 궁금증을 해결하길 원한다. 과거에는 이러한 업무의 상당 부분이 지점 직원이나 콜센터를 통해 이뤄졌지만, BofA는 디지털 뱅킹에 선도적으로 투자하며 고객 접점의 온라인화를 추진해왔다. 특히 모바일 앱 이용자가 폭발적으로 증가하면서, 대화형 인터페이스를 통한 편리한 서비스 제공 필요성이 대두되었다. 또한 경쟁사인 웰스파고, 체이스 등도 챗봇 도입을 서두르는 상황에서, BofA는 차별화된 AI 비서를 개발하여 고객경험 혁신과 운영비용 절감을 동시에 달성하고자 했다.

2. AI 솔루션 - 'Erica'의 개발

2018년 BofA는 자체 AI 기반 가상비서 "에리카(Erica)"를 공식 출시했다. 에리카는 스마트폰 모바일뱅킹 앱 안에 탑재된 챗봇으로, 음성이나 텍스트로 고객과 소통한다. 개발팀은 BofA가 보유한 금융 데이터, 상담 내역, FAQ 등을 기계학습시켜, 에리카가 은행 업무 전반에 대한 질문에 답하고 요청을 처리할 수 있도록 했다.

에리카의 기능은 단순 잔액 조회 수준을 넘어 상당히 포괄적이고 지능적이다. 고객이 "내 체크카드 지난달에 얼마나 썼지?"라고 물으면 지난달 총 지출을 계산해 주고, "전기요금 자동이체 설정해 줘" 하면 관련 계좌로 자동이체를 등록한다. 또 분실 카드 정지, 신규 계좌 개설, 대출 한도 조회 등 거의 모든 은행 서비스를 음성/

3) 김수아 기자(2018), 뱅크 오브 아메리카, 금융 분야에서 최초로 AI 비서 에리카(Erica) 앱(APP) 출시, 인공지능신문, 2018.

채팅 명령만으로 수행할 수 있다. 실제로 에리카 출시 당시 광고에서는 고객이 소파에 앉아 에리카에게 "전기세 납부했어?"라고 묻자 에리카가 "네, 어제 $120 자동 납부되었습니다"라고 답하는 장면을 보여주었다. 이는 곧 손안의 은행원이라는 메시지로 받아들여졌다.

에리카는 또한 고객의 이용 패턴과 금융 데이터를 분석하여 주도적으로 알림과 조언을 제공한다. 예컨대 고객이 꾸준히 저축 목표를 설정해두었다면 "이번 달 목표 대비 $50 더 저축하셨네요. 잘 진행되고 있습니다!"라는 격려 메시지를 보낸다. 또 예금 계좌에 평소보다 큰 금액이 유입되면 "새로 들어온 자금 $5,000를 투자나 예금 상품에 활용해보는 것은 어떠세요?"라는 제안을 하거나, 매달 잔액 부족으로 결제 연체가 발생하는 고객에겐 "매달 25일에 잔액이 부족합니다. 급여일에 맞춰 청구일 변경을 고려해보세요"라는 솔루션을 알려주기도 한다. 이러한 프로액티브 인사이트는 BofA 데이터과학 팀이 발굴한 수십 가지 시나리오로 구성되어 있으며, 에리카가 이를 자동으로 개인별 맞춤 제공한다.

3. 성과

에리카의 도입 성과는 수치로도 매우 두드러진다. 2018년 출시 이후 불과 2년 만에 에리카 이용자 1,000만 명을 돌파했고, 2022년에는 누적 10억 건 이상의 고객 인터랙션을 달성했다. 2024년 초 기준으로는 42백만 명 이상의 고객이 에리카를 사용하고 있으며, 하루 평균 200만 건의 대화를 처리하고 있다. 이는 단일 금융회사 챗봇으로는 미국 최대 규모로, 사실상 세계에서 가장 많이 쓰이는 금융 챗봇 중 하나로 자리매김했다.

에리카가 처리한 상담과 업무의 범위를 보면, 단순 잔액 조회나 거래내역 검색뿐만 아니라 여러 은행 서비스에 걸쳐 고르게 이용되었다. 예를 들어 월 평균 170만 건 이상의 계좌번호/라우팅번호 요청이 에리카를 통해 이루어졌고, 150만 건 이상의 거래 검색, 90만 건 이상의 이체·결제 처리 등이 자동화되었다. 고객 문의의 98% 이상을 에리카가 1분 이내에 해결하며, 나머지 2% 정도의 복잡한 문의만 사람 직원에게 연계되는데, 이 과정도 에리카가 상황을 요약해 전달하기 때문에 상담사가 빠르게 파악해 대응할 수 있었다. 그 결과 콜센터 전화량이 유의미하게 줄어들고 상담 대기시간이 감소하는 등 운영 효율과 서비스 속도 양면에서 개선이 이뤄졌다.

고객 만족도 측면에서도 긍정적인 반응이 나타났다. 내부 조사에 따르면 에리카 이용 고객들의 디지털 서비스 만족도가 높게 유지되었고, 특히 "문제를 스스로 해결할 수 있어서 편리하다"는 피드백이 많았다. 젊은 고객층뿐 아니라 중장년층의 활용률도 예상보다 높았는데, 이는 에리카가 대화 형식의 자연스러운 인터페이스를 제공했기 때문으로 분석된다. BofA는 에리카에게 인간적인 요소를 부여하려는 노력도 기울였다. 예를 들어, 고객 생일에는 에리카가 "생일 축하드립니다! 즐거운 하루 보내세요."라는 메시지를 전송했고, 고객이 농담을 치면 센스 있는 답변을 하는 등 약간의 유머와 개성을 보여주도록 설계했다. 이러한 소소한 기능은 고객들에게 은행에 대한 친밀감을 높여주는 역할을 했다.

무엇보다 에리카는 BofA 입장에서 막대한 비용 절감 효과를 가져왔다. 방대한 고객 응대 업무를 자동화함으로써, 신규 채용 인원이나 아웃소싱 비용을 늘리지 않고도 고객 기반 확장에 대응할 수 있었다. BofA 경영진은 "에리카 덕분에 연간 수억 달러의 비용을 절약하고 있다"고 밝혔는데, 이는 IT 투자 대비 매우 높은 ROI를 시사한다. 더불어 에리카를 통해 수집되는 고객 문의 데이터는 BofA의 제품 개선과 마케팅에도 활용되고 있다. 고객들이 많이 묻는 질문이나 불편사항을 AI가 정리해주므로, 어떤 서비스를 개선해야 할지 우선순위를 정하는 데 도움이 된다.

4. 시사점

BofA 에리카 사례는 금융 서비스 분야에서 AI 챗봇의 성공적인 정착을 보여준다. 이는 서비스업 전반에 몇 가지 시사점을 제공한다. 첫째, 고객들이 원하는 건 빠르고 쉬운 해결책이라는 점이다. 에리카의 폭발적 이용은 복잡한 메뉴를 탐색하거나 대기할 필요 없이 묻고 답하는 직관적 방식이 고객에게 먹혔음을 의미한다. 은행 업무처럼 어려운 용어와 절차가 많은 분야에서조차 AI 챗봇이 고객의 디지털 네비게이터 역할을 훌륭히 수행할 수 있음을 증명했다.

둘째, AI를 통한 개인화된 관계 구축의 가능성이다. 에리카는 방대한 고객 데이터를 바탕으로, 전통적 의미의 개인 담당자보다 더 많은 것을 기억하고 더 자주 소통한다. 그 결과 고객들은 은행과 상시 연결되어 있다는 느낌을 받는다. AI가 보내주는 재테크 팁이나 지출 분석 리포트 등은 고객에게 "이 은행이 나의 금융생활을 함께 관리해준다"는 신뢰를 형성한다. 이는 고객 충성도로 이어지고, 장기적으로 거래 확대나 이탈 방지에 큰 도움이 된다. 서비스 기업들이 AI로 제공할 수 있는 부가 서비스에 대해 고민한다면, 에리카처럼 고객에게 유용한 조언과 인사이트 제공이 하나의 좋은 방향임을 알 수 있다.

셋째, AI 도입에 대한 고객 수용성이 생각보다 높다는 점이다. 많은 기업이 고객들이 기계와 대화하는 것을 꺼릴 것이라 우려하지만, BofA 사례에서는 광범위한 연령대의 수천만 명이 기꺼이 AI 상담원을 받아들였다. 이는 UX 디자인과 지속 개선에 달린 문제이지, 기본적으로는 고객이 편익만 크다면 AI라도 상관하지 않는다는 것을 보여준다. 실제 BofA는 에리카 출시 후 고객 피드백을 반영해 응답 어투와 정확도를 계속 개선했고, 시간이 지날수록 긍정 평가가 증가하는 추이를 보였다.

넷째, 인간 직원과의 공존 전략이다. BofA는 에리카를 도입하면서도 콜센터와 지점 직원들을 완전히 대체하는 것이 아니라 보완재로 활용했다. 에리카가 처리 못 하는 복잡한 문의는 곧바로 인간에게 넘기도록 하고, 에리카가 기본 정보를 수집해 주어 상담 업무를 더 효율적으로 할 수 있게 했다. 이로써 직원들은 단순 반복 문의에서 해방되어 보다 고차원적인 고객 상담과 세일즈에 집중할 수 있었다. 이러한 역할 분담은 고객 응대 품질을 유지하면서도 AI 도입의 이익을 극대화한 것으로 평가된다.

결론적으로, BofA의 에리카는 서비스 산업에서 AI 챗봇이 주류 서비스로 안착한 대표 사례이다. 이후 미국의 다른 은행들은 물론 보험, 통신, 공공서비스 분야에서도 대화형 AI 도입이 가속화되었다. BofA는 현재 에리카를 통해 축적한 노하우로 기업 고객용 챗봇이나 내부 직원 지원 AI 등 활용 범위를 넓히고 있다. AI 서비스 마케팅의 측면에서 보면, 에리카는 BofA 브랜드에 혁신적 이미지를 부여하고 수많은 고객 접점을 장악함으로써, 마케팅과 서비스의 경계를 허문 성공 케이스로 남았다.

▸ 사례연구 토의

1. 에리카는 고객 문의의 98% 이상을 1분 내 해결하며 콜센터 전화량을 크게 줄였다. 이러한 자동화 확대가 금융기관의 비용 절감에는 도움이 되지만, 장기적으로 고객 신뢰·금융 안전성·위기 상황 대응 능력 측면에서 어떤 한계나 리스크가 발생할 수 있

는지 토의해 보자.

2. 에리카는 고객 데이터를 분석해 저축 목표 진행 상황, 계좌 변화, 지출 패턴 등을 기반으로 개인화 조언을 제공했다. 이러한 프로액티브 금융 조언이 소비자 행동을 실제로 어떻게 변화시킬 수 있는지, 그리고 개인화 추천이 과도해질 때 발생할 수 있는 윤리적 문제는 무엇인지 토의해 보자.
3. 에리카 도입 이후 젊은 층뿐 아니라 중장년층에서도 높은 사용률이 나타났다. 이는 AI 상담원에 대한 고객 수용성이 예상보다 높다는 점을 보여주고 있다. 이러한 사례를 바탕으로, 인간 직원 중심의 기존 금융 서비스 모델이 어떤 방향으로 재편될지, 디지털 전환 가속화가 금융 접근성에 미치는 영향에 대해 토의해 보자.

AI 실제 활용 사례

Google AI Studio Screen Share 기능 활용 강의안

1. 강의 개요

본 강의는 대학생 여러분이 Google AI Studio의 강력한 기능을 효과적으로 활용할 수 있도록 돕기 위해 마련되었습니다. 특히, 협업과 실시간 피드백에 최적화된 'Screen Share' 기능을 중심으로, 실제 프로젝트에서 AI 모델을 어떻게 활용하고 개선해 나갈 수 있는지 구체적인 사례를 통해 학습합니다. AI 모델과의 상호작용을 통해 문제 해결 능력을 향상시키고, 팀 프로젝트에서 효율적인 협업 방안을 모색하는 것이 목표입니다.

2. Google AI Studio 소개

Google AI Studio는 Google의 최신 생성형 AI 모델(예: Gemini)을 활용하여 프롬프트를 작성하고, 모델의 응답을 테스트하며, 애플리케이션에 통합할 수 있는 웹 기반 개발 환경입니다. 코딩 없이도 AI 모델을 탐색하고 실험할 수 있으며, 다양한 형식의 콘텐츠(텍스트, 코드, 이미지 설명 등)를 생성할 수 있습니다.

3. Screen Share 기능의 이해와 활용

Google AI Studio의 'Screen Share' 기능은 단순히 화면을 공유하는 것을 넘어, **실시간으로 AI 모델과의 상호작용 과정을 공유하고, 팀원들과 함께 프롬프트를 수정하며, 모델의 응답을 즉각적으로 분석하고 피드백을 주고받을 수 있는 협**

업 도구입니다. 이는 특히 다음과 같은 상황에서 강력한 이점을 제공합니다.

4. 가상 실습 사례: '스마트 도시 프로젝트'

시나리오 설정: 여러분은 '미래 스마트 도시'를 설계하는 팀 프로젝트를 진행 중인 대학생입니다. 팀원들과 함께 Google AI Studio의 Screen Share 기능을 활용하여 프로젝트의 주요 단계를 AI 모델과 협업하여 진행하는 가상 시나리오를 살펴봅니다.

Screen Share 활용 단계

(1) 문제 정의 및 아이디어 공유

목표: 스마트 도시의 주요 문제점을 정의하고, AI 모델의 도움을 받아 초기 아이디어를 도출합니다.

- 프롬프트 작성(Screen Share 중)
  - 팀원 A: "우리 도시의 가장 큰 환경 문제는 무엇일까? AI에게 물어보자."
  - 프롬프트 예시: "대도시의 주요 환경 문제 5가지와 AI 해결 방안을 표로 정리해 줘."

- AI 모델의 예상 결과
  - AI 모델은 다음과 같은 표 형태의 응답을 생성합니다.
- Screen Share 중 논의
  - 팀원 B: "대기 오염 해결 방안으로 스마트 교통 관리 시스템이 좋네. 좀 더 구체적인 아이디어를 얻어볼까?"
  - 팀원 C: "폐기물 분류 시스템에 대해 더 자세히 물어보면 좋겠어."

개념 이미지: 프롬프트 입력창에 위 프롬프트가 입력되어 있고, 결과창에 AI가 생성한 표가 깔끔하게 정리되어 있는 모습

(2) 데이터 분석 및 시각화 요청

목표: 특정 환경 문제에 대한 데이터를 AI 모델에게 분석 요청하고, 시각화 아이디어를 얻습니다.

- 프롬프트 작성(Screen Share 중)
  - 팀원 A: "대기 오염 데이터를 분석해서 그래프로 보여달라고 해보자."
  - 프롬프트 예시: "서울시 2024년 월별 미세먼지(PM2.5) 농도 데이터를 생성

하고, 꺾은선 그래프 특징을 설명해 줘. 데이터: 1월 30, 2월 25, 3월 35, 4월 28, 5월 22, 6월 18, 7월 15, 8월 12, 9월 17, 10월 20, 11월 25, 12월 32."

- AI 모델의 예상 결과
  - AI 모델은 주어진 데이터를 바탕으로 다음과 같은 설명을 생성합니다.
  - 주어진 서울시 2024년 월별 미세먼지(PM2.5) 평균 농도 데이터는 다음과 같습니다.
  - 1월: 30, 2월: 25, 3월: 35, 4월: 28, 5월: 22, 6월: 18, 7월: 15, 8월: 12, 9월: 17, 10월: 20, 11월: 25, 12월: 32(단위: $\mu g/m^3$)
  - 이 데이터를 바탕으로 꺾은선 그래프를 그린다면 다음과 같은 특징을 보일 것입니다.
  - 개념 이미지: X축은 월(1월~12월), Y축은 미세먼지 농도($\mu g/m^3$)를 나타내며, 위 데이터에 따라 꺾은선 그래프가 그려진 모습. 3월에 최고점, 8월에 최저점을 찍는 형태(가상 이미지)
- Screen Share 중 논의
  - 팀원 B: "그래프 설명이 아주 자세하네. 이걸 가지고 보고서에 넣을 시각화 자료를 만들 수 있겠어."
  - 팀원 C: "다음 단계로 이 데이터를 바탕으로 스마트 도시의 대기 질 개선 방안에 대한 보고서 초안을 작성해보자."

(3) 보고서 초안 작성 및 피드백

목표: 앞서 얻은 아이디어와 데이터를 바탕으로 프로젝트 보고서의 특정 섹션 초안을 작성하고, AI 모델에게 피드백을 요청합니다.

- 프롬프트 작성(Screen Share 중)
  - 팀원 A: "우리가 논의한 내용을 바탕으로 보고서의 '대기 질 개선 방안' 섹션 초안을 AI에게 요청하자."
  - 프롬프트 예시: "스마트 도시 보고서의 '대기 질 개선 방안' 섹션 초안을 작성해 줘. 다음 내용을 포함해 줘. 주요 원인, AI 기반 스마트 교통, AI 기반 공기 청정, 시민 참여 유도. 각 항목 2~3문장으로 간결하게 소제목과 함께 설명해 줘."
- AI 모델의 예상 결과
  - AI 모델은 다음과 같은 보고서 섹션 초안을 생성합니다.

- Screen Share 중 논의 및 피드백
  - 팀원 B: "내용이 잘 정리되었네. '시민 참여 유도 방안'에 구체적인 인센티브 예시를 추가해달라고 요청해볼까?"
  - 팀원 C: "각 소제목 아래에 핵심 키워드를 볼드체로 강조해달라고 해보자."
  - 프롬프트 수정 예시: "위 보고서 초안 중 '시민 참여 유도 방안'에 인센티브 예시(대중교통 마일리지, 친환경 제품 할인 쿠폰)를 추가하고, 각 소제목 아래 주요 키워드를 볼드체로 강조해 줘."
  - AI 모델은 수정된 프롬프트에 따라 보고서 초안을 업데이트합니다.
- 개념 이미지: AI가 생성한 보고서 초안이 표시되어 있고, 팀원들이 채팅창이나 음성으로 피드백을 주고받는 모습, 그리고 수정된 프롬프트가 입력되는 과정이 시각적으로 표현된 모습

5. 결론

Google AI Studio의 Screen Share 기능은 단순한 도구를 넘어, AI 시대의 협업과 학습 방식을 혁신하는 강력한 플랫폼입니다. 여러분의 프로젝트와 학습에 이 기능을 적극적으로 활용하여 더욱 창의적이고 효율적인 결과물을 만들어내시길 바랍니다.

제7장 AI 제조

학습 목표

- AI 제조의 정의와 발전 단계를 설명하고, 스마트 팩토리의 계층 구조와 구성요소를 분석할 수 있다.
- 에이전트 AI와 피지컬 AI의 구조 · 기능 차이를 비교하고, 피지컬 AI 도입이 제조업 가치사슬에 미치는 영향을 평가할 수 있다.
- AI 기반 공정 최적화, 품질 검사, 예측 유지보수 기술의 작동 원리를 이해하고, 산업별 적용 사례를 설계할 수 있다.
- 인간-로봇 협업(HRC) 환경에서 발생할 수 있는 안전 · 보안 · 윤리 문제를 분석하고, 해결 방안을 제시할 수 있다.

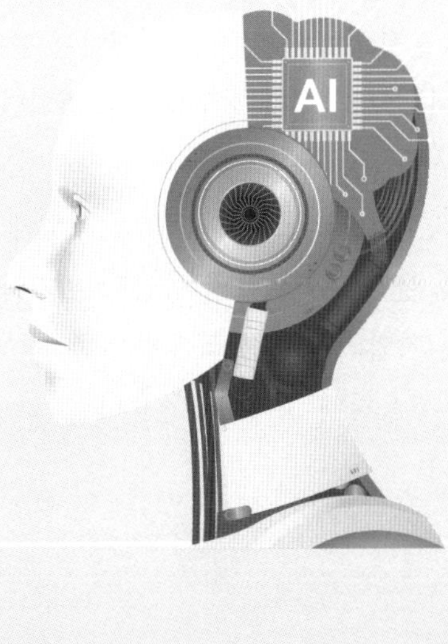

제1절 AI 제조 혁신과 스마트 팩토리의 부상

지난 수십 년 동안 제조업은 끊임없는 혁신을 통해 생산성 향상과 품질 개선을 이끌어 왔다. 그러나 오늘날의 제조 환경은 과거와는 전혀 다른 도전에 직면해 있다. 소비자들은 개성과 다양성을 반영한 맞춤형 제품을 요구하고, 글로벌 공급망은 불확실성과 변동성 속에서 언제든 흔들릴 수 있다. 이러한 변화는 기존의 단순한 대량생산 패러다임을 넘어서는 새로운 해법이 필요하다. 바로 이 지점에서 AI는 제조업의 패러다임을 전환할 혁신적인 대안으로 등장했다. AI는 IoT, 빅데이터 기술과 결합하여 생산의 전 과정을 지능적으로 연결하고, 스스로 판단하며 최적의 결정을 내리는 스마트 팩토리(Smart Factory) 시대를 열며, 4차 산업혁명의 중심에서 제조업의 미래를 새롭게 정의하고 있다.

1 새로운 산업혁명의 서막, 제조업의 디지털 전환

우리가 매일 사용하는 스마트폰부터 거대한 항공기에 이르기까지, 제조업은 현대 사회를 지탱하는 중요한 기둥 중 하나이다. 수십 년간 제조업의 목표는 명확했다. 더 빠르고, 더 저렴하게, 더 좋은 품질의 제품을 대량으로 생산하는 것이다. 1차 산업혁명은 증기기관을 통한 기계화로 대량생산의 기반을 마련했고, 2차 산업혁명은 전기화를 통해 생산라인을 정교화하여 생산량과 품질을 동시에 향상했다. 이어 3차 산업혁명은 정보기술을 도입해 자동화와 디지털화를 실현함으로써, 설계·생산·관리의 전 과정을 효율적으로 통합했다. 컨베이어 벨트로 대표되는 2차 산업혁명과 컴퓨터 기반 자동화 중심의 3차 산업혁명을 거치면서 제조업은 눈부신 발전을 이루었지만, 오늘날 시장의 요구는 점점 더 복잡해지고 있다. 고객들은 더 이상 똑같은 모양의 제품에 만족하지 않고, 자신만의 개성이 담긴 맞춤형 제품을 원하기 시작했다. 또한, 예측 불가능한 글로벌 공급망 위기와 급변하는 시장 수요에 신속하게 대응하는 능력은 기업의 생존을 좌우하는 핵심 과제가 되었다.

이러한 시대적 요구에 부응하며 등장한 것이 바로 4차 산업혁명과 그 핵심인 디지털 전환(Digital Transformation)이다. 디지털 전환이란 단순히 공장에 컴퓨터를 도입하는 수준을 넘어, 기업의 제조 공정, 조직, 비즈니스 모델 전반에 AI, 사물인터넷(IoT), 빅데이터와 같은 디지털 기술을 깊숙이 접목하여 완전히 새로운 가치를 창출하는 것을 의미한다. 특히 제조업에서의 디지털 전환은 스마트 팩토리라는 구체적인 형태로 나타나고 있다. 이는 단순히 생산라인을 자동화하는 것을 넘어, 생산의 전 과정을 지능화하여 스스로 판단하고 최적의 결정을 내리는 공장을 만드는 거대한 변화의 시작이다.

이러한 변화의 중심에는 '사이버-물리 생산 시스템(Cyber-Physical Production Systems, CPPS)'이라는 개념이 자리 잡고 있다([그림 7-1] 참조). CPPS는 물리 세계(Physical World)와 사이버 세계(Cyber World)가 긴밀하게 연결되어 실시간으로 상호작용을 하는 지능형 생산 체계이다. 물리 세계에서는 부품 상태, 공정 상태, 기계 상태 등 다양한 데이터가 센서를 통해 수집된다. 이 데이터는 사이버 세계로 전송되어 데이터베이스와 (자기 최적화) 모델을 기반으로 분석·처리된다. 사이버 세계의 계획·제어 시스템은 현재 상태 분석, 자율적 조직화, 신속한 대응, 실시간 처리 등 다양한 기능을 수행하며, 분석 결과를 '명목 데이터(Nominal Data)' 형태로 다시 물리 세계에 전달한다. 이렇게 함으로써 기계와 공정은 지속적으로 최적화되고, 변화하는 환경 영향에도 유연하게 적응할 수 있다. 결국 CPPS는 물리적 생산 자원과 디지털 정보 처리 능력을 융합하여, 경직된 전통 생산 방식을 넘어 유연하고 지능적인 스마트 팩토리 구현을 가능하게 하는 핵심 인프라라 할 수 있다.

• 그림 7-1 사이버-물리 생산 시스템(Cyber-Physical Production System)의 개념

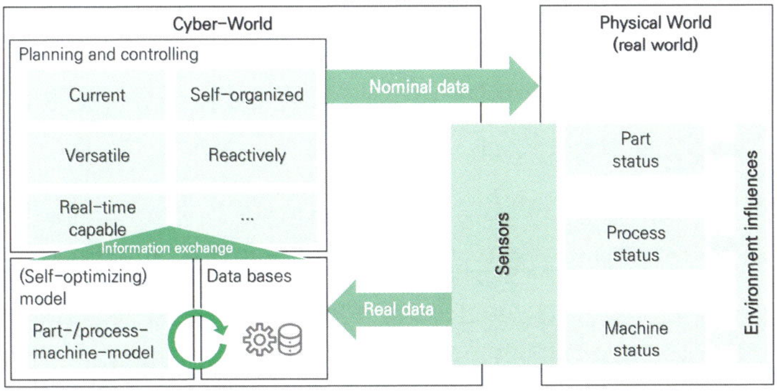

출처: Imkamp, D., Berthold, J., Heizmann, M., et al.(2016)

2 스마트 팩토리란 무엇인가?

스마트 팩토리는 더 이상 영화 속에나 등장하는 미래의 모습이 아니다. 이미 세계 유수의 제조기업들은 스마트 팩토리를 구축하며 생산성의 한계를 뛰어넘고 있다. 그렇다면 스마트 팩토리는 기존의 자동화 공장과 무엇이 다를까? 가장 큰 차이점은 '지능'과 '연결성'에 있다. 과거의 공장이 정해진 프로그램에 따라 반복적인 작업을 수행하는 데 그쳤다면, 스마트 팩토리는 공장 내 모든 요소가 유기적으로 연결되어 데이터를 주고받고, AI의 도움을 받아 상황을 스스로 인지하고 판단하며, 최적의 생산 활동을 수행한다.

스마트 팩토리의 구성요소를 좀 더 자세히 살펴보면 크게 세 가지 계층으로 나눌 수 있다. 첫 번째는 현장 계층(Shop Floor Layer)이다. 이 계층은 제품이 실제로 만들어지는 공간으로, 다양한 센서, 로봇, 공작 기계, 그리고 작업자가 함께 활동하는 곳이다. 현장에 있는 모든 장비와 기계는 산업용 사물인터넷(Industrial Internet of Things, IIoT) 기술을 통해 서로 연결되어 있다. 덕분에 기계의 온도, 진동, 압력과 같은 상태 정보부터 생산량, 불량률 등과 같은 공정 데이터까지 모든 정보가 실시간으로 수집된다. 이러한 데이터는 다음 단계인 플랫폼 계층으로 전송되어 분석의 기초 자료가 된다.

두 번째는 플랫폼 계층(Platform Layer)이다. 현장에서 수집된 방대한 데이터는 클라우드나 엣지 컴퓨팅 환경으로 전송되어 저장되고 처리된다. 이 계층에서는 빅데이터 분석 기술과 AI 알고리즘이 활용되어, 데이터 속에서 의미 있는 패턴이나 이상 징후를 찾아낸다. 예를 들어, 특정 기계에서 발생하는 미세한 진동 변화를 분석하여 고장이 발생하기 전에 이를 예측하는 예측 유지보수(Predictive Maintenance)가 가능해진다. 이렇게 분석된 정보는 생산 공정의 안정성과 효율성을 높이는 데 중요한 역할을 한다.

마지막으로 애플리케이션 계층(Application Layer)이 있다. 이 계층에서는 플랫폼 계층에서 분석한 결과를 바탕으로 작업자, 관리자, 혹은 기계 자체가 즉각 활용할 수 있는 형태의 정보가 제공된다. 예를 들어, 품질 관리에 활용되는 AI 시스템은 카메라로 촬영한 제품 이미지를 분석하여 맨눈으로는 구별하기 어려운 미세한 불량을 자동으로 검출한다. 예측 유지보수 시스템은 특정 부품의 교체 시기를 작업자의 태블릿이나 스마트폰으로 알려준다. 또한 생산 계획 시스템은 실시간 수요 변화와 공장 내 상황을 반영해 가장 효율적인 생산 일정을 자동으로 조정한다.

이처럼 스마트 팩토리는 데이터 수집-분석-활용이 유기적으로 연결된 지능형 시스템이다. 이러한 구조 덕분에 기업은 생산성과 효율성을 극대화하고, 변화하는 시장과 생산 환경에 유연하게 대응할 수 있다. 특히, 각 계층이 독립적으로 기능하면서도 서로 긴밀하게 연계되어 있다는 점은 미래 제조업의 경쟁력을 결정짓는 핵심 요소라 할 수 있다.

3 스마트 팩토리를 움직이는 핵심 기술

스마트 팩토리라는 거대한 시스템이 원활하게 작동하기 위해서는 여러 핵심 기반 기술들의 조화가 필수적이다. 이 기술들은 마치 우리 몸의 신경망처럼 공장 전체를 촘촘하게 연결하고 지능적으로 움직이게 하는 역할을 한다. 이러한 핵심 기술들의 개념과 역할을 이해하는 것은 미래 제조업의 변화를 파악하는 데 매우 중요하다.

첫 번째 핵심 기술은 사물인터넷(Internet of Things, IoT)이다. IoT는 공장 안의 모든 사물, 즉 기계, 설비, 부품, 심지어 작업자가 착용한 웨어러블 기기까지 인터넷으로 연결하여 서로 데이터를 주고받게 하는 기술이다. 과거에는 따로따로 움직이던 공장의 구성 요소들이 IoT를 통해 하나의 거대한 네트워크로 통합된다. 이를 통해 생산 현장에서 일어나는 모든 상황을 실시간으로, 그리고 아주 상세하게 파악할 수 있게 된다. 예를 들어, 수만 개의 부품 중 하나라도 잘못된 위치에 놓이면 즉시 시스템이 이를 감지하고 경고를 보낼 수 있다. 이처럼 IoT는 스마트 팩토리의 감각 기관과 같은 역할을 하며, 모든 지능화의 출발점이 되는 자료를 수집하는 가장 기본적인 인프라이다.

두 번째 기술은 빅데이터(Big Data)이다. IoT를 통해 수집된 데이터는 그 양이 엄청나게 방대하다. 기계 센서 데이터, 생산 이력 데이터, 품질 검사 이미지 데이터 등을 모두 합치면 기존의 방식으로는 처리하기 어려운 수준에 이른다. 빅데이터 기술은 이렇게 방대한 데이터를 효율적으로 저장, 관리, 그리고 분석하는 모든 기술을 포함한다. 스마트 팩토리에서는 빅데이터 분석을 통해 과거에는 발견하지 못했던 새로운 패턴과 인사이트를 얻을 수 있다. 예를 들어, 특정 원자재의 성분과 최종 제품의 불량률 사이의 미묘한 상관관계를 분석하여 원자재 입고 단계에서부터 품질을 관리하는 것이 가능해진다. 빅데이터는 스마트 팩토리의 두뇌가 올바른 판단을 내릴 수 있도록 풍부한 정보를 제공하는 역할을 한다.

세 번째 핵심 기술은 바로 AI이다. 빅데이터 분석을 통해 패턴을 발견했다면, AI는 한 걸음 더 나아가 스스로 학습하고 예측하며, 최적의 대안을 제시하는 역할을 한다. 머신러닝, 딥러닝과 같은 AI 알고리즘은 복잡한 데이터 속에서 인간이 미처 파악하지 못하는 고차원적인 관계를 학습한다. 이를 통해 수요 예측, 불량 원인 분석, 공정 최적화, 예측 유지보수 등 제조업의 핵심 난제들을 해결할 수 있다. 예를 들어, AI는 과거의 설비 고장 데이터와 실시간 센서 데이터를 학습하여, 특정 설비가 앞으로 몇 시간 후에 고장 날 확률이 높은지를 예측하고 미리 대응할 수 있도록 돕는다. AI는 스마트 팩토리의 중추 신경계로서, 데이터를 기반으로 합리적인 의사결정을 내리고 공장 전체를 지능적으로 제어하는 핵심적인 임무를 수행한다. 이 외에도 가상 공간에 현실과 똑같은 공장을 만들어 시뮬레이션하는 디지털 트윈(Digital Twin), 데이터를 중앙 서버가 아닌 현장 가까이에서 처리하여 반응 속도를 높이는 엣지 컴퓨팅(Edge Computing) 등 다양한 기술들이 조화를 이루며 스마트 팩토리를 완성해 나가고 있다.

스마트 팩토리의 구현은 단순한 개념적 논의에 머물지 않고 실제 산업 현장에서 빠르게 구체화되고 있다. 예를 들어, 현대자동차와 기아는 최근 AI와 디지털 트윈을 기반으로 한 미래형 스마트 공장을 공개하며 전기차 생산 원가 절감과 품질 혁신 가능성을 보여주었다. 이처럼 스마트 팩토리는 단순 자동화를 넘어, 데이터 기반의 지능형 제조 패러다임으로 진화하고 있음을 확인할 수 있다.

이러한 변화는 글로벌 제조업계에서도 활발히 확산되고 있다. 대표적인 사례로 지멘스(Siemens)가 있다. 지멘스는 '지멘스 엑셀러레이터(Siemens Xcelerator)'라는 개방형 디지털 플랫폼을 통해 기업별 상황에 최적화된 맞춤형 디지털 트윈 솔루션을 제공하고 있다. 이를 활용하면 대규모 제조기업은 생산라인 전체를 디지털 트윈으로 구현하여 장애 예측과 예방 정비를 강화할 수 있으며, 중소기업은 제품 설계 단계에서 시뮬레이션을 통해 불량률을 줄이고 개발 비용을 절감할 수 있다.

현대차·기아의 미래 공장과 지멘스 엑셀러레이터의 사례는 스마트 팩토리가 국내외를 막론하고 제조업 혁신의 핵심 전략으로 자리 잡고 있음을 보여준다. 즉,

스마트 팩토리는 개별 기업의 비용 절감과 품질 향상뿐만 아니라, 글로벌 제조 경쟁력 강화와 산업 생태계 전반의 디지털 전환을 이끄는 촉매 역할을 하고 있다.

제2절 에이전트 AI를 넘어 피지컬 AI 시대로

지금까지의 AI가 생산 현장에서 수집된 방대한 데이터를 분석하고 예측하며 보이지 않는 곳에서 의사결정을 돕는 두뇌의 역할을 했다면, 이제 AI는 물리적인 몸을 갖기 시작했다. 효율성만을 강조했던 인더스트리 4.0을 넘어, 인간과의 협력을 중시하는 인더스트리 5.0 시대가 도래하면서, AI는 디지털 세계에만 머물지 않고 현실 세계와 직접 상호작용하는 피지컬 AI로 진화하고 있다. 피지컬 AI는 로보틱스 기술과 만나 인간과 같은 공간에서 협업하며, 제조업 혁신을 분석과 예측의 차원을 넘어 실제 실행의 영역으로 이끌고 있다.

1 정보 처리 중심의 에이전트 AI와 제조업의 도약

4차 산업혁명의 물결 속에서 제조업은 AI를 만나 눈부신 발전을 거듭해왔다. 특히 이 시기를 이끌었던 AI의 모습을 우리는 에이전트 AI(Agent AI) 또는 정보 처리 중심 AI라고 부를 수 있다. 에이전트 AI는 이름에서 알 수 있듯이, 디지털 세계에 존재하는 대리인(Agent)처럼 정보를 처리하고 분석하여 인간의 의사결정을 돕는 데 특화된 AI를 말한다. 이 AI의 주된 활동 무대는 물리적인 생산 현장 그 자체가 아니라, 생산 현장에서 수집된 방대한 데이터를 담고 있는 컴퓨터와 서버 내부였다. 에이전트 AI는 마치 뛰어난 데이터 분석가나 전략가처럼, 보이지 않는 데이터의 흐름 속에서 가치를 찾아내는 임무를 수행했다.

에이전트 AI가 제조업에서 활약한 대표적인 분야는 수요 예측, 생산 계획 최적화, 그리고 예측 유지보수이다. 예를 들어, 과거의 판매 데이터, 시장 트렌드, 심지어 날씨와 같은 외부 데이터까지 종합적으로 분석하여 미래의 제품 수요를 높은 정확도로 예측했다. 덕분에 기업은 불필요한 재고를 줄이고 기회 손실을 최소화할 수 있었다. 또한, 수백 개의 공정과 수천 개의 부품이 얽힌 복잡한 생산라인에서 어떤 순서로 작업을 배정해야 전체 생산 시간이 가장 짧아질지를 계산하는 최적화 문제도 에이전트 AI의 단골 과제였다. 기계의 센서 데이터를 실시간으로 분석하여 고장 징후를 미리 발견하고 유지보수 시점을 알려주는 예측 유지보수 역시 에이전트 AI가 없었다면 불가능했을 혁신이다.

이처럼 에이전트 AI는 제조업의 두뇌 역할을 하며 생산성과 효율성을 극대화하는 데 크게 이바지했다. 데이터 기반의 객관적인 의사결정을 가능하게 함으로써, 과거 관리자의 경험이나 직관에 의존하던 방식을 과학적이고 체계적인 방식으로 바꾸어 놓았다. 하지만 에이전트 AI에게는 명확한 한계가 있다. 그것은 바로 물리적인 세계에 직접 개입할 수 없다는 점이다. 아무리 뛰어난 분석 결과를 내놓아도, 결국 그 결과를 실행에 옮기는 것은 인간 작업자나 별도의 자동화된 기계의 몫이다. AI의 판단과 실제 생산 현장의 행동 사이에는 여전히 틈이 존재했다. 이러한 한계를 극복하고 AI가 디지털 세계를 넘어 물리적 세계로 그 영향력을 확장하려는 움직임이 나타나면서, 제조업은 새로운 시대로의 전환을 맞이하게 된다.

2 인더스트리 5.0과 피지컬 AI의 등장

인더스트리 4.0이 생산성과 효율성 극대화에 초점을 맞추었다면, 최근 대두되는 인더스트리 5.0(Industry 5.0)은 그 가치의 중심을 인간으로 옮겨온다. 인더스트리 5.0은 기술이 인간을 대체하는 것이 아니라, 인간의 능력을 보완하고 강화하여 인간과 기술이 함께 협력하는 산업 환경을 지향한다. 이 새로운 패러다임은 단순히 효율적인 공장을 넘어, 일하는 사람이 행복하고, 사회와 환경에 이바지하며, 예측 불가능한 위기에도 흔들리지 않는 인간 중심(Human-centric), 지속가능성(Sustainability), 그리고 회복탄력성(Resilience)을 핵심 가치로 삼는다.

이러한 인더스트리 5.0의 비전을 현실로 만들기 위해 등장한 AI가 바로 피지컬 AI(Physical AI) 또는 물리적 상호작용 중심 AI이다. 피지컬 AI는 기존의 에이전트 AI가 지녔던 한계, 즉 디지털 세계에만 머물렀던 것에서 벗어나, 로보틱스, 센서,

액추에이터 기술과 결합하여 현실 세계의 물리적 객체와 직접 상호작용하고 실제 작업을 수행하는 AI를 의미한다. 피지컬 AI는 더 이상 단순한 분석가나 조언자가 아니다. 스스로 보고, 듣고, 움직이며 인간과 같은 공간에서 물리적인 과업을 함께 수행하는 동료가 되는 것이다.

피지컬 AI의 가장 대표적인 형태는 '협동 로봇(Collaborative Robot, Cobot.)'이다. 과거의 산업용 로봇이 안전상의 이유로 인간과 철저히 분리된 공간에서만 작업했던 것과 달리, 협동 로봇은 정교한 센서와 AI 기술을 통해 인간의 움직임을 실시간으로 감지하고 충돌을 피하며 같은 공간에서 안전하게 협업할 수 있다. 예를 들어, 인간 작업자가 무거운 부품을 들면 협동 로봇이 옆에서 함께 들어주거나, 정밀한 조립이 필요한 부분은 인간이 맡고 나사를 조이는 반복적인 작업은 협동 로봇이 수행하는 식의 협력이 가능해진다. 이는 인간을 위험하고 단조로운 노동에서 해방하고, 인간이 가진 창의성과 문제 해결 능력에 더 집중할 수 있도록 돕는다.

피지컬 AI의 등장은 AI의 역할에 대한 근본적인 인식 전환을 요구한다. 이제 AI는 단순히 계산을 잘하는 도구가 아니라, 인간의 신체적, 인지적 능력을 확장하고 우리와 함께 물리적 세계를 만들어가는 파트너로 진화하고 있다. 이러한 변화는 제조업 현장의 풍경을 바꾸는 것을 넘어, 일의 본질과 인간과 기술의 관계를 재정의하는 거대한 흐름의 일부라고 할 수 있다.

3 피지컬 AI가 이끄는 제조업의 미래

에이전트 AI의 분석 능력과 피지컬 AI의 실행 능력이 결합하면서 미래 제조업은 과거와는 완전히 다른 모습으로 진화하고 있다. 특히 자율 생산(Autonomous Production)과 초개인화 맞춤형 제조(Hyper-personalized Manufacturing)는 피지컬 AI가 이끌어갈 제조업의 가장 중요한 미래상이다. 이러한 변화는 단순히 생산 방식의 혁신을 넘어, 기업의 비즈니스 모델과 가치사슬 전체에 근본적인 변화를 불러올 것으로 예상된다.

자율 생산은 말 그대로 인간의 개입을 최소화하고 생산 시스템이 스스로 전체 공정을 조율하고 실행하는 것을 의미한다. 이는 단순히 몇몇 공정을 자동화하는 수준을 넘어선다. 공장 전체가 하나의 거대한 유기체처럼 움직이는 것을 상상해볼 수 있다. 예를 들어, 새로운 주문이 들어오면 AI가 즉시 최적의 생산 계획을 수립하고, 자율주행 로봇(Autonomous Mobile Robot, AMR)이 필요한 부품을 정확한 시간에 생산라인으로 운반한다. 생산라인에서는 수많은 협동 로봇과 지능형 기계들이 피지컬 AI의 제어하에 정밀하게 부품을 조립하고 검사한다. 만약 공정 중에 예상치 못한 문제가 발생하면, 시스템은 스스로 문제를 진단하고 생산 계획을 실시간으로 수정하여 생산 차질을 최소화한다. 이 모든 과정에서 인간은 직접적인 생산 활동보다는 전체 시스템을 감독하고, 예외적인 상황에 대한 최종 의사결정을 내리거나, 새로운 생산 방식을 설계하는 등 더 창의적이고 고차원적인 역할을 수행하게 된다.

초개인화 맞춤형 제조는 고객 한 사람 한 사람의 요구에 완벽하게 맞춰진 제품을 대량 생산과 비슷한 비용 및 속도로 만들어내는 것을 목표로 한다. 과거에는 맞춤형 제품을 만들려면 많은 시간과 비용이 필요했지만, 피지컬 AI 시대에는 이것이 가능해진다. 고객이 온라인으로 자신이 원하는 디자인, 기능, 색상을 조합하여 제품을 주문하면, 그 정보가 즉시 스마트 팩토리로 전송된다. 공장에서는 디지털 트윈 기술을 통해 주문된 제품을 가상으로 먼저 시뮬레이션해 보고, 피지컬 AI 기반의 유연한 생산라인이 주문에 맞춰 즉시 재구성된다. 로봇들은 각각의 주문에 맞는 부품을 조립하고, 3D 프린팅과 같은 적층 제조(Additive Manufacturing) 기술이 복잡한 맞춤형 부품을 즉석에서 생산해 낸다.

이처럼 피지컬 AI는 제조업의 패러다임을 '소품종 대량생산'에서 '다품종 맞춤형 생산'으로, 나아가 '초개인화 대량생산'으로 바꾸는 핵심 동력이 될 것이다. 이는 단순히 기술의 발전을 넘어, 생산자와 소비자의 관계를 재정의하고, 재고 없는 생산(Zero-inventory Production)을 가능하게 하며, 자원의 낭비를 줄이는 지속 가능한 생산 체계를 구축하는 데에도 크게 이바지할 것이다.

제3절 AI 기반 지능형 생산 시스템 구축 및 운영

스마트 팩토리라는 청사진을 현실로 구현하기 위해서는 AI 기술을 생산 현장의 구체적인 문제 해결에 접목하는 과정이 필수적이다. AI는 어떻게 수많은 공정의 변수들을 최적화하여 최고의 효율을 끌어낼까? 수십 년 경력 전문가의 눈을 뛰어넘는 정밀함으로 불량을 찾아내는 비결은 무엇일까? 또한, 어떻게 기계가 고장 나기 전에 예측하여 생산라인의 멈춤을 방지할 수 있을까? 이 절에서는 공정 최적화, 지능형 품질 검사, 예측 유지보수라는 세 가지 핵심 영역을 중심으로, AI가 제조업의 심장부인 생산 시스템을 얼마나 더 똑똑하고, 안정적이며, 효율적으로 만드는지 구체적인 원리와 사례를 통해 살펴본다.

1 AI 기반 공정 최적화 및 수요 예측

제조업의 심장은 바로 생산 공정이다. 원자재가 투입되어 여러 단계를 거쳐 최종 제품으로 완성되기까지의 모든 과정이 얼마나 효율적으로 운영되느냐에 따라 기업의 경쟁력이 결정된다. 전통적으로 공정 최적화는 숙련된 엔지니어의 경험과 직관에 의존하거나, 복잡한 수학적 모델을 통해 일부 구간에서만 제한적으로 이루어졌다. 하지만 AI 기술의 등장은 생산 공정 전체를 하나의 유기적인 시스템으로 보고, 실시간 데이터를 기반으로, 동적으로 최적화하는 것을 가능하게 만들었다. 이는 마치 우리 몸의 혈관 곳곳을 실시간으로 감시하며 혈액 순환을 최적화하는 것과 같다.

AI 기반 공정 최적화의 핵심은 데이터와 학습이다. 스마트 팩토리의 수많은 센서로부터 수집되는 기계의 작동 상태, 에너지 소비량, 작업 시간, 부품의 이동 경로 등 방대한 데이터를 AI 모델이 학습한다. AI는 이 데이터를 통해 각 공정 단계 간의 복잡한 상호 연관성을 파악하고, 전체 생산성을 저해하는 병목 현상(bottleneck)이나 비효율적인 부분을 정확히 찾아낸다. 예를 들어, 특정 기계의 작업 속도를 10% 높이는 것이 다음 공정에 과부하를 주어 오히려 전체 생산량을 떨어뜨릴 수 있다는 사실을 AI는 데이터를 통해 발견하고, 모든 공정을 고려한 최적의 작업 속도를 제시할 수 있다. 이러한 최적화는 생산량 증대뿐만 아니라 에너지 효율 개선, 원자재 낭비 감소 등 다양한 측면에서 이루어진다.

공정 최적화의 출발점은 정확한 수요 예측에 있다. 아무리 생산라인이 최적화되어 있더라도, 시장에서 팔리지 않을 제품을 과도하게 생산하면 재고 비용만 쌓이게 된다. 반대로 수요가 많은 제품을 제때 생산하지 못하면 판매 기회를 놓치게 된다. AI는 과거 판매 데이터, 계절적 요인, 시장 트렌드, 경쟁사 동향, 심지어 소셜 미디어 데이터까지 분석하여 기존의 통계적 방법보다 훨씬 정교한 수요 예측 모델을 만든다. 이렇게 예측된 수요 정보는 생산 계획의 가장 중요한 기초 자료가 되며, 이를 바탕으로 AI는 필요한 원자재의 양과 투입 시점, 각 생산라인의 가동률 등을 자동으로 계산하여 가장 효율적인 생산 계획을 수립한다. 실시간으로 변하는 시장 상황에 맞춰 생산 계획을 동적으로 수정하는 것 또한 AI의 중요한 역할이다. 이처럼 AI 기반의 수요 예측과 공정 최적화는 기업이 불확실한 시장 환경에 민첩하게 대응하고, 최소한의 자원으로 최대의 가치를 창출하는 린(Lean) 생산을 넘어 지능형 생산으로 나아가는 핵심적인 단계라 할 수 있다.

2 컴퓨터 비전 기반 지능형 품질 검사

제품의 품질은 기업의 신뢰도와 직결되는 매우 중요한 요소이다. 아무리 생산 속도가 빨라도 불량품이 섞여 나온다면 고객의 신뢰를 잃고 막대한 손실을 보게 된다. 전통적인 품질 검사는 숙련된 검사원이 맨눈으로 제품의 흠집, 이물질, 조립 불량 등을 확인하는 방식으로 이루어졌다. 하지만 이 방식은 검사원의 컨디션이나 숙련도에 따라 검사 결과의 일관성이 떨어지고, 장시간 반복 작업으로 인한 피로도로 실수가 발생할 가능성이 높다는 한계를 지니고 있다. 또한, 제품이 점점 더 작고 정밀해지면서 인간의 눈으로는 확인하기 어려운 미세한 결함을 찾아내는 데에도 어려움이 있다.

이러한 문제를 해결하기 위해 등장한 기술이 바로 컴퓨터 비전(Computer Vision) 기반의 지능형 품질 검사 시스템이다. 컴퓨터 비전은 AI가 카메라와 같은 시각 센서를 통해 이미지를 보고 인간처럼 객체를 인식하고 상태를 판단하게 하는 기술이다. 생산라인에 설치된 고해상도 카메라는 컨베이어 벨트를 지나가는 모든 제품을 쉼 없이 촬영하고, 이 이미지 데이터는 AI 모델로 전송된다. 수십만 장의 정상 제품 이미지와 다양한 유형의 불량 제품 이미지를 학습한 AI 모델은 마치 수십 년 경력의 베테랑 검사원처럼, 실시간으로 전송되는 이미지를 보고 제품의 정상 여부를 0.1초도 안 되는 짧은 시간에 판별해 낸다. 이는 수백, 수천 명의 검사원이 동시에 모든 제품을 꼼꼼히 검사하는 것과 같은 효과를 낸다.

AI 기반 지능형 품질 검사의 가장 큰 장점은 객관성과 일관성이다. AI는 피로나 감정에 영향을 받지 않으므로 24시간 내내 동일한 기준으로 정확하게 불량을 판별할 수 있다. 또한, 딥러닝 기술의 발전으로 인간의 눈으로는 구별하기 힘든 미세한 색상 차이, 패턴의 불규칙성, 내부의 균열까지도 감지할 수 있게 되었다. 예를 들어, 반도체 웨이퍼 표면의 나노미터 단위 흠집이나, 디스플레이 패널의 미세한 픽셀 불량도 AI는 놓치지 않는다. 불량이 발견되면 시스템은 즉시 해당 제품을 라인에서 자동으로 분리하고, 어떤 유형의 불량인지, 어느 공정에서 발생했는지를 데이터로 기록한다. 이렇게 축적된 불량 데이터는 다시 AI에 의해 분석되어 불량의 근본 원인을 찾아내고 재발을 방지하는 데 활용된다. 이는 단순히 불량품을 골라내는 사후 처리를 넘어, 불량 발생 자체를 예방하는 사전 예방 품질 관리로의 전환을 의미하며, 무결점 생산(Zero Defect)을 향한 중요한 발걸음이라 할 수 있다.

3 머신러닝 기반 예측 유지보수

공장의 생산라인이 예고 없이 멈추는 가동 중단(Downtime)은 제조업체에 두려운 시나리오 중 하나이다. 기계 한 대의 고장은 연쇄적으로 다른 공정의 중단을 야기하고, 이는 막대한 생산 손실과 납기 지연으로 이어지기 때문이다. 이러한 다운타임을 막기 위해 기업들은 다양한 유지보수 전략을 사용해 왔다. 고장이 난 후에 수리하는 사후 유지보수(Breakdown Maintenance)는 손실이 너무 크고, 고장 여부와 상관없이 주기적으로 부품을 교체하는 예방 유지보수(Preventive Maintenance)는 아직 수명이 남은 부품까지 교체하게 되어 비용 낭비가 심하다는 단점이 있다.

이러한 전통적인 유지보수 방식의 한계를 극복하기 위해 등장한 것이 바로 머신러닝(Machine Learning) 기반의 예측 유지보수이다. 예측 유지보수는 기계가 언제 고장 날지를 예측하고, 꼭 필요한 시점에 유지보수를 수행하는 가장 진보된 형태의 유지보수 전략이다. 이는 마치 의사가 환자의 건강 데이터를 지속적으로 모니터링하여 질병을 조기에 진단하고 예방하는 것과 유사하다. 기계에 부착된 진동, 온도, 압력, 소음 센서 등은 기계의 건강 상태를 나타내는 활력 징후(Vital Signs)를 실시간으로 수집한다.

머신러닝 모델, 특히 시계열 데이터 분석에 강점이 있는 알고리즘들은 이 센서 데이터를 학습하여 기계의 정상 상태 패턴을 익힌다. 그러고 나서 실제 운영 중에 수집되는 데이터와 학습된 정상 패턴을 비교하여 미세한 이상 징후(Anomaly)를 감지한다. 예를 들어, 베어링의 진동 주파수가 평소와 다른 미세한 패턴을 보이기 시작하면, AI는 이것이 수십 시간 후에 발생할 베어링 파손의 전조 증상임을 알아챈다. 더 나아가, AI는 과거의 고장 데이터와 부품의 수명주기 데이터를 종합적으로 분석하여, 특정 부품의 잔여 유효 수명(Remaining Useful Life, RUL)을 예측할 수 있다. "이 부품은 앞으로 약 50시간 후에 고장 날 확률이 95%이다"와 같은 구체적인 예측 정보를 제공하는 것이다.

이러한 예측 정보를 바탕으로, 유지보수팀은 가장 적절한 시점에 부품 교체나 수리를 계획할 수 있다. 이는 불필요한 부품 교체 비용을 줄이는 동시에, 갑작스러운 고장으로 인한 생산 중단을 원천적으로 차단하는 효과를 가져온다. 결과적으로 기업은 유지보수 비용을 최적화하고, 설비의 가용성을 극대화하며, 생산 계획의 안정성을 높일 수 있다. 예측 유지보수는 AI 기술이 단순히 생산 공정을 넘어 설비 관리라는 영역까지 혁신하며, 스마트 팩토리의 안정적이고 효율적인 운영을 뒷받침하는 핵심적인 기술이라고 할 수 있다.

제4절 인간과 AI의 공존: 인간-로봇 협업과 윤리

AI와 로봇이 생산 현장의 핵심 요소로 자리 잡으면서, 많은 사람들은 일자리에 대한 불안감을 느끼기도 한다. 하지만 기술 발전의 진정한 목표는 인간을 대체하는 것이 아니라, 인간의 능력을 강화하고 더 가치 있는 일에 집중하도록 돕는 것이다. 이 절에서는 위험한 안전 펜스를 허물고 인간과 로봇이 함께 일하는 '인간-로봇 협업(Human-Robot Collaboration, HRC)'의 현장을 살펴본다. 나아가 AI 시대에 인간의 역할은 어떻게 변화해야 하는지, 그리고 기술의 그림자인 안전, 보안, 사회적 합의의 문제를 해결하고 인간 중심의 지속 가능한 AI 제조 생태계를 만들기 위해 어떤 윤리적 과제들을 고민해야 하는지 심도 있게 논의한다.

1 인간-로봇 협업(HRC)의 부상

과거 공장의 풍경을 떠올려보면, 거대한 산업용 로봇들은 튼튼한 안전 펜스 안에 격리되어 인간의 접근이 엄격히 통제된 채로 움직였다. 로봇은 강력한 힘과 빠른 속도로 용접이나 도색과 같은 위험한 작업을 대신했지만, 그만큼 인간에게는 위협적인 존재였기 때문이다. 인간과 로봇은 각자의 공간에서 서로 분리된 채 일하는 것이 당연하게 여겨졌다. 하지만 인더스트리 5.0 시대가 도래하면서, 이러한 인간과 로봇 사이의 보이지 않는 칸막이가 허물어지기 시작했다. 그 중심에는 HRC라는 새로운 개념이 있다.

HRC는 인간과 로봇이 단순히 같은 공간을 공유하는 것을 넘어, 공동의 목표를 달성하기 위해 서로의 작업을 보완하고 긴밀하게 상호작용을 하는 것을 의미한다. 이를 가능하게 한 것이 바로 앞서 살펴본 협동 로봇이다. 협동 로봇은 AI 기반의 첨단 센서 기술과 제어 알고리즘을 탑재하여, 작업자의 움직임을 실시간으로 감지하고 예측하며 충돌 위험이 있으면 즉시 동작을 멈추거나 속도를 조절할 수 있다. 덕분에 인간 작업자는 안전 펜스 없이도 로봇과 나란히 서서 안심하고 작업할 수 있게 되었다.

최근 협동 로봇은 제조업을 넘어 서비스업 전반으로 빠르게 확산하고 있다. 제조 현장에서는 정밀 용접이나 반복 조립을 로봇이 수행하는 동안, 근로자는 공정 관리와 품질 점검에 집중한다. 의료 분야에서는 수술 지원 로봇이 의사의 손길을 정밀하게 보조하여 수술 성공률을 높이고, 음식점에서는 요리 로봇이 단순 조리를 맡아 셰프가 새로운 메뉴 개발과 고객 응대에 더 많은 시간을 할애할 수 있도록 한다. 심지어 전기차 충전소에서도 협동 로봇이 무거운 케이블을 자동으로 연결해 안전성과 편의성을 동시에 높이고 있다.

HRC의 가장 큰 가치는 인간과 로봇 각각의 장점을 극대화하여 시너지를 창출하는 데 있다. 로봇은 무거운 물건을 들거나, 수천 번의 나사를 조이는 것과 같은 반복적이고 육체적으로 힘든 작업을 지치지 않고 정확하게 수행한다. 반면, 인간은 복잡한 상황을 판단하고, 예상치 못한 문제에 창의적으로 대응하며, 섬세한 손재주가 필요한 정밀한 작업을 수행하는 데 강점이 있다. 예를 들어, 자동차 조립 라인에서 작업자가 복잡한 배선 작업을 하는 동안 협동 로봇은 옆에서 무거운 차 문을 안정적으로 잡아주는 역할을 할 수 있다. 또한, 작업자가 부품을 조립하면, 협동 로봇이 AI 비전 센서로 조립 상태를 검사하고 다음 작업자에게 전달하는 식의 유기적인 협력이 가능하다. 이러한 협업은 생산성을 높일 뿐만 아니라, 인간 작업자를 위험하고 단조로운 업무에서 해방해 육체적 부담을 줄이고 작업 만족도를 높이는 효과를 가져온다.

2 AI 시대, 인간의 새로운 역할과 직무 변화

AI와 로봇 기술이 발전하면서 많은 사람들이 자신의 일자리가 기계로 대체될 것을 우려한다. 실제로 단순 반복적인 업무는 점차 자동화될 가능성이 높다. 하지만 인더스트리 5.0이 그리는 미래는 인간이 사라진 공장이 아니다. 오히려 AI와 협력하며 더 높은 가치를 창출하는 증강된 인간(Augmented Human)이 공장의 주역이 되는 모습이다. 기술의 발전은 인간의 역할을 없애는 것이 아니라, 더 고도화되고 창의적인 방향으로 변화시키고 있다.

AI 제조 시대에 인간에게 요구되는 새로운 역할은 크게 세 가지로 요약할 수 있다. 첫째, AI 조련사(AI Trainer) 또는 AI 교사의 역할이다. AI 모델이 뛰어난 성능을 발휘하기 위해서는 양질의 데이터와 정확한 피드백을 통한 학습 과정이 필수적이다. 숙련된 인간 작업자의 노하우와 지식은 AI를 학습시키는 데 가장 훌륭한 교재가 된다. 예를 들어, 품질 검사 AI를 학습시킬 때, 어떤 것이 정상 제품이고 어떤 것이 불량인지를 판단하여 AI에게 알려주는 데이터 표기(Labeling) 작업은 인간 전문가의 역할이다. 또한, AI의 판단이 애매하거나 틀렸을 때 이를 바로잡아주고, 새로운 유형의 불량이 나타났을 때 AI가 이를 학습할 수 있도록 돕는 것도 인간의 몫이다.

둘째, AI 설명가(AI Explainer) 또는 AI 통역사의 역할이다. AI, 특히 딥러닝 모델은 종종 블랙박스(Black Box)에 비유된다. 뛰어난 결과를 내놓지만, 왜 그런 결정을 내렸는지 그 과정과 이유를 이해하기 어려운 경우가 많기 때문이다. 이 블랙박스를 열어 AI의 판단 근거를 이해하고, 이를 현장의 다른 작업자들이나 경영진에게 쉽게 설명하여 신뢰를 얻고 올바른 의사결정을 지원하는 것이 AI 설명가의 역할이다. 이는 설명가능 AI(eXplainable AI, XAI) 기술의 도움을 받지만, 최종적으로 그 의미를 해석하고 소통하는 것은 인간의 능력에 달려있다.

셋째, AI 윤리학자(AI Ethicist) 또는 AI 감독관의 역할이다. AI 시스템이 점점 더 많은 자율성을 갖게 되면서, 그 결정이 가져올 윤리적, 사회적 파장에 대한 책임 있는 관리가 중요해졌다. AI 알고리즘이 특정 그룹에 편향된 결과를 내놓지는 않는지, AI가 수집하는 데이터가 개인정보를 침해하지는 않는지, AI 시스템의 오작동으로 인한 사고 발생 시 책임은 누구에게 있는지 등을 감독하고, 윤리적인 AI 운영을 위한 지침을 수립하고 준수 여부를 감시하는 역할이 필요하다. 이는 기술적 지식뿐만 아니라 인문 사회학적 통찰력이 요구되는 매우 중요한 직무가 될 것이다. 이처럼 AI 시대의 제조업은 인간에게 새로운 기회와 역할을 제시하고 있으며, 이에 대비하기 위한 지속적인 학습과 역량 개발, 즉 리스킬링(Reskilling, 재교육)과 업스킬링(Upskilling, 향상교육)이 개인과 사회 모두에게 중요한 과제가 될 것이다.

3 기술적, 윤리적 과제: 안전, 보안, 그리고 사회적 합의

AI 제조 기술이 가져다줄 밝은 미래 이면에는 우리가 반드시 해결하고 넘어가야 할 기술적, 윤리적 과제들이 존재한다. 이러한 과제들을 신중하게 다루지 않는다면, 기술은 의도치 않은 부작용을 낳거나 사회적 갈등을 유발할 수 있다. 성공적인 AI 시대로의 전환은 단순히 기술을 개발하는 것을 넘어, 기술을 안전하고 책임감 있게 사용할 수 있는 제도적, 사회적 기반을 함께 마련하는 노력을 통해 이루어질 수 있다.

가장 먼저 고려해야 할 기술적 과제는 안전(Safety)이다. 특히 인간과 로봇이 같은 공간에서 협업하는 HRC 환경에서는 아주 작은 오작동도 큰 사고로 이어질 수 있다. 협동 로봇의 센서가 작업자의 움직임을 정확하게 인지하지 못하거나, 소프트웨어의 예기치 못한 버그로 인해 로봇이 예측 불가능한 행동을 할 가능성을 완벽하게 배제하기는 어렵다. 따라서 로봇의 동작을 제어하는 AI 알고리즘의 신뢰성과 견고성(Robustness)을 확보하는 것이 매우 중요하다. 또한, 만일의 사태에 대비한 다중 안전장치와 비상 정지 시스템을 마련하고, 국제적인 안전 표준을 준수하는 것이 필수적이다.

두 번째 과제는 보안(Security)이다. 스마트 팩토리의 모든 기기와 시스템은 네트워크로 연결되어 있다. 이러한 초연결성은 효율성을 높이는 동시에, 외부의 사이버 공격에 대한 취약성을 증가시킨다. 해커가 공장 네트워크에 침투하여 생산라인을 멈추게 하거나, 로봇을 오작동시켜 인명 피해를 유발하는 시나리오는 영화 속 이야기가 아니다. 더 교묘한 공격으로는 AI 모델을 학습시키는 데이터를 오염시켜 AI가 잘못된 판단을 내리도록 유도하는 데이터 오염 공격(Data Poisoning)이 있다. 이러한 위협에 대응하기 위해, 공장 네트워크 전체에 대한 강력한 사이버 보안 체계를 구축하고, 데이터의 수집부터 활용까지 전 과정의 무결성을 보장하는 기술을 도입하는 등의 노력이 필요하다.

마지막으로, 가장 중요하고 어려운 과제는 윤리(Ethics)와 사회적 합의(Social Consensus)를 형성하는 것이다. AI 기술 도입으로 인한 일자리 변화 문제는 가장 민감한 사회적 이슈 중 하나이다. 자동화로 인해 사라지는 일자리에 대한 사회 안전망을 어떻게 구축하고, 새로운 직무에 필요한 재교육을 어떻게 지원할 것인지에 대한 깊이 있는 사회적 논의가 필요하다. 또한, AI가 수집하는 방대한 데이터의 소유권과 활용 범위, 개인정보 보호 문제도 중요한 윤리적 쟁점이다. 작업자의 동의 없이 생산성 향상을 명목으로 개인의 생체 정보나 작업 패턴을 과도하게 감시하는 것은 심각한 인권 침해가 될 수 있다. 유럽연합(EU)의 AI 법(AI Act)과 같은 규제는 이러한 윤리적 문제에 대한 최소한의 지침을 제시하고 있다. 궁극적으로 AI 기술이 인간의 존엄성과 가치를 훼손하지 않고 사회 전체의 복리에 이바지하는 방향으로 발전하기 위해서는, 기술 전문가, 기업가, 노동자, 정부, 시민사회가 함께 참여하여 투명한 논의를 통해 사회적 합의를 만들어가는 과정이 필요하다.

토의문제

1. 1~4차 산업혁명의 변화를 비교하고, 4차 산업혁명이 제조업에서 가지는 차별성을 논의해 보자.
2. 사이버-물리 생산 시스템(CPPS)가 스마트 팩토리의 구현과 운영에서 핵심적인 이유를 설명해 보자.
3. 스마트 팩토리의 3계층 구조별 역할과 이들 간의 유기적 연계 필요성을 분석해 보자.
4. IoT, 빅데이터, AI가 스마트 팩토리에서 어떻게 상호 보완적으로 작용하는지 논의해 보자.
5. 에이전트 AI와 피지컬 AI의 특징을 비교하고, 제조 현장에서의 대표 활용 사례를 제시해 보자.
6. 인더스트리 4.0과 5.0의 차이점을 설명하고, 이러한 변화가 제조업에 미치는 영향을 평가해 보자.
7. 자율 생산과 초개인화 제조 방식의 장단점을 비교하고, 향후 발전 가능성을 논의해 보자.
8. AI 기반 예측 유지보수가 제공하는 경제적 · 운영적 이점을 구체적으로 설명해 보자.
9. 인간-로봇 협업(HRC) 환경에서 안전성을 확보하려는 방안을 제안해 보자.
10. AI 제조 기술 확산에 따른 주요 윤리적 · 사회적 쟁점을 분석하고, 해결을 위한 정책적 · 사회적 방안을 제시해 보자.

사례연구 - 1

"전기차 원가 30% 낮춘다"… 현대차·기아, AI 기반 미래 공장 첫선

AI 기반 제조 혁신의 등장

현대자동차와 기아는 2024년 의왕에 위치한 연구 시설에서 AI 기반의 미래형 스마트 공장을 처음으로 공개했다. 이 공장은 AI와 디지털 트윈, 지능형 로봇, 빅데이터 분석이 결합된 새로운 제조 모델로, 전기차 생산 원가를 약 30% 절감할 수 있는 혁신적 구조를 보여주었다. 이포레스트는 현대차·기아의 스마트공장 브랜드로 AI와 로봇을 활용한 자동화 기술 및 인간 친화적인 스마트 기술을 도입해 제조 시스템을 혁신하고 나아가 모빌리티 산업 전체를 고도화하는 것을 목표하고 있다.

제조 효율성과 품질의 동시 개선

AI는 생산 공정 전반을 실시간으로 모니터링하고, 공정 데이터를 분석하여 불량률을 낮추고 품질을 안정화한다. 기존에는 숙련 작업자의 경험에 의존해 공정 조건을 조율했지만, 이제는 AI가 센서와 영상 데이터를 분석해 최적의 작업 조건을 스스로 제안한다. 또한 로봇은 AI 제어 시스템과 결합해 부품 조립과 물류 이송을 자동화하여, 생산 속도를 높이는 동시에 인력 부담을 줄이고 있다.

지능형 경제와 AI 제조의 의미

현대차·기아의 AI 공장은 단순한 비용 절감이 아니라, 지능형 경제로의 전환을 보여주는 대표 사례이다. 데이터와 AI가 결합해 생산성을 극대화하고, 자원 배분의 효율성을 높이는 동시에, 새로운 고부가가치 제조 생태계를 만든다. 이는 한국 제조업이 글로벌 경쟁에서 앞서 나가기 위해 반드시 필요한 전략적 전환이다(시사저널, 2024. 10. 21).

▸ **사례연구 토의**

1. 현대차·기아가 AI 기반 미래 공장을 도입한 핵심 배경은 무엇이며, 기존 제조 시스템과 어떤 차이가 있는가?
2. AI 기반 스마트 공장이 노동시장과 일자리 구조에 어떤 긍정적·부정적 영향을 미칠 수 있는지 토의해 보자.
3. AI 제조 혁신이 한국 제조업의 글로벌 경쟁력 강화에 어떤 의미를 가지는지 논의해 보자.

사례연구 - 2

디지털 트윈과 지멘스 엑셀러레이터: 맞춤형 스마트 제조 솔루션

디지털 트윈과 빅데이터 관리의 결합

디지털 트윈(Digital Twin)은 현실 세계의 사물, 공정, 시스템을 가상 환경에서 그대로 구현하여 시뮬레이션할 수 있는 기술로, 빅데이터 관리와 분석 역량이 핵심 기반이 된다. 최근 지멘스(Siemens)는 '지멘스 엑셀러레이터(Siemens Xcelerator)'라는 개방형 디지털 플랫폼을 통해 제조 기업들에게 맞춤형 디지털 트윈 솔루션을 제공하고 있다. 이를 통해 기업들은 제품 개발부터 생산·운영·유지보수에 이르기까지 전 과정에서 데이터를 효율적으로 수집·분석하고, 실시간으로 성능을 최적화할 수 있다.

맞춤형 솔루션 제공과 제조 혁신

지멘스 엑셀러레이터의 강점은 기업별 상황에 최적화된 맞춤형 솔루션을 제공한다는 점이다. 예를 들어, 대규모 자동차 제조업체는 생산 라인의 모든 장비와 부품을 디지털 트윈으로 구현해 장애 예측 및 예방 정비를 강화할 수 있으며, 중소제조기업은 제품 설계 단계에서 디지털 시뮬레이션을 활용해 불량률을 사전에 줄이고 개발 비용을 절감할 수 있다. 이렇게 디지털 트윈과 맞춤형 데이터 관리 기술을 결합하면, 기업은 품질 향상, 비용 절감, 생산 유연성 확보라는 세 마리 토끼를 잡을 수 있다.

글로벌 제조 경쟁력 강화의 의미

디지털 트윈은 더 이상 대기업의 전유물이 아니라, 플랫폼 기반 솔루션을 통해 중소기업까지 확산되고 있다. 지멘스 엑셀러레이터는 개방형 생태계를 지향해 다양한 파트너와 협력하며, 이를 통해 글로벌 제조업 전반의 디지털 전환을 촉진하고 있다. 이는 제조업 경쟁력이 단순한 자동화 수준을 넘어, 데이터와 AI 기반의 자율 최적화 체계로 진화하고 있음을 보여준다(헬로티,2024. 4. 12).

▸ 사례연구 토의

1. 지멘스 엑셀러레이터가 기존 제조 기업의 디지털 전환 과정에서 가지는 차별적 가치는 무엇인가?
2. 디지털 트윈 기술이 중소기업의 제조 혁신에 기여할 수 있는 구체적 방법은 무엇인가?
3. 디지털 트윈과 맞춤형 빅데이터 관리 기술의 결합이 글로벌 제조업 경쟁력에 어떤 영향을 미칠 수 있는가?

요리 · 용접 · 수술 · 전기차 충전까지 … 협동 로봇(Co-bot)과 인간의 협업 확대

협동 로봇의 확산과 고객 접점 강화

최근 제조업과 서비스업 전반에서 협동 로봇(Co-bot)의 도입이 빠르게 확산되고 있다. 과거 산업용 로봇은 대규모 공장 자동화에 한정되어 있었지만, 협동 로봇은 인간과 같은 공간에서 안전하게 작업할 수 있어 작업자의 파트너로 기능한다. 요리, 용접, 의료 수술, 심지어 전기차 충전까지 다양한 분야에서 협동 로봇이 활용되면서, 기업들은 고객과의 접점을 넓히고 서비스 품질을 개선하고 있다.

제조와 서비스의 경계를 넘는 활용

특히 제조 현장에서는 용접, 조립 등 정밀성과 반복성이 요구되는 작업을 로봇이 수행하고, 근로자는 공정 관리와 창의적 문제 해결에 집중할 수 있게 되었다. 의료 분야에서는 수술 지원 로봇이 의사의 세밀한 움직임을 보조해 수술 정확성을 높이고, 환자의 회복률을 향상시킨다. 또한 음식점에서는 요리 로봇이 단순 반복 조리를 담당하고, 셰프는 새로운 메뉴 개발과 고객 서비스에 집중할 수 있다. 최근에는 전기차 충전소에도 협동 로봇이 도입되어, 사람이 직접 무거운 충전 케이블을 연결하지 않아도 자동으로 충전 작업을 수행할 수 있게 되었다. 이는 안전성과 편의성을 동시에 높이는 혁신 사례이다.

인간-로봇 협업의 의미

협동 로봇의 도입은 단순한 자동화가 아니라, 인간과 기계가 각자의 강점을 결합하는 새로운 협업 모델을 제시한다. 로봇은 정확성과 반복 작업에서 강점을 발휘하고, 인간은 창의성 · 판단력 · 소통 능력을 통해 로봇의 한계를 보완한다. 이러한 협업은 제조업의 생산성을 높이는 동시에, 서비스업과 의료·모빌리티 분야로 확산되며 인간의 생활 전반에 변화를 촉진하고 있다(ZDNet Korea, 2023. 7. 13).

▸ **사례연구 토의**

1. 협동 로봇이 제조업과 서비스업에서 인간의 역할을 어떻게 변화시키고 있는지 토론해 보자.
2. 전기차 충전·수술·요리와 같은 생활 밀착형 서비스에서 협동 로봇 도입이 고객 경험에 어떤 영향을 줄 수 있는가?
3. 협동 로봇의 확산이 노동시장과 직업 구조에 미칠 긍정적·부정적 효과에 대해 논의해 보자.

AI 실제 활용 사례

1단계: 생성형 AI 활용 예측 유지보수(Predictive Maintenance) Python 프로그램 프롬프트 작성

제조 공정에서 핵심 설비의 돌발 고장은 생산 중단과 막대한 비용 손실을 초래한다. 이를 방지하기 위해 AI 기반 예측 유지보수 프로그램을 Python으로 개발하고자 한다. 센서 데이터는 CSV 파일 형태로 제공되며, 주요 변수는 Temperature(온도), Vibration(진동), Pressure(압력), Sound(소음) 등이다.
아래와 같은 기능을 가진 프로그램을 원한다.

1. **AI 모델 학습**: 시계열 센서 데이터(정상/고장 레이블 포함)를 학습하여 설비의 고장 가능성을 예측하는 분류 모델을 생성한다.
2. **성능 평가 요약**: 학습된 모델의 성능을 평가할 수 있도록 정확도(Accuracy), 정밀도(Precision), 재현율(Recall), F1-Score를 계산하여 제시한다.
3. **결과 시각화**
   - 주요 센서 데이터의 시계열 그래프를 통해 이상 패턴을 시각적으로 확인한다.
   - 모델의 예측 결과를 혼동 행렬(Confusion Matrix)로 시각화하여 어떤 부분에서 오분류가 발생하는지 쉽게 파악할 수 있도록 한다.
4. **실시간 판별 기능**: 새로운 센서 데이터가 입력되었을 때, 해당 설비가 '정상'

상태인지 '고장 위험' 상태인지 실시간으로 판별하는 기능을 구현한다.

5. **경고 알림 기능**: '고장 위험'으로 예측될 경우, "정비 필요: 관련 설비 점검 요망"과 같은 경고 알림을 자동으로 출력한다.

2단계: 생성형 AI 활용 예측 유지보수 Python 프로그램 Run

생성형 AI가 만들어준 Python 코드를 복사하여 Python 실행 환경에 입력하고, 보유한 센서 데이터 파일의 경로를 지정한 후 실행합니다. 프로그램은 주어진 데이터를 자동으로 학습하여 예측 모델을 생성하고, 평가 지표와 시각화 자료를 통해 성능을 보여준다. 이후 새로운 데이터를 입력하면 시스템은 해당 설비의 고장 위험도를 실시간으로 예측하여 경고 메시지를 제공한다.

3단계: 유지보수 전략 및 공정 개선 기획

분석된 모델의 성능(특히 재현율, Recall)을 확인하여 실제 생산라인의 예측 유지보수 시스템에 적용한다. AI의 예측 결과를 바탕으로 다음과 같은 의사결정을 수행할 수 있다.

- AI가 특정 설비의 '고장 위험'을 예측하면, 설비가 완전히 멈추기 전에 적절한 시점에 정비 계획을 수립하여 다운타임을 최소화한다.
- 특정 설비에서 반복적으로 이상 패턴이 감지될 경우, 해당 데이터 분석을 통해 설비의 근본적인 설계 문제나 운영 조건의 최적화를 검토할 수 있다.
- 혼동 행렬 분석을 통해 AI가 자주 실수하는 고장 유형을 파악하고, 해당 유형의 데이터를 추가로 학습시켜 모델의 예측 정확도를 지속적으로 개선한다.

시사점

이 사례는 전문 데이터 과학자나 고가의 전용 솔루션이 없는 중소 제조기업도 생성형 AI를 활용하여 맞춤형 예측 유지보수 시스템을 구축할 수 있음을 보여준다. 보유한 설비의 센서 데이터만 있다면, 간단한 프롬프트 작성만으로 데이터 기반의 지능형 설비 관리 체계를 도입할 수 있다.

- **기대 효과**: 불필요한 부품 교체 비용 절감, 갑작스러운 설비 고장으로 인한 생산 중단 최소화, 유지보수 효율 증대를 통한 생산성 향상 등이 기대된다.
- **경쟁력 확보**: 숙련된 정비 인력의 노하우에 대한 의존도를 낮추고, 데이터 기반의 의사결정 체계를 통해 지속적인 공정 안정성과 품질 혁신을 이룰 수 있다.

제8장 AI 헬스케어

학습 목표

- 전통적 치료 중심 모델에서 AI 기반 예방·맞춤·참여 중심 모델로의 변화 과정을 설명할 수 있다.
- 유전체 분석, 의료 영상 진단, 신약 개발, 웨어러블·원격의료 등 AI가 헬스케어 산업에 적용되는 구체적 사례와 효과를 분석할 수 있다.
- 웨어러블 데이터, 원격진료 플랫폼, AI 챗봇 기반 서비스 등을 통해 등장하는 새로운 헬스케어 비즈니스 기회를 평가할 수 있다.
- 데이터 프라이버시, 알고리즘 편향성, 법적 책임 문제를 검토하고, 지속 가능한 AI 헬스케어 생태계를 위한 방안을 제시할 수 있다.

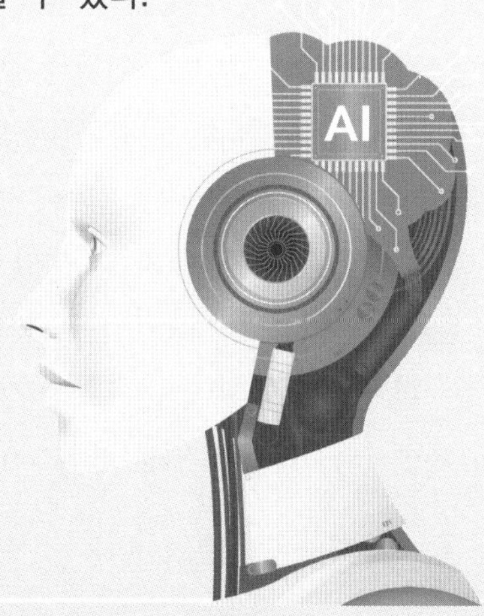

제1절 AI 혁신과 헬스케어의 패러다임 전환

우리는 역사상 가장 풍요롭고 발전된 의료 기술의 혜택을 누리고 있지만, 아이러니하게도 전 세계 헬스케어 시스템은 그 어느 때보다 심각한 도전에 직면해 있다. 유례없는 속도의 인구 고령화, 고혈압, 당뇨와 같은 만성 질환의 급증, 그리고 천문학적으로 치솟는 의료비는 기존의 헬스케어 방식으로는 더 이상 감당하기 어려운 한계에 도달했음을 보여준다. 질병이 발생한 후에야 병원을 찾아 치료를 시작하는 사후 대응적(reactive) 모델은 이제 지속 가능하지 않다. 바로 이 지점에서 AI는 헬스케어의 근본적인 패러다임을 전환시킬 혁신적인 대안으로 등장했다. AI는 방대한 데이터를 분석하여 질병의 징후를 예측하고, 개인의 특성에 맞는 건강 관리를 제공함으로써 치료 중심에서 예방과 관리 중심으로 헬스케어의 무게 중심을 이동시키고 있다.

1 전통적 헬스케어의 한계와 도전 과제

오늘날 우리가 마주한 헬스케어의 위기는 복합적인 요인에서 비롯된다. 첫째, 인구 구조의 변화이다. 전 세계적으로 기대 수명이 늘어나면서 고령 인구 비율이 급격히 증가하고 있다. 고령층은 젊은 층에 비해 만성 질환을 앓거나 복합적인 건강 문제를 가질 확률이 높으므로, 이는 곧 의료 서비스에 대한 수요 급증으로 이어진다. 하지만 의료 전문가의 수는 인구 증가 속도를 따라가지 못하고 있어, 많은 국가에서 의료 인력 부족 현상이 심화하고 있다. 이러한 수급 불균형은 의료 서비스의 질 저하와 환자들의 대기 시간 증가라는 악순환을 낳고 있다.

둘째, 질병 양상의 변화이다. 과거에는 감염성 질환이 주된 건강 위협이었다면, 현대 사회에서는 고혈압, 당뇨, 심혈관 질환, 암과 같은 만성 질환이 주요 사망 원인으로 자리 잡았다. 만성 질환은 단기간의 치료로 완치되기보다는 평생에 걸친 꾸준한 관리가 필요하다. 이는 환자 개인에게도 큰 부담이지만, 국가 전체적으로도 막대한 사회경제적 비용을 유발한다. 기존의 병원 중심, 치료 중심의 의료 시스템은 이러한 만성 질환의 효과적인 관리에 뚜렷한 한계를 보인다. 환자들은 증상이 악화해야 병원을 찾게 되고, 의료진은 제한된 시간 안에 수많은 환자를 돌봐야 하므로 생활 습관 교정이나 심리적 지지와 같은 전인적인 관리를 제공하기 어렵다.

셋째, 의료비의 지속적인 상승 문제이다. 새로운 의료 기술과 신약이 개발될수록 인류는 더 많은 질병을 정복할 수 있게 되었지만, 그 대가로 의료비는 감당하기 어려운 수준으로 치솟고 있다. 특히 고가의 영상 진단 장비나 정밀 의료(Precision Medicine) 기술은 특정 계층에게만 접근이 허용되는 등 의료 불평등을 심화시키는 요인이 되기도 한다. 이처럼 비효율적이고 비용 집약적인 구조는 개인과 국가 재정에 큰 압박을 가하며, 헬스케어 시스템의 지속 가능성을 위협하고 있다. 이러한 문제들을 해결하기 위해 의료계는 더 효율적이고, 더 공평하며, 더 적은 비용으로 더 나은 건강 결과를 만들어낼 새로운 해법을 절실히 필요로 하게 되었다.

마지막으로, 의료 자원의 불균형도 큰 문제다. 도시와 농촌, 선진국과 저개발국 간 의료 인프라와 전문 인력의 격차가 심해, 의료 서비스 접근성에서 불평등이 발생한다. 이러한 상황에서 AI 기술은 의료 효율성을 높이고, 접근성을 개선하며, 예방 중심의 패러다임 전환을 가능하게 하는 핵심 도구로 주목받고 있다.

2 스마트 헬스케어의 개념과 AI의 역할

전통적 헬스케어의 한계를 극복하기 위한 대안으로 스마트 헬스케어(Smart Healthcare)라는 개념이 부상하였다. 스마트 헬스케어란 AI, IoT, 빅데이터, 클라우드 컴퓨팅과 같은 첨단 기술을 의료에 접목하여, 의료 서비스의 품질과 효율성, 접근성을 획기적으로 향상시키는 차세대 헬스케어 시스템을 의미한다. 스마트 헬스케어 시스템의 주요 특징은 [표 8-1]과 같다.

• 표 8-1 스마트 헬스케어 시스템 특징

특징	내용
실시간 모니터링 및 상황 인지	심박수, 혈압, 혈당 등 생체 신호뿐만 아니라, 사용자의 위치, 활동, 주변 환경(대기오염, 온도 등) 데이터까지 복합적으로 수집 및 분석하여 이상 징후를 즉시 감지

예측 분석 및 조기 경보	과거 건강 데이터와 실시간 상황 정보, 생활 패턴을 종합적으로 분석하여 질병 발생 가능성을 더욱 정교하게 예측하고 사전에 경보
개인 맞춤형 및 상황인지 기반 서비스	환자의 유전적 요인, 생활 습관을 넘어 현재 처한 상황과 환경까지 고려하여 맞춤형 치료, 건강 관리, 심지어 건강에 유익한 경로 추천과 같은 생활 밀착형 서비스를 제공
강화된 데이터 보안 및 프라이버시	수집되는 민감한 의료 및 개인 정보의 전송, 저장, 분석 전 과정에서 발생할 수 있는 보안 위협과 사생활 침해를 방지하기 위한 강력한 보안 기술을 적용

출처: Batista, E., Moncusi, M. A., López-Aguilar, P., Martínez-Ballesté, A., Solanas, A.(2021)

스마트 헬스케어의 가장 큰 특징은 기존의 의료기관 중심에서 환자 중심으로 패러다임을 전환한다는 점이다. 병원에서만 이루어지던 건강 관리가 이제는 스마트폰, 웨어러블 기기 등을 통해 일상생활 속에서 언제 어디서든 가능해진 것이다.

이러한 스마트 헬스케어의 핵심 엔진 역할을 하는 것이 바로 AI이다. AI는 인간의 지능을 모방하여 데이터를 분석하고, 패턴을 학습하며, 미래를 예측하는 기술을 통칭한다. 특히 헬스케어 분야에서 생성되는 데이터는 그 양이 방대하고(Big Data), 형태가 다양하며(Variety), 생성 속도가 매우 빠르다(Velocity)는 특징을 가진다. 전자건강기록(Electronic Health Record, EHR), 의료 영상(X-ray, CT, MRI), 유전체 데이터, 웨어러블 기기에서 수집되는 생체 신호 등은 인간 의사가 모두 처리하고 분석하기에는 불가능에 가깝다. AI는 바로 이 지점에서 그 진가를 발휘한다. AI, 특히 머신러닝과 딥러닝 알고리즘은 이러한 복잡하고 방대한 의료 데이터를 지치지 않고 학습하여 인간의 눈으로는 발견하기 어려운 미세한 패턴이나 상관관계를 찾아낸다.

AI의 역할을 구체적으로 살펴보면, 크게 세 가지로 요약할 수 있다. 첫째, 예측 모델링(Predictive Modeling)이다. AI는 환자의 과거 진료 기록, 생활 습관, 유전 정보 등을 종합적으로 분석하여 특정 질병의 발병 위험도를 예측한다. 예를 들어, 심혈관 질환 발병 확률이나 암 재발 우려를 미리 알려줌으로써 환자와 의사가 선제적인 예방 조치를 취할 수 있도록 돕는다. 이는 사후 치료에서 사전 예방으로의 전환을 가능하게 하는 핵심적인 역할이다.

둘째, 지식 발견(Knowledge Discovery)이다. AI는 최신 의학 논문, 임상시험 결과, 진료 가이드라인 등 구조화되지 않은 방대한 텍스트 데이터로부터 새로운 의학적 지식이나 치료법 간의 연관성을 발견할 수 있다. 의사 한 명이 평생 읽을 수 있는 논문의 양은 제한적이지만, AI는 매일 쏟아지는 수천 편의 연구 결과를 실시간으로 학습하고 종합하여 의사의 임상적 의사결정을 지원한다. 이는 의료 서비스의 질을 상향 평준화하고 최신 지견에 기반한 치료를 가능하게 한다.

셋째, 인간 지능의 증강(Augmented Intelligence)이다. 미국 의료 협회(AMA)가 강조하듯, 스마트 헬스케어에서 AI의 역할은 의사를 대체하는 것이 아니라 의사의 능력을 증강하는 것이다. AI는 반복적이고 시간이 많이 소요되는 작업(예: 의료 영상 판독 보조, 진료 기록 요약)을 자동화하여 의사가 환자와의 소통이나 복잡한 의사결정과 같은 더 본질적인 업무에 집중할 수 있도록 돕는다. AI가 정량적 분석을 통해 객관적인 데이터를 제시하면, 의사는 자신의 경험과 직관, 그리고 환자와의 교감을 바탕으로 최종적인 판단을 내리는 협력적 관계가 이루어지는 것이다.

이러한 스마트 헬스케어 기술이 집약되는 공간이 바로 스마트 병원(Smart Hospital)이다. 스마트 병원은 디지털 헬스케어 기술을 병원 환경에 통합해 운영 효율성, 환자 치료 품질, 의료진 지원을 동시에 향상시키는 차세대 의료기관이다. EHR, CT, MRI, 의료영상저장전송시스템(PACS)과 같은 첨단 장비, 병실·수술실의 커넥티드 센서를 통해 생성되는 데이터를 AI가 분석하여 병목 현상 해결, 낙상 위험 감지, 수술 지원 등 다양한 문제를 신속히 처리한다. 또한 지능형 모니터링과 업무 자동화를 통해 환자·장비·의약품의 운영을 최적화하고, 응급 상황 발생 시 의료진에게 즉각 알림을 제공한다.

나아가 스마트 병원은 로봇과 원격의료 기술을 적극 활용한다. 다빈치 로봇과 같은 수술 로봇은 인체에 상처를 최소화하는 최소침습수술(Minimally Invasive Surgery)을 가능하게 해 환자의 회복 시간을 단축하고 위험을 줄이며, 간호 로봇은 의료진의 부담을 줄이고 환자 안전을 높인다. 웨어러블 기기·AI 챗봇·스마트 앱을 통한 원격의료 서비스는 병원 밖에서도 환자 관리와 치료를 이어갈 수 있게 한다. 더 나아가 인공 장기, 나노의학, 디지털 치료제, 전자 약물 등 첨단 기술은 맞춤형 의료를 실현하며 환자 중심의 새로운 의료 패러다임을 제시한다. 이처럼 스마트 병원은 AI 헬스케어의 집약적 모델로서 의료 서비스의 질과 효율성을 한층 더 끌어올리는 혁신 플랫폼으로 자리매김하고 있다.

3 AI를 통한 의료 혁신: 예방, 맞춤, 참여

AI 기술 도입은 헬스케어 패러다임을 3P, 즉 예방(Preventive), 맞춤(Personalized), 참여(Participatory)의 시대로 이끌고 있다. 이는 단순히 기술의 발전을 넘어 우리가 건강을 인식하고 관리하는 방식 자체를 근본적으로 바꾸는 혁신이다.

예방 중심 헬스케어로의 전환은 AI의 예측 능력 덕분에 가능해졌다. 현재 대부분의 AI 의료 시스템은 특정 작업에 특화된 '약인공지능(Narrow AI)'에 해당하지만, 이들은 의료 영상 분석이나 위험 예측과 같은 특정 분야에서 이미 인간 전문가 수준, 혹은 그 이상의 정확도를 보여주고 있다. 예를 들어, 딥러닝 기반의 AI 모델은 유방암 조영술 이미지를 판독하여 악성 종양을 조기에 발견하거나, 망막 사진을 분석하여 당뇨병성 망막병증의 징후를 찾아내는 데 높은 정확도를 기록했다. 이러한 조기 발견은 치료 성공률을 극적으로 높이고 심각한 합병증을 예방함으로써 막대한 의료비를 절감하는 효과를 가져온다.

맞춤형 헬스케어는 모든 환자에게 동일한 치료법을 적용하던 '모두에게 똑같이 적용하는 방식(One-size-fits-all)'에서 벗어나, 개인의 유전적 특성, 환경, 생활 습관 등을 모두 고려하여 최적의 치료법을 제공하는 것을 의미한다. AI는 수십억 개의 염기서열로 이루어진 개인의 유전체 데이터를 분석하여 특정 약물에 대한 반응성을 예측하거나, 특정 암을 유발하는 돌연변이를 찾아내어 그에 맞는 표적 항암제를 추천할 수 있다. 이는 치료 효과는 극대화하면서 부작용은 최소화하는 정밀 의료의 핵심이다. 아직은 이론적 단계에 가깝지만, 다양한 종류의 데이터를 통합하여 인간처럼 종합적으로 사고하는 '인공 일반 지능(Artificial General Intelligence, AGI)'이 개발된다면, 개인 맞춤형 헬스케어는 더욱 고도화될 것이다.

마지막으로 참여형 헬스케어는 환자가 더 이상 수동적으로 치료를 받는 대상이 아니라, 자신의 건강 관리에 능동적으로 참여하는 주체가 되는 것을 의미한다. 스마트워치와 같은 웨어러블 기기는 개인의 심박수, 수면 패턴, 활동량 등 건강 데이터를 24시간 수집하고, AI 알고리즘은 이 데이터를 분석하여 건강 상태의 이상 징후를 감지하거나 개인화된 건강 코칭을 제공한다. 또한, AI 챗봇은 환자의 질문에 언제든 답변을 제공하고, 약 복용 시간을 알려주며, 정서적 지지를 제공하는 등 환자의 건강 관리 파트너 임무를 수행한다. 이처럼 환자 스스로 자신의 건강 데이터를 모니터링하고 관리 과정에 적극적으로 참여하게 되면서, 치료 순응도는 높아지고 건강 결과는 더욱 향상될 수 있다.

이처럼 AI는 전통적 헬스케어가 직면한 구조적 한계를 극복하고, 보다 효율적이고 정밀하며 인간 중심적인 의료 서비스를 구현할 수 있는 강력한 동력을 제공한다. AI와의 만남을 통해 헬스케어는 질병을 치료하는 것을 넘어, 건강한 삶을 영위하도록 돕는 평생의 동반자로 거듭나고 있다.

제2절 AI 기반 정밀 의료와 신약 개발

"모든 환자는 다르다." 이는 의학의 가장 기본적인 전제이지만, 현실의 의료는 종종 평균적인 환자를 기준으로 한 표준화된 치료법에 의존해 왔다. 같은 질병이라도 환자의 유전적 배경, 생활 환경, 신체적 특성에 따라 치료 효과가 다르게 나타날 수 있음에도 불구하고, 이를 모두 고려한 맞춤형 치료를 제공하기란 현실적으로 불가능에 가까웠다. 하지만 AI는 유전체학, 의료영상, 신약 개발 분야에서 혁신을 일으키며 불가능을 가능으로 바꾸고 있다. AI는 인간의 한계를 뛰어넘는 데이터 분석 능력으로 각 개인에게 최적화된 치료 전략을 제시하는 정밀 의료의 시대를 열고, 천문학적인 시간과 비용이 소요되던 신약 개발 과정을 획기적으로 단축하며 의료의 미래를 재편하고 있다.

1 유전체 분석과 개인 맞춤형 질병 예측

정밀 의료의 핵심은 개인의 유전 정보, 즉 유전체(Genome)에 담긴 비밀을 해독하는 데 있다. 한 사람의 유전체는 약 30억 쌍의 DNA 염기서열로 이루어져 있으며, 이 안에는 질병에 대한 감수성, 약물 반응 등 건강과 관련된 방대한 정보가 포함되어 있다. 과거에는 이러한 방대한 데이터를 해독하고 의미 있는 정보를 추출하는 것이 거의 불가능했으나, 차세대 염기서열 분석(Next-Generation Sequencing, NGS) 기술의 발전과 인공지능의 결합으로 개인 유전체 분석이 현실화하고 있다. NGS는 수백만에서 수십억 개의 DNA 조각을 동시에 병렬적으로 분석하여, 기존 기술에 비해 훨씬 빠르고 저렴하게 유전체 정보를 해독할 수 있는 기술이다.

AI, 특히 딥러닝과 같은 머신러닝 알고리즘은 수만 명, 수십만 명의 유전체 데이터와 임상 정보를 학습하여 특정 유전자 변이와 질병 발생 간의 복잡한 상관관계를 찾아낸다. 예를 들어, AI는 암 환자의 종양 조직에서 채취한 DNA를 분석하여 암을 유발하는 특정 드라이버 돌연변이(Driver Mutation)를 식별할 수 있다. 이를 통해 해당 돌연변이만을 표적으로 공격하는 표적 항암제를 처방함으로써, 정상 세포까지 손상하는 기존 항암 치료의 부작용을 최소화하고 치료 효과를 극대화할 수 있다. 실제로 많은 제약사들이 AI를 활용하여 특정 유전자 변이를 가진 환자군을 임상시험에 참여시키거나, 기존 약물이 새로운 유전자 변이에 효과가 있는지 예측하는 약물 재창출 연구를 활발히 진행하고 있다.

질병 예측 분야에서도 AI 기반 유전체 분석의 역할은 지대하다. AI는 개인의 유전체 정보를 분석하여 유전성 유방암(Hereditary Breast Cancer) 및 난소암 발병과 깊이 연관된 유방암 감수성 유전자 1(BRCA1, Breast Cancer Susceptibility Gene 1) 및 유방암 감수성 유전자 2(BRCA2, Breast Cancer Susceptibility Gene 2) 변이뿐만 아니라, 여러 유전자의 미세한 변이들이 복합적으로 작용하여 발생하는 다인자성 질환(Polygenic Disease)의 위험도를 예측한다. 예를 들어, 수십만 개의 유전적 변이를 종합하여 계산하는 다변수 유전자 위험 점수(Polygenic Risk Score)를 통해 심혈관 질환, 제2형 당뇨병, 알츠하이머병 등의 발병 소지를 젊은 나이에 예측할 수 있다. 이러한 예측 정보는 개인이 생활 습관을 개선하거나 정기적인 검진을 통해 질병을 예방하는 데 결정적인 동기를 부여한다. 이처럼 AI는 유전체라는 생명의 설계도를 해독하여, 질병 치료의 패러다임을 표준화에서 개인화로, 치료에서 예측 및 예방으로 전환하고 있다.

2 AI 의료영상 분석을 통한 진단 정확성 향상

의료영상은 질병을 진단하고 치료 경과를 관찰하는 데 필수적인 도구이다. 엑스레이(X-ray), 컴퓨터 단층촬영(Computed Tomography, CT), 자기공명영상(Magnetic Resonance Imaging, MRI), 초음파(Ultrasound), 내시경(Endoscopy) 등 다양한 의료영상은 인체 내부의 구조적, 기능적 정보를 담고 있지만, 이를 정확하게 판독하는 것은 고도로 훈련된 영상의학과 전문의에게도 매우 어렵고 피로도가 높은 작업이다. 특히, 수백, 수천 장에 달하는 단층 영상을 검토하며 미세한 병변을 찾아내는 과정에서는 인간의 집중력 한계로 인한 오진의 위험이 항상 존재한다. AI는 이러한 의료 영상 분석 분야에서 영상의학과 의사의 두 번째 눈(Second Pair of Eyes) 임무를 수행하며 진단의 정확성과 효율성을 획기적으로 높이고 있다.

의료영상 분석에는 합성곱 신경망(Convolutional Neural Network, CNN)이 주로 활용된다. CNN은 시각적 이미지 분석에 특화된 딥러닝 기반 인공신경망의 한 종류로, 인간의 시신경 구조를 모방하여 이미지의 특징을 계층적으로 추출하고 학습하는 데 강점을 지닌다. 수십만 장의 정상 및 비정상 의료 영상 데이터를 학습한 CNN 모델은 인간이 미처 인지하지 못하는 미세한 질감이나 형태의 차이를 감지하여 병변을 찾아내고, 그 종류를 분류하며, 정확한 위치와 크기를 측정할 수 있다. 예를 들어, AI는 흉부 X-ray 영상에서 폐렴, 결핵, 기흉과 같은 질환의 소견을 높은 정확도로 검출하여 응급 상황에서 의사의 신속한 판단을 돕는다. 또한, 뇌 MRI 영상에서는 미세한 뇌출혈이나 초기 단계의 뇌종양을 발견하고, 알츠하이머병 환자의 뇌 위축 정도를 정량적으로 분석하여 질병의 진행 상태를 객관적으로 평가하는 데 활용된다.

AI 의료영상 분석의 큰 장점 중 하나는 객관성과 일관성이다. 인간 의사의 판독은 컨디션이나 경험 수준에 따라 편차가 발생할 수 있지만, 잘 학습된 AI는 항상 동일한 기준으로 일관된 결과를 제공한다. 이러한 특성은 특히 대규모 건강검진처럼 수많은 영상을 신속히 선별 검사해야 하는 상황에서 진단의 표준화를 이끌고, 판독의 질을 높이는 데 크게 이바지한다. 현재 상용화된 대표적인 AI 솔루션으로는 에이닷(Aidoc)과 지브라 메디컬 비전(Zebra Medical Vision)이 있다. 에이닷은 CT나 MRI 영상에서 뇌출혈, 폐색전증, 척추 골절과 같은 응급 질환을 신속히 탐지하여 의료진에게 즉시 경보를 보내는 응급 대응 특화형 AI이다. 반면 지브라 메디컬 비전은 방대한 영상 데이터를 분석하여 골다공증, 간질환, 유방암 등 다양한 질환을 자동 판독하는 범용 판독 AI로 활용된다. 이러한 AI 판독 기술은 모두 병원의 PACS에 통합되어 사용되며, 응급환자의 적기 확보와 동시에 의료 접근성을 확대하고 판독 비용과 시간을 절감하는 데 이바지한다. 따라서 AI 기반 영상 분석은 진단의 표준화와 효율성을 동시에 달성하는 핵심 도구로 자리 잡고 있다.

물론 AI가 모든 영상 판독을 완벽하게 수행하는 것은 아니며, 최종적인 진단 책임은 의사에게 있다. AI는 의사의 진단을 돕는 강력한 의사결정 지원 시스템(Clinical Decision Support System)으로서, 의사가 더 정확하고 신속한 판단을 내릴 수 있도록 지원하는 역할을 한다. AI가 의심스러운 부분을 먼저 표시해 주면, 의사는 해당 부위를 더욱 집중적으로 검토하여 최종 진단을 내림으로써 판독 시간을 단축하고 업무 부담을 줄일 수 있다. AI와 의사의 협력은 인간의 경험적 지혜와 기계의 정량적 분석 능력을 결합하여 진단의 정확성을 새로운 차원으로 끌어올리고 있다.

3 AI 기반 신약 후보 물질 발굴 및 임상시험 최적화

하나의 신약이 개발되어 시장에 출시되기까지는 평균적으로 10년 이상의 시간과 1조 원이 넘는 막대한 비용이 소요된다. 수만 개의 후보물질 중에서 단 하나의 성공적인 신약을 찾아내는 이 과정은 그야말로 사막에서 바늘 찾기에 비유될 만큼 어렵고 불확실성이 높다. AI는 이처럼 길고 험난한 신약 개발의 전 과정에 개입하여 시간과 비용을 획기적으로 단축하고 성공 확률을 높이는 국면 전환 요소(Game Changer)로 주목받고 있다.

신약 개발의 첫 단계는 질병을 유발하는 특정 단백질이나 유전자, 즉 약물 표적(Drug Target)을 발굴하는 것이다. AI는 방대한 의학 논문, 특허, 유전체 데이터, 단백질 구조 데이터 등을 분석하여 새로운 약물 표적을 예측하거나, 기존에 알려지지 않았던 질병과 표적 간의 연관성을 찾아낸다. 다음으로, 발굴된 표적에 가장 효과적으로 결합할 수 있는 후보물질(Candidate Compound)을 탐색하는 단계에서도 AI는 핵심적인 역할을 한다. 과거에는 수백만 개의 화합물을 일일이 실험을 통해 후보물질을 걸러내는 과정을 거쳤지만, AI는 화합물의 구조와 표적 단백질의 3차원 구조를 바탕으로 둘 사이의 결합력을 가상으로 시뮬레이션(Virtual Screening)하여 가장 유망한 후보물질을 단시간에 수백, 수천 개로 압축해 준다.

더 나아가, 생성형 AI 기술은 아예 세상에 존재하지 않았던 새로운 분자 구조를 창조해 내기도 한다. 생성적 적대 신경망(Generative Adversarial Networks, GANs)과 같은 AI 모델은 원하는 약효와 안전성 프로파일(예: 높은 효능, 낮은 독성)을 만족시키는 새로운 화합물의 구조를 설계하고 제안한다. 이는 신약 개발의 패러다임을 탐색에서 설계로 바꾸는 혁신적인 접근법이다. AI는 또한 약물이 인체 내에서 어떻게 흡수, 분포, 대사, 배설되는지와 잠재적 독성을 예측하여, 개발 초기 단계에서 실패 가능성이 높은 후보물질을 조기에 탈락시킴으로써 불필요한 연구개발 비용을 크게 절감시킨다.

신약 개발의 마지막 관문인 임상시험 단계에서도 AI의 역할은 중요하다. 임상시험의 성패는 적합한 환자를 얼마나 효율적으로 모집하는가에 달린 경우가 많다. AI는 수많은 환자의 EHR을 분석하여 복잡한 임상시험 참여 기준(Inclusion/Exclusion Criteria)에 부합하는 환자를 자동으로 찾아내어 모집 기간을 단축한다. 또한, AI는 임상시험 데이터를 실시간으로 분석하여 약물의 효과를 예측하거나, 특정 환자군에서 부작용이 발생할 위험을 미리 경고하는 등 임상시험의 설계와 운영을 최적화하는 데 이바지한다. 이처럼 AI는 신약 개발의 시작부터 끝까지 전 과정의 효율성과 예측력을 높임으로써, 많은 환자가 더 빨리 혁신적인 치료제의 혜택을 받을 수 있는 길을 열어주고 있다.

실제 사례로, 한국의 AI 의료기업 루닛(Lunit)은 암 환자의 조직 영상 데이터를 AI로 분석하여 항암제 반응 가능성을 예측하는 기술을 개발하고 있다. 이는 기존의 표준 치료 방식보다 환자 개별 특성에 맞는 치료 전략을 제시함으로써 임상시험의 성공률을 높이고, 환자가 불필요한 치료 과정에서 겪는 부작용을 줄일 수 있다는 점에서 큰 주목을 받고 있다. 이러한 시도는 AI가 단순한 영상 판독을 넘어 신약 개발과 정밀 의료의 전 과정에 깊이 관여하고 있음을 보여준다.

제3절 디지털 헬스케어 서비스와 비즈니스

AI 헬스케어 혁신은 더 이상 병원이나 연구실에만 머물러 있지 않는다. 스마트폰, 웨어러블 기기, AI 스피커 등 우리가 매일 사용하는 디지털 기기와 만나면서, 건강 관리는 이제 일상의 영역으로 확장되고 있다. 디지털 헬스케어(Digital Healthcare)는 모바일 기술, IoT, AI를 활용하여 시간과 공간의 제약 없이 개인의 건강을 모니터링하고 관리하는 모든 서비스를 포괄하는 개념이다. AI는 이 디지털 헬스케어의 두뇌 역할을 하며, 단순히 데이터를 수집하고 보여주는 것을 넘어, 데이터에 의미를 부여하고 개인에게 맞춤화된 실용적인 조언을 제공한다. 원격진료부터 만성 질환 관리, AI 챗봇을 통한 건강 상담에 이르기까지, 다양한 디지털 헬스케어 서비스는 새로운 비즈니스 모델을 창출하며 헬스케어 산업의 지형을 바꾸고 있다.

1 웨어러블 디바이스와 개인건강기록(PHR) 활용

디지털 헬스케어 시대의 가장 큰 변화는 건강 데이터의 생산 주체가 병원에서 개인으로 이동했다는 점이다. 스마트워치, 피트니스 밴드, 스마트 체중계, 연속 혈당 측정기 등 웨어러블 디바이스는 이제 단순한 액세서리를 넘어 우리의 건강 파수꾼 역할을 하고 있다. 이 기기들은 심박수, 산소포화도, 수면 단계, 활동량, 스트레스 수준, 혈당 등 다양한 생체 신호를 24시간 실시간으로 수집한다. 이렇게 축적된 방대한 데이터는 개인건강기록(Personal Health Record, PHR)이라 불린다. PHR은 개인이 직접 생성하고 관리하는 건강 정보로, 병원이 보관하는 EHR과 달리 웨어러블 기기에서 수집된 데이터와 개인이 스스로 입력한 생활 습관 기록 등이 포함된다.

하지만 데이터 자체만으로는 큰 의미를 갖기 어렵다. 수많은 숫자와 그래프의 나열 속에서 건강에 대한 유의미한 통찰을 얻기란 쉽지 않다. 바로 이 지점에서 AI가 핵심적인 임무를 수행한다. 웨어러블 디바이스에 내장되거나 클라우드를 통해 연동된 AI 알고리즘은 수집된 PHR을 분석하여 이상 패턴을 감지하고 잠재적인 건강 위험을 예측한다. 예를 들어, AI는 불규칙한 심박수 패턴을 분석하여 심방세동과 같은 부정맥의 징후를 조기에 발견하고 사용자에게 경고를 보낼 수 있다. 실제로 애플 워치의 심전도(ECG) 측정 기능과 부정맥 알림 기능은 AI 알고리즘을 기반으로 하며, 미국 식품의약국(Food and Drug Administration, FDA)의 승인을 받아 의료기기로서의 효용성을 인정받았다.

AI는 단순히 이상 신호를 감지하는 것을 넘어, 개인에게 맞춤화된 건강 코칭을 제공하기도 한다. 사용자의 수면 데이터를 분석하여 수면의 질을 높이기 위한 조언을 건네거나, 활동량과 식단 기록을 바탕으로 개인의 목표에 맞는 운동 계획을 추천해 준다. 이러한 서비스는 사용자가 자신의 건강 상태를 더 잘 이해하고, 건강한 생활 습관을 형성하도록 동기를 부여하는 강력한 도구가 된다. 기업의 관점에서 보면, 방대한 PHR 데이터는 새로운 비즈니스 기회의 원천이다. 보험사는 가입자의 건강 데이터를 기반으로 개인화된 보험료를 책정하는 상품을 개발할 수 있고, 제약사는 특정 질환을 앓는 환자들의 실생활 데이터(Real-World Data)를 신약 개발이나 임상시험에 활용할 수 있다. 이처럼 AI와 웨어러블 디바이스의 결합은 개인이 자신의 건강 데이터의 주인이 되어 능동적으로 건강을 관리하는 시대를 열고 있다.

2 원격의료 및 만성질환 관리 플랫폼

원격의료(Telemedicine)는 정보통신기술(ICT)을 이용하여 의사와 환자가 물리적으로 떨어져 있는 상황에서도 진료, 상담, 처방 등의 의료 서비스를 제공하는 것을 의미한다. 특히 코로나19 팬데믹을 거치면서 원격의료는 전 세계적으로 빠르게 확산했으며, 의료 접근성이 낮은 농어촌 지역 주민이나 거동이 불편한 환자들에게 필수적인 의료 서비스로 자리 잡았다. AI는 이 원격의료의 효율성과 질을 한 단계 끌어올리는 역할을 한다. 예를 들어, 환자가 스마트폰 카메라로 촬영한 피부 병변 사진을 AI가 분석하여 피부암 가능성을 미리 선별 검사하거나, 환자의 목소리나 기침 소리를 분석하여 호흡기 질환의 중증도를 평가하는 기술이 개발되고 있다. 이는 의사가 원격으로 진단할 때 부족할 수 있는 객관적인 정보를 보완하여 진단의 정확성을 높여준다.

원격의료는 특히 꾸준한 관리가 필요한 만성 질환 관리에서 그 가치가 더욱 빛

난다. 고혈압, 당뇨병과 같은 만성 질환 환자들은 정기적으로 병원을 방문하여 혈압, 혈당 등을 확인하고 약을 처방받아야 한다. 이는 환자에게도 번거로울 뿐만 아니라, 제한된 진료 시간 동안 충분한 상담이 이루어지기 어렵다는 한계가 있다. AI 기반 만성 질환 관리 플랫폼은 이러한 문제를 해결한다. 환자는 가정에서 스마트 혈압계나 연속 혈당 측정기로 자신의 건강 데이터를 측정하고, 이 데이터는 자동으로 플랫폼에 전송된다. AI는 전송된 데이터를 실시간으로 모니터링하다가 혈압이나 혈당 수치가 위험 범위에 도달하면 환자와 의료진 모두에게 즉시 경고를 보낸다.

이를 통해 의료진은 환자의 상태를 상시로 파악하고, 위급 상황에 신속하게 대처할 수 있다. 또한, AI는 축적된 데이터를 분석하여 환자의 생활 습관(식단, 운동 등)이 혈압이나 혈당에 미치는 영향을 파악하고, 개인에게 최적화된 관리 계획을 제시한다. 이러한 플랫폼은 환자가 병원에 방문하는 횟수를 줄여주면서도, 오히려 더 상시적이고 긴밀한 관리를 가능하게 한다. 비즈니스 모델 측면에서, 이러한 플랫폼 서비스는 병원, 보험사, 제약사 등과 파트너십을 맺고 구독료 기반의 기업 간 거래 모델(Business to Business, B2B)을 구축하거나, 환자에게 직접 서비스를 제공하는 기업과 소비자 간 거래 모델(Business to Consumer, B2C)로 운영될 수 있다. AI 기반 원격의료 및 만성 질환 관리 플랫폼은 의료 서비스의 시공간적 제약을 허물고, 병원 안의 치료를 일상 속의 관리로 전환하는 핵심 동력이다.

3 AI 챗봇을 활용한 헬스케어 상담 및 정보 제공

몸이 아프거나 건강에 대해 궁금한 점이 생겼을 때, 가장 먼저 하는 일은 무엇인가? 많은 사람들이 인터넷 검색에 의존하지만, 부정확하거나 상업적인 정보의 홍수 속에서 신뢰할 수 있는 정보를 찾기란 쉽지 않다. 병원에 가자니 증상이 가벼운 것 같고, 늦은 밤이나 주말에는 문을 연 곳도 마땅치 않다. AI 챗봇(AI Chatbot)은 이러한 의료 정보의 공백을 메워주는 똑똑한 건강 비서 역할을 한다. 자연어 처리(Natural Language Processing, NLP) 기술을 기반으로 하는 AI 챗봇은 사용자의 질문 의도를 파악하고, 방대한 의학 데이터베이스에서 가장 적절한 답변을 찾아 대화 형태로 제공한다.

헬스케어 챗봇은 다양한 기능을 수행한다. 가장 기본적인 기능은 증상을 입력하면 가능성 있는 질병에 대한 정보를 제공하고, 병원 방문이 필요한지 아닌지를 판단해 주는 증상 확인(Symptom Checker)이다. 또한, 복잡한 의학 용어나 검사 결과를 환자가 이해하기 쉬운 언어로 설명해 주고, 올바른 약 복용법이나 건강 관리 팁을 알려주는 의료 정보 제공 역할도 한다. 이러한 챗봇은 24시간 365일 언제든 이용할 수 있어, 환자의 불안감을 해소하고 불필요한 병원 방문을 줄여 의료 시스템의 효율성을 높이는 데 이바지한다.

특히 주목받는 분야는 정신건강 관리이다. 우울증, 불안장애 등 정신건강 문제로 어려움을 겪는 사람들은 사회적 편견이나 비용 부담 때문에 전문가의 도움을 받기를 주저하는 경우가 많다. '우봇(Woebot)'이나 '위사(Wysa)'와 같은 AI 정신건강 챗봇은 이러한 사람들에게 익명성이 보장된 안전한 소통 창구를 제공한다. 이 챗봇들은 인지행동치료(Cognitive Behavioral Therapy, CBT) 기법을 활용한 대화 시나리오를 통해 사용자의 감정 상태를 파악하고, 부정적인 생각을 긍정적으로 전환하도록 돕거나 스트레스 대처 기술을 훈련한다. CBT는 생각(인지)과 행동의 패턴을 변화시킴으로써 감정적 문제를 해결하는 심리 치료 방법으로, 우울증과 불안장애 치료에 효과적인 것으로 알려져 있다. 연구에 따르면, 이러한 챗봇을 꾸준히 사용할 경우 우울감이나 불안 증상이 유의미하게 감소하는 효과가 있는 것으로 나타났다.

물론 AI 챗봇이 인간 의사나 심리 상담사를 완전히 대체할 수는 없다. 챗봇이 제공하는 정보는 의학적 조언일 뿐, 최종적인 진단이나 처방은 반드시 전문 의료인에 의해 이루어져야 한다. 하지만 AI 챗봇은 의료 서비스의 접근성을 높이고, 환자들이 자신의 건강에 더 많은 관심을 갖도록 유도하며, 특히 만성 질환이나 정신건강 관리 분야에서 인간 의료진의 역할을 보완하는 중요한 파트너가 될 수 있다. 비즈니스적으로도 챗봇 개발사는 병원, 보험사, 기업 등에게 솔루션을 제공하거나, 개인 사용자에게 구독 기반의 프리미엄 서비스를 판매하는 등 다양한 수익 모델을 창출하며 빠르게 성장하고 있다.

제4절 AI 헬스케어의 윤리적, 법적 과제

AI가 헬스케어 분야에 가져올 혁신과 가능성은 의심할 여지 없이 거대하다. 하지만 빛이 밝을수록 그림자도 짙어지는 법, 기술의 발전 이면에는 우리가 반드시 해결하고 넘어가야 할 복잡하고 민감한 과제들이 존재한다. AI 헬스케어는 인간의 생명과 직결된 가장 민감한 개인 정보인 의료 데이터를 다루기 때문에, 다른 어떤 분야보다도 높은 수준의 신뢰와 책임이 요구된다. 만약 AI의 진단이 잘못되었다면 그 책임은 누구에게 물어야 할까? 특정 인종이나 계층에게 불리한 결과를 내놓는 편향된 AI가 만들어진다면 어떻게 해야 할까? 나의 건강 정보가 나도 모르는 사이에 유출되거나 오용될 위험은 없을까? 신뢰할 수 있는 AI 헬스케어 생태계를 구축하기 위해서는 이러한 윤리적, 법적, 제도적 질문들에 대한 사회적 합의와 제도적 장치 마련이 기술 개발만큼이나 시급하고 중요하다.

1 의료 데이터 프라이버시와 보안

AI 헬스케어 시스템의 성능은 학습 데이터의 양과 질에 의해 결정된다. 더 정확하고 정교한 AI 모델을 개발하기 위해서는 방대한 양의 실제 환자 데이터가 필수적이다. 그러나 의료 데이터는 개인의 질병, 유전 정보, 생활 습관 등 가장 사적인 정보를 담고 있어, 유출되거나 오용될 때 개인에게 돌이킬 수 없는 피해를 줄 수 있다. 따라서 데이터 프라이버시 보호와 보안은 AI 헬스케어의 바탕을 이루는 가장 중요한 윤리적 원칙이다.

큰 위험 중 하나는 데이터 유출(Data Breach)이다. 해커가 병원이나 헬스케어 기업의 서버를 공격하여 수많은 환자의 의료 기록을 탈취하는 사건은 이미 빈번하게 발생하고 있다. AI 시대에는 데이터가 클라우드 서버에 집중되고 여러 기관 간에 공유되는 경우가 많아, 이러한 유출 위험은 더 커진다. 유출된 의료 정보는 금융 사기나 신분 도용에 악용될 수 있을 뿐만 아니라, 특정 질병을 앓고 있다는 사실이 알려지면서 사회적 차별이나 낙인의 대상이 될 수도 있다. 따라서 데이터를 저장하고 전송하는 전 과정에 걸쳐 강력한 암호화 기술을 적용하고, 접근 권한을 엄격하게 통제하는 등 최고 수준의 보안 시스템을 구축하는 것이 필수적이다.

데이터를 연구 목적으로 활용할 때도 프라이버시 문제는 발생한다. 일반적으로 연구용 데이터는 이름이나 주민등록번호와 같은 직접 식별 정보를 제거하는 비식별화(De-identification) 과정을 거친다. 그러나 AI 기술이 발전하면서, 비식별화된 데이터라 할지라도 다른 공개 정보(예: SNS 게시물, 거주 지역 정보)와 결합하면 특정 개인을 다시 식별할 수 있는 재식별화(Re-identification) 공격이 가능해졌다. 이는 환자의 동의 없이 민감한 정보가 원치 않는 방식으로 분석될 수 있음을 의미하며, 환자와 의료 시스템 간의 신뢰를 훼손할 수 있는 심각한 문제이다. 이러한 문제를 해결하기 위해 다양한 기술적 대안이 연구되고 있다. 대표적으로, 데이터를 중앙 서버로 전송하지 않고 각 병원이나 기관에서 개별적으로 AI 모델을 학습시킨 뒤, 학습된 결과(예: 가중치)만을 중앙 서버로 모아 통합하는 연합 학습(Federated Learning)과 데이터에 의도적인 잡음을 추가해 개인 정보는 보호하면서도 통계적 유용성을 유지하는 차등 프라이버시(Differential Privacy) 기법이 주목받고 있다. 연합 학습은 분산된 데이터를 직접 공유하지 않고, 데이터가 존재하는 각 위치에서 로컬로 모델을 학습시킨 뒤 학습된 파라미터(예: 가중치 업데이트 값)만 중앙 서버로 전달하여 결합하는 머신러닝 방법이다. 이를 통해 데이터 프라이버시를 강화하면서도 공동의 모델 성능을 향상할 수 있다.

2 AI 알고리즘의 편향성과 공정성

"쓰레기가 들어가면, 쓰레기가 나온다(Garbage in, garbage out)." 이는 컴퓨터 과학의 오래된 격언으로, AI 시대에 더욱 중요한 의미가 있다. AI 모델은 인간이 제공한 데이터를 기반으로 학습하기 때문에, 만약 학습 데이터 자체에 편향(Bias)이 존재한다면 AI 역시 그 편향을 그대로 학습하고 심지어 증폭시킬 수 있다. 헬스케어 분야에서 알고리즘의 편향성은 특정 인구 집단에게 체계적으로 불리한 결과를 초래하여 의료 불평등을 심화시키는 심각한 사회 문제로 이어질 수 있다.

편향은 다양한 단계에서 발생할 수 있다. 가장 대표적인 것은 데이터 편향(Data Bias)이다. 예를 들어, 피부암을 진단하는 AI 모델을 주로 백인의 피부 이미지 데이터로만 학습시켰다면, 이 모델은 유색인종의 피부암을 제대로 진단하지 못할 확률이 높다. 실제로 특정 상용 알고리즘이 흑인 환자의 질병 위험도를 백인 환자보다 체계적으로 낮게 예측하여, 필요한 의료 서비스를 받지 못하게 한 사례가 보고되기도 했다. 이는 알고리즘이 의료비 지출을 건강 상태의 대리 지표로 사용했는데, 흑인 환자들이 사회경제적 이유로 의료비 지출이 적다는 사실을 덜 아프다는 신호로 잘못 학습했기 때문이다.

이러한 편향을 해결하기 위해서는 AI 개발의 전 과정에 걸쳐 공정성을 확보하기 위한 노력이 필요하다. 우선, 학습 데이터를 수집하는 단계에서부터 인종, 성별, 나이, 사회경제적 지위 등 다양한 인구 집단을 균형 있게 대표할 수 있도록 신중히 처리해야 한다. 또한, AI 모델의 성능을 평가할 때 전체적인 정확도만 볼 것이 아니라, 각 하위 그룹별(Subgroup) 성능을 세밀하게 분석하여 특정 집단에게 불이익이 발생하지 않는지 정기적으로 감사(Audit)해야 한다. IBM의 'AI Fairness 360'과 같은 도구들은 개발자들이 알고리즘의 편향을 측정하고 완화하는 데 도움을 준다. 궁극적으로는 AI 개발팀 자체의 다양성을 높여, 다양한 관점과 배경을 가진 사람들이 개발 과정에 참여함으로써 잠재적인 편향을 사전에 인지하고 바로잡는 노력이 중요하다. 공정성이 담보되지 않은 AI 기술은 혁신이 아니라 차별의 도구가 될 수 있음을 명심해야 한다.

3 AI 의료 행위의 책임 소재 및 법적 규제

AI가 내린 진단이나 치료 권고가 잘못되어 환자에게 피해가 발생했을 경우, 그 법적 책임은 누가 져야 할까? AI 모델을 개발한 개발자일까, AI를 학습시킨 데이터를 제공한 병원일까, 아니면 AI의 판단을 믿고 최종 처방을 내린 의사일까? 이처럼 책임 소재(Liability)의 불분명함은 AI 헬스케어 도입의 가장 큰 법적 걸림돌 중 하나이다. 현재 대부분의 의료 AI는 의사의 판단을 돕는 보조 도구로 간주하므로, 최종적인 의료 행위에 대한 책임은 의사에게 귀속된다. 하지만 AI가 점점 더 자율적으로 복잡한 의사결정을 내리게 될수록, 이러한 책임 분담 구조는 더 이상 유효하지 않을 수 있다.

이 문제를 해결하기 위해서는 새로운 법적, 제도적 체계(Framework)가 필요하다. AI의 결함으로 인한 손해에 대해 개발사가 제조물 책임을 지도록 하거나, AI 의료 행위에 대한 별도의 보험 제도를 도입하는 방안 등이 논의되고 있다. 또한, AI의 의사결정 과정을 인간이 이해할 수 있도록 설명하는 설명 가능 인공지능(Explainable AI, XAI) 기술의 발전이 중요하다. AI가 왜 그런 결론을 내렸는지 그 근거를 제시할 수 있어야, 의사는 그 판단을 비판적으로 수용할 수 있고, 문제가 발생했을 때 원인을 추적하여 책임을 규명하는 것이 쉬워지기 때문이다. 라임(Local Interpretable Model-agnostic Explanations, LIME), 샤프(Shapley Additive exPlanations, SHAP), 그래드-캠(Gradient-weighted Class Activation Mapping, Grad-CAM)과 같은 XAI 기법들은 AI의 블랙박스 문제를 해결하고 투명성과 신뢰성을 높이는 데 이바지한다.

기술의 발전에 발맞춘 법적 규제의 정비 또한 시급한 과제이다. 각국 정부와 규제 기관은 AI 의료기기의 안전성과 유효성을 어떻게 평가하고 승인할 것인지에 대한 명확한 지침을 마련해야 한다. 미국 FDA는 한번 허가받은 후에도 실제 의료 현장에서 수집된 데이터를 통해 지속적으로 학습하고 성능이 변하는 AI/ML 기반 의료 소프트웨어(SaMD)에 대한 새로운 규제 방안을 제시하고 있다. SaMD는 하드웨어 없이 소프트웨어 자체만으로 질병의 진단, 치료, 예방 등의 의료 목적을 수행하는 소프트웨어이다. 유럽 연합(EU) 역시 'AI 법(AI Act)'을 통해 헬스케어 AI를 고위험(high-risk)으로 분류하고, 투명성, 인간의 감독, 데이터 품질 등에 대한 엄격한 요구사항을 부과하고 있다. 한국 역시 「개인정보보호법」, 「의료법」 등 기존의 법체계가 대규모 데이터 학습을 기반으로 하는 AI 기술의 발전을 저해하는 측면이 있다는 지적이 있어, 데이터 활용을 촉진하면서도 개인의 권리를 보호할 수 있는 균형 잡힌 규제 혁신이 필요하다. 이러한 윤리적, 법적 과제들은 AI 헬스케어 기술이 우리 사회에 안전하고 유익하게 뿌리내리기 위해 반드시 넘어야 할 산이다.

토의문제

1. 전통적 헬스케어 시스템이 직면한 가장 큰 한계는 무엇이며, AI가 제공하는 대안은 무엇인가?
2. AI 기반 정밀 의료가 기존 표준화된 의료 모델과 무엇이 다른가?
3. 유전체 분석과 AI가 결합할 때 개인 맞춤형 치료에서 기대되는 장점과 잠재적 위험은 무엇인가?
4. 의료 영상 판독에서 AI와 인간 의사가 협력할 때 얻을 수 있는 시너지 효과는 무엇이며, 한계는 무엇인가?
5 AI가 신약 개발의 시간과 비용을 단축할 수 있는 구체적 메커니즘은 무엇인가?
6. 웨어러블 기기와 개인 건강 데이터(PHR)의 활용이 환자의 건강 관리 방식에 어떤 변화를 불러올 수 있는가?
7. AI 챗봇이 정신건강 관리에 이바지할 가능성과 그 한계는 무엇인가?
8. 의료 데이터의 재식별화(Re-identification) 위험이 제기하는 윤리적·법적 쟁점은 무엇이며, 가능한 해결책은 무엇인가?
9. AI 알고리즘의 편향성이 특정 인구 집단에게 불리한 영향을 줄 수 있는 이유는 무엇이며, 이를 줄이려는 방안은 무엇인가?
10. AI가 독자적으로 내린 의료적 판단에서 발생한 오류의 책임을 누가 져야 하는가? (의사, 개발자, 병원, 규제 기관 등)

사례연구 - 1

하드웨어와 소프트웨어의 결합, 나녹스의 의료영상 대중화 전략

의료 불평등 해소를 위한 하드웨어 혁신

전 세계 인구의 약 3분의 2는 기본적인 의료 영상 서비스조차 접근하기 어려운 환경에 놓여 있다. 가장 큰 원인은 CT나 MRI 같은 기존 의료 영상 장비의 높은 가격과 거대한 규모, 그리고 이를 운영하고 판독할 전문 인력의 부족 때문이다. 이스라엘의 혁신 의료 기술 기업 나녹스(Nanox)는 반도체 기술을 활용해 기존 엑스레이 장비의 아날로그 방식을 디지털로 전환, 장비의 가격과 크기를 획기적으로 줄인 '나녹스 아크(Nanox.ARC)'를 개발하며 이 문제에 도전했다. 하지만 저렴하고 작은 장비를 만드는 것만으로는 의료 영상의 '대중화'라는 목표를 달성하기에 충분하지 않았다.

첨단 장비에 'AI 두뇌'를 탑재하다

나녹스가 찾은 해답은 바로 인수·합병(M&A)이었다. 나녹스는 딥러닝 의료 영상 분석 전문기업인 '지브라 메디컬 비전(Zebra Medical Vision)'을 전격 인수했다. 지브라 메디컬 비전은 뼈, 심장, 신경계 등 다양한 분야의 의료 영상을 AI로 분석하여 질병의 징후를 찾아내는 뛰어난 기술력을 보유한 회사였다. 이는 나녹스의 혁신적인 하드웨어에 정교한 'AI 두뇌'를 탑재하는 전략적 선택이었다. 장비를 통해 고품질의 영상을 촬영하는 능력을 갖춘 뒤, 그 영상을 즉시 분석하고 해석할 수 있는 AI 소프트웨어 역량까지 확보함으로써 진정한 의미의 통합 솔루션을 구축한 것이다.

촬영부터 판독까지, 'End-to-End' 솔루션의 완성

나녹스는 지브라 메디컬 비전(現 나녹스 AI) 인수를 통해 촬영(하드웨어)에서부터 분석(소프트웨어)에 이르는 '전 과정(End-to-End)' 의료 영상 솔루션을 완성했다. 나녹스 아크 장비가 의료 접근성이 낮은 지역에 보급되면, 촬영된 영상은 즉시 클라우드로 전송되고 AI가 이를 분석해 이상 소견을 감지한다. 이를 통해 영상의학과 전문의가 없는 곳에서도 AI의 도움을 받아 1차적인 진단이 가능해진다. 이는 단순히 장비를 보급하는 것을 넘어, 영상 촬영, AI 분석, 원격 판독 연결까지 아우르는 생태계를 구축하여 의료 영상 서비스 자체를 대중화하려는 나녹스의 큰 그림을 보여준다(의학신문, 2021. 11. 10).

▸ 사례연구 토의

1. 의료 영상 장비(하드웨어)를 혁신한 나녹스가 AI 소프트웨어 기업을 인수한 이유는 무엇일까요? 하드웨어 혁신만으로는 '의료 영상 대중화'를 이루기 어려운 이유에 대해 토의해 보자.
2. 나녹스가 구축한 'End-to-End' 솔루션은 영상 전문의가 부족한 의료 소외 지역의 환자와 의료진에게 구체적으로 어떤 혜택을 줄 수 있을지 이야기해 보자.
3. 저렴한 AI 기반 영상 장비가 동네 병원이나 보건소 등 1차 의료기관에 널리 보급된다면, 영상의학과 전문의와 일반의의 역할은 미래에 어떻게 변화할 것으로 예상되는지 토론해 보자.

사례연구 - 2

AI 현미경 '루닛 스코프', 맞춤형 암 치료의 길을 열다

암 진단을 넘어 치료 예측으로, 특화 AI의 등장

AI가 엑스레이 이미지를 분석해 폐암을 찾아내는 '진단 AI'가 의료 현장에 빠르게 자리 잡는 가운데, 한 단계 더 나아가 환자에게 가장 적합한 항암제를 추천하는 '치료 예측 AI'가 정밀의료의 핵심으로 부상하고 있다. 바로 루닛(Lunit)의 '루닛 스코프(Lunit SCOPE)'가 그 주인공이다. 진단 AI가 암의 '유무'를 판단한다면, 루닛 스코프는 암 조직 슬라이드를 분석해 면역항암제 등 특정 치료에 대한 환자의 반응을 예측하는 데 특화되어 있다. 고가의 항암제를 사용하기 전, AI를 통해 효과를 볼 환자를 미리 선별하는 것은 치료 성공률을 높이고 불필요한 의료비 지출을 줄이는 데 결정적인 역할을 한다.

병리학자의 눈을 학습한 '디지털 바이오마커'

루닛 스코프의 핵심은 암 조직 내 면역세포의 종류와 분포를 분석하는 AI 기술이다. 기존에는 병리학자가 현미경으로 암 조직을 직접 관찰하며 바이오마커(치료 반응성을 예측하는 생체 지표)를 주관적으로 판단해야 했기에, 분석 결과에 편차가 생길 수 있었다. 루닛 스코프는 수많은 암 조직 데이터를 학습하여, 인간의 눈으로는 파악하기 힘든 미세한 세포의 패턴까지 정량적으로 분석해 객관적인 데이터로 제시한다. 이는 마치 숙련된 병리학자의 분석 노하우를 학습해 24시간 정확한 판단을 내리는 '디지털 병리학자'를 구현한 것과 같다. 특히 최근 주목받는 항체-약물 접합체(ADC)와 같은 차세대 항암제의 병용요법 개발이 활발해지면서, 치료 효과를 극대화할 환자군을 정확히 찾아내는 루닛 스코프의 가치는 더욱 커지고 있다.

진료실을 넘어 신약 개발의 파트너로

루닛 스코프는 단순히 임상 현장에서 의사의 치료 결정을 돕는 것을 넘어, 제약사들의 신약 개발 과정을 혁신하는 핵심 파트너로 진화하고 있다. AI가 암 조직을 분석해 새로운 바이오마커를 발굴하거나, 임상시험에 참여할 환자 중 신약에 반응할 확률이 가장 높은 그룹을 선별해 임상 성공률을 높이는 식이다. 이는 AI가 진료 보조 도구를 넘어, 천문학적인 비용과 시간이 드는 신약 개발의 효율성을 극대화하는 'R&D 엔진'으로 자리 잡고 있음을 보여준다. 루닛은 이미 다수의 글로벌 제약사와 파트너십을 맺고, 차세대 항암제 개발에 AI 기술을 접목하며 새로운 시장을 창출하고 있다(데일리인베스트, 2025.5.15.).

‣ 사례연구 토의

1. 본문에서 설명한 암의 유무를 찾는 '진단 AI'와 '루닛 스코프'와 같은 '치료 예측 AI'의 근본적인 차이점은 무엇이며, 왜 현대 암 치료에서 치료 예측 AI의 중요성이 커지고 있는지 토의해 보자.
2 루닛 스코프를 '디지털 병리학자'라고 표현했다. 병리학자의 주관적 판단에 의존하던 바이오마커 분석을 AI가 객관적 데이터로 바꾸는 것이 환자와 제약사에 각각 어떤 장기적인 이점을 가져다줄지 토론해 보자.
3. 루닛 스코프처럼 AI가 환자에게 가장 적합한 치료법을 추천하는 시대가 본격화될 경우, 항암 치료를 전문으로 하는 종양내과 의사의 역할은 앞으로 어떻게 변화해야 할지 이야기해 보자.

사례연구 - 3

AI 정신건강 챗봇 '워봇(Woebot)'의 등장과 활용

심리상담의 문턱을 낮추는 디지털 도구

우울증, 불안장애, 스트레스와 같은 정신건강 문제는 누구나 겪을 수 있지만, 여전히 사회적 편견과 비용 부담 때문에 전문가의 도움을 받지 못하는 경우가 많다. 이러한 상황에서 등장한 것이 AI 기반 정신건강 지원 도구인 '워봇(Woebot)'이다. 워봇은 사용자가 모바일 앱을 통해 언제 어디서든 접근할 수 있는 AI 챗봇으로, 익명성과 즉시성을 강점으로 하여 심리상담의 문턱을 크게 낮추었다. 사용자는 텍스트 대화 형식으로 자신의 감정을 표현할 수 있고, 챗봇은 이를 분석하여 정서적 지지를 제공하거나 자기 성찰을 유도한다.

인지행동치료(CBT)를 적용한 AI 상담자

워봇의 가장 큰 특징은 심리치료 기법인 인지행동치료(Cognitive Behavioral Therapy, CBT)를 AI 대화 알고리즘에 적용했다는 점이다. 워봇은 사용자가 부정적인 감정이나 왜곡된 사고를 표현할 때 이를 인식하고, 긍정적인 대안적 사고를 제시하여 사고·행동 패턴의 변화를 돕는다. 이 과정에서 챗봇은 단순히 '정보 제공자'가 아니라, 사용자가 자기 감정을 정리하고 관리하도록 돕는 '디지털 심리 상담자'로 기능한다. 특히 워봇은 사용자의 대화 데이터를 축적해 개인 맞춤형 피드백을 제공할 수 있어, 반복적인 사용을 통해 점진적으로 정신건강 개선 효과를 기대할 수 있다.

정신건강 관리의 새로운 패러다임

워봇의 등장은 정신건강 관리의 새로운 패러다임을 열었다. 상담실을 찾아가는 대신 일상 속에서 챗봇과 대화하며 심리적 안정을 찾을 수 있다는 점은, 의료 서비스의 접근성을 크게 확장한다. 워봇은 인간 전문가를 대체하는 것이 아니라, 전문 상담 전 단계에서 초기 개입 도구로 활용되거나 상담 이후 환자의 일상적 관리를 돕는 보조적 도구로 활용될 수 있다. 이는 정신건강 관리가 특정 전문가 집단에 의존하는 것이 아니라, AI와 인간의 협력을 통해 일상적으로 지속될 수 있음을 보여준다(디지털비즈온, 2024. 4. 16).

▸ **사례연구 토의**

1. 워봇은 익명성과 접근성을 강점으로 하여 심리상담의 문턱을 낮추었다. 이러한 특성이 정신건강 관리에서 갖는 의미를 토론해 보자.
2. 워봇이 적용한 인지행동치료(CBT) 기법은 실제 임상 상담과 비교했을 때 어떤 장점과 한계를 가질 수 있을까?
3. AI 정신건강 챗봇이 확산될 경우, 향후 심리상담 전문가(심리학자 · 정신과 의사)의 역할은 어떻게 변화할 것으로 예상되는지 논의해 보자.

AI 실제 활용 사례

1단계: 생성형 AI 활용 웨어러블 데이터 분석 Python 프로그램 프롬프트 작성

헬스케어 데이터를 활용한 Python 프로그램을 만들고 싶다. 웨어러블 기기에서 수집된 데이터는 CSV 파일로 저장되어 있으며, 컬럼은 Date, HeartRate, Steps, SleepHours, BloodSugar로 구성되어 있다.

다음과 같은 기능을 가진 AI 기반 건강 관리 프로그램을 원한다.

기초 통계 요약: 평균 심박수, 총 걸음 수, 평균 수면 시간, 평균 혈당을 산출

이상 징후 탐지

- 심박수 > 120bpm이거나 < 50bpm → “심박 이상” 알림
- 혈당 > 140mg/dL → “고혈당 위험” 알림
- 수면 시간 < 5시간 → “수면 부족” 알림

시각화 기능

- 주차별 걸음 수 변화 추이(선 그래프)
- 수면 시간과 혈당의 상관관계 산점도
- 주차별 건강 상태 요약 도넛 차트(정상/위험 비율)

개인 맞춤형 건강 코칭

- 데이터를 기반으로 "운동 권장", "수면 보충 필요", "식습관 개선" 등의 메시지를 자동 생성
- 위 기능을 종합한 Python 기반 프로그램으로 구현

2단계: 생성형 AI 활용 건강 관리 Python 프로그램 Run

생성형 AI가 만들어준 Python 프로그램을 복사하여, Python 실행 환경에 입력하고 웨어러블 데이터 파일(CSV)을 불러온 후 Run하면, 자동으로 기초 통계, 위험 알림, 건강 상태 시각화, 개인 맞춤 코칭이 제공됨

3단계: 개인 맞춤형 건강 관리 기획

- 분석 결과에 따라, 심박수 이상이 반복적으로 탐지되는 사용자는 병원 진료를 권장
- 수면 부족 경향이 확인되는 사용자에게는 취침 루틴 및 수면 위생 개선 가이드 제공
- 혈당이 자주 높게 측정되는 사용자에게는 식단 관리 및 운동 습관 개선을 권고
- 이러한 데이터 기반 맞춤형 코칭은 원격의료 플랫폼, 보험사의 헬스케어 프로그램, 기업의 임직원 건강 관리 서비스로 연결 가능

시사점

이 사례는 웨어러블 기기와 AI의 결합이 어떻게 예방 중심 헬스케어를 실현하는지 잘 보여준다. 과거에는 병원에 가야만 알 수 있었던 건강 데이터를, 이제는 일상에서 실시간으로 모니터링하고 분석할 수 있다. 특히, 중소형 병원이나 스타트업, 기업 복지팀도 생성형 AI가 작성한 간단한 Python 프로그램만으로 자체적인 건강 관리 시스템을 운영할 수 있다. 이는 의료비 절감, 환자 삶의 질 향상, 예방 중심 헬스케어 확산에 직접적으로 기여할 수 있다.

제9장 AI 비즈니스 모델

학습 목표

- AI 비즈니스 모델의 개념과 필요성에 대하여 학습한다.
- AI 비즈니스 모델의 핵심 구성요소와 유형을 학습한다.
- AI 기반 수익모델과 산업별 적용 사례에 대하여 이해한다.
- AI 비즈니스 모델 혁신과 지속가능성 전략에 대하여 학습한다.

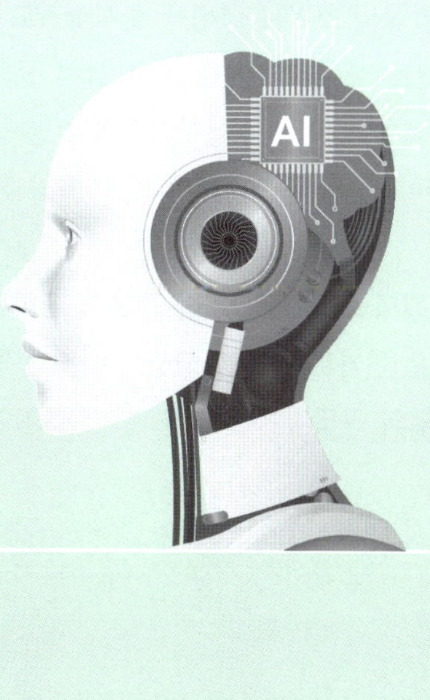

제1절 AI 산업 분석과 비즈니스 기회들

지금까지 인공지능(AI) 기술은 주로 글로벌 빅테크 기업과 일부 대기업이 주도해 왔다. AI 반도체 설계, 초거대 언어 모델(LLM) 개발, 대규모 데이터 학습 및 클라우드 인프라 운영 등 고도의 기술력과 자본이 요구되는 영역이었기 때문이다. 그러나 최근 들어 AI 에이전트(AI Agent)와 산업별 맞춤형 AI 서비스들이 등장하면서, AI는 기술적 혁신을 넘어 전방산업(제조, 금융, 유통, 공공 등)의 업무 생산성 향상과 비즈니스 모델 혁신의 주요 요소가 되고 있다.

1 후방산업과 전방산업을 분석해야 하는 이유

기업의 비즈니스 모델을 제대로 파악하기 위해서는 기업의 내부 역량과 재무상태, 마케팅 전략 등만 살펴보는 것만으로는 부족할 수 있다. 실제로 기업이 어떤 구조 속에서 비즈니스를 전개하는지를 확인하려면, 해당 기업이 속해 있는 산업의 후방산업(Upstream Industry)과 전방산업(Downstream Industry)을 함께 분석하는 것이 필요하다. 기업의 공급망을 구성하는 후방산업과, 기업 제품의 최종 수요자가 존재하는 전방산업의 상황을 모두 고려해야 기업이 가치사슬에서 어떤 위치에 있고, 경쟁우위를 어떻게 확보하는지를 구체적으로 이해할 수 있기 때문이다.

예를 들어, 스마트 홈 디바이스를 개발하는 한 스타트업을 생각해보자. 이 스타트업은 사물인터넷(IoT) 기반의 스마트 조명을 출시하려고 한다. 이 제품을 생산하기 위해서는 센서, 마이크로컨트롤러, 전원 공급 장치 등의 하드웨어와, 하드웨어를 제어하는 기본 소프트웨어, 그리고 사용자가 스마트폰 등을 통해 조명을 제어할 수 있도록 하는 애플리케이션, 원격 모니터링 및 데이터 분석을 위한 클라우드 플랫폼 등이 필요하다.

이처럼 후방산업, 즉 원재료와 부품, 기술 등을 공급하는 산업이 안정적이고 효율적으로 운영된다면, 낮은 원가로 제품을 생산하여 경쟁력을 확보할 수 있을 것이다. 반대로, 만약 후방산업의 공급망에 문제가 생겨 부품 가격이 급등하거나, 공급이 불안정해진다면, 제품의 생산 원가가 상승하여 전체 사업화에 부정적인 영향을 미칠 것이다.

동시에 전방산업 측면에서 분석도 필요하다. 전방산업은 기업 제품의 최종 수요자가 속한 시장을 의미하며, 유통 채널, 고객 서비스, 마케팅 전략 등 제품이 소비자에게 도달하는 모든 과정을 포함한다. 전방산업 분석에서 중요한 것은 시장 수요와 고객 특성이다. 제품이 어느 소비자 층을 타깃으로 하는지, 그들의 구매력과 선호도는 어떠한지에 따라 마케팅 전략과 판매 전략이 달라진다. 연관지어 유통 및 판매 채널도 분석되어야 한다. 안정적인 유통망과 효과적인 판매 전략은 제품이 시장에 원활하게 진입하고 빠르게 확산되는 데 결정적인 역할을 한다.

이처럼 기업의 비즈니스 모델을 분석할 때는 후방산업과 전방산업 모두를 고려해야 한다. 후방산업을 통해 원가 구조, 공급망 리스크, 기술적 차별성이 어떻게 구성되는지를 파악하고, 전방산업을 통해 소비자의 요구와 시장 트렌드를 이해하는 것이 필요하다. 특히, 규모가 크지 않은 기업들은 이러한 전·후방산업 분석을 통해 자사의 경쟁력을 명확히 평가하고, 초기 시장 진입과 지속 가능한 성장 전략을 고민해야 한다.

• 그림 9-1 AI 비즈니스 모델

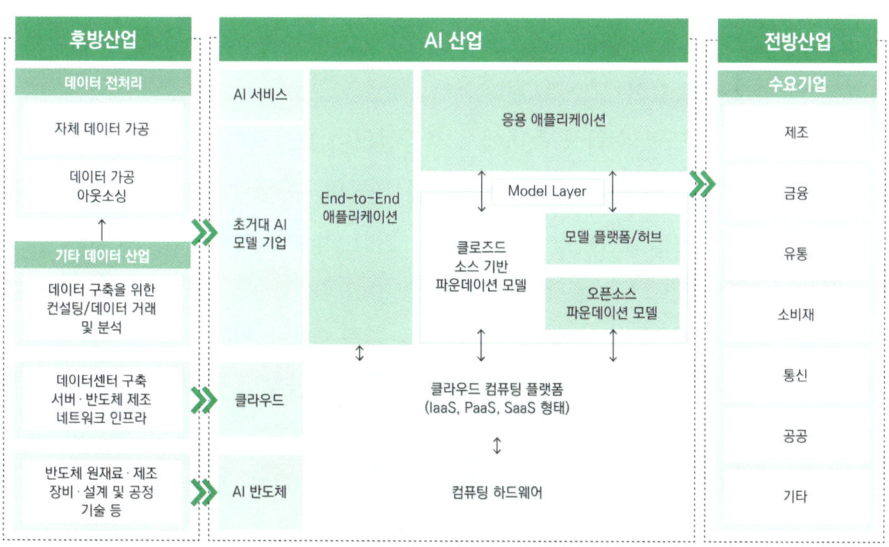

출처: 은종성, AI 빅웨이브, 기술을 넘어 전략으로, 도서출판 책길

2 생성형 인공지능 산업의 후방산업은?

그러면 생성형 인공지능(AI) 산업의 후방산업과 전방산업을 살펴보자. 중장기적으로 볼 때, 생성형 인공지능은 일반 소비자를 대상으로 하는 B2C 시장을 크게 형성할 가능성이 있으나, 현재 개별 AI 에이전트, 즉 버티컬 AI 에이전트(특정 분야에 특화된 맞춤형 AI 서비스)가 목표로 하는 시장들의 규모는 크지 않다. 결국 당분간 생성형 인공지능 기술은 기업의 생산성 향상과 비용 절감 측면에서 B2B 영역에 주로 적용될 것으로 보인다.

B2B 비즈니스는 기본적으로 하나의 산업 내에서 각 참여자의 영향력이 사업화에 큰 영향을 미치게 된다. 따라서 하나의 산업 내에서 기업들이 얼마나 강력한 영향력을 행사하는지를 분석하기 위해서는 그 산업의 후방산업과 전방산업을 면밀히 살펴보는 것이 필수적이다. 후방산업은 기업의 제품 생산에 필요한 원재료, 부품, 기술 등의 공급망을 의미하며, 전방산업은 최종 수요자가 속한 시장, 즉 제품이 소비자에게 도달하는 유통망과 고객 서비스 체계를 포함한다.

후방산업(Upstream Industry)은 기업이 인공지능(AI) 서비스를 개발하고 운영하기 위해 필요한 데이터, 컴퓨팅 인프라, AI 반도체, 클라우드 서비스, 알고리즘 기술등을 공급하는 산업을 의미한다. 후방산업을 분석하면 AI 기업의 원가 구조, 공급망 리스크, 기술적 차별성 등을 평가할 수 있으며, 이는 기업의 경쟁력 확보와 지속적인 성장에 중요한 요소가 된다.

먼저, 원가 구조 및 수익성 측면에서 후방산업이 효율적이고 비용이 낮다면, AI 기업은 보다 경쟁력 있는 가격으로 서비스를 제공할 수 있다. 반대로, GPU · TPU 등 AI 반도체 가격이 급등하거나, 클라우드 연산 비용이 상승하면, AI 모델을 학습 · 운영하는 비용이 크게 증가할 수 있다.

둘째, 공급망 리스크 및 안정성 측면에서 후방산업이 원활하게 운영되지 않으면 AI 기업은 서비스 안정성을 확보하기 어려워진다. 글로벌 반도체 공급망 문제로 인해 GPU와 AI 가속기 칩의 수급이 불안정해지는 사례가 발생하고 있으며, 이는 생성형 AI 모델의 학습과 운영 비용 증가로 이어지고 있다. 또한, AI 학습을 위한 데이터 수집 · 가공 과정에서 데이터 윤리 규제나 개인정보 보호 이슈가 발생하면, 기업의 데이터 접근성이 제한될 위험도 존재한다.

셋째, 기술 발전 및 혁신 측면에서 후방산업의 기술 발전은 생성형 AI 서비스의 성능과 차별성을 결정하는 중요한 요인이다. 예를 들어, 엔비디아(NVIDIA)나 AMD 같은 AI 반도체 기업이 고성능 GPU 및 AI 가속기를 개발할 경우, 생성형 AI 기업은 더 빠르고 정교한 모델을 학습할 수 있다. 또한, 클라우드 서비스 업체(AWS, Google Cloud, Microsoft Azure)의 AI 최적화 인프라가 발전하면, AI 서비스 제공 비용을 절감하고 더 높은 효율로 서비스를 운영할 수 있다.

3 전방산업은 수요와 경쟁환경에 영향

전방산업(Downstream Industry)은 인공지능(AI) 기술이 실제 활용되는 시장과 고객이 속한 산업을 의미한다. 전방산업을 분석하면 시장 수요, 소비자 트렌드, 경쟁 환경, 신규 사업 기회 등을 평가할 수 있으며, 이를 바탕으로 AI 기업은 효과적인 비즈니스 전략을 수립할 수 있다.

전방 산업에서 중요한 것은 시장 기회 및 수요이다. 현재 생성형 AI는 다양한 분야에서 활용되고 있으며, 텍스트 · 이미지 · 음성 · 영상 생성 등 개별 시장으로 세분화되고 있다. 예를 들어, AI 기업이 전방산업을 분석하면서 마케팅, 고객 서비스, 콘텐츠 제작 등에서 AI 도입 수요가 크다는 점을 발견할 수 있다. 이를 바탕으로 어떤 산업군과 협업할지, 어떤 고객을 주요 대상으로 삼을지전략적으로 접근할 수 있다.

전방산업 분석과정에서 소비자들의 개별적인 니즈도 분석된다. 예를 들어, 생성형 AI 기반의 텍스트 생성 서비스는 기존의 단순한 자동 글쓰기에서 점차 더 정교한 문맥 이해, 맞춤형 콘텐츠 제작, 데이터 분석 기능을 요구받고 있다. 또한, 금융 · 의료 · 법률 등 규제가 엄격한 산업에서는 AI의 신뢰성과 보안이 중요한 요소로 작용하므로, 기업들은 보안 강화 및 데이터 보호 기능을 탑재한 AI 솔루션을 개발해야 한다.

전방산업을 분석하면 경쟁 시장에서 기업이 어떤 요소에서 차별화를 시도해야 하는지도 파악할 수 있다. 예를 들어, B2B 시장에서는 기업 맞춤형 생성형 AI 솔루션(예: 내부 문서 분석 AI, 고객 상담 자동화 등)을 제공하는 전략이 효과적일 수 있다. 반면 B2C 시장에서는 개인 맞춤형 AI 서비스(예: 개인 비서 AI, AI 기반 생산성

도구 등)를 통해 차별화를 꾀할 수 있다.

4 어떤 질문을 해야 하는가?

생성형 인공지능 산업에서 기업이 후방산업, 내부역량, 전방산업을 분석하려면, 각 영역에 대해 구체적인 질문을 던지는 것이 중요하다. 이를 통해 비용 구조를 효율화하고, 비즈니스 기회를 포착하며, 시장과 고객의 요구에 적합한 전략을 마련할 수 있기 때문이다.

후방산업 분석에서 필요한 질문은 '기업이 원재료와 기술을 어떻게 확보하는가?'이다. 생성형 인공지능 서비스를 개발·운영하기 위해서는 AI 반도체, 클라우드 인프라, 알고리즘 등 다양한 자원이 필요하다.

내부 역량 분석에서 중요한 질문은 '기업이 가치를 어떻게 창출하는가?'이다. 여기에는 제품 및 서비스 개발, 마케팅, 운영 최적화, 그리고 수익 모델 등이 포함된다. 예를 들어, 마케팅 활동에 필요한 카피라이팅 생성 AI 에이전트를 출시한다고 가정했을 때, 이 솔루션이 고객에게 제공하는 가치는 무엇인지 구체적으로 정의해야 한다. 이때 중요한 점은, 고객이 '있으면 좋은 서비스'에 돈을 지불하지 않는다는 것이다. 고객의 관점에서 필요한 것은 단지 '좋은 서비스'가 아니라, 그 서비스 없이는 지속 가능한 경쟁력이 부족하거나 효율성 개선이 어려운 상황임을 인식하게 만드는 것이다. 이에 대한 대응 방안 중 하나로 기업이 생성형 AI 솔루션을 출시할 때는 '왜 고객들이 기존의 서비스를 구매하지 않는지'에 집중하면 솔루션 도출에 도움이 된다.

전방산업 분석은 '기업의 제품과 서비스가 누구에게, 어떻게 판매될 것인가?'를 파악하는 것으로, AI 기술의 사업화 전략을 구체적으로 수립하는 데 중요한 역할을 한다. 전방산업은 생성형 AI 기술이 실제로 활용되는 시장과 고객이 속한 영역으로, 그 적용 방식에 따라 사업 전략이 달라진다. 예를 들어, 기업이 B2B 모델로 기업 맞춤형 AI 솔루션을 제공하는지, 또는 B2C 시장에서 개인 사용자에게 창의적 콘텐츠 제작 도구를 제안하는지에 따라 마케팅 전략과 유통 채널이 크게 달라진다.

전방산업을 분석할 때는 세 가지 주요 사업화 전략을 고려할 수 있다. 첫째, 기존 제품과 서비스를 대체하거나 고도화하는 전략이다. 예를 들어, 퍼플렉시티

(Perplexity)는 기존의 검색 시장을 대체하며, 고객이 정보를 찾고 정리하는 방식을 혁신하고 있다. 둘째, 특정 영역에서 타겟팅된 전문화를 추구하는 전략이다. 브이캣(V-CAT)과 같이 이커머스 기업을 대상으로, 상품페이지 URL 입력만으로 숏폼 영상이나 배너 이미지를 생성해 주는 서비스는 특정 산업의 필요를 깊이 학습하여 파인튜닝한 결과이다. 셋째, 즉각적인 목표 만족과 생산성 증대를 추구하는 전략도 중요하다. 예를 들어, 법률 서비스 분야에서는 정해진 법령과 판례를 바탕으로 수많은 문서를 신속하게 분석하고, 대안을 제시할 수 있는 생성형 AI가 고객의 요구를 즉각적으로 충족시킬 수 있다.

이처럼 전방산업 분석을 통해 기업은 시장 수요와 고객 특성을 면밀히 파악하고, 이에 맞춰 제품과 서비스를 발전시키며, 경쟁 시장에서 차별화된 전략을 수립할 수 있다. 이러한 전략은 기업이 후방산업의 안정성과 기술 혁신과 함께, 전방산업에서 고객의 기대 변화에 신속히 대응하여 지속적인 성장을 이끌어 나가는 데 결정적인 역할을 한다.

제2절 생태계 관점의 비즈니스 기회

AI 기술의 발전과 더불어 산업 전반에 걸친 인공지능 생태계(AI Ecosystem)가 빠르게 확장되고 있다. 지금까지는 AI 모델을 개발하고 제공하는 기술 공급자가 시장을 주도했다면, 앞으로는 다양한 산업 현장에서 AI를 활용하려는 수요자의 영향력이 점점 더 커질 것이다. 특히 AI 에이전트(AI Agent)를 도입해 업무 생산성과 혁신을 가속화하려는 전방산업의 수요가 늘어나면서, 인공지능 산업 전체가 성장할 것이다.

다음 〈그림 9-2〉는 인공지능(AI) 생태계에서 전방산업으로 비즈니스 모델이 확장되는 것을 표현한 것이다. 인공지능 산업의 전방산업은 크게 1) AI 모델/AI 서비스 기업(글로벌 및 대기업 영역), 2) 클라우드 기업(글로벌 및 대기업 영역), 3) 응용 애플리케이션 기업(스타트업 등)이 시장을 만들어갈 것이다. 인공지능 산업이 수요자 중심으로 어떻게 변화시킬 것인지를 살펴보자.

• **그림 9-2** AI 비즈니스 모델 확장

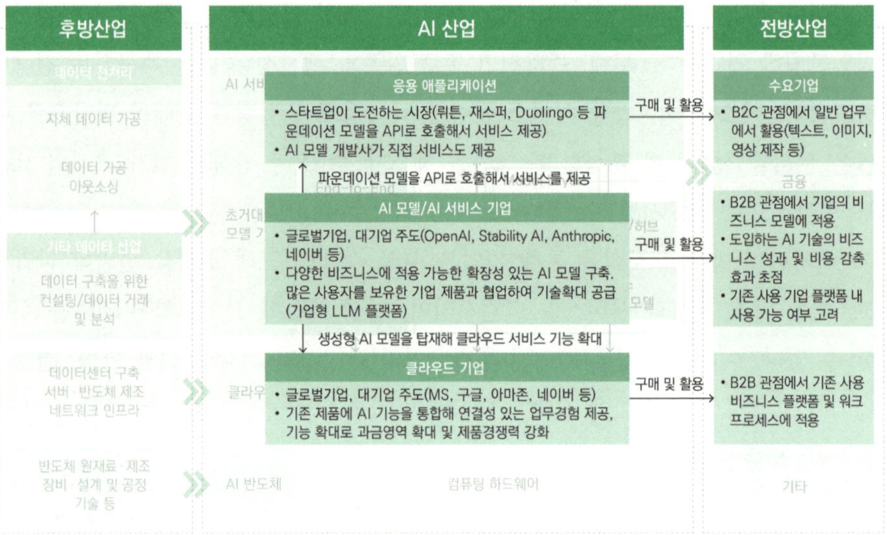

1 AI 모델, AI 서비스 기업의 전방산업 확장

인공지능(AI)의 전방산업을 확장하는 가장 큰 주체는 AI 모델과 AI 서비스 기업이다. 오픈AI, 앤트로픽(Anthropic), 구글(Google), 마이크로소프트, 네이버와 같은 기업들은 대규모 언어 모델(LLM)부터 이미지·영상 생성 AI에 이르기까지 다양한 형태의 AI 기술을 개발하고 있다. 이들은 방대한 데이터와 컴퓨팅 자원을 기반으로 고성능 모델을 구축하고, 이를 토대로 여러 산업 분야에서 사용할 수 있는 확장성 높은 서비스를 제공하고 있다.

이렇게 개발된 AI 모델은 다른 기업들이 손쉽게 활용할 수 있도록 API나 '기업형 LLM 플랫폼' 형태로 제공된다. 기술 활용 측면에서 가장 중요한 요소는 실제 비즈니스 환경에서 얼마나 빠르고 쉽게 적용할 수 있는가이다. 예를 들어, B2B 관점에서 기업들은 새로운 기술을 도입할 때 비용 절감이나 매출 증대 같은 구체적인 성과를 기대한다. 따라서 AI 모델을 통해 업무 자동화, 고객 지원 강화, 또는 데이터 기반 의사결정 등 실무적으로 효용이 큰 분야부터 우선적으로 적용하는 경우가 많다.

또한, AI 모델이 기존 기업 플랫폼 및 시스템과 통합되는지도 매우 중요하다. 이미 운영 중인 CRM, ERP, 협업툴 등에 AI 기능을 자연스럽게 접목하면, 별도의 플랫폼 변경이나 대규모 교육 없이도 직원들이 손쉽게 새로운 기술을 받아들일 수 있기 때문이다. 이는 도입에 따른 부담을 줄이고, 빠른 시일 내에 비즈니스 가치를 창출할 수 있게 도와준다.

결과적으로, AI 모델·서비스 기업들은 글로벌 시장에서 높은 기술력을 인정받은 모델을 기반으로, 다양한 산업 영역에 최적화된 솔루션을 제공하며 기업들의 경쟁력을 높이고 있다. 앞으로는 기술 성능뿐 아니라, 실제 업무 현장에 얼마나 효율적으로 접목할 수 있는지가 AI 모델 도입의 핵심 성공 요인이 될 것이다.

2 클라우드 기업의 AI 통합과 전방산업 확장

클라우드 기업들은 AI 기능을 기존 서비스에 자연스럽게 녹여냄으로써, 사용자가 별도의 환경을 변경하지 않고도 AI의 장점을 활용할 수 있도록 하고 있다. 마이크로소프트, 구글, 아마존, 네이버와 같은 글로벌 클라우드 기업들은 AI 기술을 기존 제품과 서비스에 적극적으로 통합하며, 기업 고객들이 보다 효율적으로 업무를 수행할 수 있도록 지원하고 있다. 단순히 AI 기술을 제공하는 것이 아니라, 이미 사용 중인 클라우드 환경과 연계해 자연스럽게 AI 기능을 활용할 수 있도록 돕는 것이 핵심 전략이다.

이러한 접근 방식은 특히 B2B(기업 간 거래) 시장에서 강력한 경쟁력을 갖추는 데 중요한 역할을 한다. 기존에 기업들이 활용하던 클라우드 기반의 워크플로우(업무 프로세스)와 AI 기능을 연계하면, 별도의 소프트웨어를 새롭게 도입하지 않고도 인공지능의 혜택을 받을 수 있기 때문이다. 대표적인 사례로 MS의 Azure OpenAI 서비스, 구글의 Vertex AI, AWS의 Bedrock, 네이버 클라우드의 HyperCLOVA 등을 들 수 있다.

예를 들어, Office 365(엑셀, 파워포인트, 워드 등)에 AI 기능을 추가해 문서 요약, 데이터 분석, 자동화 작업을 지원하고 있다. 사용자는 기존의 MS Office를 그대로 사용하면서 AI의 도움을 받을 수 있어 업무 효율을 높일 수 있다. 기업들이 AI 기능을 활용하는 과정에서 새로운 툴을 배우거나 환경을 바꾸는 것은 큰 부담이기 때문에, 클라우드 기업들은 기존 서비스에 AI 기능을 자연스럽게 추가하는 전략을 취하고 있다.

클라우드 기업들은 AI 기능을 추가함으로써 과금 모델을 확장하고, 기존 서비스보다 더 높은 가치를 제공하는 방향으로 사업을 전개할 것이다. 단순히 클라우드 저장 공간이나 서버 사용료를 받던 방식에서 벗어나, AI 기능을 별도 요금제로 설정하거나, 사용량에 따라 종량제로 부과하는 방식이 될 것이다.

3 응용 애플리케이션 시장과 AI 에이전트

인공지능(AI) 기술이 빠르게 발전하면서, 대규모 기업뿐 아니라 스타트업들도 다양한 응용 애플리케이션을 통해 AI 시장에 도전하고 있다. 특히 AI 에이전트(AI Agent)는 단순한 챗봇을 넘어, 사용자의 요구를 이해하고 스스로 작업을 수행할 수 있는 수준으로 진화하고 있다. 텍스트 생성, 이미지 및 영상 제작, 업무 자동화 등 다양한 분야에서 AI가 활용되면서, 일반 소비자(B2C) 시장에서도 빠르게 확산되고 있는 중이다.

이러한 흐름 속에서 많은 스타트업들이 기존의 대형 AI 모델을 직접 개발하기보다는, 오픈AI의 GPT, 스태빌리티 AI(Stability AI)의 스테이블 디퓨전(Stable Diffusion), 구글의 제미나이(Gemini) 같은 '파운데이션 모델'을 API 형태로 호출하여 자신만의 특화된 서비스를 제공하는 전략을 취하고 있다. 이를 통해 스타트업들은 방대한 자본과 인프라 없이도 고품질 AI 기술을 활용할 수 있으며, 특정 시장에서 차별화된 기능을 제공하려는 시도가 증가하고 있다.

AI 에이전트는 단순한 도구의 역할을 넘어, 사용자의 요구를 이해하고 적극적으로 업무를 수행하는 방식으로 발전하고 있다. 향후 AI 에이전트는 다음과 같은 방향으로 더욱 발전할 것으로 예상된다. 예를 들어, 구글 어시스턴트(Google Assistant)나 애플의 시리(Siri)와 같은 AI 비서가 보다 지능적으로 발전하여, 단순한 음성 명령 수행을 넘어서 실제로 사용자의 일정을 관리하고 문서를 자동으로 작성하는 수준까지 도달하고 있다. 이처럼 개인 맞춤형 AI 비서가 사용자의 일정, 이메일, 작업 내용을 학습하여 자동으로 업무를 정리하고 최적의 결정을 추천하는 기능이 강화되고 있다.

AI 에이전트는 기업이나 산업측면에서도 활용 가능성이 커지고 있기도 하다. 예를 들어, AI가 기업 내부 데이터를 분석하여 의사결정을 지원하는 서비스가 더욱 증가할 것으로 예상된다. AI 에이전트가 의료 데이터를 분석하여 환자별 맞춤 치료 계획을 제안할 수도 있고, AI 기반 투자 자문 서비스가 개인 맞춤형 금융 컨설팅을 제공하기도 할 것이다. 물론 기업 측면의 접근은 정보보안이나 환각현상(할루시네이션) 등에 대한 부분의 검토가 필요해서 조금 더 시간이 걸릴 것으로 보인다.

4 솔루션 관점의 비즈니스기회

AI의 선방산업 확장을 주도하는 주체는 크게 ① AI 모델 및 AI 서비스를 개발하는 기업, ② 클라우드 기업, ③ AI 에이전트를 개발하는 스타트업 등으로 구분할 수 있다. 이들은 AI 산업 내에서 다양한 서비스를 제공할 수 있다.

첫 번째는 End-to-End 관점에서 현장 중심의 통합 서비스를 제공하는 것이다. 기업에 AI 모델을 적용하기 위해서는 모델의 커스터마이징부터 활용, 유지 · 보수까지 전 과정을 하나로 묶은 패키지형 솔루션이 필요하다. 예를 들어, 대형 컨설팅 업체가 스타트업과 협력하여 대기업 또는 공공기관의 HR, 재무, 마케팅 등 특정 부문에 특화된 'AI 컨설팅+솔루션' 세트를 완비하는 식이다. 이 솔루션은 AI 모델 도입부터 데이터 파이프라인 구축, 보안, 운영까지 전 단계를 아웃소싱 형태로 지원하기 때문에, 기업 입장에서는 손쉽게 도입할 수 있다.

또한, 기업 실무 부서가 IT 부서나 전문 인력 없이도 단순히 설치(Plug & Play)만 하면 바로 활용할 수 있도록 하는 것도 필요하다. 이로 인해 AI 솔루션 기업이나 애플리케이션 기업은 '수평적' 플랫폼보다는 특정 분야나 업종에 최적화된 '수직적' 솔루션을 빠르게 출시하는 전략을 택하는 것이 효과적일 수 있다.

두 번째로는 데이터 · 인프라 기반 산업의 확장을 들 수 있다. 이는 이른바 뒷단을 고도화하는 것이다. 생성형 AI 모델(LLM)의 학습과 추론에는 방대한 데이터와 고성능 GPU 및 반도체, 그리고 대형 클라우드 인프라가 필요하다. 따라서 데이터를 수집 · 정제 · 가공하고 보안을 강화하는 과정에 특화된 서비스가 더욱 요구될 것이다. 예를 들어, 프라이버시 보호, 사내 보안 측면에서 전문화된 기업이 등장할 가능성이 크다.

또한, 반도체, 클라우드, 네트워크, 스토리지 등 후방산업 인프라가 지속적으로 고도화됨에 따라, 이를 전문적으로 다루는 기업도 주목받을 것이다. AI 반도체 개발을 비롯한 하드웨어 최적화 경쟁 역시 활발해지면서, 자체 AI 칩 또는 특화 서버 인프라를 보유하려는 시도가 계속될 것으로 예상된다.

세 번째로는 신규 AI 에이전트를 출시하는 것이다. 지금까지는 사용자가 대화형 인터페이스를 통해 작업을 지시하면, AI가 그에 따른 결과물을 생성하거나 수정하는 수준에 머물렀다. 그러나 이제는 AI가 스스로 판단하여 작업을 대행하는 단계로 발전하고 있다. 챗GPT에서 출시한 오퍼레이터(Operator)가 대표적인 사례이다.

오퍼레이터는 실제 사용자가 웹에서 직접 탐색하거나 입력, 클릭, 스크롤 등의 작업을 수행하는 것처럼 행동할 수 있는 AI 에이전트다. 예를 들어, 사용자가 여행 예약이나 온라인 쇼핑과 같은 작업을 요청하면, AI가 대신 웹에서 필요한 정보를 탐색하고 작업을 수행한다. 국내에서는 챗GPT 오퍼레이터가 카카오톡 선물하기 기능을 옵션으로 제공하여, 사용자가 "A 브랜드의 가방을 구매해 줘"라고 요청하면, AI가 카카오톡 선물하기 웹상에서 상품을 찾아 비교한 후 사용자에게 구매를 제안하는 방식으로 서비스를 제공한다.

기존 서비스에 AI 에이전트를 추가하는 방식도 주목받고 있다. 이미 마이크로소프트 365 코파일럿, 어도비 파이어플라이, 슬랙 · 노션의 AI 도우미 등 다양한 분야에서 자동 업데이트, 추천, 실행이 가능한 AI 에이전트 플랫폼이 등장하고 있다. 이처럼 자동화 수준이 높아질수록 구독형(B2B · B2C SaaS) 모델과 트랜잭션 기반 과금 모델(서비스를 이용할 때마다 발생하는 개별 거래나 작업 건수에 따라 요금을 부과하는 방식)이 늘어날 것으로 보인다. 다만, 보안을 중시하는 기업은 외부 클라우드와의 연동을 최소화하거나 온프레미스형 '프라이빗 AI 에이전트'를 도입할 가능성도 있다.

네 번째는 기존 서비스 및 레거시 시스템과의 융합을 지원하는 서비스이다. 기업들은 오랫동안 자체 ERP 시스템을 운영해왔지만, 이러한 시스템이 인공지능 환경에 적합하지 않은 경우가 많다. 이에 따라 생성형 AI 모델과 레거시 시스템(ERP, SCM, CRM 등)을 통합하여 더욱 지능화된 업무 프로세스를 구축하려는 요구가 커지고 있다.

예를 들어, 제조업 분야에서는 재고 및 생산 일정을 AI 모델에 연동하여 운영 효율성을 높이고, 유통업에서는 고객 관리 및 물류 자동화 시스템과 결합해 주문 예측의 정확도를 개선하는 방식이다. 전통 산업이나 공공기관의 경우, 이미 사용 중인 ERP, MES, CRM 시스템에 AI 기술을 어떻게 적용할지가 핵심 과제로 떠오르고 있다. 이와 같은 통합(SI) 수요가 증가함에 따라, 'AI/빅데이터 기술 + 해당 업종의 업무 노하우'를 결합한 컨설팅이나 SI 업체의 가치가 더욱 높아질 전망이다.

다섯 번째는 AI 안전·보안·규제 대응 솔루션을 제공하는 것이다. 생성형 AI가 폭발적으로 도입됨에 따라 정보 유출, 오남용, 편향(바이어스), 윤리적 문제, 각국의 규제 등이 본격적으로 대두되고 있다. 이에 따라 AI의 안전한 운영과 기업 컴플라이언스 준수를 지원하는 규제 대응, 보안, 리스크 관리 솔루션 시장이 확대될 전망이다. 예를 들어, 민감 정보 유출 방지, 윤리·차별 문제 모니터링, 데이터 추적 및 검증 등이 포함될 수 있다.

기업 입장에서는 'AI를 어떻게 효과적으로 활용할 것인가?'뿐만 아니라 '어떻게 안전하게 운영할 것인가?'도 중요한 과제가 된다. 이는 AI 거버넌스 구축과 직결되며, 향후 규제 기술(Compliance Tech) 영역을 선점하는 업체들이 핵심 플레이어로 부상할 가능성이 크다.

제3절 비즈니스 모델이란?

1 비즈니스 모델이란 무엇인가?

비즈니스 모델(Business Model)이란 결국 돈을 버는 방법에 관한 것이다. 즉, 어떤 제품이나 서비스를 누구에게 제공하여, 어떻게 수익을 창출할 것인가에 대한 계획 또는 사업 아이디어라고 할 수 있다.

비즈니스 모델이 추상적으로 느껴지는 이유는 포함하는 범위가 매우 넓기 때문이다. 제조업, 유통업, 플랫폼, B2C, B2B, B2G등 각기 다른 비즈니스 형태를 하나의 프레임으로 설명하는 것은 불가능하다. 따라서 비즈니스 모델을 구체화하려면, 어떤 시장에 진입할 것인지와 더불어 비즈니스를 구성하는 다양한 관점을 함께 고려해야 한다.

또한 비즈니스 모델은 바라보는 사람과 위치에 따라 상대적이다. 예를 들어, 오픈AI의 ChatGPT는 구글이나 네이버 같은 기존 검색 플랫폼 기업에게는 새로운 관점의 비즈니스 모델이다. 기존 검색은 광고 기반 구조였지만, 오픈AI는 대규모 언어모델을 활용해 구독형(Pro 플랜)과 API 호출 과금이라는 새로운 수익모델을 만들어냈다. 기존의 광고 중심 수익구조를 흔들어 놓은 것이다.

그러나 소비자 입장에서 ChatGPT는 "검색보다 더 정교하게 대답해주는 도구" 일 뿐이다. 휘발유 대신 전기로 충전하는 자동차처럼, 생활의 근본을 완전히 바꾼 파괴적 혁신이라기보다 점진적 혁신의 성격이 강하다. 즉, 고객은 여전히 '정보를 찾는다'는 동일한 목적을 가지고 있으며, 단지 방식만 조금 더 효율적으로 바뀐 것이다. 이처럼 비즈니스 모델은 주도하는 주체와 비교 대상, 그리고 기술 발전의 맥락에 따라 다르게 해석된다.

비즈니스 모델은 실행 주체에 따라서도 상대적인 의미를 갖는다. 예컨대 마이크로소프트와 스타트업 미드저니(Midjourney) 모두 생성형 AI 서비스를 제공하고 있지만, 두 기업이 시장에 진입한 과정과 배경은 전혀 다르다. 마이크로소프트는 기존 클라우드와 오피스365라는 강력한 사업 기반 위에 Copilot 기능을 얹어 서비스 확장을 시도했다. 반면 미드저니는 대규모 투자와 인프라 없이, 오픈소스 모델과 자체 알고리즘 최적화를 활용해 새로운 시장을 창출해야 했다. 마이크로소프트에게 Copilot은 기존 경쟁력을 확장하는 수단이었지만, 미드저니에게 생성형 AI 이미지는 기업의 운명을 건 핵심 비즈니스 모델이었다.

비즈니스 모델은 시간에 따라서도 의미가 변한다. 초창기 구글 번역(Google Translate)은 기계번역의 혁신으로 여겨졌지만, 오늘날 생성형 AI 기반 번역(예: DeepL, ChatGPT 번역 기능)이 등장하면서 구글 번역은 일반적인 서비스가 되었다. 초기에는 열광적 반응을 이끌었지만, 기술의 대중화 이후에는 소비자가 당연하게 여기는 기본 서비스가 된 것이다.

2 비즈니스 모델을 바라보는 관점

비즈니스 모델은 단일 사건으로 설명될 수 없다. 다양한 시각과 관점이 종합적으로 어우러져야 한다. 도서 『비즈니스 모델을 혁신하는 5가지 길』에서는 비즈니스 모델을 1) 경쟁의 관점, 2) 비경쟁의 관점, 3) 기업 내부역량의 관점, 4) 고객 경험의 관점, 5) 모든 것이 유기적으로 맞물린 통합적 관점에서 바라보고 있다.

(1) 경쟁 관점의 비즈니스 모델

첫 번째는 경쟁으로 해석하는 시각이다. 하버드대 마이클 포터 교수의 『경쟁우위』는 기업이 우선 전체시장에 진출할 것인지, 틈새시장에서 집중할 것인지를 선택하고, 이후 원가우위와 차별화 중 어느 방식으로 경쟁할지 결정해야 한다고 설명한다. 전통적인 경영전략은 여전히 기본 틀로 작동하지만, 디지털 기술과 AI의 확산은 경쟁의 양상을 크게 바꾸고 있다.

• 그림 9 3 경쟁 관점의 비즈니스 모델 혁신

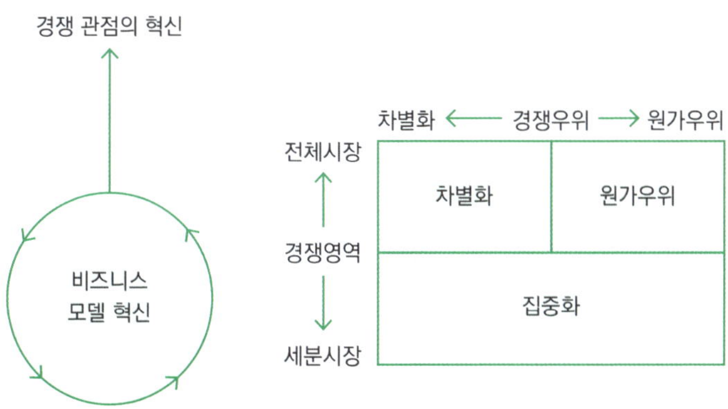

예를 들어, 오픈소스 기반 AI 모델 허깅페이스(Hugging Face)는 모델 · 데이터셋 · 코드를 무료로 제공하면서, 협업 · 기업용 솔루션 · 클라우드 API를 통해 수익을 창출한다. 이는 기존의 '유료 소프트웨어 판매' 모델과는 다른 플랫폼형 차별화 전략이다.

반면, 앤트로픽(Anthropic)은 Claude 모델을 기반으로 안전성과 신뢰성에 집중해 차별화 전략을 택하고 있다. 특정 산업(예: 금융·법률)에서 요구되는 높은 정확도와 규제 대응 기능을 강조하며, 단순히 원가우위를 추구하는 것이 아니라 품질 우위를 통해 경쟁한다.

또한 픽토리(Pictory) 같은 AI 영상 생성 스타트업은 틈새시장 공략을 택했다. 대규모 범용 시장에서 구글·오픈AI와 경쟁하기보다는, 숏폼 영상 자동 생성이라는 특정 수요에 집중해 집중화 전략을 실현한다.

즉, AI 산업에서는 포터가 제시한 원가우위·차별화·집중화라는 틀은 여전히 유효하지만, 실제 적용 방식은 '무료 서비스 + 부가 수익 모델'이나 오픈소스 생태계 확산 등 새로운 패턴을 띠게 되었다.

(2) 비경쟁 관점의 비즈니스 모델

두 번째는 비즈니스를 비경쟁, 즉 블루오션의 관점에서 바라보는 것이다. 프랑스 인시아드 경영대학원 김위찬 교수가 제안한 블루오션 전략은 기존 시장의 치열한 경쟁을 벗어나, 새로운 시장을 창출하거나 비고객을 고객으로 전환하여 차별화와 원가우위를 동시에 달성하는 접근이다. 이를 실행하는 대표적 도구가 ERRC 프레임워크다. ERRC는 Eliminate(제거), Reduce(감소), Raise(증가), Create(창조)의 앞글자를 딴 것으로, 불필요한 요소를 제거·감소해 비용 우위를 확보하고, 동시에 고객이 중시하는 가치를 증가·창조해 차별화를 실현한다.

• **그림 9-4** 비경쟁 관점의 비즈니스 모델 혁신

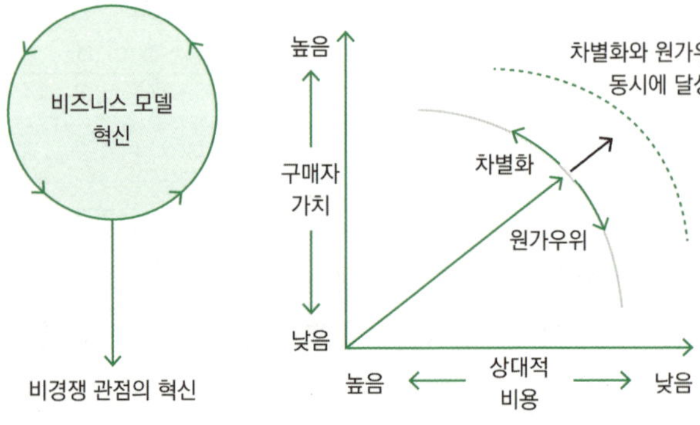

AI 산업에서 대표적인 비경쟁 관점의 사례는 엔비디아(NVIDIA)이다. 엔비디아는 GPU라는 하드웨어를 넘어, CUDA라는 독자적 소프트웨어 생태계까지 통합적으로 관리하면서 사실상 대체 불가능한 지위를 구축했다. 이로 인해 생성형 AI 시대에 GPU 수요가 폭발적으로 증가했지만, 엔비디아는 경쟁사 대비 실질적인 경쟁자가 없는 시장 환경을 만들어냈다.

ERRC 프레임워크로 보면, 엔비디아는 기존 반도체 기업들이 제공하던 범용 GPU에서 복잡한 호환성 문제를 제거(Eliminate)하고, 범용 연산 대비 학습·추론에 특화된 GPU를 통해 비효율을 감소(Reduce)시켰다. 동시에 AI 전용 연산 성능과 생태계 지원(Raise)을 극대화했으며, 하드웨어와 소프트웨어를 함께 제공하는 CUDA 기반 AI 컴퓨팅 플랫폼(Create)을 창출해냈다.

그 결과 엔비디아는 단순한 반도체 제조사가 아니라, AI 혁신의 필수 인프라 기업으로 자리 잡았다. 오픈AI, 구글, 마이크로소프트, 메타 등 모든 글로벌 AI 기업들이 엔비디아 GPU를 채택하면서, 엔비디아는 경쟁의 장을 피해 독자적 블루오션을 개척한 셈이다. 실제로 GPU 공급 부족 사태에서 엔비디아는 시장 가격과 공급 조건을 사실상 주도하였다.

이처럼 비경쟁 관점에서 본 엔비디아의 비즈니스 모델은 기존 반도체 시장의 틀을 벗어나, AI 생태계 전체를 아우르는 필수적 인프라 공급자라는 새로운 시장 정의를 만들어낸 사례라 할 수 있다.

(3) 내부역량 관점의 비즈니스 모델

세 번째는 내부역량 관점에서 비즈니스를 바라보는 것이다. 비즈니스는 그럴듯한 아이디어만으로는 성립되지 않는다. 내부역량을 고려하지 않은 비즈니스 모델은 결국 구호에 불과하며, 실제 시장에서는 실행 불가능하다. 따라서 비즈니스 모델을 현실화하기 위해서는 연구개발, 생산, 판매, 마케팅, 고객 관계, 브랜드 등 기업 내부의 역량을 정밀하게 고려해야 한다.

• **그림 9-5** 내부 관점의 비즈니스 모델 혁신

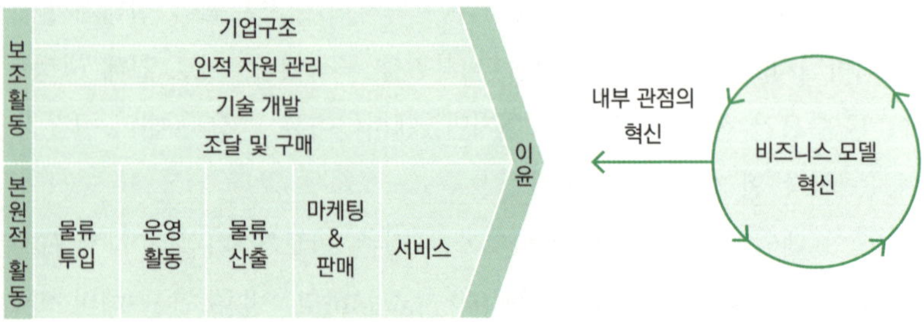

내부 관점의 비즈니스 모델 혁신

AI 산업에서도 내부역량의 축적과 혁신은 곧 경쟁력으로 직결된다. 대표적인 사례가 구글 딥마인드(DeepMind)이다. 딥마인드는 2016년 알파고(AlphaGo)로 전 세계의 주목을 받았지만, 단순히 바둑 AI라는 아이디어로 끝나지 않았다. 내부적으로는 강화학습, 대규모 시뮬레이션 환경, TPU(Tensor Processing Unit) 기반 인프라, 그리고 이를 뒷받침하는 데이터 거버넌스 역량을 차곡차곡 쌓아왔다. 그 결과 딥마인드는 단순한 AI 연구 조직을 넘어, 헬스케어(단백질 구조 예측 AlphaFold), 에너지(데이터센터 전력 효율 최적화) 등 구체적 산업 문제를 해결하는 응용 단계로 확장할 수 있었다.

이 과정에서 중요한 것은 "이익은 설계 단계에서 결정된다"는 관점과 유사하다. AI 모델 개발 역시 사후에 비용을 절감하는 것이 아니라, 초기 설계 단계에서 데이터 품질 관리·모델 구조 최적화·인프라 효율성을 얼마나 잘 반영하느냐에 따라 경쟁력이 갈린다. 구글은 자체 TPU를 개발하고 클라우드와 연계하여 학습 효율을 극대화했는데, 이는 초기 단계에서부터 원가 구조를 설계에 반영한 사례라 할 수 있다.

결국 내부역량 관점의 비즈니스 모델은 "혁신적인 아이디어" 자체보다, 이를 실현할 수 있는 연구개발 능력, 운영 인프라, 조직적 학습 체계가 갖추어져 있는지 여부가 핵심이다. AI 산업은 막대한 데이터와 연산 자원이 필요하고, 이를 효과적으로 통제하지 못하면 아무리 뛰어난 아이디어라도 시장에서 지속 가능하지 않다. 따라서 내부역량을 끊임없이 혁신하고 이를 기반으로 실행 가능한 비즈니스 모델을 만들어내는 것이야말로 AI 시대 기업 경쟁력의 본질이라고 할 수 있다.

(4) 고객경험 관점의 비즈니스 모델

네 번째는 고객 관점에서 비즈니스를 바라보는 것이다. 비즈니스 모델에서 가장 중요한 요소 중 하나가 고객이며, 고객 관점의 혁신은 곧 혁신의 종착점이라 할 수 있다. '파괴적 혁신' 이론으로 잘 알려진 크리스텐슨(Christensen) 교수의 주장처럼, 사람들은 단순히 제품을 소유하기 위해서가 아니라 자신의 문제를 해결하기 위해제품과 서비스를 구매한다.

따라서 아무리 첨단 기술을 갖춘 제품이나 수많은 소비자 조사를 거친 서비스라 하더라도, 고객의 '문제 해결'과 연결되지 않으면 시장에서 외면받는다. 끊임없이 변화하는 시장 환경과 고객의 기대에 맞추어, 새로운 사업 기회를 찾아내고 제품·서비스를 혁신해야 한다는 점에서 고객 관점은 비즈니스 모델 설계의 핵심이다.

AI 산업에서도 이러한 고객 중심 접근은 명확히 드러난다. 대표적인 사례는 줌(Zoom)이 AI 기능을 결합해 만들어낸 새로운 고객 경험이다. 코로나19 팬데믹 이후 원격회의 시장은 급격히 성장했지만, 단순한 화상 연결만으로는 고객의 불편을 해결하기 어려웠다. 줌은 회의 요약, 자동 회의록 작성, 실시간 번역·자막 같은 AI 기능을 고객 경험의 핵심에 통합했다. 이는 고객이 겪던 "회의 후 기록과 공유가 번거롭다"는 문제를 직접 해결한 것이다.

또한 Grammarly의 사례도 주목할 만하다. 초기에는 문법 교정을 제공하는 단순 툴이었지만, 최근에는 AI 기반의 톤 분석, 글쓰기 스타일 추천, 팀 협업 문서 최적화 기능을 강화했다. 사용자는 단순히 오류 없는 문장을 얻는 것을 넘어, "더 설득력 있게 글을 쓰고 싶다"는 실제 목적을 달성할 수 있게 되었다. 이처럼 고객이 진짜로 '해야 할 일(Job-to-be-Done)'에 집중하면서, Grammarly는 단순 교정도구에서 생산성 파트너로 자리매김했다.

고객 경험 혁신의 본질은 아마존의 제프 베조스가 강조했던 플라이휠(Flywheel) 구조와 같다. 낮은 비용 구조가 낮은 가격으로 이어지고, 이는 더 많은 고객 경험을 만들어낸다. 더 나은 경험은 더 많은 사용자와 트래픽을 불러오고, 이는 다시 다양한 판매자와 파트너를 끌어들이며, 결국 고객 경험의 질을 다시 끌어올린다. AI 기업 또한 고객 경험을 중심으로 설계된 플라이휠을 구축해야 한다.

(5) 비즈니스 모델 관점의 접근

다섯 번째는 비즈니스 모델 관점이다. 산업과 업종이 다르기 때문에 정형화된 하나의 해답은 존재하지 않는다. 따라서 비즈니스를 경쟁 관점, 비경쟁 관점, 내부 역량 관점, 고객 경험 관점을 모두 고려하여 종합적으로 바라봐야 한다.

비즈니스 모델 관점의 사고가 필요한 이유는 기업 전략이 반드시 프로세스와 연결되어야 하기 때문이다. 실행 가능성을 고려하지 않은 창의성은 무의미하고, 반대로 현재 가능한 일만 좇는 태도는 기업의 미래를 불투명하게 만든다. 결국 중요한 것은 아이디어와 실행력, 현재와 미래사이의 균형이다.

비즈니스 모델 혁신에서 핵심적으로 고려해야 할 요소 중 하나는 상호 관련성이다. 단일 사업으로는 수익을 내기 어려운 자산이나 기술도, 여러 사업과 연계될 때 큰 가치를 발휘한다.

AI 산업에서도 이 같은 사례가 뚜렷하다. 세일즈포스(Salesforce)는 단순한 CRM (Customer Relationship Management) 소프트웨어 기업에서 출발했지만, 생성형 AI를 도입하며 고객 접점 전반을 연결하는 통합 비즈니스 모델로 확장했다. 단일 챗봇 서비스만으로는 차별적 수익구조를 만들기 어렵지만, 이를 CRM, 마케팅 자동화, 데이터 분석, 고객 지원 등 기존 SaaS 제품군과 연계하자 전체 서비스 가치가 크게 높아졌다.

이 과정에서 세일즈포스는 자사의 AI 기능을 Einstein GPT라는 브랜드로 통합해, 이메일 작성, 영업 제안서 초안 생성, 고객 대화 기록 분석 등을 자동화했다. 단일 기능만 본다면 경쟁 제품이 많지만, 자사의 기존 생태계와 유기적으로 결합했기 때문에 고객 기업은 별도의 툴을 추가 도입할 필요 없이 원스톱 경험을 누릴 수 있게 되었다. 이는 단일 제품 중심의 경쟁을 피하고, 생태계 내 상호 관련성을 강화하여 비즈니스 모델을 혁신한 대표적 사례이다.

더 나아가 이러한 상호 관련성을 가능케 한 것은 기술 공유와 표준화였다. 세일즈포스는 자체 플랫폼을 API와 마켓플레이스를 통해 외부 파트너와 연결했고, 이를 통해 고객 데이터, 협업 툴, AI 기능을 통합적으로 운영할 수 있었다. 이러한 기술 공유는 단순한 기능 추가를 넘어, 비효율 제거와 비용 절감으로 이어졌다.

결국 비즈니스 모델 관점의 접근은 개별 서비스의 성공 여부를 넘어, 그것들이 서로 어떻게 연계되고, 어떤 네트워크 효과를 만들어내는지에 달려 있다. AI 시대에는 하나의 모델·서비스·솔루션이 독립적으로 살아남기보다, 다른 사업과의 상호 관련성을 통해 복잡성을 관리하고 가치를 증폭시키는 구조가 핵심 경쟁력이 된다.

제4절 비즈니스 모델의 구조화 방법

아이디어를 사업화하기 위해서는 다양한 요인을 고려해야 한다. 사업모델을 어떻게 정의하느냐에 따라 구성요소가 달라지기 때문이다. 예컨대 스타트업이 새로운 AI 기반 서비스를 준비한다고 가정해 보자. 이들은 거시환경, 산업환경, 경쟁구도, 소비 트렌드 등을 종합적으로 검토하여 아이디어를 구체화한다. 해당 분야에 경험이 있다면 더 정교한 접근이 가능하고, 경험이 없더라도 몇 가지 질문을 통해 사업계획을 구조화할 수 있다.

1 비즈니스 모델 구조화를 위한 7가지 질문

첫 번째는 아이디어에 대한 이해다. 기술의 발전으로 가능해진 새로운 방식이 있을 수 있고, 소비 트렌드 변화로 등장하는 기회도 있다. 예컨대 Runway와 같은 기업은 기존 영상 제작에서 불가능했던 "텍스트로 영상 생성"이라는 아이디어를 AI 기술 발전과 함께 사업화했다. 이는 단순한 기능적 발명이 아니라, 고객이 원하던 "저비용·고속 영상 제작" 니즈와 결합해 경쟁우위를 만들어냈다.

두 번째는 고객에 대한 이해다. 고객에게는 이미 익숙한 방식과 대체재가 있다. 따라서 고객의 문제가 명확해야 한다. "우리가 할 수 있으니 한다"라는 접근은 실패할 가능성이 크다. 예컨대 Duolingo는 단순한 언어 학습 앱에서, 고객이 가장 힘들어하는 반복 학습 문제를 AI 튜터로 해결했다. 고객의 학습 부담을 줄여주는 방향으로 AI를 접목했기 때문에, 새로운 서비스가 빠르게 자리 잡을 수 있었다.

세 번째는 고객이 구매하는 이유, 즉 구매가치(Value Proposition)다. 고객은 사용자(User)와 구매자(Customer)로 구분될 수 있다. 이 둘이 일치하지 않는 경우가 많다. B2B나 B2G 시장뿐만 아니라 B2C에서도 그렇다. 예를 들어, Khan Academy의 AI 튜터(Khanmigo)는 학생(User)에게 학습 지원을 제공하지만, 실제 구매자는 학부모(Customer)나 교육기관이다. 따라서 구매가치는 "학생의 학습 경험"과 동시에 "부모와 기관이 원하는 교육 효과와 비용 효율"을 모두 충족해야 한다.

네 번째는 시장의 매력도다. 시장성 · 성장성을 이야기할 때는 전체를 부분으로 오해하지 않아야 한다. 예를 들어, 단순히 "교육 시장은 거대하다"라는 통계는 설득력이 부족하다. Khan Academy는 AI 튜터 시장을 "초중등 공교육과 연계 가능한 온라인 학습 수요"라는 세분 영역으로 정의했으며, 이를 통해 시장 매력도를 더 현실적으로 보여주었다.

다섯 번째는 자금 조달 계획이다. AI 비즈니스는 데이터 수집, 모델 학습, 인프라 운영 등 초기 투자 비용이 크다. 예컨대 Stability AI는 초기부터 대규모 GPU 사용료를 감당하기 위해 수차례 대형 투자를 유치해야 했다. 관련 경험이 부족하면 실패비용이 커질 수 있음을 보여주는 사례이다.

여섯 번째는 가격 전략이다. 가격은 기업 수익에 가장 직접적인 영향을 미친다. AI 서비스의 경우 특히 구독형(SaaS) 모델과 사용량 기반 요금제가 핵심이다. 예를 들어, Notion AI는 월 구독료와 별도 AI 크레딧 과금을 동시에 도입해 가격 구조를 정교하게 설계했다. 단순히 가격을 낮추는 것이 아니라, 고객이 느끼는 효용과 실제 사용 패턴을 반영해 수익성을 극대화한 것이다.

일곱 번째는 사람과 조직이다. 창업자, 핵심 멤버, 파트너 네트워크가 실행 역량을 갖추어야 한다. 예컨대 Anthropic은 오픈AI 출신 연구진들이 모여 "AI 안전성"이라는 뚜렷한 미션을 기반으로 회사를 세웠고, 구글 · 아마존의 전략적 투자까지 연결하면서 빠르게 생태계를 확장했다. 아이디어를 가능하게 하는 것은 결국 사람이고, 지속적 경쟁우위를 만드는 것도 사람과 조직이다.

2 아이디어를 플랜 A 비즈니스 모델로

예를 들어, AI 기반 개인화 학습 튜터서비스를 만들겠다는 아이디어가 있다고 해보자. 이 아이디어를 사업화하기 위해서는, 학습자들이 정말로 개인 맞춤형 학습 지원의 필요성을 느끼는지, 기존의 온라인 강의·튜터링 서비스와 비교했을 때 어떤 차별점이 있는지, 실행을 위해 어떤 자원이 필요한지, 그리고 실제로 돈을 벌 수 있는 구조인지 차례대로 검토해야 한다.

이때 아이디어를 곧바로 두꺼운 사업계획서로 정리하기보다는, 한 장의 그림(Plan A)으로 간단히 구조화하는 것이 효과적이다. 왜냐하면 아이디어는 시장 검증과 실행 과정에서 얼마든지 바뀔 수 있기 때문이다. 가능성을 확인하지 않은 상태에서 긴 문서를 만드는 것은 비효율적이다. Plan A는 완성된 사업모델이라기보다, 검증과 커뮤니케이션을 위한 가설의 시각화 도구이다. 즉, 지금 시점의 가설을 빠르게 도식화하고, 필요할 때마다 즉각 수정할 수 있다는 유연성이 특징이다.

(1) 린 캔버스 방식 비즈니스 모델

린 캔버스(Lean Canvas)는 스타트업이나 신사업이 아이디어를 빠르게 구조화하고 검증하기 위해 활용하는 대표적인 도구이다. 알렉산더 오스터왈더가 만든 비즈니스 모델 캔버스(BMC)가 자원이 풍부한 기업에 적합하다면, 애시 모리아(Ash Maurya)가 제안한 린 캔버스는 문제와 솔루션 검증에 더 집중되어 있어 AI 스타트업이나 신기술 사업화에 특히 유용하다.

린 캔버스의 첫 번째는 문제(Problem)의 정의가 필요하다. AI 서비스는 대개 기술 주도적으로 시작되기 쉽지만, 고객이 겪는 실제 문제를 파악하지 못하면 사업화는 실패할 가능성이 크다. 예컨대, 기업들은 방대한 회의록과 이메일을 관리하는 데 어려움을 겪고 있었고, 이를 해결하기 위해 등장한 AI 요약·검색 서비스들이 빠르게 확산됐다. 문제 정의는 기술이 아니라 고객 불편에서 출발해야 한다.

두 번째는 고객 세그먼트(Customer Segments)를 명확히 해야 한다. B2C, B2B, B2G 각각의 고객군은 문제의 유형과 구매 의사결정 과정이 다르다. 예를 들어, 교육 시장을 겨냥한 AI 튜터 서비스는 학생이 직접 사용하지만 실제 구매자는 부모나 교육기관일 수 있다. AI 경영론에서는 이처럼 User와 Customer를 구분하는 관점이 특히 중요하다.

세 번째는 고유 가치 제안(Unique Value Proposition, UVP)이 필요하다. AI 기업은 단순히 "더 빠르다"나 "더 저렴하다"는 메시지를 넘어서, 고객이 기존 방식을 버리고 새로운 방식을 선택해야 하는 설득력 있는 이유를 제시해야 한다. 예컨대 Jasper AI는 "브랜드 톤에 맞는 마케팅 카피를 누구나 쉽게 작성할 수 있다"라는 명확한 가치 제안으로 시장에 안착했다.

넷째, 솔루션(Solution)은 문제 해결을 위한 구체적 방법이다. AI 비즈니스 모델에서는 솔루션이 기술적 기능이 아니라, 고객 문제 해결 과정에서 어떤 역할을 하는지에 초점이 맞춰져야 한다. Runway의 텍스트-투-비디오 모델은 단순히 영상을 만드는 기술이 아니라, "비용과 시간을 크게 줄여 콘텐츠 제작을 가능하게 한다"라는 솔루션을 제공한다.

다섯째, 채널(Channels)은 고객에게 도달하는 경로다. AI 서비스는 SaaS 웹 플랫폼, 모바일 앱, API, 클라우드 마켓플레이스 등 다양한 채널을 통해 전달된다. 예를 들어 OpenAI는 ChatGPT라는 직접 채널과 Azure OpenAI 서비스라는 파트너 채널을 동시에 활용해 고객 접점을 넓혔다.

여섯째, 수익원(Revenue Streams)이다. AI 기업들은 주로 구독형(SaaS), 사용량 기반 요금제(API 토큰), 엔터프라이즈 라이선스, 프리미엄 플랜, 광고·데이터 활용 등 다양한 방식을 조합한다. Notion AI는 기본 구독료에 AI 기능을 추가 과금으로 붙여 수익원을 다각화했다.

일곱째, 비용 구조(Cost Structure)를 검토해야 한다. 생성형 AI 기업의 비용은 주로 GPU 인프라, 클라우드 사용료, 데이터 수집·정제, 인력 인건비 등에서 발생한다. Stability AI는 막대한 GPU 연산비 때문에 지속 가능성을 위해 대규모 투자가 필요했고, 이는 AI 비즈니스 모델에서 비용 구조 관리가 얼마나 중요한지를 보여준다.

여덟째, 핵심 지표(Key Metrics)를 설정해야 한다. AI 서비스는 전통적 매출 지표 외에도 월간 활성 사용자(MAU), 구독 전환율, 사용 빈도, API 호출 수 등 핵심 지표를 통해 성과를 평가한다. 예컨대 Zoom은 팬데믹 기간 사용자 수와 사용 시간을 핵심 지표로 관리했고, 이후에는 AI 기능 활용도를 새 지표로 추가하고 있다.

아홉째, 경쟁우위(Unfair Advantage)이다. 이는 경쟁사가 쉽게 모방할 수 없는 자산이나 역량을 의미한다. 독점 데이터, 독창적 알고리즘, 브랜드 신뢰, 네트워크 효과 등이 여기에 해당한다. 엔비디아가 하드웨어(GPU)와 소프트웨어(CUDA) 생태계를 동시에 장악한 것은 대표적인 불공정한 이점의 사례이다.

린 캔버스는 단순히 아이디어를 정리하는 도구가 아니라, AI 기술의 가능성을 고객의 문제 해결과 연결해 검증하는 프레임워크이다. 9개의 블록을 채워가는 과정에서 기업은 기술적 아이디어를 시장 현실에 맞게 조율하고, 반복적인 수정과 검증을 통해 지속 가능한 AI 비즈니스 모델로 발전시킬 수 있다.

(2) 비즈니스 모델 캔버스(BMC)

알렉산더 오스터왈더(Alexander Osterwalder)가 고안한 비즈니스 모델 캔버스(Business Model Canvas, BMC)는 기업이 비즈니스를 운영하기 위해 고려해야 하는 핵심 요소들을 아홉 개의 블록으로 정리한 프레임워크이다. BMC는 가치 제안(Value Proposition)을 중심으로, 그 가치가 어떻게 고객에게 전달되고, 어떻게 수익으로 연결되는지를 전체적으로 구조화한다.

린 캔버스가 고객의 문제를 중심으로 가설 검증과 초기 시장 적합성을 확인하는 데 초점을 맞춘다면, BMC는 보다 실행 단계와 운영 구조에 초점을 둔다. 즉, 린 캔버스가 "이 사업이 의미 있는가?"라는 질문에 답하는 도구라면, BMC는 "이 사업을 어떻게 운영할 것인가?"에 답하는 설계도라고 할 수 있다. 특히 AI 비즈니스에서는 초기 아이디어 검증 이후, 인프라 · 파트너십 · 자원 배분이 중요하기 때문에 BMC의 틀이 효과적으로 활용될 수 있다.

사례로 비즈니스 모델캔버스를 살펴보자.

첫째, 고객 세그먼트(Customer Segments)는 서비스를 제공할 대상 집단이다. AI 기업들은 B2B, B2C, B2G 등 다양한 고객군을 상정할 수 있다. 예를 들어 SAP의 AI 기반 ERP 솔루션은 대기업과 공공기관을 주요 고객군으로 삼아, 데이터 기반 경영을 원하는 세그먼트를 집중 공략한다.

둘째, 가치 제안(Value Proposition)은 고객이 해당 제품 · 서비스를 선택해야 하는 이유를 설명한다. 예컨대 Adobe Firefly는 단순히 이미지를 생성하는 것이 아니라, 저작권 문제가 없는 안전한 이미지를 만들어 제공한다는 차별화된 가치 제안을 내세워 기업 고객과 디자이너의 신뢰를 얻었다.

셋째, 채널(Channels)은 고객에게 가치를 전달하는 경로이다. AI 서비스는 API, SaaS 플랫폼, 파트너 생태계 등을 통해 고객과 연결된다. IBM Watson은 클라우드 플랫폼을 기반으로 헬스케어 · 금융 · 리테일 산업의 파트너 기업들에게 API와 맞춤형 솔루션을 제공하며 채널을 다변화했다.

넷째, 고객 관계(Customer Relationships)는 고객과 맺는 관계의 형태이다. AI 기업은 기술 지원, 커뮤니티 운영, 데이터 관리 등 다양한 방식으로 관계를 유지한다. Hugging Face는 오픈소스 커뮤니티 중심의 고객 관계를 구축해, 전 세계 개발자들과 협업하며 생태계 충성도를 높이고 있다.

다섯째, 수익원(Revenue Streams)은 수익 창출 방식이다. AI 기업들은 구독형, 사용량 기반, 엔터프라이즈 계약 등 다양한 모델을 활용한다. Cohere는 자연어 처리 모델을 API 형태로 제공하면서 사용량 기반 과금과 기업용 맞춤 솔루션 라이선스를 통해 수익을 창출하고 있다.

여섯째, 핵심 자원(Key Resources)은 비즈니스를 실행하는 데 필요한 자원이다. 데이터, 인프라, 인재, 알고리즘 등이 대표적이다. Palantir는 정부 · 기업 데이터를 분석하기 위해 보안이 강화된 데이터 플랫폼과 AI 인력 자원을 핵심 자원으로 활용한다.

일곱째, 핵심 활동(Key Activities)은 가치를 창출하기 위한 주요 활동이다. AI 기업들은 모델 개발, 데이터 학습, 알고리즘 최적화, 보안 검증 등을 핵심 활동으로 삼는다. Anthropic은 Claude 모델을 지속적으로 안전성과 신뢰성 측면에서 개선하는 활동을 핵심 전략으로 두고 있다.

여덟째, 핵심 파트너(Key Partners)는 생태계 확장을 가능케 하는 외부 협력자다. 클라우드 기업, 반도체 제조사, 데이터 제공자 등이 여기에 해당한다. OpenAI와 마이크로소프트의 협력은 대표적인 사례로, Azure 클라우드 인프라를 기반으로 대규모 AI 서비스를 안정적으로 제공할 수 있었다.

아홉째, 비용 구조(Cost Structure)는 비즈니스 운영에 필요한 주요 비용을 의미한다. AI 기업은 GPU · 클라우드 사용료, 데이터 확보 비용, 인재 확보 비용이 가장 큰 비중을 차지한다. Scale AI는 데이터 수집과 정제 과정에서 대규모 비용이 발생했지만, 이를 효율적으로 운영하기 위해 데이터 라벨링 파트너 네트워크를 구축해 비용 구조를 최적화했다.

(3) 가치사슬(Value Chain) 방식 비즈니스 모델

린 캔버스(Lean Canvas)와 비즈니스 모델 캔버스(BMC)가 주로 커뮤니케이션과 전략적 시각화에 초점을 둔 프레임워크라면, 가치사슬(value chain) 방식 비즈니스 모델은 실행 중심의 프레임워크라고 볼 수 있다. 린 캔버스가 고객의 문제를 정의하고, BMC가 자원과 활동, 파트너를 종합적으로 설계하는 도구라면, 가치사슬은 실제로 상품과 서비스가 만들어지고 전달되는 전 과정을 시간 흐름에 따라 구체화한다는 점에서 차별적이다.

하나의 상품이나 서비스가 고객에게 도달하기까지는 원재료를 수급하고, 제조·개발을 거쳐, 물류와 채널을 통해 유통되며, 마케팅 활동으로 고객에게 판매된다. 이후 고객지원(A/S)이 뒤따르고, 제품의 수명이 다하면 폐기나 교체 과정으로 이어진다. 가치사슬 방식은 이러한 전 과정의 실행 요소를 체계적으로 나열하면서, 단계별로 필요한 핵심 활동(Key Activities)과 핵심 자원(Key Resources)을 구체화하는 접근이다. 또한, 가치사슬 상단에는 목표 고객과 그들이 구매하는 이유, 즉 구매 가치(Value Proposition)를 함께 제시한다.

AI 산업에서도 가치사슬 방식은 실행 전략을 직관적으로 보여주는 데 효과적이다. 예를 들어, Adobe는 2013년 기존의 영구 라이선스 판매 모델에서 구독 기반의 Adobe Creative Cloud로 전환했다. 이 전환은 단순한 수익 모델 변화가 아니라, 가치사슬의 각 단계가 모두 재설계된 실행 모델이었다.

- 원재료 확보단계에서는 개별 소프트웨어의 기능을 통합 플랫폼으로 묶어 고객에게 제공하기 위한 기술 인프라와 데이터 기반을 마련했다.
- 제조·개발단계에서는 개별 제품 업데이트가 아니라, 클라우드 기반의 지속적 업데이트 방식으로 바꾸어 고객이 항상 최신 버전을 사용할 수 있게 했다.
- 유통단계에서는 패키지 판매 대신 온라인 구독을 통해 전 세계 고객에게 직접 전달할 수 있는 채널을 확보했다.
- 마케팅·판매단계에서는 '필요할 때 언제든 쓸 수 있다'라는 메시지를 통해 접근성을 강조했고, 사용자의 진입 장벽을 낮췄다.

- A/S와 사후 관리에서는 지속적인 업데이트와 클라우드 지원을 통해 고객과의 장기적 관계를 유지했다.

이러한 결과들로 어도비는 1) 안정적이고 예측 가능한 반복 수익을 확보했고, 2) 고객과 지속적인 접점을 유지할 수 있었으며, 3) 교차 판매와 업셀링 기회를 강화했고, 4) 불법 복제를 줄이는 효과까지 거두었다.

이처럼 가치사슬 방식은 비즈니스 실행의 시간적 흐름을 한눈에 보여주기 때문에 직관적이다. 다만 린 캔버스와 BMC처럼 비용 구조나 수익 구조를 정밀하게 표현하지는 못한다는 한계가 있다. 따라서 AI 경영론의 관점에서 가치사슬 방식은 실행 단계의 운영 모델을 설계하는 데 적합한 보완적 도구라 할 수 있다.

(4) 가치전달 방식 비즈니스 모델

비즈니스 모델을 구조화하는 또 다른 방법은 가치전달(value delivery) 방식이다. 시장에서는 언제나 판매하려는 사람과 구매하려는 사람이 존재하고, 이들 사이의 가치 교환 구조를 중심으로 표현하는 것이다. 즉, 한쪽이 제공하는 자원과 서비스가 다른 쪽에서 어떤 대가(금전, 데이터, 신뢰 등)로 돌아오는지를 직관적으로 드러낸다.

가치전달 방식은 복잡한 재무나 조직 구조를 그리기보다는, 아이디어 도출 초기 단계에서 주요 주체와 교환 관계를 빠르게 파악하는 데 효과적이다. 칠판이나 노트에 비즈니스의 핵심 주체들을 배치해두고, 그들이 서로 주고받는 것을 화살표로 연결해보는 방식이다. 예를 들어, 한쪽 주체는 데이터를 제공하고, 다른 주체는 AI 기반 서비스를 제공하며, 또 다른 주체는 비용을 지불하는 식으로 표현한다.

AI 산업에서도 이 방식은 초기 아이디어를 구조화하는 데 자주 활용된다. 예컨대 데이터 라벨링 플랫폼 기업인 Scale AI의 경우를 보자. 기업 고객은 학습용 데이터셋 구축이라는 문제를 갖고 있고, Scale AI는 이를 해결하기 위해 데이터 라벨링 서비스를 제공한다. 이 과정에서 고객은 비용을 지불하고, Scale AI는 품질 높은 데이터를 제공하며, 동시에 데이터 작업자들에게 보수를 지급한다. 이 구조를 가치전달 방식으로 표현하면, 기업 ↔ Scale AI ↔ 데이터 작업자라는 주체 간 가치 교환 관계가 직관적으로 드러난다.

또 다른 사례로는 AI 번역 플랫폼 DeepL을 들 수 있다. 고객은 번역 서비스를 사용하고 구독료를 지불하며, DeepL은 품질 높은 번역 결과를 제공한다. 동시에 DeepL은 고객이 입력한 데이터를 품질 개선에 활용하고, 이를 통해 다시 더 나은 번역 경험을 제공한다. 이런 흐름을 가치전달 방식으로 표현하면 고객 ↔ DeepL (번역 서비스 + 데이터 개선) ↔ 데이터 인프라라는 순환적 가치 구조를 직관적으로 확인할 수 있다.

가치전달 방식의 강점은 비즈니스의 핵심 흐름을 단순한 도식으로 직관적으로 파악할 수 있다는 것이다. 다만 이 방식은 린 캔버스나 비즈니스 모델 캔버스처럼 세부적인 비용 구조나 수익 구조, 가치사슬처럼 실행 단계의 구체적 프로세스를 표현하기는 어렵다. 따라서 가치전달 방식은 아이디어 발상과 초기 구상 단계에서 관계 구조를 정리하는 데 가장 적합하다.

토의문제

1. AI 기업에게 후방산업(데이터, 반도체, 클라우드 등)의 안정성이 왜 중요한가요? 실제 사례를 들어 토론해 보자.
2. 전방산업(제조, 금융, 유통, 공공 등)에서 AI가 창출할 수 있는 새로운 비즈니스 기회는 무엇일까?
3. AI 모델 기업, 클라우드 기업, 애플리케이션 스타트업은 각각 어떤 방식으로 생태계를 확장하고 있나?
4. 같은 서비스라도 기업, 소비자, 시간의 흐름에 따라 비즈니스 모델의 의미가 달라질 수 있다고 설명했다. 구체적인 사례를 들어 설명해 보자.
5. 마이클 포터의 경쟁전략(원가우위, 차별화, 집중화)은 AI 산업에서 어떻게 변형되어 나타나고 있나?
6. 엔비디아(NVIDIA)는 GPU 하드웨어와 CUDA 소프트웨어를 결합해 사실상 블루오션을 만들었다고 한다. 이 사례가 비경쟁 전략의 좋은 예가 되는 이유는 무엇인가?
7. 구글 딥마인드가 알파고 이후에도 헬스케어, 에너지 분야로 확장할 수 있었던 이유를 내부역량 관점에서 어떻게 설명할 수 있을까?
8. 줌(Zoom)이나 Grammarly처럼 고객경험을 중심으로 AI 기능을 통합한 사례에서 배울 수 있는 교훈은 무엇인가?
9. 세일즈포스(Salesforce)는 기존 CRM · 마케팅 자동화 서비스에 AI를 접목해 생태계

전체 가치를 높였다. 이것이 "비즈니스 모델 관점의 접근"을 잘 보여주는 이유는 무엇일까?

10. AI 스타트업 아이디어를 린 캔버스(문제, 고객군, UVP, 솔루션, 채널, 수익원, 비용구조, 핵심지표, 경쟁우위)에 맞추어 정리해 본다면 어떤 점이 가장 중요할까?
11. AI 기업이 BMC를 활용할 때 가장 중점적으로 고려해야 할 블록은 무엇일까?
12. AI 서비스를 만든다고 가정하고 가치사슬(Value Chain)을 토론해 보자.

사례연구 - 1

AI에 사활 건 IT업계

디지털 전환(DX)에서 인공지능 전환(AX)으로 사업 전략을 확고히 한 국내 정보통신기술(ICT) 업계가 내년부터는 AI로 돈을 벌어보겠다는 목표를 향해 전열을 재정비하고 있다.

저효율 사업 구조조정이나 자산 매각 등을 통해 대규모 투자가 필요한 AI 분야에 지속해 쏟아부을 실탄을 확보하는 한편 계열사 간 벽 허물기, 수장 교체 이후 조직 분위기 쇄신 등 가용할 수 있는 수단을 총동원하는 모습이다.

오픈AI, 구글 등 'AI 좀 한다'는 해외 빅테크조차 기업 대 개인(B2C) 사업에서 수익화에 아직 뾰족한 수를 찾지 못한 상황에서 국내 ICT 업계 역시 기업 대 기업(B2B) 영역을 첫 번째 AI 시장으로 일구기 위해 고심하고 있다.

업계 관계자는 "기업·기관에서 실제 AI 시스템 도입에 적극적으로 나서고 있지만, 실제 업무 전반에 AI를 체화해서 사용하는 경우는 아직 많지 않다"며 "지금까지의 AI 시스템 사업은 소규모 테스트를 통해 비용을 줄일 수 있다는 가능성을 확인하는 단계였다면, 앞으로는 고객의 사업·업무 환경에 맞는 AI 시스템과 지속적 성장을 모색할 수 있는 모델을 제공하는 것이 관건이 될 것"이라고 전망했다.

플랫폼 업계에서도 생성형 AI 투자가 수익으로 연결되지 못한다는 'AI 거품론'을 극복하기 위해 AI 수익화 전략에 골몰하고 있다.

국내 빅테크로 지칭되는 네이버·카카오는 해외 빅테크의 AI 기술력 파죽지세 속에서 나름의 경쟁력을 장착하기 위해 고심하고 있다.

외형 성장이 둔화하는 가운데 최근 비핵심 부문 사업을 정리하고 있는 카카오는 내년 플랫폼 기술력과 B2C 서비스 노하우를 집약한 초개인화 AI 서비스 '카나나' 출시를 앞두고 있다. 카카오톡에는 AI를 접목하고 볼거리와 재미 요소를 더해 이용자를 확보할 계획이다.

네이버는 지난달 열린 통합 콘퍼런스 '단24'에서 AI가 검색 결과를 요약해 출처와 함께 보여주는 'AI 브리핑' 기능, '네이버 플러스 스토어'에 대한 AI 추천 기능 도입 등 AI 사업화 전략을 공개했다.

이밖에 초거대 AI '하이퍼클로바X' 기반 솔루션 확장 및 사우디아라비아 디지털트윈(가상모형) 프로젝트 협력 AI B2B 솔루션 확장에도 주력하며 B2B와 B2C를 아우르는 수익화 모델 확보에 주력하고 있다(연합뉴스, 2025. 12. 15).

AI 도입은 기술적 성과보다 비즈니스 수익모델이 먼저

앤드루 응(Andrew Ng) 미 스탠퍼드대 컴퓨터공학부 교수는 기업의 비즈니스를 업그레이드하거나 고객 중심으로 이끌기 위해 필요한 도구로 봐야 한다고 강조하고 있습니다. 그는 기업에서 AI를 성공적으로 도입하기위해 5단계가 필요하다고 역설하고 있습니다.

응 교수는 우선 첫 단계로 기업의 비즈니스 목표를 정확히 규정하고 문제점을 제대로 파악해야 한다고 역설합니다. 그는 지난 2017년에 스탠포드대 특강에서도 인간이 할 수없는 일은 AI 역시 할 수 없다고 강조합니다. AI 기반 스타트업이라면 주도적이고 공격적으로 기술 드라이브를 걸 수 있지만 기존 비즈니스에 AI를 접목하려는 경우에는 해당 업계의 전문가와 함께 비즈니스 문제를 식별하는 게 먼저라는 것입니다.

앤드루 응의 비즈니스 AI 도입 5단계

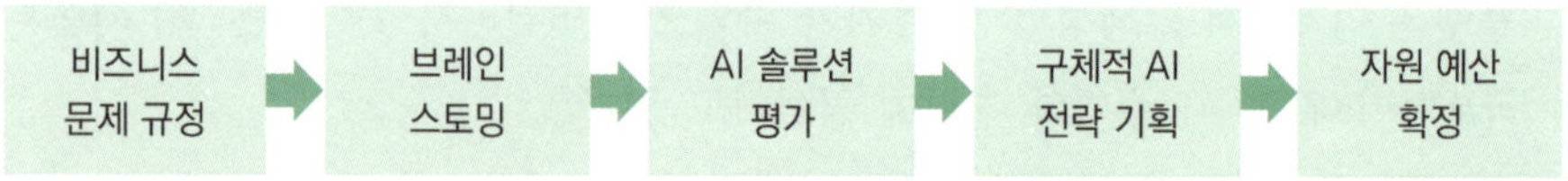

AI 도입의 둘째 단계는 AI에 의한 해결책을 찾기 위한 브레인스토밍입니다. 기업의 현안을 정확히 이해하고 난 다음 이를 해결하는 대책을 만들기 위해 내부에서 AI팀을 만드는 게 필요합니다. 물론 기업들이 좋아하는 알고리즘과 익숙한 솔루션도 있습니다. 최신 AI 연구 성과에 눈독을 들이기도 합니다. 하지만 전통적인 방법에서 해결책을 찾을 수도 있습니다. 응박사는 수많은 브레인 스토밍이 끝난 다음 잠재적인 솔루션을 포착하게 된다고 설명합니다.

셋째 단계는 잠재적으로 꼽은 AI 솔루션의 타당성과 가치를 평가하는 단계입니다. 해당 비즈니스 업계의 전문가인 도메인 전문가가 AI를 배워서 모델을 만드면 금상첨화일 것입니다. 하지만 그렇지 않은 경우가 더 많습니다. AI 도메인 전문가와 상담하거나 경쟁업체가 수행한 작업을 분석하는 것도 중요합니다. 도메인 전문가가 AI를 이해하는 건 쉬운 일이 아닙니다. 개발자와 전문가집단 간 의사소통이 중요한 이유입니다.

넷째 단계는 AI 전략을 짜는 일입니다. 프로젝트가 충분히 가치 있다고 판단되면 목표로 삼을만한 지표를 설정해야 합니다. 개발자들은 정확성과 정밀도 재현율 등 머신 러닝 지표에 익숙하고 최적의 AI 모델을 구현하려하겠지만 비즈니스 분야에선 고객 확보와 사용자 참여, 마켓 셰어의 확보 등 수익 모델도 뒤따라야 합니다. 이 지표를 분명히 해야 혼선이 없어집니다.

마지막으로는 리소스(자원)를 위한 예산을 짜는 일입니다. 대부분의 AI 프로젝트가 저렴한 리소스 비용으로 실패한다는 소식이 있습니다. AI 프로젝트를 성공적으로 개발하고 유지 관리하는 데 필요한 각종 자원들을 고려해야 합니다. 데이터와 인력 시간 및 각종 지원시스템 등 프로젝트를 완료하는 데 필요한 것들을 찾아야 합니다. 응 박사는 소규모 데이터를 이용해 AI를 학습시키는 일이 중요하므로 조그마한 프로젝트라도 당장 시행하는 게 중요하다고 강조합니다.

▸ 사례연구 토의

1. AI 서비스들의 수익모델인 구독 모델, 광고 모델, B2B 솔루션, 데이터 기반 서비스 등 다양한 방안을 토론해 보자.
2. 기업이 새로운 AI 서비스를 개발할 때, 기술 성능보다 먼저 수익모델을 고민해야 한다는 주장과 기술 혁신이 우선되어야 한다는 주장을 놓고 토론해 보자.
3. B2C 개인화 서비스, B2B 맞춤형 솔루션 비즈니스 모델에 대해 토론해 보자.

사례연구 - 2

구글 클라우드, AI로 수익 창출 가속 …

구글 클라우드가 인공지능(AI) 기반 수익 모델을 본격적으로 구축하며 시장 점유율을 확대하고 있다.

경제매체 CNBC에 따르면 토마스 쿠리안(Thomas Kurian) 구글 클라우드 최고경영자(CEO)는 골드만삭스 테크 컨퍼런스에서 "AI를 통해 이미 수십억 달러를 벌어들이고 있으며, 클라우드 사업의 백로그는 1,060억 달러(약 147조 원)에 달한다"고 밝혔다.

지난 2분기 구글 클라우드의 매출은 136억 2000만 달러(약 18조 8,869억 원)를 기록하며 전년 대비 32% 성장했다. 모기업 알파벳(Alphabet)의 순이익은 282억 달러(약 39조 1,049억 원)로 전년 대비 20% 증가했다.

구글 클라우드는 AI 인프라, 고객 서비스 시스템, 구독 모델 등 다양한 방식으로 수익을 창출하고 있다. 또한 지난해 구글은 메타와 6년간 100억 달러(약 13조 8,670억 원) 규모의 클라우드 계약을 체결했으며, 이는 아마존웹서비스(AWS)의 시장 지배력을 흔드는 중요한 계약으로 평가된다.

이에 더해 구글 클라우드는 기존 고객을 대상으로 AI 도입을 확산하며 매출을 극대화하고 있다. 쿠리안 CEO는 "올해 상반기 신규 고객 유치가 전 분기 대비 28% 증가했으며, 기존 고객 3분의 2 이상이 구글 클라우드 AI 도구를 적극 활용하고 있다"고 강조했다.

클라우드 산업이 AI 중심으로 재편되는 흐름 속에서, 구글의 AI 전략이 향후 시장 판도를 어떻게 바꿀지 주목된다(디지털투데이, 2025. 9. 10).

매달 10억 명이 사용한다, 메타 AI 전성시대

메타(Meta)의 인공지능(AI) 비서 '메타 AI'가 월간 활성 사용자 수 10억 명을 돌파했다. 마크 저커버그 메타 CEO는 28일(현지시간) 열린 연례 주주총회에서 "메타 AI는 지금까지 우리가 만든 가장 빠르게 성장하는 제품 중 하나"라며 "올해의 핵심 과제는 사용자 경험을 심화하고, 개인화·음성 대화·엔터테인먼트 기능을 강화하는 것"이라고 밝혔다.

이번 발표는 지난 4월 메타가 '메타 AI'의 독립 애플리케이션을 출시한 이후 한 달여 만에 나온 것이다. 메타는 이를 통해 페이스북, 인스타그램, 왓츠앱 등 자사 주요 플랫폼 전반에서 AI 기능을 통합해왔다.

저커버그 CEO는 "이제는 메타 AI를 더 키운 후 수익 모델을 구축할 계획"이라며 "향후 유료 추천 삽입이나 더 많은 컴퓨팅 자원 사용을 위한 구독 서비스를 고려 중"이라고 말했다. 이어 그는 "월간 이용자 10억 명이란 숫자가 작아 보일 수 있지만, 이는 아직 우리가 갈 길이 멀다는 신호"라고 언급했다.

메타의 AI 전략은 단순한 챗봇을 넘어, 장기적으로는 메타가 운영하는 모든 앱과 서비스의 '기본 인터페이스'로 AI를 정착시키는 것이다. 즉, 사용자가 메신저, 피드, 검색 등 메타 생태계 내에서 수행하는 대부분의 활동을 AI 기반 인터페이스로 전환하는 전략이다.

이와 관련해 메타는 2024년부터 자체 개발한 라마 3 언어 모델을 기반으로 한 AI 기능을 통합해 왔다. 올해 들어 페이스북, 인스타그램, 왓츠앱, 메신저 등 다양한 플랫폼에 '메타 AI'를 삽입해 사용자들이 자연어로 질문하고 콘텐츠를 생성하거나 추천을 받을 수 있게 했다. 또한 텍스트 기반 대화뿐만 아니라 음성을 기반으로 한 대화형 AI 인터페이스를 강화하고 있다(매일경제, 2025. 5. 29).

▸ 사례연구 토의

1. 클라우드 기업이 AI 밸류 체인에서 어떤 방식으로 수익모델을 만들 수 있을까? AI 인프라 제공, 구독 서비스, B2B 계약, 고객 확산 전략 등에 대해 토론해 보자.
2. 메타가 자사 플랫폼(페이스북, 인스타그램, 왓츠앱)에 AI를 적용해 이용자 경험을 강화하는 전략은 기존 기업들에게 어떤 시사점을 줄지를 토론해 보자.
3. 전통 기업들은 어떤 비즈니스 모델을 참고해 AI 도입 전략을 설계해야 할지를 토론해 보자.

사례연구 - 3

글로벌 반도체 시장, 2030년 1조 달러 돌파할 것

글로벌 반도체 시장이 인공지능(AI) 혁신을 기반으로 2030년까지 1조 달러를 넘어설 것이라는 전망이 나왔다. 단기적으로는 생성형 AI인프라 확충이, 장기적으로는 에이전틱 AI와 피지컬 AI가 반도체 수요를 이끌 것이란 분석이다.

18일 시장조사업체 카운터포인트리서치 'AI 360 리서치' 보고서에 따르면 글로벌 반도체 매출은 작년 대비 2030년까지 두 배 가까이 늘어 1조 달러(약 1천386조 원)를 돌파할 것으로 예상된다.

핵심 동력은 AI 서버 인프라 구축으로, 현재는 빅테크 하이퍼스케일러들이 주도하고 있다. 단기적으로는 텍스트 기반 생성형 AI가 오디오와 비주얼로 확장되고 있으며, 장기적으로는 자율주행차·산업용 로봇·휴머노이드 등 피지컬 AI 시대로 이어질 전망이다.

닐 샤 카운터포인트 리서치부사장은 "토큰이 새로운 AI 화폐가 되는 '토큰 경제'가 부상하고 있다"며 "1단계 인프라 구축으로 멀티모달 생성형 AI가 확산됐고, 현재 2단계에서는 대화형 AI, 시맨틱 검색, 멀티미디어 콘텐츠 제작 등 에이전틱 AI가 토큰 소비를 폭발적으로 늘리고 있다"고 설명했다.

그는 이어 "다음 단계인 피지컬 AI는 자율기계의 시대를 열 것"이라며 "이는 반도체 산업에 있어 막대한 기회로, 인류의 생활과 산업, 경제 전반을 변혁할 것"이라고 강조했다.

현재 AI 시장 매출의 약 80%는 GPU, AI 가속기, HBM·DDR 메모리, 광학 인터커넥트 등 반도체 인프라에서 발생하고 있다.

모히트 아가왈 카운터포인트리서치 디렉터는 "작년 AI 시장은 하드웨어가 매출의 대부분을 차지했지만, 앞으로는 토큰 경제 기반 애플리케이션과 서비스 생태계가 성장할 것"이라며 "모바일 앱 경제가 폭발적으로 성장했던 것과 비슷한 흐름"이라고 말했다.

그는 또 "AI가 가져올 가장 큰 가치는 생산성 향상과 자동화로 인한 운영비 절감이며, 이는 AI 버블 우려를 줄여줄 것"이라고 전망했다(지디넷코리아, 2025. 9. 19).

AI 시대, 데이터 밸류체인 혁신이 핵심

시대 보험 산업의 혁신을 위해선 데이터로부터의 가치 창출이 가장 중요하다는 전망이 나왔다. 또한 AI 활용 과정에서 인간의 감독이 필수적이며 투명한 거버넌스 체계를 구축해야 한다는 지적도 이어졌다.

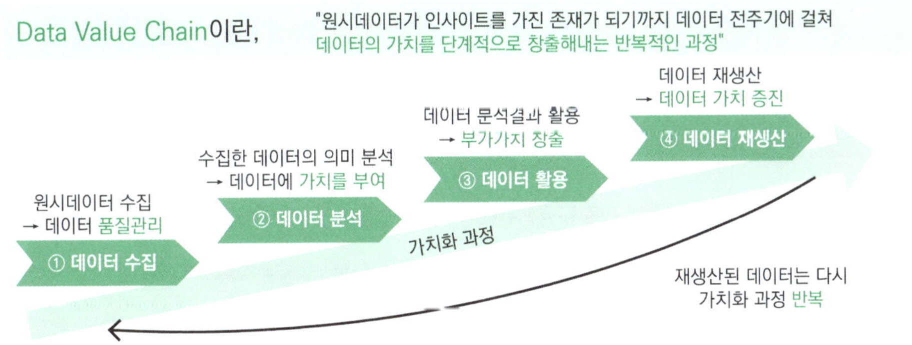

출처: 2020, Journal of Big Data

양경희 보험개발원 데이터신성장실 실장은 12일 열린 보험미래포럼에서 "보험산업의 미래는 데이터로부터 가치를 창출하는 역량으로 결정될 것"이라며 "데이터 활용 가치를 증진하는 데이터 밸류 체인 혁신이 핵심이 될 것"이라고 강조했다.

데이터가 중요해지고 디지털 기술 발전으로 이종 산업간 경계가 흐려지면서 보험업도 다양한 산업으로부터 양질의 데이터를 수집해 분석하고 활용해야 한다는 것이다.

다만 국내 보험산업은 자체 보험데이터를 활용해 어느 정도 업무 성과를 거두고 있으나, 사전 위험 예방 관리 등 대외서비스 제공 측면에선 미진한 상황이다.

보험개발원은 데이터 밸류체인 전반에 걸쳐 다양한 혁신사업을 수행하고 있다고 소개했다. 자동차 운전 습관 데이터를 활용해 안전운전점수 산출 표준 모형을 개발하고 질병 발생률 예측 모델을 개발해 건강관리를 통한 위험 예방에도 힘쓰고 있다. 또한 자동차 수리비 자동 견적 산출 및 통신, 카드 등 외부 기관과의 정보 결합으로 개인 특성에 맞는 보험 상품 제공을 가능하게 한다.

이번 포럼에서는 보험개발원 외에도 아마존웹서비스(AWS), IBM, 밀리만 등 글로벌 보험업계의 전문가들이 AI 혁신 사례에 대해서 소개했다. 허창언 보험개발원 원장은 "진정한 AI 혁신을 위해서는 데이터 윤리와 개인정보 보호, 알고리즘의 신뢰성, 책임성 확보와 같은 과제 해결이 반드시 선결돼야 한다"며 "보험산업이 AI 시대에 걸맞은 투명하고 책임 있는 혁신모델을 확립하길 기대한다"고 말했다(연합인포맥스, 2025. 9. 12).

▸ 사례연구 토의

1. AI 시대에 반도체 산업이 왜 더 중요해질까? 자율주행차, 로봇, 스마트폰 등 우리 생활 속 사례와 연결해 토론해 보자.
2. 데이터는 '21세기의 석유'라고도 하는데, 데이터를 잘 모으고 활용하는 것이 산업 경쟁력에 어떤 도움이 될까? 금융, 유통 등 우리 주변 산업 예시와 함께 토론해 보자.
3. AI가 산업 전반에 쓰이게 될 때, 개인정보 보호나 데이터 윤리는 왜 꼭 지켜야 할까? 만약 내 데이터가 기업에 넘어간다면 어떤 점이 걱정될지 토론해 보자.

사례연구 - 4

뤼튼, 기업·교육 등 B2B로 사업 확대 …

2022년부터 소비자용 서비스에 집중했던 뤼튼이 기업과 교육 등 전면적인 사업 다각화를 준비 중인 것으로 알려졌다. 수익 창출은 물론, 카카오와 네이버 등 거대 플랫폼들이 본격적인 인공지능(AI) 서비스에 나서며 경쟁이 치열해질 것에 대비한다는 의도다.

내외부 관계자에 따르면, 뤼튼은 최근 AI 엔지니어와 에이전트 개발, 플랫폼 엔지니어 등 등 17개 분야에서 인력을 채용한 것에 이어, B2B 경력이 있는 전문가 채용에 나섰다.

특히, 여기에는 기업용 AI와 AI 교육 전문가 등이 포함된 것으로 알려졌다. 뤼튼은 2022년 서비스 시작 이후 국내 대표 B2C AI 서비스 플랫폼으로 자리잡았다. 특히, 2023년 12월부터는 모든 서비스를 무료로 개방, 사용자 확대에 초섬을 낮춘 'AI 포털'을 지향했다.

이번 사업 확대는 회사 설립 이후 최대의 변화로 볼 수 있다. 5년차를 맞으며 본격적인 수익 창출이 필요한 데다, 그동안 비교적 잠잠했던 국내 포털들이 AI 서비스에 나서기 때문이다.

특히, 카카오는 카카오톡에 오픈AI 기술을 탑재할 것으로 알려졌다. 23일 예정된 개발자 컨퍼런스 '이프카카오' 행사에서 구체적인 내용을 공개할 예정이다.

카카오는 지난 5월 자체 모델 '카나나'를 탑재한 AI 메신저 서비스 '카나나'를 출시했지만, 시장의 반응을 얻지 못했다. 하지만, 2,000만 명에 달하는 국내 '챗GPT' 사용자를 감안하면, 카카오의 오픈AI 기술 도입은 시장 판도를 바꿀 수 있다.

특히, 이런 AI 플랫폼 전략은 구글과 메타를 비롯한 글로벌 빅테크에서도 보편화되고 있다. 특히 메타는 전 세계 수십억 명의 사용자를 대상으로 '메타 AI'를 서비스 중이다. 아직 국내에는 도입되지 않았다.

뤼튼은 B2B 확장과 동시에 캐릭터챗 등 B2C와 광고 사업 등도 강화한다는 방침이다. 지난 4월 출시해 안정적으로 성장 중인 AI 캐릭터 채팅 서비스 '크랙'은 일본과 미국 등 글로벌 서비스로 확대할 계획이다. 이를 위해 최근 구글과 협력, 크랙에 '제미나이 2.5 프로'를 탑재했다. 이에 대해 뤼튼 측에서는 별도의 입장을 밝히지 않았다(AI타임스, 2025. 9. 20).

▸ 사례연구 토의

1. AI 서비스 회사들이 일반 소비자(B2C)보다 기업(B2B) 시장을 공략하는 이유에 대해 토론해 보자.
2. AI 서비스가 무료거나 싸게 제공하는 이유가 무엇일지를 토론해 보자.
3. 실제 유료로 결제를 했거나 구독하고 있는 AI 서비스에 대해 토론해 보자.

AI 실제 활용 사례

기업의 업무활동 중 불편한 사항을 인공지능으로 개선하는 AI 서비스를 출시한다고 가정하고, 아래 프롬프트로 린캔버스를 구성해보자.

1. 문제(Problem)

질문

- 현재 고객이 직면한 가장 본질적이고 빈번한 문제는 무엇인가?
- 이 문제가 아직까지 충분히 해결되지 않은 이유는 무엇인가?
- 경쟁사들이 간과하거나 접근하지 못한 고객의 숨겨진 페인포인트는 무엇인가?

체크리스트

- 고객 불편함이 명확하게 정의되었는가(정성/정량 근거 포함)?
- 문제의 빈도, 심각성, 고객 영향도가 구체적으로 측정 가능한가?
- 경쟁 제품이나 기존 솔루션이 이 문제를 해결하지 못한 이유가 분석되었는가?

2. 고객 세그먼트(Customer Segments)

질문

- 가장 문제를 절실히 느끼는 핵심 타겟 고객은 누구인가?

- 이 고객은 어떤 행동 특성, 가치관, 구매패턴을 가지고 있는가?
- 초기 타겟 시장과 이후 확장 타겟은 어떻게 계층화될 수 있는가?

체크리스트

- 고객군이 인구통계, 심리, 행동 기준으로 세분화되어 있는가?
- 타겟 고객의 페르소나 또는 JTBD(Job-To-Be-Done)가 설정되었는가?
- 시장 초기 수요 확보와 확장성 모두 고려된 고객 정의인가?

3. 독특한 가치 제안(Unique Value Proposition)

질문

- 고객이 왜 지금, 왜 우리 제품을 선택해야 하는가?
- 고객의 문제를 '한 문장'으로 해결하는 명확한 메시지는 무엇인가?
- 경쟁사와 본질적으로 구분되는 고객 가치 요소는 무엇인가?

체크리스트

- 고객의 언어로 표현된 구체적 가치 제안이 존재하는가?
- 제품의 핵심 차별성이 기능/감성/사회적 가치 관점에서 설명되었는가?
- UVP가 고객의 주요 구매 결정 요인과 일치하는가?

4. 솔루션(Solution)

질문

- 위의 문제를 해결하기 위한 핵심 기능 또는 구조는 무엇인가?
- 고객이 경험할 솔루션 플로우는 어떤 경로로 구성되는가?
- 경쟁사 대비 우리가 제공하는 솔루션의 실행 방식은 어떤 차이가 있는가?

체크리스트

- 솔루션이 고객 문제 해결에 직결되도록 설계되었는가?
- MVP로 구현 가능한 기능과 장기적 확장 기능이 구분되어 있는가?
- 솔루션이 실행 가능성, 차별성, 효율성을 고루 갖추었는가?

5. 채널(Channels)

질문

- 어떤 채널을 통해 고객에게 제품/서비스를 인지시키고 전달할 것인가?
- 고객 접점별 유입-구매-재방문 흐름은 어떻게 설계되어 있는가?

- 고객과의 신뢰 형성을 위한 커뮤니케이션 채널은 무엇인가?

체크리스트

- 채널이 고객 세그먼트의 이용 습관에 부합하는가?
- 브랜드 인지도와 구매 전환율을 동시에 고려한 채널 구성인가?
- 유입-전환-유지의 퍼널 구조가 명확하게 계획되었는가?

6. 수익원(Revenue Streams)

질문

- 고객은 어떤 방식으로, 어느 시점에 비용을 지불하는가?
- 주요 수익 구조(판매, 구독, 라이선스 등)는 어떤 형태인가?
- 고객 가치를 기준으로 한 적정 가격 책정은 가능한가?

체크리스트

- 수익모델이 고객가치와 가격 수용도에 기반하고 있는가?
- 다중 수익원 구조(업셀링, 재구매, 프리미엄 서비스 등)가 고려되었는가?
- 수익 예측 모델이 반복성, 확장성, 안정성을 포함하고 있는가?

7. 비용 구조(Cost Structure)

질문

- 핵심 활동에서 가장 많은 자원이 소모되는 영역은 어디인가?
- 고정비/변동비 구조와 각 항목별 단가는 어떻게 구성되는가?
- 원가절감 또는 운영효율화를 위한 전략은 무엇인가?

체크리스트

- 고정비와 변동비가 구체적으로 분리되어 있는가?
- 주요 비용 항목(생산, 인력, 마케팅, 기술 등)이 명확한가?
- 수익성과 연결되는 비용 최적화 전략이 제안되었는가?

8. 핵심 지표(Key Metrics)

질문

- 고객 확보, 유지, 확산을 추적할 핵심 성과 지표는 무엇인가?
- 제품/서비스 개선에 활용할 주요 정량 데이터는 어떤 것이 있는가?
- 투자자 또는 내부 의사결정에 활용될 핵심 지표는 무엇인가?

체크리스트

- KPI가 SMART 원칙에 따라 설정되었는가?
- 고객 여정에 따른 지표(CAC, LTV, 전환율 등)가 설정되었는가?
- 주기적인 성과 측정과 피드백 루프가 구성되어 있는가?

9. 경쟁 우위(Unfair Advantage)

질문

- 경쟁사들이 쉽게 모방할 수 없는 고유한 역량은 무엇인가?
- 브랜드, 커뮤니티, 특허, 기술 등 지속 가능한 장벽이 존재하는가?
- 시간이 지날수록 강화되는 고착 효과(네트워크, 습관 등)는 무엇인가?

체크리스트

- 경쟁자가 복제하기 어려운 내부 자산(데이터, 고객 기반 등)이 있는가?
- 지속 가능한 진입장벽(기술, 파트너십, 커뮤니티 등)이 명확한가?
- 경쟁 우위가 시간이 지날수록 강화되는 구조로 설계되었는가?

제10장 AI 지능형 경제

학습 목표

- 지능형 경제의 개념과 등장 배경을 이해하고, 전통적 · 디지털 경제와의 차이를 설명할 수 있다.
- AI가 금융 산업에 미친 혁신적 영향을 분석하고 사례로 제시할 수 있다.
- AI와 노동 · 산업 구조 변화가 일자리와 산업 생태계에 미치는 영향을 평가할 수 있다.
- AI 기반 자원 배분과 지속가능 경제의 가능성과 사회 · 윤리적 과제를 토의할 수 있다.

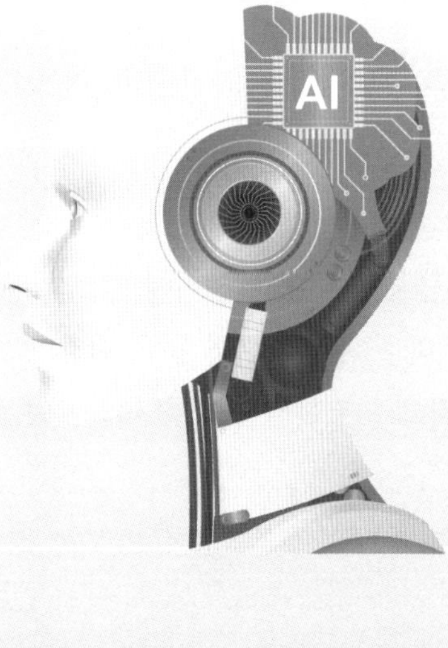

제1절 지능형 경제의 개념과 등장 배경

우리가 경제라고 부르는 시스템은 시대의 기술 수준과 사회 구조에 따라 끊임없이 변화해 왔다. 증기기관이 산업 경제의 문을 열었고, 컴퓨터와 인터넷이 디지털 경제의 토대를 마련했다. 그리고 이제, AI와 빅데이터는 우리가 경험해 보지 못한 새로운 경제 체제, 즉 지능형 경제(Intelligent Economy)로의 진화를 이끌고 있다. 지능형 경제는 단순히 디지털 기술을 활용하는 차원을 넘어, 데이터로부터 학습하고 추론하는 지능을 경제 활동의 핵심 동력으로 삼는다는 점에서 이전의 경제 패러다임과 근본적인 차이를 보인다.

1 전통적 경제 시스템의 한계

20세기 산업화 시대에 구축된 전통적인 경제 시스템은 자본(Capital)과 노동(Labour)이라는 두 가지 핵심 생산요소를 투입하여 상품과 서비스를 생산하고 부를 창출하는 방식에 기반해 왔다. 기업들은 더 많은 기계를 도입하고 더 많은 노동자를 고용함으로써 생산량을 늘리고 성장을 추구했다. 이러한 모델은 지난 수십 년간 인류에게 물질적 풍요를 가져다주었지만, 21세기에 들어서면서 뚜렷한 한계에 부딪히기 시작했다.

가장 큰 문제는 생산성 증가율의 둔화이다. 특히 선진국을 중심으로 자본과 노동을 추가로 투입해도 과거만큼 생산성이 향상되지 않는 '생산성의 역설' 현상이 나타나고 있다. 전 세계적인 저성장 기조와 인구 고령화는 노동력 감소로 이어져 이러한 문제를 더 심화시키고 있다. 또한, 자원의 유한성과 환경오염 문제로 인해 무한정 생산을 늘리는 성장 방식은 더 이상 지속 가능하지 않다는 인식이 확산했다.

또 다른 한계는 정보의 비대칭성과 거래 비용이다. 전통 경제에서는 상품의 생산자와 소비자, 자본의 공급자와 수요자 사이에 정보의 격차가 존재했고, 원하는 상품이나 서비스를 찾고 계약을 체결하는 데 많은 시간과 비용이 소요되었다. 이러한 비효율성은 자원이 최적으로 배분되는 것을 가로막는 주요 원인이었다.

특히 20세기 후반 이후 전 세계가 직면한 문제는 복잡성이었다. 세계화와 디지털화가 진전되면서 경제 활동은 서로 복잡하게 얽히게 되었고, 예측 불가능성이 증가했다. 이에 따라 기존 경제학 모델이 설명할 수 없는 현상들이 늘어났다. 예컨대, 2008년 글로벌 금융위기는 기존 경제학이 간과했던 시스템적 위험의 폭발로 볼 수 있다. 이러한 위기는 경제 체제가 더 이상 과거의 단순한 수요-공급 균형 모델로 설명될 수 없음을 보여주었다. 이처럼 전통적 경제 시스템은 성장 동력의 약화, 자원의 비효율적 배분, 환경적 지속 가능성의 위기라는 복합적인 도전에 직면하게 되었고, 이를 극복할 새로운 혁신 동력이 절실히 필요해졌다.

2 디지털 경제에서 지능형 경제로의 진화

전통 경제의 한계를 극복할 대안으로 20세기 후반 등장한 것이 바로 디지털 경제(Digital Economy)이다. 컴퓨터와 인터넷의 보급으로 촉발된 디지털 경제는 정보와 지식을 디지털화하고 네트워크를 통해 연결함으로써 정보의 비대칭성을 해소하고 거래 비용을 획기적으로 낮추었다. 디지털 경제는 ICT를 활용해 상품과 서비스의 창출, 전달, 거래를 최적화하며, 데이터와 플랫폼 기술을 중심으로 효율성과 편의성을 극대화하고 경제 활동을 혁신하는 데 초점을 맞추었다. 전자상거래, 온라인 뱅킹, 디지털 콘텐츠 등은 물리적 제약을 넘어 새로운 시장을 창출했으며, 기업들은 디지털 기술을 활용하여 운영 효율성을 높였다. 요컨대 디지털 경제의 핵심은 연결(Connectivity)을 통해 정보 유통의 효율성을 극대화하는 것이었고, 이제 우리는 그 다음 단계로 나아가고 있다.

지능형 경제는 디지털 경제가 축적한 방대한 데이터를 기반으로, AI라는 지능을 결합하여 경제 시스템 전체를 최적화하고 새로운 가치를 창출하는 한 단계 진화한 경제 패러다임이다. 지능형 경제는 단순히 연결되는 것을 넘어, 연결된 데이터 속에서 패턴을 발견하고, 미래를 예측하며, 자율적인 의사결정을 내리는 것을 특징으로 한다. 예를 들어, 디지털 경제의 스마트 공장이 센서를 통해 자료를 수집하고 감시하는 수준이었다면, 지능형 경제의 스마트 팩토리는 수집된 데이터를 AI가 분석하여 생산 공정을 스스로 최적화하고, 장비의 고장을 예측하여 대응한다.

이러한 진화는 경제의 가치창출 방식을 근본적으로 바꾼다. 과거에는 기업이 제품을 만들어 시장에 내놓으면 소비자가 선택하는 방식이었지만, 지능형 경제에서는 AI가 소비자의 실시간 수요를 예측하고, 이에 맞춰 생산과 공급이 즉각적으로 이루어지는 수요 예측 기반 경제가 가능해진다. 또한, AI는 수많은 변수를 동시에 고려하여 복잡한 시스템을 최적화할 수 있기 때문에, 개별 기업의 효율성을 넘어 도시의 교통 시스템, 국가의 에너지망, 글로벌 공급망과 같은 거대한 경제 시스템 전체의 효율성을 극대화할 수 있다. 지능형 경제는 데이터를 기반으로 실시간 대응 능력을 강화하고, 개인화된 서비스를 제공하여 소비자 경험을 혁신한다. 예를 들어, AI와 빅데이터 분석을 통해 고객의 선호와 요구를 정확히 파악하고 맞춤형 해결책을 제시한다. 결국 지능형 경제는 데이터라는 새로운 생산요소를 AI라는 혁신적인 처리 기술로 가공하여, 생산성 향상, 사회적 웰빙 증진, 환경적 지속 가능성이라는 세 마리 토끼를 동시에 잡는 것을 목표로 한다.

3 AI, 빅데이터, 블록체인이 만드는 지능형 경제의 기반

지능형 경제라는 거대한 시스템은 몇 가지 핵심적인 기술들의 유기적인 결합을 통해 구현된다. 그중에서도 가장 중요한 세 가지 기둥은 AI, 빅데이터(Big Data), 그리고 블록체인(Blockchain)이다.

빅데이터는 지능형 경제의 원유(Crude Oil)에 비유할 수 있다. 스마트폰, IoT 센서, 소셜 미디어, 금융 거래 기록 등 우리 주변의 모든 것들이 실시간으로 방대한 양의 데이터를 쏟아내고 있다. 이 데이터 안에는 소비자의 숨겨진 니즈, 시장의 변화 트렌드, 시스템의 비효율성 등 경제적 가치를 지닌 무수한 정보가 담겨 있다. 빅데이터 기술은 이러한 정형 및 비정형 데이터를 수집, 저장, 처리하는 기반을 제공한다.

AI는 이 원유를 정제하여 가치 있는 제품으로 만드는 정유 공장 역할을 한다. AI, 특히 머신러닝과 딥러닝 알고리즘은 인간의 능력을 초월하는 속도와 정확성으로 빅데이터를 분석하여 의미 있는 패턴과 통찰력을 추출한다. AI는 데이터를 기반으로 수요를 예측하고, 위험을 감지하며, 프로세스를 자동화하고, 개인에게 최적화된 추천을 제공하는 등 지능형 경제의 모든 지능적 활동을 수행하는 핵심 엔진이다.

마지막으로 블록체인은 지능형 경제의 신뢰 인프라를 제공한다. AI가 데이터에 기반하여 자율적인 의사결정을 내리고, 수많은 경제 주체들이 디지털 네트워크를 통해 상호작용을 하는 지능형 경제에서는 거래의 투명성과 데이터의 무결성을 보장하는 것이 매우 중요하다. 블록체인은 분산원장기술(Distributed Ledger Technology)을 통해 거래 기록을 위변조가 불가능한 형태로 여러 참여자에게 공유함으로써, 중앙의 관리 기관 없이도 신뢰할 수 있는 거래 환경을 만든다. 스마트 계약(Smart Contracts) 기능은 사전에 정의된 조건이 충족되면 계약 내용이 자동으로 이행되도록 하여, 금융 거래, 공급망 관리, 디지털 자산 거래 등의 투명성과 효율성을 높인다.

이 세 가지 기술은 서로 긴밀하게 연결되어 시너지를 창출한다. IoT 기기가 수집한 빅데이터를 AI가 분석하여 최적의 의사결정을 내리고, 그 결과는 블록체인에 안전하게 기록되어 모든 참여자에게 투명하게 공유된다. 이처럼 AI, 빅데이터, 블록체인의 결합은 지능형 경제가 원활하게 작동하고 지속적으로 발전할 수 있도록 하는 견고한 기술적 토대를 형성한다.

제2절 AI와 금융 혁신

금융 산업은 본질적으로 데이터와 정보를 다루는 비즈니스이기 때문에, AI 기술이 가장 빠르고 파괴적으로 영향을 미치는 분야 중 하나이다. 과거 인간 트레이더의 직관과 경험에 의존했던 투자 결정부터, 서류 기반의 심사에 많은 시간이 소요되던 대출 심사, 그리고 복잡한 규제 준수 업무에 이르기까지, 금융의 거의 모든 영역이 AI를 통해 자동화되고 지능화되고 있다. AI는 인간의 편견을 배제한 데이터 기반의 의사결정을 통해 금융시장의 효율성을 높이고, 새로운 금융 서비스(핀테크)의 등장을 촉진하며, 금융 시스템 전체의 안정성을 강화하는 혁신을 이끌고 있다.

1 알고리즘 트레이딩과 투자 전략 자동화

월스트리트로 대표되는 전통적인 금융 투자의 세계는 소수의 엘리트 펀드매니저와 트레이더들의 영역이었다. 이들은 시장의 미묘한 흐름을 읽고 복잡한 정보를 분석하여 수익을 창출했지만, 그들의 판단에는 종종 인간적인 감정이나 인지적 편향이 개입될 여지가 있었다. AI는 이러한 인간의 한계를 극복하며 투자 패러다임을 바꾸고 있다. 알고리즘 트레이딩(Algorithmic Trading) 또는 퀀트 투자(Quantitative Investing)는 정교한 수학적 모델과 AI 알고리즘을 이용하여 인간의 개입 없이 컴퓨터가 자동으로 주식, 채권, 파생상품 등을 거래하는 방식이다. 알고리즘 트레이딩은 컴퓨터 프로그램을 이용하여 사전에 정해진 규칙에 따라 자동으로 금융 상품을 거래하는 방식으로, 속도와 정확성을 높이고 인간의 감정적 판단을 배제하는 장점이 있다.

AI 기반 트레이딩 시스템은 크게 두 가지 방식으로 작동한다. 첫째는 고빈도 매매(High-Frequency Trading, HFT)이다. 이 시스템은 마이크로초(100만 분의 1초) 단위로 시장의 미세한 가격 변동을 포착하여 수없이 많은 거래를 자동으로 실행함으로써 작은 차익을 누적시켜 수익을 낸다. 이는 인간의 반응 속도로는 도저히 따라갈 수 없는 영역이다. 둘째는 AI 기반 투자 전략이다. 머신러닝, 특히 강화학습(Reinforcement Learning)과 같은 AI 모델은 과거의 방대한 시장 데이터, 기업의 재무 데이터, 뉴스 기사, 소셜 미디어의 감성 데이터 등 비정형 데이터까지 학습하여 시장의 패턴을 파악하고 최적의 투자 포트폴리오를 구성한다. 예를 들어, AI는 특정 기업에 대한 긍정적인 뉴스가 나온 후 주가가 상승하는 패턴을 학습하거나, 여러 경제 지표 간의 복잡한 상관관계를 분석하여 경기 순환을 예측하고 이에 맞는 자산 배분 전략을 자동으로 실행할 수 있다.

자동화된 투자 시스템은 24시간 시장을 모니터링하며, 인간 투자자와 달리 감정에 휘둘리지 않고 정해진 원칙에 따라 일관된 의사결정을 내릴 수 있다는 장점이 있다. 특히 AI를 기반으로 한 로보어드바이저(Robo-Advisor) 서비스는 과거 고액 자산가들의 전유물이었던 맞춤형 자산 관리 서비스를 소액 투자자들에게도 저렴한 비용으로 제공함으로써 금융의 민주화에 기여하고 있다. 대표적인 사례로는 미국의 베터먼트(Betterment)와 한국의 핀트(Fint)가 있다.

베터먼트는 2008년 미국 뉴욕에서 설립된 글로벌 로보어드바이저 기업으로, 머신러닝 기술을 활용해 투자 자문, 현금 관리, 퇴직 계획 서비스 등을 제공하며 업계의 대표적 성공 사례로 자리매김했다. 한국의 핀트(Fint)는 2019년 디셈버앤컴퍼니자산운용이 출시한 서비스로, 인공지능 알고리즘을 통해 투자자의 성향과 목표를 분석한 뒤 맞춤형 자산 배분 전략을 제시한다. 최소 투자금이 낮아 일반 투자자도 쉽게 접근할 수 있으며, 모바일 앱을 통해 글로벌 자산에 분산 투자할 수 있도록 지원하면서 국내 로보어드바이저 시장을 대중화하는 데 큰 역할을 하고 있다.

그러나 모든 인공지능이 시장을 정확히 예측하고 항상 수익을 보장하는 것은 아니다. 예기치 못한 블랙 스완(Black Swan) 사건이 발생하면 알고리즘 또한 실패할 수 있다. 여기서 블랙 스완이란 나심 니콜라스 탈레브(Nassim N. Taleb)가 제시한 개념으로, 발생 가능성이 매우 낮아 보이지만 실제로 발생했을 때 사회와 경제 전반에 큰 충격을 주는 사건을 의미한다. 대표적으로 2008년 글로벌 금융위기나 코로나19 팬데믹 같은 사례를 들 수 있다. 이러한 사건은 과거 데이터에 기반한 예측 모델이 쉽게 포착하지 못하기 때문에, 로보어드바이저 역시 한계를 가질 수밖에 없다.

그런데도 인공지능이 금융 투자 분야에서 핵심 노구로 자리 잡았나는 사실은 분명하다. AI는 인간 투자자가 가지기 어려운 방대한 데이터 분석 능력과 일관성을 갖추고 있으며, 이를 통해 개인 투자자와 기관 투자자 모두에게 새로운 기회를 제공하고 있다. 결국 중요한 것은 AI의 장점을 적극 활용하되, 블랙 스완과 같은 불확실성에 대비한 리스크 관리 전략을 함께하는 것이다.

2 AI 기반 위험 관리와 신용평가 시스템

금융기관의 가장 중요한 역할 중 하나는 위험 관리(Risk Management)이다. 대출을 해줄 때 채무자가 돈을 갚지 않을 신용 리스크, 시장 변동으로 자산 가치가 하락할 '시장 리스크', 내부 시스템 오류나 부정행위로 인한 운영 위험 등을 정확하게 예측하고 통제하는 것이 금융기관의 생존과 직결된다. AI는 방대한 데이터를 분석하여 잠재적 리스크를 조기에 식별하고 정량화함으로써 금융 시스템의 안정성을 높이는 데 핵심적인 역할을 한다.

가장 대표적인 분야는 신용평가(Credit Scoring)이다. 전통적인 신용평가는 신청자의 소득, 직업, 기존 부채, 연체 기록 등 제한된 정형 데이터를 기반으로 이루어졌다. 이에 따라 금융 거래 이력이 부족한 사회 초년생이나 주부, 소상공인 등은 금융 이력 부족자(Thin Filer, 신용 기록이 부족한 사람들)로 분류되어 정당한 평가를 받지 못하고 대출에서 소외되는 경우가 많았다. AI 기반 신용평가 시스템은 이러한 한계를 극복한다. AI는 통신비 납부 내역, 온라인 쇼핑 패턴, SNS 활동 데이터 등 다양한 대안 데이터(Alternative Data)까지 활용하여 개인의 상환 능력과 의지를 훨씬 더 정교하게 예측한다. 이를 통해 금융 소외 계층에게 새로운 기회를 제공하고, 금융 포용성(Financial Inclusion)을 높이는 데 이바지할 수 있다.

AI는 사기 탐지 시스템(Fraud Detection System, FDS)에서도 필수적인 기술이다. AI, 특히 이상 탐지(Anomaly Detection) 알고리즘은 수백만 건의 금융 거래 데이터를 실시간으로 분석하여 평소와 다른 비정상적인 패턴을 즉시 감지해 낸다. 예를 들어, 서울에 사는 고객의 카드가 갑자기 해외에서 사용되거나, 평소 소액 결제만 하던 계좌에서 거액이 인출되는 등의 이상 거래가 발생하면, AI는 이를 사기 거래로 판단하고 즉시 결제를 차단하거나 사용자에게 경고를 보낸다. 이는 인간 심사역이 일일이 확인하는 것보다 훨씬 빠르고 정확하며, 나날이 지능화되는 금융 사기로부터 고객의 자산을 보호하는 든든한 방패 역할을 한다. 이 외에도 AI는 자금세탁방지(AML), 규제 준수(Compliance) 등 복잡하고 반복적인 업무를 자동화하여 금융기관이 위험 관리에 더 효율적으로 대응할 수 있도록 돕는다.

3 디지털 자산, 핀테크, 중앙은행 디지털화폐(CBDC)와의 연계

AI는 기존 금융 시스템을 혁신하는 것을 넘어, 새로운 디지털 금융 생태계의 성장을 가속화하고 있다. 특히 디지털 자산(Digital Assets), 핀테크(Fintech), 그리고 중앙은행 디지털화폐(Central Bank Digital Currency, CBDC)의 발전은 AI 기술과 밀접하게 연관되어 있다.

비트코인과 같은 암호화폐나 대체 불가능 토큰(Non-Fungible Token, NFT)으로 대표되는 디지털 자산 시장은 변동성이 매우 크고 복잡하여 전통적인 분석 방법으로는 접근하기 어렵다. AI는 블록체인상의 거래 데이터, 소셜 미디어의 여론, 개발자 커뮤니티 활동 등 다양한 데이터를 분석하여 디지털 자산의 가치를 평가하고 가격 변동을 예측하는 데 활용된다. 또한, AI 기반의 스마트 계약 감사 도구는 디파이(DeFi, 탈중앙화 금융) 프로토콜의 취약점을 자동으로 찾아내어 해킹 위험을 줄이는 등 디지털 자산 생태계의 보안과 안정성을 높이는 데 이바지한다.

모바일 간편결제, 인터넷전문은행, P2P 대출(Peer-to-Peer Lending) 등 혁신적인 금융 서비스를 제공하는 핀테크 기업에 AI는 핵심 경쟁력이다. 핀테크 기업들은 AI 챗봇을 활용하여 24시간 고객 상담 서비스를 제공하고, AI 기반 추천 알고리즘을 통해 고객에게 가장 적합한 금융 상품을 제시하며, AI 신용평가 모델을 통해 기존 은행보다 더 빠르고 유연한 대출 심사를 제공한다. 이처럼 AI는 핀테크 서비스의 사용자 경험을 극대화하고, 운영 비용을 절감하며, 데이터 기반의 새로운 비즈니스 모델을 창출하는 원동력이 되고 있다.

마지막으로, 전 세계 중앙은행들이 연구 및 개발에 박차를 가하는 CBDC는 현금을 디지털 형태로 대체할 미래의 화폐이다. CBDC가 도입되면 모든 금융 거래가 중앙은행의 원장에 기록되므로, AI는 이 방대한 거래 데이터를 분석하여 통화 정책을 수립하는 데 매우 유용한 도구가 될 수 있다. 예를 들어, AI는 실시간으로 경제 전체의 소비, 투자, 자금 흐름을 분석하여 경기 상황을 정확하게 진단하고, 가장 효과적인 금리 정책이나 유동성 공급 규모를 예측할 수 있다. 또한, AI는 CBDC 시스템에서 발생할 수 있는 불법 자금 거래나 금융 범죄를 실시간으로 모니터링하고 차단하는 임무를 수행할 수도 있다. 이처럼 AI는 미래 디지털 금융 시스템의 설계와 운영에 있어 필수적인 기술로 자리매김할 것이다.

제3절 AI와 노동·산업 구조 변화

산업혁명이 기계의 힘으로 인간의 육체노동을 대체하며 공장 중심의 산업 구조를 만들었듯이, AI 혁명은 알고리즘의 힘으로 인간의 지적 노동을 자동화하며 노동과 산업의 풍경을 근본적으로 바꾸고 있다. AI와 로봇 기술의 발전은 한편으로는 특정 일자리의 소멸에 대한 불안감을 낳기도 하지만, 다른 한편으로는 인간을 반복적이고 고된 업무에서 해방하고 더 창의적인 일에 집중할 수 있도록 하며, 이전에는 존재하지 않았던 새로운 형태의 일자리를 만들어내는 기회가 되기도 한다. AI 시대의 노동시장은 '인간 대 기계'의 대결 구도가 아니라, '인간과 기계의 협업'을 통해 새로운 가치를 창출하는 방향으로 진화하고 있다.

1 자동화와 고용 구조 변화

AI가 노동시장에 미치는 가장 직접적인 영향은 자동화(Automation)를 통한 일자리 변화이다. 특히, 정해진 규칙과 절차에 따라 수행되는 반복적인 정형 업무(Routine Task)는 AI와 로봇 프로세스 자동화(Robotic Process Automation, RPA) 기술로 대체될 가능성이 높다. 예를 들어, 공장의 조립 라인에서 부품을 옮기거나, 콜센터에서 단순 문의에 응대하거나, 회계 부서에서 영수증 데이터를 입력하는 등의 업무는 이미 상당 부분 자동화가 진행되고 있다.

이러한 변화는 고용 구조에 중요한 변화를 불러온다. 중간 숙련 수준의 사무직이나 생산직 일자리는 감소하는 반면, AI 시스템을 개발하고 관리하는 고숙련 전문가(데이터 과학자, AI 엔지니어 등)에 대한 수요와, 인간의 감성적 교감이나 돌봄이 중요한 저숙련 서비스직(요양보호사, 보육교사 등)의 중요성은 오히려 커지는 일자리 양극화(Job Polarization) 현상이 나타날 수 있다. 이는 사회적 불평등을 심화시킬 수 있는 잠재적 위험 요인이기도 하다.

하지만 AI가 단순히 일자리를 파괴하기만 하는 것은 아니다. 역사적으로 새로운 기술의 등장은 항상 기존 일자리를 대체함과 동시에 새로운 일자리를 창출해 왔다. AI 역시 마찬가지이다. AI 기술 자체를 개발하고 유지 보수하는 직업 외에도, AI를 활용하여 새로운 서비스를 기획하는 AI 서비스 기획자, AI가 편향된 결정을 내리지 않도록 감독하는 AI 윤리 관리자, AI와 협업하여 예술 작품을 만드는 AI 아티스트 등 과거에는 상상할 수 없었던 다양한 직업들이 생겨나고 있다.

결국 중요한 것은 AI로 인해 일의 총량이 줄어드는 것이 아니라, 일의 성격이 바뀐다는 점이다. 미래의 노동시장에서 경쟁력을 갖추기 위해서는 AI가 대체하기 어려운 인간 고유의 역량, 즉 비판적 사고, 창의력, 소통 및 협업 능력, 감성 지능

등을 키우는 것이 무엇보다 중요해질 것이다. 또한, 기존의 노동자들이 새로운 기술 환경에 적응할 수 있도록 돕는 리스킬링(Reskilling)과 업스킬링(Upskilling) 프로그램에 대한 사회 전체의 투자가 시급한 과제로 떠오르고 있다.

2 지능형 노동시장 플랫폼과 프리랜서 경제

AI는 일자리의 종류뿐만 아니라, 일자리를 구하고 사람을 채용하는 방식 자체도 바꾸고 있다. 과거에는 구직자가 신문 광고나 지인의 소개를 통해 일자리를 찾고, 기업은 수많은 이력서를 일일이 검토하여 면접 대상자를 선별했다. 이러한 방식은 시간과 비용이 많이 들고, 정보의 비대칭으로 인해 최적의 매칭이 이루어지기 어려웠다. AI는 이러한 전통적인 채용 시장을 지능형 노동시장 플랫폼(Intelligent Labor Market Platform)으로 혁신하고 있다.

AI 기반의 채용 플랫폼은 구직자의 이력서, 경력 기술서, 포트폴리오뿐만 아니라 온라인 활동 데이터까지 분석하여 개인의 역량과 잠재력을 여러모로 평가한다. 동시에, 기업이 요구하는 직무의 특성과 조직 문화를 분석하여, 양측에 가장 적합한 후보자와 일자리를 자동으로 배합해 준다. 이는 채용 과정의 효율성을 높일 뿐만 아니라, 채용 담당자의 무의식적인 편견을 배제하고 오직 역량에 기반한 공정한 채용이 이루어지도록 돕는다.

AI를 활용한 인사 관리 분야는 채용, 평가, 인재 개발 등 다양한 영역으로 빠르게 확장되고 있다. 대표적인 사례로는 영상 면접 분석을 통해 지원자의 역량과 적합성을 평가하는 하이어뷰(HireVue), 게임 기반 신경과학 평가로 인지 능력과 잠재적 성향을 측정하여 편향을 줄이려는 파이미트릭스(Pymetrics), 경력과 스킬 데이터를 심층 분석해 채용 및 내부 인재 관리를 최적화하는 에이트폴드 AI(Eightfold AI), 방대한 글로벌 네트워크 데이터를 기반으로 한 링크드인 탤런트 솔루션(LinkedIn Talent Solutions) 등이 있다. 국내에서는 AI 기반 맞춤형 커리어 매칭 서비스로 빠르게 성장한 원티드(Wanted)가 두각을 나타내고 있다.

이러한 지능형 플랫폼의 등장은 프리랜서 경제(Freelancer Economy) 또는 긱 이코노미(Gig Economy)의 확산을 가속화하고 있다. 긱 이코노미란 기업이 필요에 따라 단기적으로 인력을 고용하고, 개인은 프로젝트나 계약 단위로 일하는 유연한 고용 방식을 뜻한다. 여기서 '긱(gig)'은 임시적이고 한시적인 일을 의미한다. 디지털 플랫폼을 기반으로 한 긱 이코노미는 프리랜서와 단기 계약 노동을 급격히 확대했다. 우버(Uber), 에어비앤비(Airbnb)와 같은 플랫폼 경제는 이미 대중화되었으며, 최근에는 AI 기반 노동 매칭 시스템이 등장해 인력 수급의 효율성과 정밀성이 더욱 높아지고 있다. 이에 따라 특정 기업에 소속되어 정규직으로 일하는 전통적 고용 형태에서 벗어나, 개인의 전문성을 바탕으로 다양한 프로젝트에 참여하는 프리랜서가 증가하고 있다. AI 플랫폼은 전 세계 기업과 프리랜서를 실시간으로 연결함으로써, 기업에는 필요할 때 최적의 인재를 신속히 확보할 기회를 제공하고, 개인에게는 시간과 장소의 제약 없이 자유롭게 일할 수 있는 환경을 마련한다.

예를 들어, 실리콘밸리의 스타트업이 AI 플랫폼을 통해 인도에 있는 소프트웨어 개발자에게 앱 개발 프로젝트를 맡기고, 동시에 아르헨티나의 디자이너에게 로고 디자인을 의뢰하는 것이 가능해진다. 이는 노동시장의 세계화를 촉진하고, 개인의 역량이 국경을 넘어 가치를 인정받는 시대를 열고 있다. 물론, 프리랜서 경제의 확산은 고용 안정성 약화나 사회 안전망의 부재와 같은 새로운 사회적 과제를 낳기도 한다. 따라서 이러한 새로운 고용 형태에 맞는 노동법과 사회보험 제도를 마련하는 것이 중요한 정책적 과제로 부상하고 있다.

3 인간-기계 협업을 통한 새로운 일자리 창출

AI 시대의 일자리를 생각할 때 흔한 오해 중 하나는 AI가 인간의 일을 완전히 빼앗아 갈 것이라는 대체(Replacement)의 관점이다. 하지만 더 정확한 미래상은 AI가 인간의 능력을 증강(Augmentation)하고, 인간과 기계가 각자의 강점을 바탕으로 협업하여 시너지를 창출하는 모습일 것이다. AI는 방대한 데이터 처리, 패턴 인식, 반복적인 작업 수행에 강점이 있지만, 인간은 복잡한 문제에 대한 종합적인 이해, 창의적인 해결책 제시, 공감과 소통, 윤리적 판단 등에서 여전히 기계를 압도한다.

인간-기계 협업(Human-Machine Collaboration)은 다양한 산업 현장에서 이미 현실화하고 있다. 제조업에서는 노동자가 코봇(Cobot, Collaborative Robot)과 함께 일한다. 코봇은 인간과 같은 공간에서 안전하게 작업하며, 인간이 무거운 부품을 들면 정확한 위치에 조립하거나, 정밀한 용접 작업을 보조하는 등 인간의 육체적 부담을 덜어주고 작업의 정확성을 높여준다.

의료 분야에서는 의사가 AI와 협력하여 환자를 진단한다. AI가 수백만 장의 의료 영상을 학습한 지식을 바탕으로 영상에서 암 의심 부위를 찾아 표시해 주면, 의사는 자신의 임상 경험과 환자에 대한 종합적인 이해를 바탕으로 최종 진단을 내린다. 이는 의사의 진단 정확성을 높이고 판독 시간을 단축해, 의사가 환자와 소통하는 데 더 많은 시간을 할애할 수 있게 해준다. 법률 분야에서는 변호사가 AI 법률 검색 시스템을 활용하여 방대한 판례와 법률 문서를 단 몇 초 만에 분석하고, 계약서의 잠재적 위험 요소를 검토하는 데 도움을 받는다.

이처럼 AI는 인간을 대체하는 것이 아니라, 인간이 더 높은 수준의 판단과 창의성을 발휘할 수 있도록 돕는 강력한 지능형 조수 역할을 한다. 이러한 협업 모델은 새로운 일자리를 창출한다. 예를 들어, AI 시스템이 원활하게 작동하도록 데이터를 정제하고 관리하는 데이터 큐레이터, AI 모델의 성능을 지속적으로 훈련하고 개선하는 AI 트레이너, AI가 내린 결정을 고객이나 동료에게 쉽게 설명해 주는 AI 인터프리터와 같은 직업들이 중요해질 것이다. 결국 AI 시대의 경쟁력은 AI 기술 그 자체가 아니라, AI를 얼마나 잘 활용하여 인간의 능력을 극대화하는가에 달려 있을 것이다.

제4절 AI 시대의 자원 배분과 지속가능 경제

경제학의 근본적인 과제는 '희소한 자원을 어떻게 효율적으로 배분할 것인가'라는 질문으로 귀결된다. 전통적인 시장 경제는 '보이지 않는 손'이라 불리는 가격 메커니즘을 통해 이 문제를 해결해 왔지만, 정보의 불완전성, 외부 효과, 예측의 어려움 등으로 인해 완벽한 자원 배분을 달성하는 데에는 한계가 있었다. AI는 전 지구적 차원의 복잡한 시스템을 실시간으로 분석하고 최적화할 수 있는 능력으로, 자원 배분의 효율성을 새로운 차원으로 끌어올리고 나아가 기후 변화와 같은 인류 공동의 문제를 해결하는 '지속 가능한 경제'를 구현할 잠재력을 가지고 있다.

1 AI 기반 공급망 최적화와 글로벌 무역

코로나19 팬데믹과 지정학적 갈등은 전 세계를 촘촘하게 연결하고 있던 글로벌 공급망(Global Supply Chain)이 얼마나 취약한지를 여실히 보여주었다. 특정 지역의 공장 폐쇄나 항구 봉쇄는 전 세계적인 부품 부족과 물류 대란으로 이어졌다. 이처럼 복잡하고 예측 불가능한 환경에서 기업이 생존하고 경쟁력을 유지하기 위해서는 공급망 전체를 실시간으로 파악하고, 예기치 않은 충격에 신속하게 대응할 수 있는 회복탄력성(Resilience)을 갖추는 것이 필수적이다. AI는 이러한 지능형 공급망 관리의 핵심 도구이다.

AI 기반 공급망 관리 시스템은 전 세계에 흩어져 있는 공장의 생산 데이터, 창고의 재고 데이터, 선박과 트럭의 위치 데이터, 그리고 날씨, 교통 상황, 수요 예측 데이터 등 수많은 정보를 실시간으로 통합하여 분석한다. 이를 통해 기업은 공급망 전체를 한눈에 파악하는 가시성(Visibility)을 확보할 수 있다. AI는 이 데이터를 바탕으로 가장 효율적인 생산 계획과 재고 수준, 그리고 최적의 운송 경로를 자동으로 계산한다.

더 나아가, AI는 예측 분석을 통해 미래의 공급망 리스크를 사전에 감지한다. 예를 들어, 특정 지역의 정치적 불안정이나 기상 이변이 발생할 가능성을 예측하고, 해당 지역의 공급망에 차질이 생길 경우를 대비하여 대체 공급처나 우회 운송 경로를 미리 시뮬레이션하고 제안한다. 아마존(Amazon)과 같은 글로벌 유통 기업은 이미 AI를 활용하여 수억 개에 달하는 상품의 수요를 지역별, 시기별로 정밀하게 예측하고, 이를 바탕으로 재고를 전 세계 물류창고에 최적으로 분산 배치함으로써 배송 시간을 단축하고 비용을 절감하고 있다. 이처럼 AI는 글로벌 무역과 물류의 불확실성을 줄이고 효율성을 극대화함으로써, 자원의 낭비를 최소화하고 경제 시스템 전체의 안정성을 높이는 데 이바지한다.

2 기후 변화 대응과 탄소 배출 관리

기후 변화는 인류가 직면한 가장 시급하고 중대한 위협이며, 이를 해결하기 위한 전 지구적 노력의 핵심은 탄소 배출량을 줄이는 것이다. AI는 이 복잡하고 거대한 문제를 해결하는 데 강력한 무기가 될 수 있다. AI는 위성 이미지, 기상 데이터, 산업 시설의 에너지 소비 데이터 등 방대한 환경 데이터를 분석하여 탄소 배출의 주된 원인을 정확하게 식별하고, 배출량을 실시간으로 감시·관측하는 데 활용될 수 있다.

예를 들어, AI는 위성 사진을 분석하여 불법적인 산림 벌채나 온실가스를 대량으로 배출하는 공장을 찾아내고, 드론과 IoT 센서를 결합하여 특정 지역의 메탄가스 누출을 감지할 수 있다. 이는 환경 규제의 효과를 높이고, 각 국가와 기업이 탄소 감축 목표를 제대로 이행하고 있는지 투명하게 관리하는 데 도움을 준다. 또한, AI는 에너지 시스템을 최적화하여 탄소 배출을 줄이는 데 직접적으로 이바지한다. 구글은 자사의 데이터센터 냉각 시스템에 AI를 적용하여, 실시간으로 변하는 서버 부하와 외부 기온에 맞춰 냉각 장치를 최적으로 제어함으로써 에너지 소비를 40%나 절감한 바 있다.

신재생에너지 분야에서도 AI의 역할은 중요하다. 태양광이나 풍력 발전은 날씨에 따라 발전량이 불규칙하다는 단점이 있는데, AI는 기상 데이터를 정밀하게 예측하여 신재생에너지 발전량을 예측하고, 이를 바탕으로 스마트 그리드(지능형 전력망) 전체의 에너지 공급과 수요를 실시간으로 조절함으로써 에너지 효율을 극대화한다. 이 외에도 AI는 더 효율적인 배터리 소재를 개발하거나, 탄소를 포집하여 저장하는(Carbon Capture, Utilization, and Storage, CCUS) 기술의 효율을 높이는 등 기후 기술(Climate Tech)의 발전을 가속하는 데에도 핵심적인 역할을 하고 있다. 즉, CCUS는 탄소를 단순히 포집(Carbon Capture)하여 저장(Storage)하는 데 그치지 않고, 이를 새로운 자원으로 활용(Utilization)하는 과정을 포함하는 개념이다.

3 순환 경제와 지역 내 분산형 지능 경제 모델

전통적인 선형 경제(Linear Economy)는 '채취-생산-소비-폐기'의 단방향 흐름을 따르기 때문에 자원 고갈과 폐기물 문제를 필연적으로 낳는다. 이에 대한 대안으로, 사용된 자원을 폐기하지 않고 재사용, 재활용하여 자원의 가치를 최대한 오래 유지하는 순환 경제(Circular Economy)가 주목받고 있다. 순환 경제는 자원을 최대한 효율적으로 사용하여 폐기물을 최소화하고, 사용된 제품과 자원을 다시 생산 과정에 투입하여 자원의 순환을 추구하는 경제 모델이다. AI는 제품의 설계부터 생산, 사용, 수거, 재활용에 이르는 순환 경제의 전 과정을 최적화하는 데 이바지할 수 있다.

예를 들어, AI는 제품을 설계하는 단계에서부터 재활용이 쉬운 소재나 구조를 제안할 수 있다. 생산 과정에서는 AI 기반 스마트 팩토리를 통해 원자재 사용을 최소화하고 불량품 발생을 줄인다. 소비자가 사용한 제품을 효율적으로 수거하기 위해 최적의 수거 경로를 계획하고, 수거된 폐기물을 AI 기반의 컴퓨터 비전 기술로 자동 분류하여 재활용률을 높일 수 있다. 또한, AI는 중고 제품이나 부품의 잔존 가치를 평가하고, 이를 필요로 하는 새로운 수요처와 연결해 주는 공유 경제 플랫폼을 활성화하는 데에도 활용된다.

이러한 순환 경제의 개념은 지역 내 분산형 지능 경제 모델로 확장될 수 있다. 세계화가 심화하면서 생산과 소비의 거리가 멀어졌지만, 이는 긴 운송 과정에서 발생하는 탄소 배출과 외부 충격에 대한 취약성을 증가시켰다. 3D 프린팅, AI 기반 소규모 다품종 생산 기술(스마트 팩토리) 등은 대규모 중앙집중식 생산에서 벗어나, 소비가 일어나는 지역 근처에서 필요한 만큼만 생산하는 분산형 생산(Distributed Manufacturing)을 가능하게 한다.

AI는 지역 내의 에너지 수요와 공급(예: 태양광 패널)을 최적으로 연결하는 소규모 독립형 전력망을 구축하고, 지역 농산물의 생산과 소비를 연결하여 푸드 마일리지를 줄이는 등, 지역 공동체가 자립적이고 지속 가능한 경제 시스템을 구축하도록 도울 수 있다. 이는 글로벌 경제의 효율성과 지역 경제의 회복탄력성 및 지속 가능성을 조화시키는 새로운 경제 모델의 가능성을 보여준다. 이처럼 AI는 자원의 효율적 배분을 넘어, 인류가 직면한 환경 및 사회 문제를 해결하고 더 지속 가능한 미래를 만들어가는 데 핵심적인 임무를 수행할 것이다.

AI가 자원 배분과 지속 가능한 경제를 혁신하는 것은 분명 긍정적인 발전이다. 그러나 동시에 데이터 의존성, 기술 편향, 글로벌 디지털 격차라는 문제도 남아 있다. 첫째, 데이터 의존성이다. AI는 방대한 양의 데이터에 기반하여 작동하기 때문에, 데이터 접근성이 부족한 개인이나 기관은 경쟁에서 뒤처질 수밖에 없다. 둘째, 기술 편향 문제이다. 알고리즘이 특정 집단의 데이터에 기반해 학습될 경우, 그 결과는 사회적 불평등을 확대할 위험이 있다. 셋째, 글로벌 디지털 격차 문제다. 선진국과 대기업은 AI를 활용해 자원 배분의 효율성을 높이고 있지만, 개발도상국이나 중소기업은 이러한 기술을 충분히 활용하지 못해 경제적 격차가 심화할 수 있다. 선진국과 대기업은 AI를 활용해 자원 배분 효율성을 높이지만, 개발도상국이나 중소기업은 이러한 기술을 충분히 활용하지 못해 불평등이 심화할 수 있다.

또한 AI가 제안하는 최적화는 항상 사회적으로 공정한 분배를 보장하지는 않는다. 예를 들어, 물류 과정에서 AI가 효율성을 높이는 방식은 기업의 비용 절감에는 이바지할 수 있지만, 동시에 노동자들의 근로 조건을 악화시킬 가능성이 있다. 마찬가지로, 에너지 절감이 단순히 기업의 운영 효율을 높이는 수단으로만 활용된다면, 사회 전체의 지속 가능성보다는 특정 이해관계자의 이익을 강화하는 결과를 낳을 수 있다. AI 시스템이 본래 의도와 달리 기존의 편향과 불평등을 강화하거나 새로운 불평등을 만들어낼 수 있다는 점과 연결된다. 따라서 AI 기반의 지속 가능 경제가 진정한 사회적 가치를 실현하기 위해서는 기술적 혁신에만 의존할 것이 아니라, 공정성과 지속가능성을 보장할 수 있는 정책적·윤리적 장치와 제도적 구조가 반드시 결합해야 한다. 그렇지 않다면, AI의 잠재력이 오히려 왜곡되거나 특정 집단에만 편익을 집중시키는 방향으로 작동할 위험이 있다.

토의문제

1. 지능형 경제는 전통적 경제 및 디지털 경제와 어떤 점에서 근본적으로 차별화되는가?
2. 전통적 경제 시스템의 한계를 AI가 어떻게 극복할 수 있는가?
3. 금융 산업에서 알고리즘 트레이딩이 가지는 장점과 동시에 내포하는 위험은 무엇인가?
4. AI 기반 신용평가와 전통적 신용평가의 차이는 무엇이며, 금융 포용성 확대에 어떤 영향을 줄 수 있는가?

5. 핀테크 기업에서 AI 활용은 어떤 방식으로 사용자 경험과 금융 서비스 혁신을 끌어내는가?
6. AI는 노동시장에서 일자리 대체와 창출을 동시에 가져오는데, 이러한 변화가 사회적 불평등에 어떤 영향을 미칠 수 있는가?
7. 지능형 노동시장 플랫폼과 긱 이코노미 확산은 고용 안정성과 사회 안전망에 어떤 도전을 제기하는가?
8. 인간과 기계의 협업은 어떤 새로운 직업군과 산업 기회를 창출할 수 있는가?
9. AI는 글로벌 공급망 최적화와 기후 대응을 통해 지속 가능한 경제를 어떻게 구현할 수 있는가?
10. 지능형 경제로의 전환 과정에서 발생할 윤리적 · 사회적 과제는 무엇이며, 이를 해결하기 위한 정책적 방안은 무엇인가?

사례연구 - 1

"AI가 노후 위한 투자 계획도 짜줘요": 로보어드바이저 '베터먼트(Betterment)'

AI 기반 자산관리 서비스의 부상

최근 글로벌 금융업계에서는 로보어드바이저(Robo-Advisor)라는 새로운 투자관리 서비스가 빠르게 확산되고 있다. 로보어드바이저란, 말 그대로 로봇(Robot)과 어드바이저(Advisor)의 합성어로, 인공지능(AI)과 알고리즘을 활용하여 고객의 투자 성향, 소득 수준, 연령, 목표 시점 등을 분석하고 맞춤형 자산관리 계획을 제시하는 서비스를 의미한다.

미국의 대표적인 로보어드바이저 서비스인 베터먼트(Betterment)는 개인 투자자가 별도의 복잡한 금융 지식 없이도 장기적인 노후 준비와 자산 증식을 가능하게 한다. 사용자는 자신의 소득, 은퇴 시기, 위험 선호도 등을 입력하면 AI가 자동으로 포트폴리오를 구성하고, 주기적으로 리밸런싱(Rebalancing)을 수행한다. 과거에는 고액 자산가를 대상으로만 제공되던 자산관리 서비스가 AI 덕분에 일반 개인 투자자에게도 개방된 것이다(박순우, 2022. 9. 26).

비용 절감과 투자 민주화

베터먼트의 가장 큰 강점 중 하나는 낮은 수수료 구조와 투자 접근성 확대다. 기존의 자산관리 서비스는 고액 자산가 중심으로 운영되며, 투자 자문 수수료도 높았다. 그러나 로보어드바이저는 운영비를 절감할 수 있어 연 0.25~0.40% 수준의 저렴한 수수료로 서비스를 제공한다. 이는 기존 금융자문사 대비 훨씬 저렴해, 투자 민주화에 기여하고 있다.

특히 베터먼트는 소액 투자자도 정기적으로 투자할 수 있도록 돕고 있으며, AI 알고리즘이 주식·채권·ETF 등 다양한 자산군을 자동으로 배분한다. 결과적으로 "모든 개인이 전문가 수준의 자산관리"를 누릴 수 있는 환경이 조성되고 있다(박순우, 2022. 9. 26).

베터먼트 홈페이지

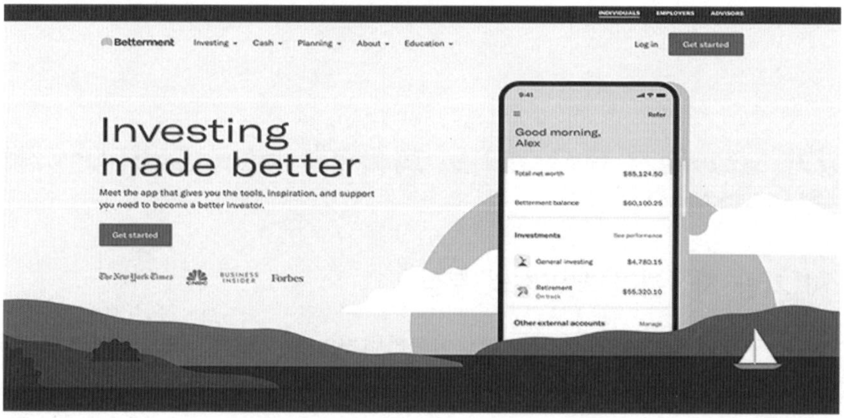

출처: 베터먼트

금융시장의 패러다임 전환

로보어드바이저의 확산은 금융시장의 패러다임에도 변화를 일으키고 있다. 첫째, 금융 자문 시장의 디지털 전환이 가속화되었다. 둘째, 인간 전문가가 수행하던 영역을 AI가 대체하면서 금융 산업의 일자리 구조에도 변화가 나타나고 있다. 셋째, AI 알고리즘의 편향이나 예측 실패로 인해 발생할 수 있는 윤리적·법적 문제 또한 새로운 과제로 떠올랐다. 따라서 로보어드바이저가 제공하는 효율성과 편리성을 넘어, 금융소비자 보호와 기술 신뢰성 확보가 앞으로 중요한 이슈가 될 것이다(이코노미조선, 2022. 9. 26).

▸ **사례연구 토의**

1. 로보어드바이저 '베터먼트'가 전통적인 자산관리 서비스와 다른 점은 무엇인지 토의해 보자.
2. AI 기반 금융 서비스가 투자 민주화에 이바지하는 방식에 대해 논의해 보자.
3. 로보어드바이저 확산에 따른 윤리적·법적 문제(알고리즘 편향, 예측 실패 등)를 예시와 함께 설명해 보자.

사례연구 - 2

이복기 원티드 "AI로 커리어 매칭 … 사회적·국가적 비용 절감"

AI로 인재와 기업을 잇다

국내 인재 매칭 플랫폼 원티드(Wanted)는 'AI 기반 커리어 매칭'을 통해 구직자와 기업의 연결 방식을 혁신하고 있다. 원티드의 CEO 이복기는 채용 시장의 비효율성을 지적하며, AI 기술이 이를 해결할 수 있는 핵심 도구라고 강조한다. 기존의 채용 과정은 수많은 이력서 검토, 반복적인 인터뷰, 높은 이직률로 인해 사회적·국가적 차원의 막대한 비용을 발생시켰다. 원티드는 AI 알고리즘을 활용해 구직자의 이력, 경력, 기술 역량, 심지어 온라인 활동 데이터를 종합 분석하여 기업이 필요로 하는 인재와 자동으로 매칭한다. 이를 통해 기업은 채용 비용과 시간을 크게 줄이고, 구직자는 더 적합한 일자리를 빠르게 찾을 수 있게 된다.

사회적 비용 절감 효과

원티드가 지향하는 목표는 단순히 기업의 채용 효율성을 높이는 데 그치지 않는다. 맞춤형 커리어 매칭을 통해 잘못된 채용과 잦은 이직에서 발생하는 사회적 낭비를 줄이고, 국가 차원에서는 노동력의 효율적 활용과 고용 안정성을 촉진할 수 있다. 원티드 사례는 AI가 채용 시장의 구조적 문제를 해결하는 동시에, 사회적 비용을 절감하고 국가 경쟁력을 강화하는 데 중요한 역할을 할 수 있음을 보여준다(ZDNet Korea, 2023. 9. 25).

▸ 사례연구 토의

1. 원티드가 제시하는 AI 기반 커리어 매칭은 기존 채용 시장의 어떤 비효율을 해결할 수 있을까?
2. AI 채용 플랫폼의 확산은 구직자와 기업 모두에게 어떤 장단점을 가져올 수 있을까?

3. 사회적 · 국가적 비용 절감이라는 관점에서, AI 채용 시스템이 장기적으로 노동시장에 미칠 긍정적 · 부정적 영향을 토론해 보자.

사례연구 - 3

로봇만 100만 대 넘은 이 글로벌 기업 … "곧 직원 수도 추월할 것"

로봇이 직원 수를 추월하는 시대

세계 최대 전자상거래 기업인 아마존(Amazon)은 이미 100만 대가 넘는 물류 로봇을 보유하고 있으며, 곧 직원 수를 넘어설 것으로 전망된다. 이는 단순한 자동화를 넘어, 로봇이 기업 인력 구조의 중심축으로 자리 잡고 있음을 보여준다. 아마존은 물류창고에서 제품을 선별하고 운반하는 작업에 로봇을 적극적으로 투입해 인건비 절감과 물류 효율성을 극대화했다. 로봇의 활용은 단순 반복 업무에서 인간을 해방시켜, 직원들이 고객 서비스나 관리와 같은 부가가치 높은 업무에 집중할 수 있도록 한다. 그러나 동시에, 로봇의 확산은 대규모 일자리 전환과 노동시장 구조 변화라는 새로운 과제를 던져주고 있다.

인간 - 로봇 협업의 새로운 패러다임

아마존의 물류 현장은 인간과 로봇이 협력하는 실험실이기도 하다. 로봇은 무거운 물품을 옮기고, AI는 주문 데이터를 분석하여 효율적인 배송 경로를 계산한다. 반면 인간은 로봇이 처리하기 어려운 섬세한 포장이나 고객 응대에 집중한다. 이러한 협업은 생산성과 서비스 품질을 동시에 끌어올리는 장점을 제공하지만, 장기적으로는 인간 노동자의 역할이 축소되고, 고용의 질적 변화가 불가피하다는 우려도 제기된다(매일경제, 2025. 7. 3).

아마존 물류시설에서 운영 중인 로봇

출처: 연합뉴스

▸ **사례연구 토의**

1. 아마존의 사례에서 보듯, 로봇이 직원 수를 넘어서는 현상은 기업 운영과 고용 구조에 어떤 장기적 영향을 미칠 수 있을지 토의해 보자.
2. 인간과 로봇이 협업하는 모델이 확대될 경우, 노동자의 업무 역량과 교육·훈련 방식은 어떻게 변화해야 할까?
3. 물류 자동화가 사회 전반의 일자리 안정성과 소득 분배에 미칠 파급효과를 논의하고, 정책적 대응 방안에는 무엇이 있을지 이야기해 보자.

AI 실제 활용 사례

1단계: 생성형 AI 활용 신용평가 Python 프로그램 프롬프트 작성

중소기업 대출이나 사회 초년생·프리랜서·소상공인과 같은 금융 이력(Thin File)이 부족한 개인의 신용도를 평가하는 Python 프로그램을 만들고 싶다.

데이터는 다음과 같이 구성되어 있다고 가정한다.

- 전통적 데이터: 소득, 기존 대출, 연체 기록
- 대안 데이터(Alternative Data): 통신비 납부 내역, 온라인 쇼핑 기록, SNS 활동 빈도, 간단한 소비 패턴

다음과 같은 기능을 가진 AI 신용평가 프로그램을 원한다.

1. AI 모델 학습: 전통적 데이터 + 대안 데이터를 결합해 신용등급(High/Medium/Low Risk)을 분류하는 머신러닝 모델 생성
2. 성능 평가 요약: ROC-AUC, Precision, Recall, F1-Score, Confusion Matrix 결과를 제시
3. 결과 시각화: Feature Importance(어떤 요인이 신용등급 예측에 크게 기여했는지) 시각화
4. 실시간 예측 기능: 새로운 고객 데이터를 입력하면 즉시 신용등급을 판별하고, 대출 승인 여부를 추천

2단계: 생성형 AI 활용 신용평가 Python 프로그램 Run

생성형 AI가 만들어준 Python 코드를 복사해 실행 환경에 입력한다. 준비된 신용 데이터셋(전통적 + 대안 데이터)을 불러와 Run하면, 모델 학습과 평가 결과가 출력된다. 이후, 새로운 고객의 데이터(예: 월 소득 250만 원, 통신요금 자동이체 3년 이상 유지, 온라인 쇼핑 1주 2회 등)를 입력하면 해당 고객의 신용등급과 대출 승인 가능성을 즉시 예측해 준다.

3단계: 금융 서비스 기획

분석 결과를 기반으로, 은행이나 핀테크 기업은 기존에 대출이 어려웠던 금융 소외 계층에게도 공정하고 합리적인 신용평가를 제공할 수 있다. 예를 들어, 신용카드 사용 이력이 부족한 사회 초년생이라도, 통신비 자동납부·온라인 소비 패턴 등의 대안 데이터가 긍정적으로 평가되면 대출 승인을 받을 수 있다. 이는 금융 포용성 확대에 직접적으로 기여한다.

시사점

이 사례는 AI 지능형 경제의 핵심 특징을 잘 보여준다. 전통적 데이터 중심의 금융 시스템은 정보의 비대칭성과 금융 소외 문제를 낳았지만, AI와 빅데이터는 이

를 극복해 더 많은 사람에게 기회를 제공할 수 있다. 특히 중소기업, 소상공인, 사회 초년생, 프리랜서 등 기존 금융 시스템에서 소외되던 집단이 AI 기반 신용 평가를 통해 합리적으로 금융 서비스를 이용할 수 있게 된다. 이는 투자 민주화와 금융 포용성(Financial Inclusion)을 촉진하고, 지능형 경제의 지속 가능성과 공정성을 강화하는 대표적 사례라 할 수 있다.

제11장 AI 경영전략

학습 목표

- 외부환경이 경영전략에 주는 영향을 학습한다.
- 디지털 전환 속 수직·수평 통합과 원가우위·차별화 전략을 이해한다.
- 문제 정의가 질문보다 중요함을 학습한다.
- 마크다운과 단계별 프롬프트로 전략 분석을 실행하는 방법을 익힌다.

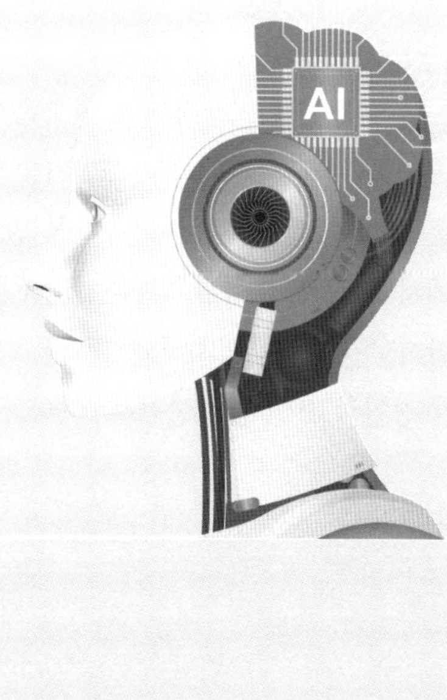

제1절 경영전략이란 무엇인가?

1 외부환경이 비즈니스에 미치는 영향

'사업 전략을 수립한다', '마케팅 전략을 수립한다'와 같이 '전략'이라는 단어처럼 많이 쓰이는 단어도 없을 것이다. 우리는 왜 이렇게 전략이라는 단어를 많이 사용할까? 그리고 기업 활동에서 전략이 중요한 이유는 무엇일까?

전략은 '무엇을 할 것인지'와 함께 '무엇을 하지 않을 것인지'를 결정하는 문제이기도 하고, 어디에서 싸울 것인지를 결정하는 '시장 정의'에 대한 문제이기도 하다. 예를 들어, 짜장면, 짬뽕이라는 상품이 있다. 하나의 매장은 홀을 멋지게 만들어 놓고 모임 중심으로 매장 판매만 하고, 또 다른 매장은 배달 플랫폼을 활용해서 배달서비스만 하고 있다. 짜장면과 짬뽕이라는 상품은 동일하지만, 두 매장을 같다고 할 수 있을까? 어느 시장에서 싸울 것인지, 그리고 그 시장에서 무엇을 할 것인가와 무엇을 하지 않을 것인가를 결정하는 것이 전략이다.

이것을 좀 더 개념적으로 정리해보면, 경영전략은 기업이 경쟁우위를 확보하고 지속 가능한 성장을 이루기 위해 장기적인 목표와 방향을 설정하고, 자원을 효율적으로 배분하는 계획과 실행 체계라고 할 수 있다. 전략이 없다면 기업은 방향을 잃을 수 있고, 자원을 낭비하게 되며, 결과적으로 경쟁에서 뒤처지게 된다.

경영전략은 내부적으로 설정하는 것이지만, 외부환경이 반드시 영향을 미친다. 외부환경에는 정치, 경제, 사회, 기술과 같은 거시적 환경이 있고, 경쟁과 같은 산업 내 환경이 있으며, 소비자도 포함된다.

정치적 요인은 '시장의 규칙'을 만들고, 경제적 환경은 '가치사슬을 변화'시키고, 사회적 환경은 '수요 구조를 변화'시킨다. 그리고 기술적 환경은 '경쟁의 단계를 변화'시킨다. 외부환경은 우리가 컨트롤할 수 없지만, 반드시 영향을 미치기 때문에 경영전략 수립 과정에서 꼼꼼한 분석이 되어야 한다.

거시환경적 요인부터 살펴보자. 먼저 정치적인 요인은 '시장의 규칙'을 만든다. 미국과 중국의 패권 경쟁이 정치적 요인에 해당한다. 미국과 중국의 패권 경쟁으로

탈세계화와 글로벌 공급망에 변화가 생기기 시작했다. 미국은 중국을 견제하기 위해 반도체와 같은 첨단기술을 자국 중심으로 재편하고 있고, 중국은 이에 맞서 주도권을 확보하기 위해 국가적 역량을 총동원하고 있다. 경영전략 수립 과정에서 정치적 요인을 분석하는 이유는 정치적 요인이 시장의 규칙을 결정하기 때문이다.

경제적인 요인은 '가치사슬을 변화'시키는데, 온라인 쇼핑몰 시장의 성장이 대표적이다. 코로나19 이전까지만 해도 온라인은 오프라인을 넘어서지 못했다. 그런데 코로나19 이후 온라인 유통 결제 금액이 오프라인 유통 결제 금액을 추월했다. 그리고 오프라인 결제 금액은 온라인 결제 금액을 단 한 번도 넘어서지 못하고 있다. 단순하게 온라인 이용자가 증가한 것이 아니라, 온라인에 익숙하지 않은 사람들이 온라인으로 유입되었다는 점에서 의미가 있다. 이처럼 온라인 시장이 커지게 되면 가치사슬이 변화될 수밖에 없다. 경영전략 수립 과정에서 경제적 요인을 분석하는 이유는 기존과 다른 방식으로 가치사슬이 변화될 수 있기 때문이다.

• **그림 11-1** 외부환경 분석이 필요한 이유는?

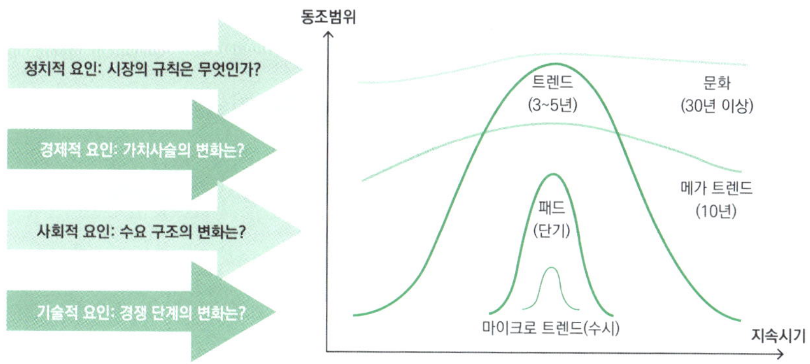

사회적인 요인은 '수요 구조를 변화'시킨다. 1인 가구 증가가 대표적이다. 1인 가구가 증가하면서 농촌에서는 과일을 작게 농사짓기 시작했고(1차 산업), 유통 과정에서는 소포장이 증가하고 있다(2차 산업). 그리고 소비 과정에서는 상품의 기능적인 특징보다는 이야기와 스토리, 경험 등을 구매하는 비중이 증가하고 있다(3차 산업). 4인 가구 중심으로 판매하던 대형마트는 시장이 축소되는 반면, 1인 가구를 중심으로 다양한 상품을 제안하고 있는 편의점은 꾸준히 성장 중이다. CU · GS25 ·

세븐일레븐 3사의 매출이 이마트·롯데마트·홈플러스의 매출을 앞지른 것은 수요 구조에 어떻게 대응했는지에 대한 결과이다. 1인 가구를 중심으로 다양한 전략들을 앞세운 편의점이 오프라인 유통 시장에서 대형마트를 꺾은 것이다. 경영전략 수립 과정에서 사회적 요인을 분석하는 이유는 수요 구조가 변화될 수 있기 때문이다.

기술적인 요인은 '경쟁의 단계를 변화'시킨다. 자동차를 소프트웨어로 정의한 테슬라가 대표적이다. 테슬라가 등장하기 전까지는 소프트웨어가 자동차의 인포테인먼트를 지원하는 도구 정도로만 여겨졌다. 그러나 테슬라가 나타나면서 판도가 바뀌었다. 테슬라는 소프트웨어 중심으로 자동차의 경쟁 단계를 변화시켰다. 자동차 소프트웨어를 스마트폰의 OS처럼 모바일 네트워크를 통해 업데이트하는 개념을 도입한 것이다.

기술적 요인으로 인공지능(AI)도 빼놓을 수 없다. 인터넷을 통해 전 세계의 모든 정보에 접근할 수 있었던 것을 넘어, 이제는 생성형 인공지능과 함께 일하는 시대가 되었다. 지금도 체감되고 있지만, 앞으로 생성형 인공지능을 사용하는 사람과 사용하지 않는 사람들의 생산성은 큰 차이가 날 것이다. 일하는 방식이 바뀌는 결정적 이유는 AI 도입이 더 생산성이 높고 효율적이기 때문이다. 이는 단순한 취향이나 선택의 문제가 아니라, 누구나 받아들여야 할 필연적 진화로 봐야 한다. 기술이 경쟁의 단계를 변화시키고 있다고 할 수 있다. 경영전략 수립 과정에서 기술적 요인을 분석하는 이유는 경쟁의 단계가 변화되기 때문이다.

경영전략 수립을 위해 정치, 경제, 사회, 기술적 요인과 같은 외부환경을 분석하는 이유는 우리 기업이 컨트롤할 수 없지만 비즈니스에 반드시 영향을 미치기 때문이다. 외부환경을 분석할 때 유의할 점은 단순히 있는 사실, 즉 팩트를 식별하는 것이 아니다. 외부환경이 우리의 비즈니스에 어떤 영향을 미칠지를 분석하는 것이 중요한데, 이때 관점은 정치적 요인 분석을 통해 '시장의 규칙이 무엇인지', 경제적 요인 분석을 통해 '가치사슬이 어떻게 변화될 것인지', 사회적 요인 분석을 통해 '수요 구조가 어떻게 변화되는지', 기술적 요인을 통해 '경쟁의 단계가 어떻게 변화될 것인지'를 분석하는 것이다.

2 디지털 전환을 통해 확장되는 비즈니스 모델 방식

기업의 비즈니스 전략은 다양한 관점이 존재한다. 여기에서는 비즈니스 모델 관점으로 전략을 접근해 보고자 한다. 먼저 비즈니스 모델의 가장 기본적인 흐름은 수직적 통합이다. 쿠팡이 오픈마켓에서 로켓배송으로 택배산업을 통합한 후, 자회사를 통해 PB 상품을 제조하는 것을 수직적 통합이라고 할 수 있다. 수직적 통합은 지난 반세기 동안 제조기업들이 사용해오던 방식으로, 원자재 → 부품 생산 → 최종 조립의 가치사슬을 통합하는 방식이다. 이는 자동차, 전자, 철강 등 대기업 중심의 산업에서 자주 관찰된다.

• 그림 11-2 비즈니스의 확장 방식(수직적 통합과 수평적 확장)

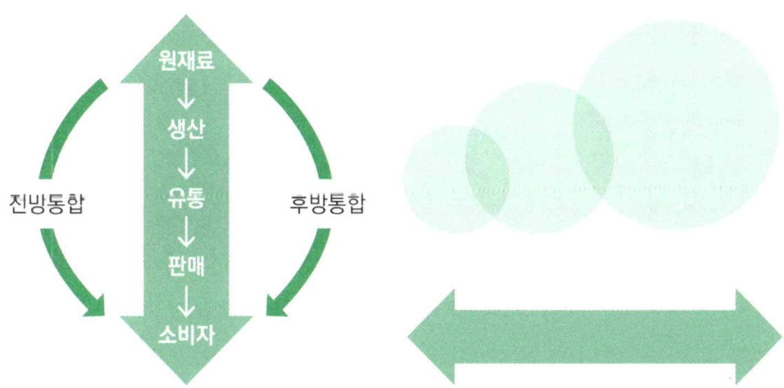

커머스 산업을 예로 들어보자. 기업이 수직적 통합으로 나아가는 이유는 수익성 측면과 고객 경험 측면 때문이다. 판매에 대한 자신감이 생기면 제조를 하지 않을 이유가 없다. 이것을 PB(Private Brand) 상품이라고 부른다. 또한 최적화된 고객 경험을 제공하기 위해서는 상품이 배송되는 과정까지를 통제할 필요가 있다. 아마존이 판매자에게 제공하는 풀필먼트 서비스가 대표적이다. 아마존을 통해 상품을 판매하는 사업자가 풀필먼트 서비스를 사용하면, 상품의 입고, 포장, 배송 등 상거래 과정의 품질을 통제할 수 있다. 이러한 것들이 아마존의 고객 경험을 높여주는 것이다.

수직적 통합은 제조기업이 유통까지 관여하는 D2C(Direct to Customer)로도 확대되고 있다. D2C는 직접 유통 방식의 하나로, 온라인으로 상품을 구매하는 사람들이 증가하면서 일반화되고 있다. 예를 들어, 정관장은 오프라인 판매장을 운영하면서도 자사몰에서 자사 상품을 판매하고 있다. 더 나아가 다른 기업들의 건강기능식품도 판매하고 있다. 제조 중심의 기업이 직접 유통에도 관여하며 나름의 성과를 달성하고 있는 중이다.

물론 D2C 방식에는 한계점도 있다. D2C 방식으로 소비자에 대한 정보를 확보해 고객 경험을 개선한다는 것은 기업 관점의 시각일 뿐이다. 기업의 바람과는 달리 여전히 많은 사람들은 상품을 직접 만지고 테스트한 후에 구입하고 있다. D2C 방식이 모든 소비 활동을 커버할 수는 없다는 한계점이 있다.

또한 D2C에 대한 식상함도 존재한다. 이제 모든 브랜드와 리테일 브랜드가 온라인 웹사이트와 쇼핑몰을 갖추고 있다. 중간 과정을 제거해 온라인에서만 구매할 수 있는 제품과 브랜드가 더 이상 특별한 쇼핑 경험을 제공하지 못하고 있다. 소비자는 자신이 편한 방식으로, 자신에게 이익이 되는 것을 선택하는 것이지 D2C 방식이라는 이유로 선택하는 것은 아니다. 이러한 이유로 D2C 방식으로 성장했던 와비파커와 올버즈 등이 오프라인으로 확장을 시도하고 있다.

수직적 통합을 끝낸 기업은 수평적 통합으로 확장한다. 수직적 통합이 기업이 경쟁력, 통제력 강화 등을 목적으로 외부의 공급업체나 유통업체 등을 흡수하는 것이라면, 수평적 통합은 기업이 해당 시점에서 규모와 범위의 시너지 효과를 창출하기 위한 것이다.

수평적 통합을 시도하고 있는 기업으로 hy(한국야쿠르트)를 들 수 있다. hy는 프레시 매니저(FM)와 신선함을 유지할 수 있는 코코(COCO)를 활용하여 다양한 상품을 판매하고 있다. 프레딧이라는 서비스를 통해 경쟁 기업의 상품을 판매 · 배송하고 있으며, 신한카드와 협약을 통해 카드 배송을 하고 있기도 하다.

배달의민족도 수평적으로 확장하고 있다. 치킨집과 소비자를 중계해 주는 것을 넘어서 'B마트'라는 서비스로 자체 PB 상품을 판매하고 있다. B마트가 타겟으로 두고 있는 집단은 1~2인 가구이다. 1~2인 가구를 위해 소포장된 제품을 판매하고 있다. 예를 들어, 네쪽 식빵, 반반 만두, 0.7 공깃밥 등 소량으로 기획된 상품을 제공하고 있다.

수평적 통합을 가장 잘하는 곳은 편의점이다. 편의점은 1인 가구를 중심으로 유통업의 본질 중 하나인 '상품 제안력'으로 주류 유통채널로 자리 잡았다. 곰표 밀맥주, 원소주, 포켓몬빵, 연세우유빵 등 다른 곳에 없는 상품을 끊임없이 제안하는 한편, 무인 택배 서비스 확대, 금융 서비스 제공, 가정간편식(HMR) 라인업 강화 등으로 한 명의 고객을 대상으로 옆으로 확장하는 전략을 취하고 있다.

3 비즈니스 모델 관점의 전략과 사업부 수준의 전략

비즈니스 모델 관점에서 기업은 수직적 통합과 수평적 확장으로 성장한다는 설명을 드렸다. 그럼 사업부 수준에서 사용되는 전략은 어떤 것들이 있을까?

사업부 수준의 경영전략을 설명하는 기본적인 프레임은 가치(Value) > 가격(Price) > 원가(Cost)이다. 고객이 느끼는 가치(V)는 고객이 지불한 가격(P)보다 높아야 하고, 제품을 만드는 데 들어가는 원가(C)는 고객이 지불한 가격(P)보다 낮아야 한다. 가치는 가격보다 커야 하고, 원가는 가격보다 낮아야 한다는 관점에서 보면 기업이 택할 수 있는 방향은 크게 두 가지이다. 가치와 가격의 거리를 벌리거나, 가격과 원가의 거리를 벌리는 것이다. 즉, 제품과 서비스 혁신을 통해 소비자들이 느끼는 가치를 높이거나, 공정 혁신 등을 통해 원가를 낮추는 것이다.

낮은 원가로 만들어 싸게 파는 것을 '원가우위 전략'이라 하고, 부가가치를 높여서 비싸게 파는 것을 '차별화 전략'이라고 한다. 이상적인 것은 애플과 같이 가치를 높이는 한편 원가를 낮추는 것이지만, 이것을 달성할 수 있는 기업은 전 세계적으로도 많지 않다. 그래서 대부분의 기업은 가치를 높이는 활동보다는 원가를 낮추는 활동에 집중한다. 매년 '원가 10% 절감', '불량률 제로 운동'등을 전개하는 것들이 공정 혁신을 통한 원가 절감 활동이라고 할 수 있다.

같은 산업 내에서 원가우위와 차별화로 포지셔닝하고 있는 기업으로 독일의 슈퍼마켓 체인인 알디(Aldi)와 영국의 슈퍼마켓 체인인 웨이트로즈(Waitrose)를 들 수 있다.

알디는 '초저가 할인점'이라는 원가 기반의 전략을 갖고 있다. 알디는 90% 이상의 제품을 자체 PB 상품으로 운영하면서 테스코와 월마트를 압도하고 있다. 알디는 또한 불필요한 비용을 제거하고 있다. 매장은 저렴한 조명을 사용하고 인테리어는 최소화하고 있다. 직선형으로 매장을 구성하여 상품 이동이 쉽게 하고, 상품은 바구니나 박스에 담긴 채로 진열한다. 5명 이내의 직원이 청소부터 진열, 계산까지 모두 담당하면서 인건비도 최소화한다. 알디는 대형마트보다 15~30% 저렴한 가격에 판매하고 있음에도 영업이익률은 5%로 업계 최고 수준이며, 매년 8% 이상 매출이 성장하고 있다.

반면, 웨이트로즈는 1904년에 설립된 고급 프리미엄 슈퍼마켓이다. 웨이트로즈는 공정무역 상품, 지역 상품, 프리미엄 상품 등으로 가치 있는 소비를 원하는 사람들을 공략하고 있다. 웨이트로즈의 자체 브랜드인 더치 오가닉(Duchy Organic)은 영국 유기농 시장에서 24%의 점유율을 갖고 있다.

웨이트로즈가 중점을 두는 것 중 하나가 디자인이다. 에너지 절약을 이유로 불편하지 않을 정도의 밝기를 유지하는 다른 슈퍼마켓과 달리, 매장 전체를 환하게 밝히고 있다. 인테리어는 편안한 느낌을 강조하면서 곳곳에 나무 마감재를 적용하고, 선반 사이에는 널찍한 공간을 확보해 여유로움을 느낄 수 있도록 했다. 웨이트로즈는 제품 디자인에도 심혈을 기울이고 있다. 계피향 설탕은 내용물이 훤히 보이는 투명 용기에 담거나, 통조림과 레토르트 식품은 식품 사진을 패키지 디자인에 활용하여 내용물에 대한 성분 정보를 사실적으로 담고 있다. 웨이트로즈는 가격보다는 가치로 승부하고 있다.

알디와 같은 원가우위와 웨이트로즈의 차별화는 기업과 브랜드의 전략적 선택이다. 가치도 높이면서 원가를 낮출 수 있다면 이상적이지만, 이 두 가지를 모두 달성하기는 생각보다 쉽지 않다. 가장 큰 이유는 내부적으로 요구하는 역량이 다르기 때문이다. 예를 들어, 자유로운 환경에서 창의적인 일을 하는 사람에게 원가를 낮추라는 압박을 지속하면 그 사람은 그곳을 떠나고 말 것이다. 또한, 반복적인 업무 환경에 편안함을 느끼는 사람에게 창의성을 요구하면 그 사람도 그곳을 떠나고 말 것이다. 전략의 기본은 선택이다.

제2절 질문보다 문제 정의가 먼저다

1 질문 전에 문제를 정의하는 것

챗GPT와 같은 생성형 인공지능이 공허하다고 느끼는 이유 중 하나가 '질문'에 대한 것이다. 생성형 인공지능을 잘 활용하려면 '질문이 중요하다'고 말하면서도, 질문을 위해 필요한 '문제 정의'와 '가설 설정'에 대해서는 이야기하지 않는다. 문제가 무엇인지 명확히 파악하지 않고 해결책을 모색하는 것은 목적지 없이 항해하는 것과 같다. 문제를 정확하고 구체적으로 정의해야 해결책도 명확해지는 것이다.

챗GPT는 도구이다. 물론 많이 똑똑한 도구이다. 그러나 본질은 챗GPT가 아니라, 챗GPT를 활용해서 문제를 해결하는 것이다. 챗GPT에게 질문하는 방법이나 프롬프트를 이해하는 것도 중요하지만, 문제를 해결하려면 문제를 정의하는 것이 우선되어야 한다.

문제의 본질을 이해하려면 문제가 발생하는 상황과 관련된 요소들, 그리고 문제가 초래하는 영향 등을 면밀히 조사해볼 필요가 있다. 이 과정에서 '왜(Why)', '무엇(What)', '어떻게(How)'에 대한 질문을 해봐야 한다. 이러한 접근이 문제의 원인과 특성을 명확히 하는 데 도움이 된다.

예를 들어, 오프라인에 위치한 카페가 어느 날부터 매출이 감소하고 있다고 가정해 보자. Why는 '왜'에 대한 것으로, '왜 매출이 감소했는가?', '새로운 경쟁 카페가 인근에 개업했나?', '카페 내부적인 문제(서비스 질, 제품 품질 등)가 있는가?', '계절적 요인이나 경제적 환경의 변화가 있는가?' 등에 대한 질문을 해볼 수 있다. What은 '무엇'에 대한 것으로, '매출 감소의 구체적인 양상은 무엇인가?', '특정 시간대에만 매출이 감소하는가, 아니면 전반적인가?', '특정 메뉴의 판매량이 줄었는가, 아니면 전체적으로 감소했는가?', '고객의 피드백에 변화가 있는가?'에 대한 질문을 해볼 수 있다.

그리고 How는 '어떻게'에 대한 것으로, '매출 감소 문제를 어떻게 해결할 수 있을까?', '경쟁 카페와의 차별화 전략은 무엇인가?', '내부적인 서비스나 제품 품질을 어떻게 개선할 수 있나?', '고객의 니즈와 트렌드에 어떻게 더 잘 부응할 수 있나?' 등을 생각해볼 수 있다.

문제의 본질을 파악하기 위해서는 문제가 발생하는 상황을 전반적으로 조사하고, 문제에 대한 깊이 있는 이해를 바탕으로 구체적인 질문을 해볼 수 있어야 한다. 문제의 본질을 파악하는 과정은 문제를 표면적으로만 바라보는 것이 아니라, 그 이면에 있는 근본적인 원인과 연결고리를 탐색하는 것을 의미한다. 이 과정은 때로 시간이 걸리고 복잡할 수 있지만, 문제를 근본적으로 해결하기 위한 첫걸음이 된다.

2 챗GPT를 활용한 문제 해결 과정

그럼 챗GPT를 활용하여 카페 매출 감소 문제에 대해 접근해보자. 챗GPT는 문제의 다양한 측면을 이해하고, 효과적인 해결 방안을 모색하는 데 유용한 정보와 아이디어를 제공할 수 있다. 그러나 가장 중요한 것은 챗GPT가 제공하는 정보와 아이디어를 실제 문제 해결 과정에 어떻게 통합하고 적용하느냐이다.

첫 번째는 문제를 명확히 정의하는 것이 필요하다. 예를 들어, "최근 6개월 동안 카페 매출이 20% 감소했다. 이 문제의 주요 원인과 해결 방안은 무엇인가?"와 같이 챗GPT에게 문제를 설명할 때는 가능한 한 구체적으로 상황을 전달해야 한다.

두 번째는 챗GPT에게 당면한 문제와 관련된 정보를 요청하는 것이다. 예를 들어, "최근 카페 업계에서 성공적인 매출 회복 사례는 무엇인가?"와 같이 챗GPT가 제공하는 정보를 분석하여 문제의 원인을 파악하고 해결책을 모색할 수 있도록 해야 한다.

세 번째는 다양한 시나리오를 제시하고, 챗GPT로부터 다양한 관점과 제안을 받는 것이다. 예를 들어, "매출을 증가시키기 위한 창의적인 프로모션 아이디어는 무엇인가?"와 같은 질문을 통해 새로운 해결책이나 접근 방법을 발견할 수 있다.

네 번째는 해결책을 평가하는 것이다. 예를 들어, "고객 충성도 프로그램 도입의 장단점은 무엇인가?"와 같은 질문을 통해 챗GPT와 실현 가능성을 검토할 수 있다. 여러 개의 대안이 있다면 해결책 평가를 통해 가장 적합한 것을 선택할 수 있다.

다섯 번째는 실행계획을 수립하는 것이다. 예를 들어, "고객 충성도 프로그램을 효과적으로 도입하기 위한 단계별 계획은 어떻게 세워야 하나?"와 같은 질문을 통해 실행 단계별 필요한 조치, 예상되는 도전과제 및 대응 방안에 대해 조언을 얻을 수 있다.

3 효과적인 프롬프트 활용방안

챗GPT와의 대화에서 프롬프트는 질문의 방향과 깊이를 결정짓는 역할을 한다. 즉, 챗GPT에게 제공하는 정보와 질문의 방식이 답변의 질을 결정하게 되는 것이다.

예를 들어, "카페 매출이 줄고 있어요. 어떻게 하면 좋을까?"보다는 "최근 3개월 동안 카페의 주말 매출이 20% 감소했다. 이러한 상황을 개선하기 위해 어떤 마케팅 전략을 추천하나?"라고 물어보는 것이 더 정확하고 구체적인 정보와 조언을 얻는 데 도움이 된다.

프롬프트를 통해 특정한 목적이나 필요에 맞는 답변을 유도할 수도 있다. 예를 들어, "카페의 분위기를 개선하기 위한 인테리어 변경 제안을 해달라."와 같은 프롬프트는 카페의 분위기 개선에 초점을 맞춘 구체적인 제안을 얻기 위해 유용하다.

프롬프트를 잘 설정하면, 챗GPT와의 소통이 더 효율적이고 목적에 부합하게 된다. 예를 들어, "카페 직원 교육 프로그램에 포함시킬 주요 내용은 무엇인가?"와 같은 질문은 카페 직원 교육에 관한 구체적인 조언을 얻기 위한 효율적인 방법이다.

위의 카페 관점에서 프롬프트는 목표에 따라 달라질 수 있다. 예를 들어, 매출 증대 전략에 대한 질문은 "최근 6개월간 매출 하락을 겪고 있는데, SNS 마케팅을 통해 매출을 증대시킬 수 있는 구체적인 전략이 무엇인가?"와 같이 해야 한다. 고객 관리에 초점이 있다면 "고객 만족도를 높이기 위해 우리 카페가 시도할 수 있는 새로운 메뉴나 이벤트 제안이 있나?", 인력 관리에 초점이 있다면 "카페 직원들의 업무 만족도와 효율성을 높일 수 있는 관리 전략은 무엇인가?", 재고 관리에 초점이 있다면 "카페에서 재고 관리를 더 효율적으로 할 수 있는 시스템이나 앱이 있나?"와 같이 질문을 해야 한다.

프롬프트에 대한 노하우는 매우 다양하다. 정형화된 하나의 해답만은 존재하지 않는다. 위의 카페 관점에서 보면 다음과 같은 프롬프트를 활용해 볼 수 있다.

첫 번째는 구체적으로 질문하는 것이다. 예를 들어, "카페 매출을 늘리기 위해 시도할 수 있는 다섯 가지 마케팅 전략은 무엇인가?"라는 질문은 구체적으로 '다섯 가지'라고 명시함으로써, 챗GPT가 여러 옵션을 제시하도록 하는 것이다.

두 번째는 해결책을 요청하는 것이다. 예를 들어, "카페에서 발생하는 주요 인력 관리 문제들과 이를 해결할 수 있는 방법을 알려달라."라는 질문은 챗GPT에게 문제와 해결책 모두를 요청함으로써, 실제 상황에서 적용 가능한 조언을 얻을 수 있다.

세 번째는 비교 질문을 하는 것이다. 예를 들어, "카페 내부 디자인이 고객 만족도에 미치는 영향과, 메뉴 품질이 고객 만족도에 미치는 영향 중 어느 것이 더 큰가?"라는 질문은 운영자가 자원을 어디에 집중해야 할지 결정하는 데 도움을 줄 수 있다.

네 번째는 시나리오 기반으로 질문하는 것이다. 예를 들어, "주변 상권과 연계하여 카페 운영에 어떤 변화를 주어야 하나?"라는 질문은 현재 상황에 맞는 맞춤형 해결책을 제시받을 수 있도록 한다.

다섯 번째는 경험에 기반한 질문이다. 예를 들어, "성공적인 카페 운영을 위해 반드시 고려해야 할 세 가지 요소는 무엇인가?"라는 질문은 다양한 자료와 정보를 기반으로 한 '경험적' 조언을 얻기 위해 유용하다. 물론 챗GPT는 직접 카페를 운영해 본 경험은 없을 것이다. 그럼에도 수많은 데이터를 학습하였기 때문에 이를 바탕으로 최적화된 답변을 제공할 수 있다.

4 마크다운을 활용한 구조화된 질문

(1) 마크업(Markup)이란 무엇인가?

빈 노트에 글을 쓴다고 생각해 보자. 중요한 부분은 밑줄도 긋고, 색깔도 넣고, 별을 그려 넣기도 한다. 이렇게 나만의 구조화된 형식으로 우리는 글을 쓴다.

컴퓨터에서 글을 쓰는 것도 노트에 글을 쓰는 것과 다르지 않다. 다만 제목, 소제목, 단락, 굵은 글씨(볼드체), 기울어진 글씨(이탤릭체)처럼 문서를 구조화하는 것이 필요하다. 이렇게 글의 구조와 강조할 부분 등을 표시하는 것이 마크업(Markup)이라고 한다.

마크업이 적용된 대표적인 프로그래밍 언어가 HTML(HyperText Markup Language)이다. HTML은 홈페이지 등을 만들 때 사용하는 가장 기본적인 언어 중 하나이다. 예를 들어 웹페이지를 만들 때 〈title〉은 페이지의 제목을, 〈p〉는 단락을, 〈img〉는 이미지를 삽입할 때, 〈a〉는 다른 페이지나 웹사이트로 연결되는 링크를 만들 때 사용된다.

HTML에서는 '〈〉'로 둘러싸인 태그(tag)를 사용하여 웹페이지를 만든다. 이런 태그들을 사용하여 웹페이지의 내용이 구성되고, 브라우저는 이 HTML 태그들을 해석하여 우리가 보는 웹페이지를 화면에 표시하는 것이다. HTML은 웹페이지의 뼈대라고 할 수 있다. HTML로 구조를 만들고, CSS라는 언어로 디자인을 입히며, JavaScript라는 언어로 동작을 더하는 방식이다.

HTML에서 '하이퍼텍스트(HyperText)'는 웹페이지에서 서로 다른 정보를 연결하는 방식을 말한다. 예를 들어 책을 읽다 보면 인용된 뉴스 기사 링크를 하단에 표기해 둔 것을 볼 수 있다. 이것은 해당 내용에 대한 더 자세한 정보를 해당 웹페이지에서 확인할 수 있다는 의미이다. 하이퍼텍스트는 이와 비슷한 개념이다. 웹페이지에서는 텍스트, 이미지, 동영상 등의 정보가 있는데, 이들 중 일부는 밑줄이 그어져 있거나 색깔이 다르게 표시되어 있다. 이렇게 표시된 부분을 클릭하면, 연결된 다른 페이지나 정보로 이동할 수 있다.

이렇게 하이퍼텍스트는 웹페이지 내의 정보를 서로 연결하여, 사용자가 원하는 정보를 쉽게 찾아갈 수 있도록 도와준다. 한 페이지에서 다른 페이지로, 또 그 페이지에서 다른 페이지로 이동하며 정보를 탐색할 수 있도록 해주는 것이다.

(2) 마크다운(Markdown)이란 무엇인가?

마크업(Markup)이 적용된 대표적인 언어가 HTML이라고 설명했다. 그런데 일상생활이나 회사 업무에서 HTML을 사용할 일은 거의 없다. 마크업은 문서의 구조와 형식을 정의하는 효과적인 방식이지만, 자체 에디터가 잘 만들어져 있기 때문이다. 예를 들어, MS 워드나 구글 독스 등의 워드프로세서는 마크업을 몰라도 직관적인 인터페이스로 문서 서식을 지정할 수 있다.

마크업보다 간단하고 사용하기 쉽도록 고안된 것이 마크다운(Markdown)이다. 마크업 방식인 HTML에서 사용되는 태그는 110여 개에 달하지만, 마크다운은 10

개만 알아도 사용하는 데 문제가 없다. 최근에는 이메일이나 메신저에서도 마크다운을 사용할 수 있다. 마크다운을 사용하면 글자를 굵게 하거나 기울이는 등 간단한 서식을 적용할 수 있다. 마크다운에서 제목은 #, 중제목은 ##로 표기한다. 인용은 >로, 리스트는 1, *, -, +를 사용한다.

예를 들어 보겠다. 아래는 마크다운으로 작성된 글이다. 마크다운 문서에서는 '#'이 제목을 나타내고, '-'가 목록을 나타내며, '*'와 '**'가 각각 이탤릭체와 볼드체를 나타낸다. 또한, '[]'와 '()'를 사용하여 링크를 표현할 수 있다. 챗GPT에서 아래와 같이 프롬프트를 입력해보자.

```
# 제목은 #으로 지정합니다.
이것은 **마크다운**으로 작성된 문서입니다.
마크다운은 간단한 문법으로 문서를 작성할 수 있는 *경량 마크업 언어*입니다.
## 특징
- 간단하고 읽기 쉬운 문법
- 일반 텍스트로 편집 가능
- HTML로 변환 가능
[Wikipedia](https://en.wikipedia.org/wiki/Markdown)에서 더 자세한 정보를 확인할 수 있습니다.
```

마크다운 방식으로 작성한 프롬프트를 챗GPT에 입력하면 다음과 같은 결과물이 표시된다. 해석된 문서에서는 마크다운 문법이 실제로 제목, 목록, 이탤릭체, 볼드체, 링크 등으로 변환되어 표시된다. 문서의 구조와 강조점이 시각적으로 두드러지게 되고, 읽는 사람이 내용을 더 쉽게 이해할 수 있게 된다.

```
# 제목은 #으로 지정합니다.
이것은 마크다운으로 작성된 문서입니다.
마크다운은 간단한 문법으로 문서를 작성할 수 있는 경량 마크업 언어입니다.
## 특징
- 간단하고 읽기 쉬운 문법
```

- 일반 텍스트로 편집 가능
- HTML로 변환 가능

Wikipedia에서 더 자세한 정보를 확인할 수 있습니다.

(3) 구조화된 질문을 하는 방법

챗GPT와 같은 생성형 인공지능에게 마크다운으로 질문하면 효과적이다. 마크다운을 사용하면 구조화된 정보 전달과 가독성 향상, 코드와 데이터 포맷의 명확한 표현, 다양한 미디어 활용등의 효과를 얻을 수 있다. 이를 통해 생성형 인공지능과의 의사소통을 더 효과적으로 할 수 있다.

마크다운을 활용하여 생성형 인공지능에게 효과적으로 질문하기 위해서는 몇 가지 습관이 필요하다.

첫 번째는 구조화된 사고이다. 질문하기 전에 자신이 무엇을 알고 싶은지, 어떤 정보가 필요한지 명확히 정리해야 한다. 질문의 목적과 맥락을 분명히 하고, 논리적인 흐름에 따라 질문을 구성하는 습관이 필요하다.

두 번째는 간결하고 명확한 표현이 좋다. 불필요한 설명이나 장황한 표현은 자제하고, 간결하고 명확한 언어로 질문을 작성한다. 생성형 인공지능이 질문의 요점을 빠르게 파악할 수 있도록 핵심 키워드와 중요한 정보를 강조하는 것이 좋다.

세 번째는 마크다운 문법 활용이다. 제목, 부제목, 목록, 강조 등 마크다운의 다양한 문법을 활용하여 질문을 구조화할 수 있다. 코드 블록을 사용하여 코드나 데이터를 깔끔하게 표현하고, 링크와 이미지를 적절히 활용하면 효과적이다.

네 번째는 단계별 질문 구성이다. 복잡한 주제나 여러 개의 하위 질문이 있는 경우, 단계별로 질문을 나누어 작성해야 한다. 각 단계의 질문은 이전 단계의 결과를 바탕으로 구성하여 점진적으로 심화되는 것이 좋다.

다섯 번째는 피드백 및 반영이다. 생성형 인공지능의 답변을 꼼꼼히 확인하고, 추가 질문이나 피드백이 필요한 부분을 파악한다. 이전 질문과 답변을 참고하여 후속 질문을 작성하고, 필요한 경우 질문을 수정하거나 보완한다.

여섯 번째는 주기적인 복습과 정리이다. 생성형 인공지능과의 대화 내용을 주기적으로 복습하고 정리하는 습관을 들인다. 중요한 정보와 인사이트를 별도로 기록하고 분류하여, 추후 활용할 수 있도록 한다.

이러한 습관을 꾸준히 실천하면 마크다운을 활용하여 생성형 인공지능과 효과적이고 생산적인 대화를 나눌 수 있다. 구조화되고 명확한 질문은 생성형 인공지능에게 정확하고 유용한 답변을 제공하는 데 큰 도움이 될 것이다.

제3절 경영전략 도출 방법들

비즈니스는 여러 가지 요소가 복합적으로 작용한다. 이 중에서 시장을 어떻게 정의하느냐가 경영전략 전체에 큰 영향을 미친다. 저주파 안마기로 큰 성공을 거둔 클럭이 대표적인 사례이다.

EMS 저주파 마사지기는 클럭이 처음 만든 것은 아니다. 10여 년 전부터 다양한 EMS 저주파 마사지기가 존재해왔다. 그렇다면 기존의 EMS 저주파 마사지기는 왜 실패했을까, 그리고 클럭의 EMS 저주파 마사지기는 왜 성공했을까?

가장 큰 이유는 시장을 새롭게 정의했기 때문이다. 10여 년 전에 출시되었던 저주파 마사지기는 대부분 '근육 강화나 다이어트'에 초점을 맞추었다. 이에 맞게 유명 선수들을 모델로 내세워 식스팩을 만들 수 있다고 홍보했다. 그러나 클럭은 이러한 다이어트와 근육 강화 용도로는 소비자의 기대를 충족시키지 못한다고 판단했다. 마사지기로는 살이 빠지거나 식스팩이 생기지 않는다고 생각한 것이다.

이에 클럭은 EMS 저주파 마사지기를 다이어트에서 피로 회복으로 시장을 재정의했다. EMS 저주파 마사지기의 근육 자극 원리에 집중하여, 피로 회복과 근육 이완 효과를 강조했다. 클럭의 저주파 마사지기를 '휴대용 안마기'로 재정의하고, 기존의 무겁고 휴대하기 불편한 안마기와 차별화된 하이드로겔 패드를 도입하여 신체 부위 어디에든 부착할 수 있도록 했다.

목표 고객도 피로를 풀고 싶어하는 2030 세대로 변경하고, 이들이 많이 사용하는 SNS를 중심으로 마케팅을 시작했다. 자사몰을 중심으로 상품을 판매했고, 초기 소비자들의 긍정적인 후기를 바탕으로 2030 세대가 주변 사람들에게 선물하기 시작하면서 큰 성공을 거두었다.

우리는 산업을 분석하고, 경쟁자를 분석하고, 소비자를 분석한다고 이야기한다. 그러나 개별적인 분석만큼 중요한 것이 바로 '시장을 정의'하는 것이다. 기존의 EMS 저주파 마사지기는 시장을 '근육 강화와 다이어트'로 정의한 반면, 클럭은 '피로 회복'으로 시장을 정의한 것이다. 경영전략 분석의 출발점은 '시장 정의'라고 해도 과언이 아니다.

1 시장을 어떻게 정의할 것인가?

업의 본질이란 무엇일까? 예를 들어, 애플은 휴대전화를 라이프스타일로 바라보면서 세계 최고의 기업이 되었다. 일본 츠타야 서점은 책이 아닌 취향을 판매하는 곳이라고 한다. 책은 그야말로 거들뿐이고, 사람들이 즐거운 시간을 보낼 수 있는 공간을 제공하고 있는 것이다. 스타벅스도 커피를 판매한다고 하지 않고, 집과 사무실 외의 제3의 장소라고 정의하고 있다.

반면, 커뮤니케이션 도구로만 휴대전화를 해석했던 노키아는 역사 속으로 사라졌고, 지역의 수많은 오프라인 서점은 단 몇 개의 온라인 서점에 의해 문을 닫았다. 커피 공화국을 만든 동네의 수많은 커피숍들도 몇 년을 버티지 못하고 자취를 감추기 일쑤다. 애플과 노키아, 츠타야 서점과 동네 서점, 스타벅스와 동네 커피숍의 차이는 업에 대한 본질을 어떻게 이해했느냐의 차이이다.

같은 상품이지만 시대에 따라 소비자들이 원하는 것이 달라질 수 있다. 예를 들어, 시계 산업은 최초에 정밀기계 산업에 해당했다. 이후 기계화와 자동화가 진행되면서 조립 양산 산업으로 바뀌었다. 조립 양산 산업은 스와치 등에 의해 패션 산업으로 바뀌었다가, 최근에는 애플워치 등에 의해 헬스케어 산업으로 바뀌었다. 이제 시계는 시간을 알려주는 기계로서의 기능보다는 멋쟁이의 패션을 완성해 주는 것이고, 나의 건강을 관리해주는 도구이기도 하다. 업에 대한 질문을 어떻게 하느냐에 따라 기업의 운명이 달라질 수 있다.

그럼 업에 대한 본질은 어떻게 찾아갈 수 있을까? 여러 가지가 있겠지만 가장 중요한 것은 고객이다. 기업은 고객이 있을 때만 존재 가치가 있기 때문이다. 고객들이 원하는 것은 무엇인지, 애로사항은 무엇인지, 그리고 우리가 해야 할 일은 무엇인지를 질문해봐야 한다.

모든 기업이 정답이 없는 시대를 살고 있다. 정답을 찾아가는 것이 아니라 정답을 만들어가야 한다. 사물을 있는 그대로 보는 것이 아닌 역발상이 필요하고, 아무도 가보지 않은 길을 가는 기업가 정신이 필요한 시대이다.

시장을 정의하는 것은 단순히 제품을 어디에 판매할 것인가를 결정하는 것 이상이다. 이는 소비자의 욕구와 기대를 이해하고, 이를 충족시키기 위해 제품과 서비스를 어떻게 포지셔닝할 것인가를 결정하는 과정이다. 시장 정의는 기업의 전략적 방향을 결정짓는 중요한 요소로, 그 정의에 따라 기업의 성공 여부가 크게 달라질 수 있다.

2 제품 시장 적합성(Product Market Fit)

시장 정의는 경영전략 수립 과정에서 제품 시장 적합성(Product Market Fit, PMF)과 긴밀한 관계가 있다. 제품 시장 적합성이란 제품이 타겟 시장의 요구와 기대를 얼마나 잘 충족시키는지를 의미한다. 시장을 명확히 정의하지 않으면 제품 시장 적합성도 달성이 어려워지며, 이는 기업의 비즈니스에 직접적인 영향을 미치게 된다.

시장을 정의하는 과정은 고객의 니즈와 기대를 파악하는 것에서 시작된다. 고객들이 진정으로 필요로 하는 것을 이해해야 제품이 그 요구를 충족시킬 수 있다.

우버(Uber)가 대표적인 사례가 될 수 있다. 우버는 기존의 택시 산업이 가지고 있는 문제점들을 파악하고, 새로운 시장을 정의하여 성공한 사례이다. 기존 택시 서비스는 불편하고 비효율적이었으며, 고객은 더 나은 서비스를 원했다. 우버는 이를 파악하고 모바일 앱을 통해 편리하게 차량을 호출할 수 있는 새로운 시장을 정의했다. 이로 인해 우버는 빠르게 성장하며 제품 시장 적합성을 달성할 수 있었다.

시장 정의는 경쟁 우위 확보와도 연관되어 있다. 시장을 정확히 정의함으로써 기업은 경쟁 우위를 확보할 수 있는 제품을 개발할 수 있기 때문이다.

시장 정의는 지속 가능성과도 연관되어 있다. 시장은 끊임없이 변화한다. 시장을 정의하는 과정에서 이러한 변화를 예측하고 대응하는 것이 중요하다. 제품 시장 적합성은 고정된 목표가 아니라 지속적으로 달성하고 유지해야 하는 것이다. 따라서 시장의 변화를 모니터링하고, 이에 맞춰 제품과 서비스를 조정하는 것이 중요하다.

기업이 경영전략을 수립하는 과정에서 시장을 정의하는 것은 제품 시장 적합성(PMF)과 직접적인 연관이 있다. 정확한 시장 정의는 고객의 니즈와 기대를 충족시키는 제품을 개발하는 데 필수적이며, 이는 제품 시장 적합성(PMF)을 달성하는 데 중요한 요소가 된다.

3 시장 매력도는 어떠한가?

시장을 정의하고 시장 규모와 성장 가능성을 분석하는 것도 중요하지만, 최종적으로 비즈니스의 성공 여부를 판단하기 위해서는 시장의 매력도를 종합적으로 평가해야 한다. 시장 매력도는 시장의 규모와 성장성뿐만 아니라, 경쟁 강도, 진입 장벽, 고객의 수요 변화 등을 고려한 다각적 평가를 의미한다.

먼저 시장성을 분석해야 한다. 시장성은 제품이나 서비스가 해당 시장에서 얼마나 잘 받아들여질 수 있는지를 평가하는 기준이다. 고객의 니즈가 명확하고, 그에 부합하는 제품이 부족한 시장이라면 시장성이 높다고 볼 수 있다. 반면, 이미 포화 상태에 이르렀거나 고객의 관심이 낮아지는 시장은 시장성이 낮다고 판단할 수 있다. 시장성을 높이기 위해서는 타겟 고객의 니즈를 정확히 파악하고, 그들의 기대에 부합하는 제품과 서비스를 제공해야 한다.

성장성도 중요한 요소이다. 시장의 현재 상태가 아무리 좋더라도 성장성이 부족하면 장기적으로 비즈니스를 유지하기 어렵다. 성장성이란 향후 시장이 얼마나 확장될 가능성이 있는지를 나타내며, 기술 혁신, 사회적 변화, 고객 트렌드 등에 따라 성장성이 달라질 수 있다. 예를 들어, 친환경 제품이나 건강 관련 제품은 최근 몇 년간 빠르게 성장하고 있으며, 앞으로도 지속적인 성장이 예상된다.

다음으로 경쟁 강도를 살펴야 한다. 시장에 이미 많은 경쟁자가 포진해 있다면, 신규 진입이 어려워질 수 있다. 특히 경쟁사가 강력한 브랜드 파워나 유통망을 갖추고 있다면, 차별화된 전략이 없다면 경쟁에서 살아남기 어렵다. 따라서 경쟁 강도가 높은 시장에서는 제품의 차별화 포인트나 독창적인 가치 제안을 명확히 해야 한다.

진입 장벽도 시장 매력도를 평가하는 중요한 요소이다. 진입 장벽이 높다는 것은 새로운 기업이 시장에 쉽게 진입할 수 없다는 것을 의미하며, 이는 기존 기업에게 유리한 환경을 조성한다. 예를 들어, 특허권이나 독점 기술, 높은 초기 투자 비용 등이 진입 장벽으로 작용할 수 있다. 반면, 진입 장벽이 낮은 시장은 경쟁이 치열해질 가능성이 크므로, 빠르게 시장에 진입하고 시장 점유율을 확보하는 것이 중요하다.

수익성을 평가도 필요하다. 시장이 성장하고 경쟁이 적더라도 수익성이 낮다면 비즈니스를 지속하기 어려울 수 있다. 수익성은 원가 구조, 가격 책정, 고객당 평균 구매 금액, 반복 구매율 등에 따라 달라진다. 수익성이 높은 시장은 제품의 가치를 높게 평가받으며, 지속적인 매출과 이익을 창출할 수 있는 기반이 된다.

이처럼 시장성, 성장성, 경쟁 강도, 진입 장벽, 수익성 등의 요소를 종합적으로 고려하여 시장 매력도를 평가해야 한다. 이러한 평가를 통해 기업은 전략적 의사결정을 내릴 수 있으며, 자원을 보다 효율적으로 배분할 수 있다.

4 산업분석(5-Forces)과 경쟁자 분석

경쟁 관점에서 전략을 수립할 때는 소속된 산업의 변화와 기술적 흐름, 정치적 요인, 사회문화적 현상 등을 먼저 보아야 한다. 이를 거시적 환경 분석 또는 거시적 환경 요인이라고 하는데, 이는 기업이 전략을 수립할 때 하나의 사건이나 현상만 보아서는 안 된다는 의미이기도 하다.

외부 환경을 분석하는 데에는 두 가지 분명한 목적이 있다. 첫 번째는 해당 사업의 3년 혹은 5년 후 미래 환경이 어떻게 변화할지를 예측해 새로운 기회나 위협 요인을 찾아내기 위함이다. 현재의 환경만을 분석해 만들어진 전략은 결코 미래 전략이라고 할 수 없다.

두 번째는 사업을 성공시키는 데 필요한 핵심적인 성공 요인(KSF: Key Success Factor)을 찾아내기 위함이다. 다가오는 미래에 어떤 거시 환경이 변화할 것인지, 그에 따라 산업의 경쟁 구조는 어떻게 변화할 것인지, 기업의 수익률을 변화시킬 요인들은 무엇인지 파악하기 위해 외부 환경을 분석하는 것이다.

외부 환경과 산업 환경, 경쟁 환경을 하나의 틀에 놓고 분석할 수 있는 방법론으로 마이클 포터의 5-Forces Model이 있다. 5-Forces Model은 산업 전체를 바라보면서 경쟁 관계를 분석할 수 있는 툴이다.

5-Forces 관점에서 산업 환경을 분석하면 효과적인 이유는 산업의 전반적인 경쟁 구도를 파악할 수 있기 때문이다. 현재 시장 내의 경쟁뿐만 아니라 공급자와 수요자, 잠재적 진입자와 대체재까지 다양한 이해관계자를 종합적으로 고려할 수 있다. 이 과정에서 산업의 수익성과 매력도를 평가하는 데 도움이 된다.

5-Forces 모델은 마이클 포터 교수가 제안한 개념이다. 산업 구조를 이해할 때 자주 사용되는 이 모델은 기업 간 경쟁의 정도, 대체재의 위협, 잠재 진입자의 위협, 공급자의 협상력, 고객의 협상력으로 구성되어 있다. 다섯 개의 요인 중 하나라도 영향력이 커지면 산업의 이익률이 감소하도록 설계되어 있다.

5-Forces 분석을 위한 맥락 정보에는 현재 시장의 규모와 성장률, 주요 기업들의 시장 점유율, 원료 공급업체의 특성과 협상력, 소비자의 구매 행태와 선호도, 대체재의 존재와 영향력, 잠재적 진입자의 영향력 등이 있다

산업환경을 분석하기 위한 프롬프트를 구성해 보겠다. 이번 실습에서는 프롬프트 작성 시 많이 활용되는 1) 작업(Task), 2) 맥락(Context), 3) 예시(Example), 4) 페르소나(Persona), 5) 형식(Form), 6) 어조(Tone)를 기준으로 실습을 진행하고자 한다.

먼저 작업(Task)은 명확한 목표 설정에 도움이 된다. 작업은 생성형 인공지능에게 정확히 무엇을 수행해야 하는지 알려주며, 불필요한 정보 생성을 방지하고 원하는 결과에 집중하도록 한다. 예를 들어, 작업에 대한 프롬프트는 다음과 같다.

"(주)에이아이코스메틱의 경영전략 수립을 위해 친환경 화장품 시장의 산업환경을 Porter의 5-Forces 모델을 사용하여 분석해라. 분석 내용은 1) 기존 경쟁자 간의 경쟁 강도, 2) 신규 진입자의 위협, 3) 대체제의 위협, 4) 구매자의 협상력, 5) 공급자의 협상력에 대해 구체적인 설명과 함께 실제 사례나 데이터를 포함해야 한다."

다음으로 맥락(Context)은 배경에 대한 이해를 높인다. 생성형 인공지능이 상황을 더 잘 이해하고 적절한 정보를 제공할 수 있도록 돕는다. 예를 들어, (주)에이아이코스메틱의 산업환경 분석을 위한 맥락 정보는 다음과 같다.

"(주)에이아이코스메틱은 스타트업 코스메틱 기업으로, 최근 친환경 화장품 시장에 진출하려고 한다. 현재 국내 친환경 화장품 시장은 연간 20% 이상 성장하고 있으며, 소비자들의 환경 의식이 높아지면서 더욱 확대될 전망이다."

원하는 작업과 맥락 정보를 제공했다면, 예시(Example)를 통해 출력 형태를 명확히 할 수 있다. 예시는 다음과 같이 구성할 수 있다.

"5-Forces 모델의 각 요소별로 구체적인 사례와 데이터를 포함해 설명해라. 예를 들어, '기존 경쟁자 간의 경쟁 강도'에서는 주요 친환경 화장품 브랜드들의 시장 점유율과 최근 마케팅 전략 등을 언급할 수 있다."

페르소나(Persona)는 역할을 지정하는 것이다. 역할을 지정하면 생성형 인공지능이 해당 역할에 맞는 톤과 스타일로 답변을 생성하게 된다. 예를 들어, 다음과 같이 페르소나를 설정할 수 있다.

"당신은 화장품 산업 전문가로, 20년 이상의 경력을 보유하고 있다. 특히 친환경 화장품 시장에 대한 깊은 이해와 통찰력을 가지고 있으며, 다수의 기업에 성공적인 전략 자문을 제공한 경험이 있다."

형식(Form)은 원하는 형식으로 정보를 제공하도록 요청하는 것이다. 형식을 지정하면 구조화된 보고서 형태로 답변을 받을 수 있다. 예를 들어, 다음과 같이 형식을 요청할 수 있다.

"보고서 형식으로 작성해라. 각 5-Forces 요소를 개별 섹션으로 나누고, 요약과 결론을 포함해라. 각 섹션에서 주요 포인트는 글머리 기호로 강조해라. 가능한 경우 표나 차트를 사용해 데이터를 시각화해라."

어조(Tone)는 질문자의 수준에 맞는 커뮤니케이션을 요청하는 것이다. 예를 들어, 다음과 같은 어조를 요청할 수 있다.

"분석 내용은 객관적이고 전문적이어야 하며, 동시에 실용적이고 적용 가능한 인사이트를 제공해야 한다. 데이터나 통계를 인용할 때는 출처를 명시하고, 필요한 경우 간단한 설명을 덧붙여라."

마지막으로, 추가적으로 원하는 사항을 포함하기도 한다. 예를 들어, 다음과 같은 요청을 포함할 수 있다.

"각 5-Forces 요소에 대해 (주)에이아이코스메틱이 취할 수 있는 전략적 대응 방안을 1~2개씩 제안하고, 현재 친환경 화장품 시장의 주요 트렌드나 이슈를 간단히 언급해라."

이처럼 다양한 맥락 정보를 포함하면 프롬프트 내용이 길어질 수 있지만, 원하는 정보를 정확하게 얻기 위해서는 이러한 세부적인 정보 제공이 필요하다.

물론 원하는 정보를 얻기 위해 다양한 맥락정보를 제시했다고해도 내용의 진위 여부는 사람이 판단해야 한다. 작성해준 내용을 검토하면서 추가로 필요한 사항은 다시 질문하거나 검증을 요청하는 것도 필요하다. 이를 바탕으로 부족한 부분을 구체적으로 질문해가면서 내용을 구조화할 수 있다.

한 번에 모든 답변을 들으려고 하는 조급함이 답변의 품질을 떨어뜨린다. 전체 구조에서 하나씩 구체적으로 질문하고, 답변해준 내용을 사람이 개입되어 의견을 주고 받는 형태로 내용을 구조화해야 한다.

작업(Task)
- (주)에이아이코스메틱의 경영전략 수립을 위해 친환경 화장품 시장의 산업환경을 Porter의 5-Forces 모델을 사용하여 분석할 것
- 1) 기존 경쟁자 간의 경쟁 강도, 2) 신규 진입자의 위협, 3) 대체제의 위협, 4) 구매사의 협상력, 5) 공급자의 협상력에 대해 구체적인 분석과 함께 실제 사례나 데이터를 포함할 것

##맥락(Context)
- (주)에이아이코스메틱은 스타트업 코스메틱 기업으로 최근 친환경 화장품 시장에 진출하려고 함. 현재 국내 친환경 화장품 시장은 연간 20% 이상 성장하고 있으며, 소비자들의 환경 의식이 높아지면서 더욱 확대될 전망임

예시(Example)
- 5-Forces 모델의 각 요소별로 구체적인 사례와 데이터를 포함해 분석해줄 것
- 예를 들어, "기존 경쟁자 간의 경쟁 강도"에서는 주요 친환경 화장품 브랜드들의 시장 점유율과 최근 마케팅 전략 등을 언급할 수 있음

페르소나(Persona) 역할지정
- 당신은 화장품 산업 전문가로, 20년 이상의 경력을 보유하고 있음. 특히 친환경 화장품 시장에 대한 깊은 이해와 통찰력을 가지고 있으며, 다수의 기업에 성공적인 전략 자문을 제공한 경험이 있음

형식(Form)
- 분석 결과는 다음 구조로 제시해라.

1. 개요(시장 현황 요약)
2. 5-Forces 분석

2-1. 기존 경쟁자 간의 경쟁 강도

2-2. 신규 진입자의 위협

2-3. 대체제의 위협

2-4. 구매자의 협상력

2-5. 공급자의 협상력

3. 종합 평가 및 전략적 시사점

어조(Tone)

- 분석 내용은 객관적이고 전문적이어야 하며, 동시에 실용적이고 적용 가능한 인사이트를 제공해야 함
- 데이터나 통계를 인용할 때는 출처를 명시할 것
- 필요한 경우 간단한 설명을 덧붙일 것

추가 요청사항

- 각 5-Forces 요소에 대해 (주)에이아이코스메틱이 취할 수 있는 전략적 대응 방안을 1~2개씩 제안하고, 현재 친환경 화장품 시장의 주요 트렌드나 이슈를 제시할 것

산업환경 분석 도구인 5-Forces 모델은 시장을 구성하는 다섯 가지 요소가 상호작용하는 구조이다. 이를 시각적 프레임에 배치하면 각 요인의 중요도와 상호 관계를 한눈에 파악할 수 있어 분석의 명확성이 높아진다. 텍스트 중심의 설명은 방대하고 이해하는 데 시간이 걸리는 반면, 시각적 프레임은 핵심 내용을 요약하고 간결하게 정리해준다. 이를 통해 경영진이나 팀원들이 빠르게 의사결정을 내릴 수 있도록 돕는다. 챗GPT가 답변해준 내용을 바탕으로 친환경 화장품 시장의 산업환경을 시각화한 것은 다음과 같다.

5 SWOT를 활용한 경쟁자 분석

5-Forces 분석을 통해 산업 전체를 조망할 수 있다. 이 중 산업 내 경쟁자, 잠재적 진입자, 대체재는 시장 내 경쟁에 대한 요소이다. 5-Forces 분석을 통해 대략적인 경쟁 구도를 파악할 수 있다.

이 중에서 현재 산업 내에서 경쟁하는 경쟁자를 좀 더 구체적으로 분석할 필요가 있다. 경쟁자를 분석하는 방법은 여러 가지가 있지만, 여기에서는 SWOT 분석을 중심으로 살펴보겠다. SWOT 분석은 기업이나 조직의 내부 및 외부 환경을 평가하는 전략적 계획 도구이다.

오랫동안 사용되어 온 도구로 인해 식상하다고 느끼는 사람도 많다. 그럼에도 SWOT 분석이 효과적인 이유는 이해하기 쉽고 적용이 간단하기 때문이다. 다양한 상황과 산업에 적용할 수 있어 유연성이 높다. SWOT 분석은 내부와 외부 요인을 동시에 고려하면서 긍정적 요소와 부정적 요소를 균형 있게 분석할 수 있어 전략 수립을 위한 기초 자료를 제공하는 역할을 한다. 또한, 조직 내 다양한 이해관계자들과 상황을 공유하고, 복잡한 정보를 간결하게 요약할 수 있다는 특징이 있다.

물론 모든 방법에는 한계가 있다. SWOT 분석의 경우 주관적 해석의 여지가 크고, 상황이 지나치게 단순화될 수도 있다. 과거를 중심으로 현재 시점에서 분석되기 때문에 환경 변화를 반영하기 어렵다는 한계도 있다. 결론적으로, SWOT 분석은 여전히 유용한 도구이지만, 그 한계를 인식하고 적절히 보완하여 사용해야 한다.

앞에서 사례로 제시했던 (주)에이아이코스메틱을 대상으로 SWOT 분석을 위한 프롬프트를 구성해 보겠다. 여기에서도 프롬프트 작성 시 많이 활용되는 1) 작업, 2) 맥락, 3) 예시, 4) 페르소나, 5) 형식, 6) 어조를 먼저 구성한 후 실습을 진행하겠다.

SWOT 분석을 위해서는 경쟁사가 구체적으로 정해져 있어야한다. 여기에서는 글로벌 기업인 러쉬와 이솝, 국내 기업인 이니스프리를 가상의 사례로 사용하겠다.

작업(Task)

- (주)에이아이코스메틱의 벤치마킹 대상인 러쉬, 이솝, 이니스프리에 대한 SWOT 분석을 수행해줄 것. 각 기업(브랜드)의 강점(Strengths), 약점(Weaknesses), 기회(Opportunities), 위협(Threats)을 식별하고 분석해줄 것

맥락(Context)

- (주)에이아이코스메틱은 클린 뷰티 시장에 진출하려는 스타트업임. 국내 친환경 화장품 시장은 연간 20% 이상 성장하고 있으며, 소비자들의 환경 의식 향상으로 더욱 확대될 전망임. 주요 벤치마킹 기업으로는 러쉬, 이솝, 이니스프리 등

예시(Example)

- 각 기업(브랜드) SWOT 분석 시 강점은 S1, S2, S3, 약점은 W1, W2, W3처럼 분석 요인을 식별할 수 있는 라벨링을 해줄 것. 라벨링을 하는 이유는 향후 도출된 전략을 검증하는 과정에서 활용되기 때문임

페르소나(Persona)

- 당신은 화장품 산업에 10년 이상 종사한 시장 분석 전문가임. 친환경 트렌드와 소비자 행동 변화에 대한 깊은 이해를 바탕으로, 객관적이고 통찰력 있는 분석을 제공해야 함

형식(Form)

- 각 벤치마킹 기업별로 SWOT 분석 결과를 표 형식으로 제시해 줄 것. 각각의 분석 결과는 S1, S2, S3처럼 라벨링해 줄 것. 또한, 각 SWOT 요소에 대해 2-3개의 핵심 포인트를 제시해줄 것. SWOT 분석 후에는 각 기업에 대한 간략한 총평(2-3문장)과 (주)에이아이코스메틱의 대응 전략(3~4개 bullet points)을 추가해줄 것

어조(Tone)

- 객관적이고 분석적인 어조를 유지하되, 산업 전문가로서의 통찰력을 드러내야 함
- 데이터나 시장 동향을 언급할 때는 구체적인 수치나 출처를 포함해 신뢰성을 높여야 함
- 벤치마킹 기업의 약점을 지적할 때는 비난조의 언어를 피하고 중립적인 표현을 사용함
- (주)에이아이코스메틱에 대한 전략적 제언은 실행 가능하고 구체적인 방안으로 제시해야 함

그럼, 작성된 프롬프트에 맞춰 챗GPT가 답변을 해주는 것을 확인할 수 있다. 이렇게 작성된 내용을 SWOT 툴에 옮겨놓으면 아래 이미지처럼 시각화할 수 있다.

여기에서는 인터넷 검색등으로 찾아볼 수 있는 기업을 기반으로 특정 브랜드의 SWOT 분석을 진행했지만, 실제 기업에서 활용할 때는 경쟁 기업이나 브랜드의 맥락 정보를 보다 구체적으로 제시할 필요가 있다.

답변의 품질이 원하는 수준이 아니라면 맥락 정보를 보다 구체적으로 제시해야 한다. 또는 어디에서부터 시작해야 할지 모르겠다면 하나씩 시작하면서 구조화하는 것도 좋은 방법이다. 한 번에 모든 답변을 들으려고 하는 조급함이 답변의 품질을 떨어뜨릴 수 있다.

전체 구조에서 하나씩 구체적으로 질문하고, 답변해 준 내용을 사람이 개입하

여 의견을 주고받는 형태로 내용을 구조화하면 된다.

6 페르미 추정을 활용한 시장매력도 분석

시장 규모와 성장률은 기업이 시장에 진입할 때와 경영 전략을 수립할 때 중요한 역할을 한다. 이 두 요소를 통해 시장의 잠재력과 리스크를 평가하고, 효율적인 자원 배분, 마케팅 전략 수립, 제품 개발, 그리고 경쟁 전략을 수립할 수 있기 때문이다. 그렇다면 기업이 진입하고자 하는 시장 규모는 어떻게 추정할 수 있을까?

시장 규모를 추정하는 방법에는 주로 두 가지가 있다.

첫 번째는 탑다운(Top-Down) 접근법이다. 탑다운은 먼저 전체 시장의 크기를 파악한 다음, 그중에서 특정 제품이 차지하는 비율을 추정하는 방식이다. 예를 들어, 전체 화장품 시장 규모가 1,000억 원이라면, 이 중 색조 화장품 비중을 30%, 메이크업 비중을 40%, 친환경 제품 비중을 15%와 같이 세분 시장에서 제품이 차지하는 비율을 추정하는 방식이 탑다운 방식이다.

두 번째는 바텀업(Bottom-Up) 접근법이다. 바텀업은 먼저 특정 제품의 판매 수량과 가격을 파악한 후, 이를 곱하여 시장 규모를 계산하는 방식이다. 예를 들어, 목표로 하는 고객 수가 100만 명이라면, 이 중 유기농 샴푸 사용자 비율을 10%, 연간 평균 구매량을 4병, 그리고 평균 판매가격을 15,000원으로 가정하여 시장 규모를 추정하는 것이다. 바텀업 방식은 판매될 것으로 예상되는 제품 수에 평균 판매가격을 곱하여 전체 매출을 계산하는 방식이다.

이와 같이 탑다운 방식과 바텀업 방식은 각각의 특성과 장단점을 가지고 있으며, 기업의 상황과 분석 목적에 따라 적절하게 선택해서 활용할 수 있다.

시장 규모와 시장 매력도를 분석하는 방법을 살펴봤다. 이를 바탕으로 시장 규모와 매력도를 분석하는 구체적인 방법을 알아보겠다.

그럼 대한민국의 25~35세 여성은 몇 명일까? 또는 대한민국에서 삼성 스마트폰 사용자는 몇 명일까? 이러한 질문은 통계 데이터를 통해 어렵지 않게 확인할 수 있다.

하지만 반려동물을 위한 IoT 장난감을 출시하려고 한다면, 이 제품을 사용할 사용자 수는 몇 명일까? 이렇게 기존에 존재하지 않던 제품이나 서비스의 시장 규모와 매력도를 분석하는 것은 상대적으로 어렵다. 이럴 때 사용되는 방법이 페르미 추정(Fermi Estimation)이다.

페르미 추정은 복잡한 문제를 간단한 수학적 접근법을 통해 대략적으로 추정하는 방법이다. 주로 데이터를 구하기 어렵거나 명확한 정보가 없는 상황에서 유용하게 사용된다. 이 방법은 물리학자 엔리코 페르미의 이름에서 유래한 것이다.

페르미 추정은 복잡한 계산이나 데이터 수집에 시간이 부족할 때, 명확한 데이터가 없지만 대략적인 추정이 필요할 때, 문제를 세분화하여 각 단계별로 접근할 때 등의 상황에서 활용될 수 있다.

그러나 한계점도 존재한다. 페르미 추정은 대략적인 추정치이므로 정확한 값을 얻기 어렵고, 잘못된 가정이나 편향된 추정이 결과에 큰 영향을 미칠 수 있다. 또한, 문제가 복잡할수록 단계가 많아져 계산이 어려워질 수 있다.

이상의 내용을 바탕으로 (주)에이아이코스메틱이 진입하고자 하는 친환경 화장품 시장의 매력도를 분석해보겠다. 이를 위해서는 먼저 프롬프트를 디자인해야 한다. 작업, 맥락, 예시, 페르소나, 형식, 어조를 기반으로 구성한 프롬프트는 다음과 같다.

작업(Task)

- (주)에이아이코스메틱이 진입하고자 하는 친환경 화장품 시장의 잠재적 규모를 페르미 추정 방법을 사용하여 계산할 것
- 추정 과정을 단계별로 나누어 설명하고, 각 단계에서 사용된 가정과 근거를 명확히 제시할 것

맥락(Context)

- (주)에이아이코스메틱은 기존 화장품 시장에서 활동 중인 스타트업으로, 친환경 화장품 시장에 새롭게 진입하려 함
- 타겟 고객은 20~45세 여성으로, 환경 친화적 제품에 관심이 있는 사람들임
- 친환경 화장품의 평균 가격은 일반 화장품보다 20~30% 높을것으로 예상함

예시(Example)

- 페르미 추정의 구체적 내용을 아래 '형식'을 따를 것
- 각 단계에서 수치와 근거를 명확히 설명할 것

- 가능하면 통계청, 시장조사 기관 등 신뢰할 수 있는 출처를 인용해 신뢰성을 높일 것
- 모든 추정치는 가정에 기반하므로, 각 가정을 명확히 밝히는 것
- 추정의 신뢰성을 보완하기 위해 한계점과 개선 방안을 함께 제시할 것

페르소나(Persona)역할 지정

- 당신은 화장품 산업 전문 데이터 사이언티스트로, 20년 이상의 경력을 보유하고 있음
- 신규 시장 진입에 대한 데이터 분석과 예측 모델링에 전문성을 가지고 있으며, 친환경 소비 트렌드에 대한 깊은 이해를 갖고 있음

형식(Form)

- 추정 결과를 다음 구조로 제시할 것

1. 문제 정의
2. 단계별 추정 과정
3. 최종 추정 결과
4. 한계점 및 개선 방안

어조(Tone)

- 분석 내용은 논리적이고 체계적이어야 하며, 각 단계에서의 가정과 근거를 명확히 설명할 것
- 전문적이면서도 이해하기 쉬운 언어를 사용할 것
- 불확실성을 인정하고, 추정의 한계점을 솔직히 언급할 것
- 가능한 경우 신뢰할 수 있는 출처의 데이터나 통계를 인용할 것
- 결과에 대한 해석과 (주)에이아이코스메틱에 대한 비즈니스적 시사점을 제공할 것

구성된 프롬프트를 챗GPT에게 요청하면 답변을 확인할 수 있다. 작성한 프롬프트를 참조하여 각자의 프롬프트를 구성해보는 것을 권장한다. 작성한 프롬프트로 질문했을 때 원하는 결과물을 얻었는지 평가해보는 것도 중요하다.

토의문제

1. 정치 · 경제 · 사회 · 기술 환경(PEST)이 기업 전략에 어떤 영향을 주는지, 가까운 산업 사례를 들어 토론해 보자.
2. 기술 요인 중 AI 도입은 기존 산업의 경쟁 단계를 어떻게 바꾸고 있는가? 테슬라 사례와 비교해 보자.
3. 외부환경은 기업이 통제할 수 없지만, 전략 수립에 반드시 반영해야 하는 이유는 무엇인가?
4. 수직적 통합과 수평적 확장은 각각 어떤 장점과 한계를 가지는가? 쿠팡, 배달의민족, 편의점 사례와 연결해 보자.
5. D2C(Direct to Customer) 모델은 왜 모든 기업에 성공 전략이 될 수 없는가?
6. 사업부 수준에서 원가우위 전략과 차별화 전략은 어떻게 다른가? 알디(Aldi)와 웨이트로즈(Waitrose)의 차이를 토론해 보자.
7. "질문보다 문제 정의가 먼저다"라는 말은 왜 중요한가? 카페 매출 감소 사례로 토론해 보자.
8. 프롬프트를 마크다운 형식으로 작성할 때 어떤 점이 더 효과적인가? (예: 가독성, 구조화, 단계별 질문 등)
9. 경영전략 분석에서 프롬프트를 단계별로 구성하면 어떤 장점이 있는가?
10. 친환경 화장품 산업의 경쟁 구도를 프롬프트로 분석하려면 어떤 정보가 필요할까?
11. SWOT 분석을 프롬프트로 실행할 때, "강점 · 약점 · 기회 · 위협"을 구체적으로 도출하려면 어떤 질문을 던져야 할까?
12. 시장 규모를 페르미 추정 방식으로 계산하는 프롬프트를 만들려면, 어떤 가정과 단계를 포함해야 할까?

사례연구 - 1

쿠팡, 우수 중소기업과 손잡고 가성비 PB 상품 개발 확대

쿠팡이 PB 신상품을 지속 출시하며 고물가 시대에 고객의 장바구니 가격을 낮추는 데 기여하고 있다. 쿠팡은 자체 브랜드(PB) 1호 '탐사'를 비롯해 생활필수품부터 가공식품 · 문구용품 · 의류 · 생활가전 등 다양한 카테고리의 브랜드 30여개를 론칭, 운영 중이다. 고객에게 다양한 상품을 합리적인 가격에 제공하고자 우수 파트너사들과 협업을 늘리며 신상품 개발에 박차를 가하고 있다.

쿠팡은 뷰티 PB '엘르파리스'의 신제품 7종을 새롭게 선보였다고 3일 밝혔다. 이번 출시 제품은 두 가지 라인으로 구성됐다. 'EGF 비타민' 라인은 세럼과 시트마스크, 앰플 등 3종이며, 피부 활력 개선에 효과가 있다고 알려진 EGF(Epidermal Growth Factor) 성분을 담았다. 특히, 앰플은 비타민 C의 체내 흡수율을 높이는 데 도움을 주는 리포좀 공법을 적용했다.

'엑소 하이드라' 라인은 앰플, 버블워터, 시트마스크, 수딩크림 등 4종으로, 보습에 특화된 제품군이다. 피부 수분 공급에 효과적이라고 알려진 '히알루론산'과 '식물성 엑소좀'을 함유해 촉촉하고 건강한 피부 케어를 돕는다.

생활용품 카테고리의 신상품도 다양하다. '탐사'의 신상품은 '베이직 클리어파일' '행운이 가득한 집 만년형 가계부' 등으로, 클리어 파일은 4개 세트로 구성됐으며, 가계부는 하드커버로 제작되어 튼튼한 게 특징이다. '코멧'은 수영장용 아기 기저귀 '베이비 스위밍 팬츠' 특대형과 대형 등을 신규 출시했다. 개별 포장되어 있어 보관 중 오염 걱정 없이 위생적이며 외출 시 필요한 수량만 챙겨 가방 공간을 절약하는 등 휴대가 간편하다.

통계청에 따르면 생활물가지수(7월 기준)가 최근 3개월 간 전년 동월 대비 2.3~2.5%의 상승세를 보이고 있다. 이중 화장품 및 생활필수품 관련 품목은 각각 최대 4.9%, 4.4% 수준의 상승률로 전체 소비자물가지수를 크게 상회한다. 이번 쿠팡 PB 신상품들은 1만 원 내외 가격에 형성되어 있어 장바구니 부담을 낮추는 데 도움이 될 것으로 기대된다.

쿠팡 PB 상품 제조사들은 쿠팡의 전국 물류망을 활용해 마케팅·유통비 등을 획기적으로 줄이고 연구개발에만 집중, 합리적인 가격에 개발하고 있다. 양지혜 피에프네이처 대표는 "보통 EGF나 비타민 유도체가 포함된 기능성 스킨케어 라인의 제품가는 일반적으로 3~5만 원 내외로 형성되어 있어 쿠팡의 PB 상품은 가성비 있다고 자부한다"며 "브랜드사 납품만 했을 때보다 쿠팡에 직접 판매 시작 후 고객들의 반응을 빠르게 확인, 곧바로 연구 개발에 반영하는 만큼 기업 역량도 높아지고 있다"고 말했다. 이 회사는 쿠팡과 협업 후 4명을 추가 채용했으며 올 연매출은 이전보다 50억 원가량 늘어난 300억 원을 바라본다.

CPLB 관계자는 "앞으로도 우수한 중소기업 파트너들을 발굴하고 협업하며 고객에게 양질의 가성비 상품을 소개할 수 있도록 노력을 지속할 것"이라고 말했다 (쿠팡뉴스룸, 2025. 8. 4).

▸ 사례연구 토의

1. 유통기업이 PB 상품을 늘리는 수직적 통합 전략은 소비자와 기업 모두에게 어떤 장점과 단점을 가져올까?
2. 제조기업이 D2C(Direct to Customer) 방식으로 직접 판매할 때, 중간 유통 단계를 줄이는 효과와 동시에 발생할 수 있는 리스크는 무엇일까?
3. 수직적 통합 전략은 장기적으로 기업 경쟁력을 높이는 방법일까, 아니면 단기 성과에 그칠 위험이 있을까?

사례연구 - 2

AI 시대, 질문이 당신의 미래를 바꾼다

오늘날 우리는 인공지능(AI)이라는 거대한 변화의 한가운데 서 있다. 챗GPT가 등장한 이후, AI가 인간의 사고, 창의성, 노동 시장, 그리고 일상의 패턴까지 변화시키고 있다는 사실을 실감하고 있다. 그러나 AI의 발전 속도가 너무 빠르기 때문에 많은 사람들이 여전히 이 변화를 실감하지 못하거나 두려움과 거부감 속에 머물러 있다. AI 시대를 주도하는 사람과 그렇지 못한 사람의 차이를 만드는 것은 지식이 아니라 질문하는 태도다. 즉, 어떤 질문을 던지는가가 곧 미래를 결정한다.

AI 시대의 가장 중요한 질문은 "내가 지금 알고 있는 것 중 틀릴 가능성이 있는 것은 무엇인가?"이다. 인간의 지식과 경험은 시간이 지나면 쓸모없어질 수 있으며, AI의 발전 속도를 고려할 때 그 시기는 생각보다 훨씬 빠를 것이다.

AI는 우리에게 두 가지 태도를 요구한다. 하나는 피노키오를 만든 제페토처럼 AI를 긍정적으로 받아들이는 것이고, 다른 하나는 크리처를 만든 프랑켄슈타인처럼 AI를 두려워하는 것이다. 결국 AI는 어떻게 활용하는가에 따라 완전히 다른 결과를 만들어낸다.

질문은 여기서 출발한다. "나는 AI를 활용하는가, 아니면 AI가 나를 활용하는가?" AI의 발전을 막을 수 없다면, 결국 중요한 것은 어떤 태도로 AI를 대하는가이다.

프롬프트 엔지니어링은 만능이 아니다.

최근 AI를 효과적으로 활용하기 위한 방법으로 '프롬프트 엔지니어링'이 주목받고 있다. AI에게 보다 정교한 명령을 내려 원하는 결과를 얻어내는 기술이다. 그러나 이것이 AI 활용의 핵심 역량이 될 것인가에 대한 의문이 있다.

1990년대 후반 인터넷이 보급되면서 '정보검색사'라는 직업이 등장했다. 인터넷에서 효과적으로 정보를 검색하는 능력을 평가하는 자격증도 생겼다. 하지만 시간이 지나면서 검색이 일상이 되고 누구나 쉽게 정보를 찾을 수 있게 되자 이 직업은 사라졌다. 마찬가지로 프롬프트 엔지니어링도 일시적인 기술일 가능성이 높다.

AI가 점점 더 사용자의 의도를 이해하고 보완하는 능력이 향상되면서, 특정한 명령어를 정교하게 설계하는 기술은 AI가 대신하게 될 것이다.

그렇다면 우리는 무엇을 배워야 할까? AI를 도구로 활용하는 방법을 배우는 것도 중요하지만, AI를 통해 더 깊이 사고하고, 기존의 관점을 확장하는 능력이 더욱 필수적이다. 프롬프트 엔지니어링은 인공지능 리터러시의 첫걸음일 뿐, 궁극적인 목표가 될 수 없다.

AI 시대를 맞아 가장 중요한 것은 지식을 쌓는 것이 아니라 질문을 던지는 능력이다. 그리고 그 질문이 올바른 질문인지 끊임없이 의심하고 수정하는 태도가 필요하다.

기술이 발전할수록, 질문하는 사람과 그렇지 않은 사람의 격차는 점점 더 벌어질 것이다. 그리고 질문하는 사람들 사이에서도, 스스로의 질문을 되돌아보고 더 깊이 파고드는 사람과 단순히 표면적인 질문만 던지는 사람의 차이는 더욱 클 것이다(시사저널, 2025. 2. 26).

‣ 사례연구 토의

1. 프롬프트 엔지니어링은 앞으로 꼭 필요한 기술일지, 아니면 일시적인 과도기적 능력일지를 토론해 보자.
2. AI 활용에서 '좋은 질문'을 던지는 능력이 왜 중요할지를 토론해 보자.
3. AI 시대에는 지식을 많이 아는 사람보다 질문을 잘하는 사람이 더 경쟁력을 갖출 것인가에 대해 토론해 보자.

사례연구 - 3

이케아 · 존 디어, AI를 기회로 전환 … 온 · 오프라인 연결 전략 활용

경영전략은 외부 환경 변화에 대응해 자원과 역량을 구축하고, 고유의 경영 메커니즘을 발전시켜 지속 가능한 경쟁력을 확보하는 과정이다. 생존과 성장을 위해 기업은 끊임없이 시장을 탐색하고, 고객 가치를 향상하며,프로세스를 효율화한다.

이런 맥락에서 인공지능(AI)으로 인한 구조적 변화의 움직임은 기업에 외부의 파괴적 위협인 동시에 경영 혁신을 통해 새 성장 동력을 확보할 기회이기도 하다. 2000년대 인터넷, 2010년대 모바일이 사회 · 경제적 변혁을 가져왔을 때, 많은 기업의 운명이 갈리는 장면을 우리는 이미 목격했다. 그렇다면 AI 시대 기업이 전략적 차원에서 고려할 점은 무엇일까.

글로벌 컨설팅 회사 보스턴컨설팅그룹(BCG)이 전 세계 약 1,800명의 경영진을 대상으로 2024년 하반기에 진행한 조사에 따르면, 응답자 75%는 AI를 2025년 3대 우선 사항으로 골랐다. 이처럼 AI에 대한 기대가 높은 건 AI가 성과를 입증하고 있어서다.

AI를 기업 성과에 직결할 수 있느냐 측면에서, 구글 · 텐센트 · 에어비앤비 · 네이버 등과 같은 디지털 네이티브 기업(digital native enterprise · 디지털 기술 기반으로 탄생 · 성장한 기업)은 유리하다. 이들은 본질적으로 '데이터 기업'이기 때문에 자사 온라인 영역에 쌓인 방대한 데이터를 AI로 분석해 고객을 유치하고, 붙들어둬 소비하게 한다. 데이터와 AI로 강력한 경제적 해자를 구축할 여건을 갖춘 것이다.

농기계 브랜드 존 디어(John Deere)도 흥미로운 변신을 했다. 1960년대부터 세계 1위를 유지한 존 디어는 2014년 농기계 수요가 급감하자, 디지털 기업으로 전환 여정에 나섰다. 데이터와 AI를 이용, '농사를 더 잘 짓게 돕는 솔루션' 판매 회사로 정체성을 바꾼 것이다. 농기계에 부착된 센서가 수집한 운행 당시 주행 데이터와 기후 · 토양 정보 등을 AI로 종합 분석해 농기계를 어떻게 운용해야 수확량이 높아지는지, 언제 어디에 작물을 심으면 좋은지 등을 고객에게 제공했다. 이어 2022년 존 디어는 세계 최대 정보기술·가전 박람회 CES에서 최초의 완전 자율주행 트랙터를 선보였다. 이 트랙터는 약 1,800만 개의 이미지 데이터를 학습해 개발됐다.

독일 엔지니어링 기업 지멘스(Siemens)는 더 전략적인 접근을 보인다. 4차 산업혁명의 흐름을 읽은 지멘스는 기술 도입 이전에 사업 구조 자체의 미래 변화에 집중했다. 기존 9개 사업을 분석해 디지털화 잠재력이 크고 내부 강점을 활용할 수 있는 제조·헬스케어·에너지 세 개 분야로 선택과 집중을 단행했다. 분야별로 '디지털 트윈, 개인 맞춤 예방 의료, 지능형 친환경 에너지 인프라'라는 디지털 지향점을 설정한 뒤, 130억 유로(약 21조 원)를 투입해 AI·디지털 기술 회사를 인수해 디지털 전환 속도를 높였다.

이런 사례에서 알 수 있는 점은 AI를 단순 효율성 개선 도구가 아닌 사업 모델 혁신의 핵심 동력으로 활용했다는 것이다. 반면 여전히 많은 기업이 AI를 소규모 생산성 향상 프로젝트에만 적용하고 있고, 또 너무 많은 실험을 동시에 진행해 노력과 역량을 분산시키고 있다. 기술 검증 과정은 필요하나, 무엇보다 전략적 방향성을 명확히 하고 기업 유전자(DNA) 차원에서 AI 역할을 정의하는 것이 급선무다(이코노미조선, 2025. 9. 1).

▸ 사례연구 토의

1. AI는 단순히 생산성을 높이는 도구일까, 아니면 기업 비즈니스 모델 자체를 바꾸는 동력일까? 기업이 AI를 활용할 때 효율성 개선과 혁신적 변화 중 어디에 초점을 맞춰야 하는지 논의해 보자.
2. 기업이 AI를 도입할 때, 작은 실험을 여러 개 하는 것과 전략적 방향성을 정해 집중하는 것 중 어느 쪽이 더 효과적일까? 자원 분산과 선택·집중의 전략적 의미를 토론해 보자.
3. AI 시대 기업이 경쟁우위를 확보하려면, 데이터·기술보다 먼저 '사업 모델 설계'에 집중해야 한다는 주장에 동의하는가? AI를 도입하는 순서와 우선순위(기술 vs 전략) 관점에서 논의해 보자.

사례연구 - 4

AI 모델로 돈 못번다" … 기업용 AI 에이전트 시장 성장에 딥엘도 도전장

앞으로 인공지능(AI) 에이전트를 만드는 회사들이 오픈AI, 앤트로픽 같은 AI 모델 제작사보다 더 많은 돈을 벌 것이란 전망이 나온 가운데, 딥엘도 기업용 AI 에이전트 시장에 도전장을 던졌다.

딥엘은 다양한 사내 업무를 간소화하고 자동화하도록 설계된 자율형 AI 에이전트 '딥엘 에이전트(DeepL Agent)'를 4일 공개했다. 현재 일부 파트너사와 함께 베타 테스트를 운영 중으로, '딥엘 AI 랩스'를 통해 제공된다. 정식 출시는 수개월 내에 이뤄질 전망이다.

딥엘 에이전트는 다국어 지원 등 언어와 관련된 업무를 넘어 보다 폭넓은 비즈니스 기능과 유스케이스를 지원하도록 설계된 범용 AI 에이전트다. 이를 통해 영업, 재무, 마케팅, 현지화, 인사 등 다양한 부서에서 업무 혁신을 가져오는 컴패니언 역할을 한다. 예를 들어 영업팀을 위한 인사이트 도출, 재무팀의 송장 처리 자동화, 현지화 팀의 문서 번역 및 승인 업무 수행 등을 자율적으로 실행할 수 있다.

야렉 쿠틸로브스키 딥엘 창업자 겸 최고경영자(CEO)는 "우리는 수년간 최고 수준의 정확도, 맥락 인식, 보안을 요구하는 복잡한 언어 과제를 AI로 이해하고 해결하는 데 집중해왔다"며 "이러한 탄탄한 연구 기반은 다양한 과제를 이해하고 추론하며 실행할 수 있는 툴을 개발하는 에이전트형 AI 분야에서 강점을 제공할 수 있을 것"이라고 말했다.

이처럼 딥엘이 기업용 AI 에이전트를 선보이게 된 것은 최근 관련 시장이 폭발적으로 성장하고 있어서다. 시장조사기관 마켓앤드마켓에 따르면 글로벌 AI 에이전트 시장 규모는 올해 76억 달러(약 10조 6,200억 원)에서 2030년 471억 달러(약 65조 8,400억 원)로 연평균 45.8% 성장할 것으로 전망된다. 특히 기업용 AI 에이전트 분야에서 괄목할 만한 성과가 나타나고 있는것으로 알려졌다.

오픈AI 이사회 의장이자 AI 스타트업 시에라 창립자인 브렛 테일러는 디 인포메이션과의 인터뷰에서 "AI 에이전트 회사는 결국 서비스형 소프트웨어(SaaS) 시장처럼 될 것"이라며 "이들은 일반적으로 건전한 이윤을 누리고 있다"고 말했다. 그러면서 "오픈AI와 앤트로픽 같은 프론티어 및 기반 모델 회사는 서비스형 인프라 시장처럼 보일 것"이라며 "대규모 수익을 내겠지만, 마진은 항상 문제가 될 것"이라고 분석했다(지디넷코리아, 2025. 9. 4).

▸ 사례연구 토의

1. AI가 시장 규모를 예측할 때 어떤 점에서 사람보다 더 유리할까? 방대한 데이터 수집·분석 속도, 다양한 변수 고려 가능성 등을 중심으로 토론해 보자.
2. 시장 규모 추정이 틀렸을 때 기업 전략에는 어떤 영향을 줄까? 잘못된 투자, 자원 낭비, 기회 손실 등 위험 요인 중심으로 토론해 보자.
3. AI가 추정한 산업·시장 데이터를 기업이 전략 수립에 활용할 때, 어떤 부분을 반드시 사람이 보완해야 할까? 윤리적 판단, 맥락 이해, 데이터 신뢰성 검증 관점에서 토론해 보자.

AI 실제 활용 사례

1단계: 고객관점의 문제 분석

경영전략 가설을 PSST(Problem-Solution-Scale Up-Team) 관점에서 도출하고자 함. 고객관점의 문제(Problem)를 분석해줄 것

체크 포인트

- 현재 고객이 직면한 가장 문제는 무엇인가?
- 이 문제를 해결하지 않으면 어떤 위험이 발생할 수 있는가?
- 이 문제가 지속되면 장기적으로 고객에게 미치는 영향은 무엇인가?

2단계: 문제 해결방법(솔루션)

제시한 고객관점의 문제(Problem)를 해결할 솔루션을 제안해줄 것

체크 포인트

- 고객의 문제를 해결하기 위한 가장 효과적인 방법은 무엇인가?
- 해결책이 기존의 접근 방식과 어떻게 다른가?
- 새로운 기술이나 프로세스를 도입해 문제를 해결할 수 있는 방법은 무엇인가?

3단계: 비즈니스 모델 확장방안(Scale Up)

고객의 문제와 해결방안이 솔루션을 바탕으로 스케일업 방안을 제시해줄 것

체크 포인트

- 제시한 해결책을 확장하기 위해 필요한 자원과 인프라는 무엇인가?
- 새로운 시장에 진입하기 위한 구체적인 전략은 무엇인가?
- 현재의 해결책이 장기적인 성장으로 이어지기 위해 어떤 추가적인 조치가 필요한가?

4단계: 팀 구성(Team)

고객의 문제와 해결방안, 스케일업의 실행을 위한 팀구성을 제시해줄 것

체크 포인트

- 이 문제를 해결하기 위해 필요한 핵심 역량은 무엇이며, 이를 위한 인재는 누구인가?
- 현재 팀의 역량을 어떻게 재정비할 수 있는가?
- 외부 파트너십이나 협력이 필요한 영역은 무엇인가?

제12장 AI 빅데이터 경영

학습 목표

- AI 빅데이터의 등장 배경과 전제조건이 무엇인지에 대하여 살펴본다.
- 빅데이터에 대한 다양한 시각의 정의를 살펴보고 기본 개념에 대하여 학습한다.
- 빅데이터의 유형과 확장된 개념의 5대 특성에 대하여 고찰한다.
- AI 빅데이터의 발전 동인을 하드웨어와 네트워크 관점에 초점을 두어 학습한다.

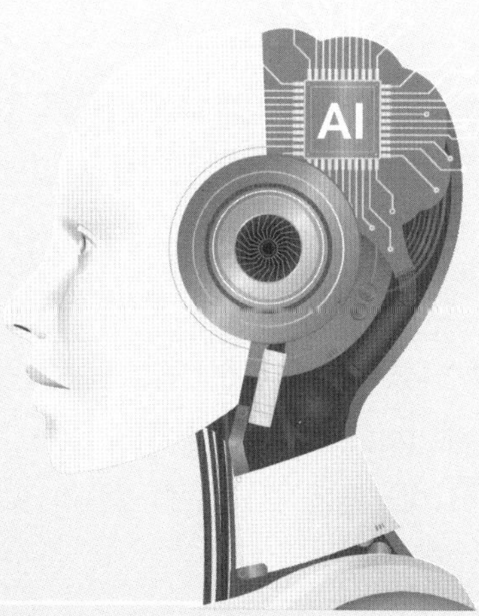

제1절 AI 빅데이터의 등장 배경

빅데이터는 우리 사회의 거의 모든 산업에 걸쳐 활용되고 있다. 특히, 기업들은 복잡한 시스템을 운영하면서 빅데이터의 파급력을 충분히 경험하고 있는데 빅데이터 관리는 어마어마한 양의 복잡한 정보를 효과적으로 처리하는 데 필수적이며 이를 통해 가치 있는 인사이트를 도출할 수 있다. 이러한 인사이트 도출 과정에서 빅데이터와 AI는 긴밀히 협력한다. 빅데이터의 가치를 최대한 발휘하려면, 데이터 분석과 정보화, 시각화 등에 AI의 도움이 크게 필요하다.

반대로, AI는 빅데이터의 방대한 데이터셋(data set)을 통해 분석의 정교성을 향상시킬 수 있다. 많은 기업 내 조직들은 점차 '스몰 데이터(small data)'를 활용하여 AI와 머신러닝의 알고리즘을 훈련시키고 있다. 기존 기업에서는 마케팅 설문조사, 스프레드시트, e메일, 회의록, 그리고 개인의 소셜미디어 게시물 등을 포함한 작은 데이터셋들을 종종 과소평가해 왔는데 이러한 것들 역시 가치 있는 정보를 담고 있다. 결국, AI 머신러닝 알고리즘이 더 많은 빅데이터를 학습하면, 그만큼 더욱더 가치 있고 향상된 결과를 기대할 수 있다.

과거 빅데이터는 스마트폰으로부터 촉발된 새로운 형태의 디지털 라이프 스타일로 인해 시장 분석가들은 이에 대한 관심도 높았지만, 정작 무엇이 중요한지에 대한 의문이 제기되었다. 산업 분석가들은 시장 규모를 분석하고 시장을 제시하고 어떻게 하면 빅데이터를 통해 시장의 승자가 될 수 있는지에 대한 지침을 제공하는 데 주로 관심을 갖고 있었다.

최근 전체 산업 영역을 아우르는 형태의 빅데이터는 AI와 연계하여 수십 년에 한 번 일어날까 말까한 국가적, 산업적 기회를 창출하고 있다. 기업과 국가의 중요한 자산이며 새로운 산업의 패러다임인 빅데이터를 도입할 때 확인할 부분이 무엇인가에 대해 관심을 가져야 한다. 기업들에게 가장 중요한 빅데이터 활용의 전제조건은 빅데이터 관련 투자 대비 원하는 만큼의 효과를 거둘 수 있는지에 달려 있다.

그러나 투자 대비 효용성보다 더 중요한 것은 빅데이터 자체의 품질이다. 기업 활동에 의미가 없는 다크 데이터(dark data)와 가치 있는 데이터를 구분할 수 있어야 경영에 도움이 되겠지만 대부분은 분위기에 휩쓸려 빅데이터를 무조건 받아들인 경우가 허다하다. 오히려 보유한 데이터 중 가치 있는 부분을 발견하고 AI를 통해 분석, 활용하는 것에 집중하는 것이 더 중요하다.

빅데이터 활용의 전제조건은 품질 요구이다. 고객을 이해하는 데 더 많은 관심을 가진 최고마케팅책임자(CMO)라면 고객의 관심과 수요를 획득하기 위해 빅데이터 품질에 주목할 수밖에 없을 것이다. 이에 비해, 기술에 더 관심이 많은 기업 내 최고정보책임자(CIO)는 다른 시각을 가질 수 있다. 다시 말해, 고객 맞춤형 서비스에 대하여 CMO와 CIO는 서로 다른 입장을 갖게 된다. 소비자 행태 분석을 통한 광고 효과를 통해 기업 가치를 증진 시키려는 마케팅 책임자는 고객의 인식과 고려, 소비 단계에서 수십억 달러의 비용을 사용하며, 단순한 소비자 구매를 유발하는 수준을 넘어선 새로운 가치 창출을 위해 더 고민할 것이다.

하지만 실시간으로 고객의 맞춤형 서비스 수요가 점점 증가하면서 마케팅(Marketing) 부서뿐만 아니라 CEO의 의사결정이 필요할 때 판단의 근거가 되는 고객 데이터 품질에 대한 중요성은 더욱 증가할 것으로 보인다. 그런데 실시간 데이터가 폭증함에 따라 노이즈(Noise)는 증대되고 이런 빅데이터 환경에서 의미 있는 패턴(Pattern)을 찾는 노력은 더욱 힘들게 된다. 이에 빅데이터 품질의 중요성은 더해질 것이며, 의미 있는 데이터 수집이 빅데이터 활용의 전제조건이 될 것이다. 일반 기업들은 빠르게 변화하는 경영 환경에서 적절하고 시의적절한 결정을 내리기 위해 의미 있는 데이터를 필요로 하게 되고, 특히 인터넷 기업들은 빅데이터와 빅노이즈(Big noise)로부터 장애를 극복하고 더욱 스마트한 결정을 필요로 하게 될 것이다. 이를 위해 빅데이터가 즉각적 의사결정과 실시간 서비스가 가능하도록 데이터의 속성이 빠르고 스마트해져야 한다. AI 시대의 사회가 요구하는 데이터는 실시간 서비스가 가능해지지 않으면 효용이 떨어지기 때문에, 데이터는 선별되어 저장되어야 하며, 실시간으로 쏟아지는 스트리밍 분석 서비스가 중요해지고 있다. 이제 물리적 특징을 강조하는 기존의 빅데이터보다는 빠르고, 실시간 분석 기반의 데이터 품질을 갖춘 스마트 데이터, 즉 AI 빅데이터 시대가 도래하였다.

제2절 빅데이터의 기본 개념

ICT 분야가 유무선 통신에 기반한 유비쿼터스 컴퓨팅 환경으로 발전하고 있는 현실에서 주목해야 할 점은 다양하고 방대한 양의 데이터가 축적되고 있고 이를 분석함으로써 이전에는 얻을 수 없었던 새로운 가치를 창출하고자 하는 시도가 이루어지고 있다는 점이다. 이러한 움직임을 대표하는 기술이 AI와 빅데이터 기술인데 빅데이터의 개념에 대해서는 여러 기관에서 다양하게 정의하고 있다.

빅데이터는 어떻게 정의할 수 있을까? 삼성경제연구소(SERI)(2011)에 의하면 빅데이터란 "거대한 데이터 집합으로 대규모 데이터와 관련한 기술과 도구를 포함"한다고 정의하였다. 리서치기관인 가트너(2012)는 빅데이터를 3V(Volume, Velocity, Variety)로 정의하고 있다. 그리고 ICT 솔루션 기업이면서 빅데이터 기술 기업인 SAS(2012)는 3V에 가치(Value)를 더하여 빅데이터를 정의하였다.

• **표 12-1** 빅데이터 정의

SERI	거대한 데이터 집합으로 대규모 데이터와 관련된 기술 및 도구 포함
가트너	• 3V로 정의: Volume, Variety, Complexity • Volume: 데이터 규모가 엄청남을 의미 • Variety: 로그기록, 소셜, 위치 정보 등 데이터의 종류가 증가로 텍스트 외 멀티미디어 등 비정형화된 데이터의 유형이 다양화되는 것을 의미 • Complexity: 구조화되지 않은 데이터, 데이터 저장방식의 차이, 중복성 문제 등 데이터 종류가 확대되고 외부 데이터의 활용 등으로 관리대상이 증가됨으로써 점차적으로 데이터 관리 및 처리가 복잡화되고 심화되어 새로운 처리 및 관리기법이 요구되는 상황을 의미
SAS	• 4V로 정의: Volume, Variety, Velocity, Value • Volume, Variety는 가트너 정의와 동일 • Velocity: 센서나 모니터링 등 사물정보, 스트리밍 정보 등 실시간성 정보가 증가하고 있고, 이러한 실시간성으로 인한 데이터 생성, 이동과 유통의 속도가 증가하고 있으며 대규모 데이터처리 및 가치 있는 실시간성 정보 활용을 위해 데이터 처리 및 분석 속도가 매우 중요하게 되었음을 의미 • Value: 새로운 가치를 창출하는 것을 의미

또한, 세계적 컨설팅 기관인 맥킨지 글로벌 인슈티튜트(McKinsey Global Institute)는 2011년 5월에 발간한 보고서(Big Data: The Next Frontier for Innovation, Competition, and Productivity)에서 “빅데이터의 정의는 기존 데이터베이스 관리 도구의 데이터 수집, 저장, 관리, 분석하는 역량을 넘어서는 데이터셋(Data set) 규모로, 그 정의는 주관적이고 향후 계속 변화될 것이며, 데이터량 기준에 대해 산업 분야에 따라 상대적이며 현재 기준에서는 몇십 테라바이트(Tera byte)에서 수 페타바이트(Peta byte)까지가 그 범위이다”라고 설명한다.

다양한 개념 정의가 있지만, 맥킨지의 정의대로 빅데이터 자체는 기술이라기보다는 데이터이다. 즉, 빅데이터는‘데이터 형식이 매우 다양하고 그 유통속도가 매우 빨라 기존 방식으로 관리 · 분석하기 어려운 데이터’이며, 스마트 기기와 SNS의 확산으로 빅데이터가 급증하게 된 것이다. 위키피디아의 정의에서도 빅데이터는 데이터 그기기 엄칭나고 복집해 현존하는 데이터 관리 둘로 나둘 수 없는 것으로, 정형, 반(半)정형, 비(非)정형 데이터 모두를 말한다. 또한, 이러한 빅데이터를 생산하는 매개물은 모바일 기기, 센서, 소프트웨어 로그, 카메라, 마이크로폰, 무선 센서 네트워크, IoT 기기들이다.

빅데이터는 단순한 데이터 양의 증기가 이니라, 데이터의 형식, 입출력 속도 등을 함께 아우르는 의미이다. 데이터 폭증, 즉 기존 데이터에 비해 양이나 종류가 너무 커서, 기존 방법으로는 도저히 수집, 저장, 검색, 분석 등이 어려운 데이터를 총칭해 일컫는 용어가 빅데이터이다. 지난 10년간 인터넷과 컴퓨팅의 발전과 모바일 기기와 센서들의 진화, 페이스북이나 트위터와 같은 소셜 네트워크의 출현 등이 기업 내 데이터 양의 폭증을 이끌었는데, 여기서 발생되는 데이터나 텍스트 및 문서, 통화 기록, 대규모의 전자상거래 목록 등이 바로 빅데이터이다. 예컨대 웹 로그, RFID, 센서 네트워크, 소셜 네트워크, 인터넷 텍스트/문서, 인터넷 검색 인덱싱, 음성 통화 상세 기록, 천문학/대기과학/유전학/생화학/생물학 등 학문적 연구 기록, 군사 경계 기록, 의료 기록, 사진 목록, 동영상 목록, 전자상거래의 행적 등이 바로 그것이다.

빅데이터란 기존 기업이 다루던 데이터의 규모를 넘어서 이전 방법이나 도구로 수집, 저장, 검색, 분석, 시각화 등이 어려운 정형 또는 비정형 데이터셋(Set)을 의미하며 나아가 데이터를 처리하는 기술, 운영체계, 기반 아키텍쳐, 프로세스를 포괄하기도 한다. 한편, 금융이나 유통, 물류, 제조, 서비스, 통신산업 영역에서는 이미 방대한 데이터를 처리하고 있다. 이미 내부 관리를 위한 프로세스가 정리되어 운영 중이므로 빅데이터라 일컫기보다는 외부에 존재하는 웹로그, 동영상, 텍스트, 이미지 정보 등이 향후 기존 정형데이터와 연계하여 관리 대상이 될 빅데이터로 이해하는 경향이 더 크다.

AI 빅데이터는 인공지능(AI) 모델 학습에 사용되는 방대한 양의 데이터셋을 의미한다. AI는 이러한 데이터를 분석하여 패턴을 인식하고, 예측 모델을 만들거나 자동화된 결정을 내리는 데 활용된다. 즉, 빅데이터는 AI의 학습 재료이자 AI의 성능을 향상시키는 핵심 요소이다.

최근 챗GPT 등 AI가 등장하면서 빅데이터를 구축, 활용하려는 기업에게 산업적, 사회적으로 큰 파괴력을 나타내고 있다. 빅데이터는 데이터의 크기와 다양성에 초점을 맞추는 반면, 챗GPT 같은 초거대 언어 모델(LLM)은 자연어를 이해하고 생성하는 능력에 중점을 두고 있다. 그러나 양자는 모두 대규모 데이터를 학습하고 처리한다는 공통점을 갖고 있다.

제3절 빅데이터의 과거와 현재

빅데이터의 개념은 컴퓨터 기술의 발전과 함께 점진적으로 형성되어 왔다. 1970년대부터 1990년대까지는 데이터의 수집과 저장이 주된 관심사였다. 기업들은 컴퓨터를 도입하여 고객 정보, 재무 기록, 생산 데이터를 디지털화하기 시작했고, 이 시기에는 데이터의 양이 제한적이었지만 정보화 사회의 기반을 마련하는 중요한 일들이 이뤄졌다.

1990년대에 들어서면서 인터넷의 보급과 디지털 기술의 발전은 데이터의 양과 다양성을 급격히 증가시켰다. 웹사이트, e메일, 온라인 거래 등에서 생성되는 데이터는 기업들에게 새로운 분석 기회를 제공했고, 고객행동분석, 시장예측, 제품추천 등 다양한 분야에서 데이터 활용이 시작되었다. 이 시기에는 데이터 마이닝, OLAP

(Online Analytical Processing), 데이터웨어하우스 등의 기술이 등장하며 데이터 분석의 중요성이 점차 부각되었다.

2000년대 초반에는 "빅데이터"라는 용어가 본격적으로 사용되기 시작했다. 이 시기에는 데이터의 양이 기존 데이터베이스 관리시스템으로는 처리하기 어려울 정도로 증가하면서, 새로운 기술적 접근이 필요해졌다. 기업들은 데이터 기반 의사결정을 위해 분석기술에 투자하기 시작했고, 데이터는 단순한 기록이 아닌 전략적 자산으로 인식되기 시작했다.

2010년대 이후, 스마트폰의 보급과 소셜미디어의 확산은 데이터 생성의 폭발적 증가를 가져왔다. 사람들은 일상에서 사진, 영상, 위치 정보, 텍스트 등 다양한 형태의 데이터를 실시간으로 생성하고 있으며, 이러한 비정형 데이터는 기존의 정형 데이터와는 다른 분석 접근을 요구한다. 이러한 변화에 대응하기 위해 Hadoop, Spark와 같은 분산처리 기술이 등장했고, NoSQL 데이터베이스는 유연한 데이터 저장과 처리를 가능하게 했다. 동시에 머신러닝과 인공지능(AI) 기술의 융합은 데이터 분석의 정확성과 효율성을 획기적으로 향상 시켰다. 예를 들어, 의료 분야에서는 환자의 진료 기록과 유전체 데이터를 분석하여 맞춤형 치료법을 제시하고, 금융 분야에서는 거래 데이터를 분석하여 이상 거래를 탐지하거나 신용 점수를 산정하는 데 활용하고 있다.

앞서 언급한 기존 빅데이터를 규정짓는 3대(大) 기본 속성은 방대한 규모(Volume), 빠른 처리 속도(Velocity), 다양성(Variety) 등의 '3V'로 특징지어졌으며, IBM은 가치(Value)를, 하둡은 정확성(Veracity)을, 가트너는 복잡성(Complexity)을 추가했는데, 이는 3V만으로는 빅데이터를 설명하기에 부족함을 시사한다. 가트너가 말하는 빅데이터의 진실(Truth)은 다양한 데이터셋 간의 상관관계를 이해하는 데 있다. 새로운 것이 아닌 이전부터 존재했던 데이터를 모으는 것 자체가 의미가 있는 것이 아니라, 의미 없는 다크 데이터(Dark data)와 가치 있는 데이터를 구분할 수 있어야 경영에 도움이 되는 것이다. 빅데이터는 분석 결과를 실시간으로 활용하는 것을 추구하며, 이것이 과거의 유사한 기술 트렌드와 빅데이터를 구별하는 가장 큰 특징이라 할 수 있다.

요약하면 빅데이터의 특성은 단순히 크기만 큰 데이터가 아니라 규모(Volume), 속도(Velocity), 다양성(Variety), 신뢰성(Veracity), 그리고 가치(Value)라는 다섯 가지 특성을 지니며, 이 특성들이 실제 사회·경제적 변화를 일으키는 원동력이 되고 있다.

1 빅데이터의 특성 5V와 사례

(1) Volume(데이터 규모, 양)

빅데이터의 가장 큰 특징은 데이터의 규모가 엄청나다는 점이다. 유튜브에는 매일 수억 건의 동영상이 업로드되고, 인스타그램에는 하루에 수억 장의 사진이 올라온다. 이런 데이터를 모두 합치면 기존 데이터베이스로는 처리하기 어려운 초대규모 데이터가 만들어진다.

(2) Velocity(데이터 속도)

데이터는 매우 빠르게 생성되고, 실시간으로 유통·분석될 필요가 있다. 교통신호제어시스템은 수많은 차량의 GPS 데이터와 CCTV 영상을 실시간으로 분석하여 신호등을 조정한다. 주식 시장에서도 매초 마다 거래 데이터가 쏟아지며, 이를 지연 없이 분석해야 한다.

(3) Variety(데이터 다양성)

빅데이터는 숫자처럼 구조화된 데이터뿐 아니라 텍스트, 사진, 영상, 음성 같은 비정형 데이터도 포함한다. 고객 만족도를 분석할 때 단순히 구매 기록(숫자 데이터)뿐 아니라 고객 리뷰(텍스트), 콜센터 통화 녹취(음성), 매장 CCTV 영상까지 활용된다.

(4) Veracity(데이터 신뢰성)

데이터가 많고 출처가 다양하다 보니 부정확하거나 왜곡된 정보도 포함될 수 있다. SNS 트렌드를 분석할 때 가짜 뉴스나 봇 계정의 활동이 데이터에 섞여 있다면 결과가 왜곡될 수 있다. 따라서 데이터의 품질을 보정하고 신뢰성을 높이는 과정이 필요하다.

• **그림 12-1** 빅데이터의 특성(5V)

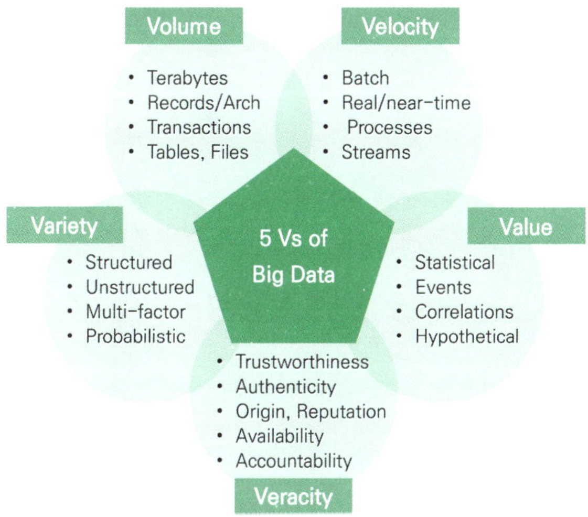

출처: 하둡(hadoop), 2019

(5) Value(데이터 가치)

방대한 데이터를 단순히 모으는 데 그치지 않고, 이를 분석하여 의미 있는 가치를 창출해야 진정한 빅데이터 활용이라 할 수 있다. 온라인 쇼핑몰이 고객의 구매 이력과 검색 데이터를 분석하여 맞춤형 추천 상품을 제공하는 것, 병원이 환자의 진료 기록과 유전자 데이터를 분석하여 개인별 맞춤 치료법을 제안하는 것 등이 데이터 가치를 창출한 사례이다.

빅데이터를 통해 기존 데이터웨어하우스(Data Warehouse) 및 비즈니스 인텔리전스(Business Intelligence; 이하 BI) 기술로는 처리하기 어려웠던 정형 및 비정형 데이터가 다양한 형태로 혼재된 복잡성 높은 대용량 데이터를 신속히 처리 가능하며, 이를 기반으로 심층분석(Advanced Analytics)과 예측 등을 통한 새로운 차원의 비즈니스와 서비스 창출이 가능하다.

축적된 엄청난 양의 데이터를 빠르게 처리하고 효율적으로 분석하기 위해서는 기존의 데이터 기술로는 불가능하며 AI와 빅데이터 기술이 필수적이다. 즉, 단순히 운영을 위한 데이터 관리뿐만 아니라 데이터에서 찾을 수 있는 가치 있는 정보를 추출해내고 분석, 예측해야 한다.

• **그림 12-2** 빅데이터 패러다임의 변화 및 분석기술

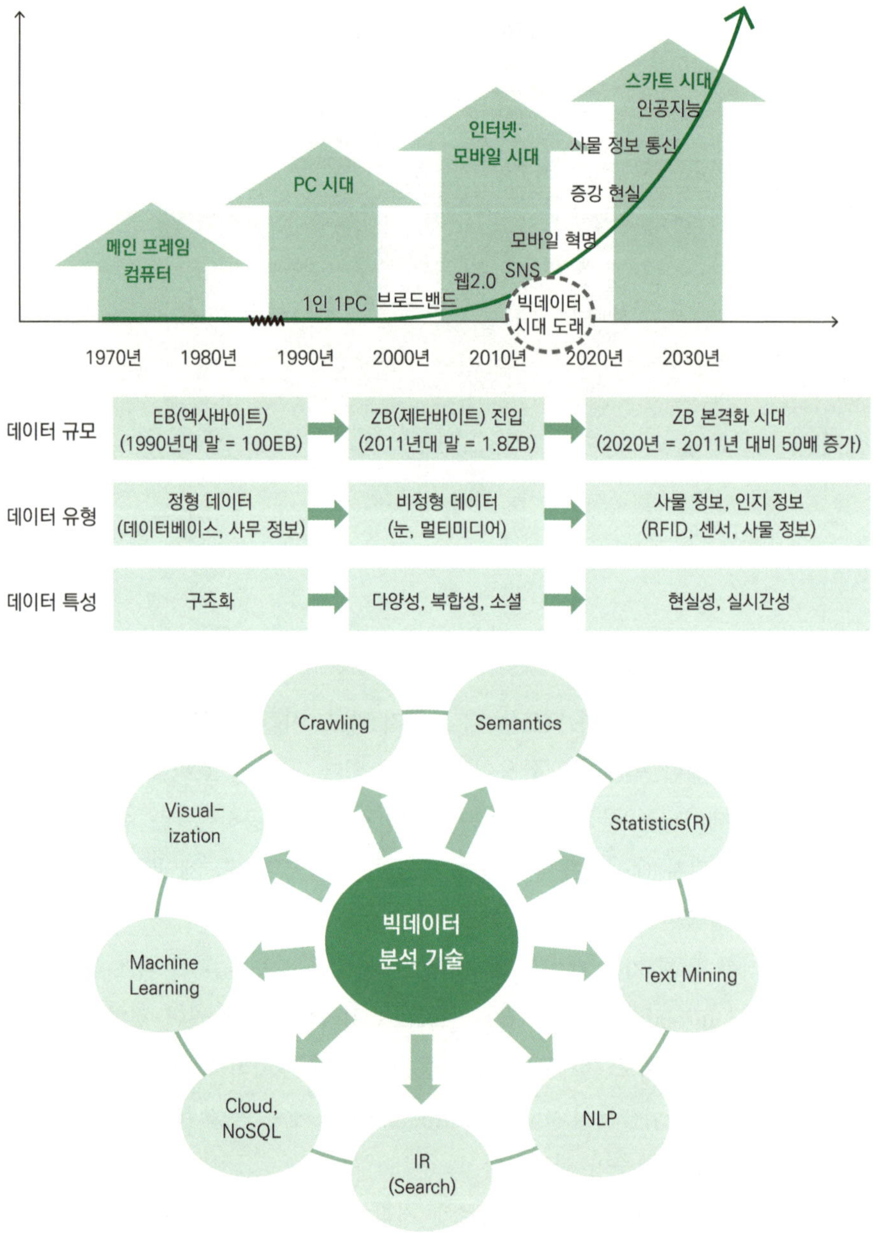

출처: modulabs(2022), Saltlux

현대 사회에서 빅데이터는 기업, 정부, 학계 등 거의 모든 분야에서 핵심 자원으로 활용되고 있다. 정책 수립, 재난 대응, 소비자 분석, 의료, 금융 등 다양한 영역에서 빅데이터는 AI와 결합하여 의사결정의 정확성을 높이고, 새로운 통찰력을 제공하며, 혁신을 이끄는 원동력이 되고 있다. 이처럼 빅데이터는 단순한 기술이 아니라 현대 사회의 구조와 흐름을 이해하고 예측하는 데 필수적인 자원으로 자리 잡고 있다.

AI 빅데이터 기술은 현재 많은 산업에서 중요한 역할을 수행하고 있으며, 기업들은 이런 기술을 활용하여 경쟁력을 강화하는 데 주력하고 있다. 2026년의 혁신적 기술 동향을 살펴보면, AI는 고객 맞춤형 서비스의 제공과 운영 효율성을 제고하는 데 기여하고 있으며, 이는 산업 전반에 걸쳐 적용 가능성이 높다. 특히, 헬스케어, 자동차, 로봇 등 다양한 분야에서 AI와 빅데이터의 융합은 새로운 비즈니스 모델을 만들어 내고 있다. 헬스케어 분야에서는 환자 데이터를 기반으로 AI 진단시스템이 발전하고 있으며, 개인 맞춤형 의료서비스 제공을 통해 치료 효과를 크게 향상시키고 있다. 자동차 분야에서는 자율주행차 기술이 발전하면서 AI와 빅데이터를 활용하여 교통사고를 줄이는 데 기여하고 있다. 이러한 동향들은 AI와 빅데이터가 산업 혁신의 중심에 서 있다는 사실을 뒷받침한다.

AI 빅데이터는 단순한 기술이 아닌, 혁신적 비즈니스 모델을 창출하고 경쟁력을 높이는 중심으로 자리 잡고 있다. 이를 기반으로 한 산업 분야의 변화를 위한 필요성과 방향성은 명확해 보이며, 기업들이 이를 적극적으로 받아들일수록 더욱 큰 성과를 기대할 수 있을 것이다. AI 빅데이터는 함께 데이터 기반 의사결정을 통해 기업의 경쟁력을 강화하는 중요한 도구로 작용할 것이다. 향후 AI 기술의 발전과 융합은 다양한 산업 분야에서 나타나게 될 것이며, 기업들이 새로운 시장 기회를 포착하고 경쟁에서 앞서 나가는 데 기여할 것이다.

제4절 빅데이터의 발전 동인

IDC 디지털 유니버스 연구에 따르면, 2011년 생성되고 복제된 데이터의 양이 5년 새 9배나 증가된 1.8제타 바이트를 넘어섰고 2025년까지 빅데이터가 50배 성장할 것이라 했지만, 빅데이터가 지속적으로 기회를 창출할지에 대한 의문이 제기된 바 있다. 빅데이터는 필연적으로 빅 노이즈(Big noise)를 발생시키며, 빅 노이즈로부터 의미 있는 신호를 포착하는 것은 기술적 어려움을 수반한다는 이유에서다. 이처럼 빅데이터가 크게 성장할 것으로 전망하면서도 증대되는 데이터의 양처럼 품질도 증가하는지에 대한 의문은 함께 증대되었다. 또한, 빅데이터로부터 얻을 수 있는 장점도 불분명할 뿐만 아니라 어떠한 전략, 인력, 절차 과정을 선택해야 효과를 볼 수 있는지에 대해서도 의문이 남아 있었다. 몇몇 산업 영역, 즉 금융, 보험, 광고, 의료 서비스 등 빅데이터를 통한 성과 창출이 용이한 분야 이외의 산업들은 빅데이터에 의한 성과를 기대만 하는 수준이었다. 이러저러한 기대와 우려 속에서도 빅데이터를 견인할 발전 동인에 대한 점검은 반드시 필요하다.

• **그림 12-3** 전 세계 연간 데이터 성장률

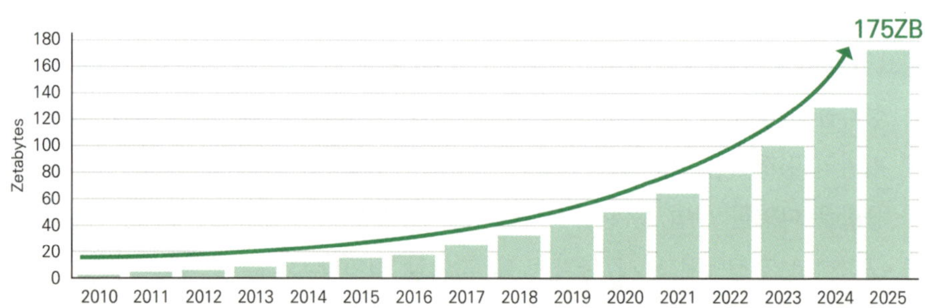

출처: IDC(2018)

최근 디지털 기술의 급속한 발전에 따라 데이터는 점점 더 중요해지고 있다. 디지털 기술이 급격히 발전하면서 데이터 생성과 복제가 쉬워졌고, 사물인터넷(IoT) 기술과 개인의 디지털 기기 사용으로 엄청난 양의 데이터가 생성되고 있다.

• 그림 12-4 기가바이트(Gigabyte)당 하드 드라이브 비용(2017~2023)

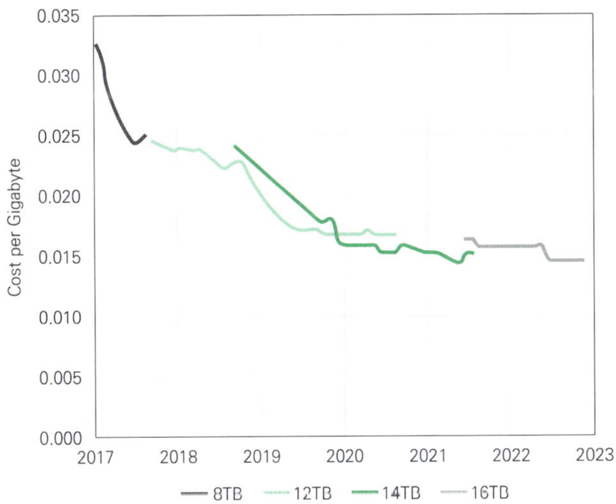

출처: Backblaze(2022)

데이터 급증이 야기할 두 가지 현상은 저장공간의 부족과 네트워크 부하이다. 이 두 가지가 빅데이터 기술 발전만큼 뒷받침되어야 한다는 의미이다. 그렇다면 발전 동인으로 충분한 하드웨어와 네트워크의 현재 상황은 어떠한가? 먼저, 하드웨어 측면에서 살펴보자. 데이터 저장소의 가격 하락이 빅데이터 생태계를 촉진하고 발전시키는 동인의 역할을 수행할 것이며, 저렴해진 저장소 비용이 더 저렴한 빅데이터 분석과 서비스 비용으로 이어지고, 이는 모바일 기기의 저장 역량의 증가를 촉진 시킬 것이기 때문이다. 실제로 1980년대 기가바이트(Gigabyet)당 가격은 약 10억 원이었으나, 최근에는 가격이 급락하면서 데이터 수집, 유지 및 관리가 보다 용이해지고 있다.

한편, 이러한 가격 하락에도 불구하고, 스토리지 시스템 매출은 감소한 것으로 나타났다. IDC 보고서에 따르면 2023년 국내 외장형 엔터프라이즈 스토리지 시스템 시장은 전년 대비 12.9% 감소한 7,215억 원으로 나타났다. 엔데믹 이후 위축된 대기업의 IT 투자 및 정부의 공공 클라우드 전환 사업 예산 축소에 따른 연쇄적인 클라우드 인프라에 대한 투자 축소가 주된 시장 감소 요인으로 꼽힌다. 산업 관점에서 보았을 때, 메모리 반도체 가격 하락과 글로벌 자동차 배터리 공급 과잉은 각

각 반도체 및 배터리 제조업 내 IT 투자 감소에 영향을 미친 것으로 보인다. 지정학적인 관점에서는 미국이 중국과의 거래를 제한하며 촉발된 국내 수출 감소가 국내 대기업의 외장형 스토리지 투자 감소의 큰 원인이 되었다.

2023년 기준으로 국내 외장형 엔터프라이즈 스토리지 시스템 시장의 32.5%를 차지하는 하이엔드 스토리지 시스템은 그동안 국가정보자원관리원을 포함한 공공기관 그리고 주요 금융권의 계정계 및 정보계의 주요 스토리지 시스템으로 공급되어 왔다. 그러나 클라우드로의 전환이 확대되면서 하이엔드 스토리지 시스템에 대한 투자가 다소 감소하였다.

• **그림 12-5** 국내 기업 스토리지 시장별 시스템 매출(2023~2028, 단위: 십억 원)

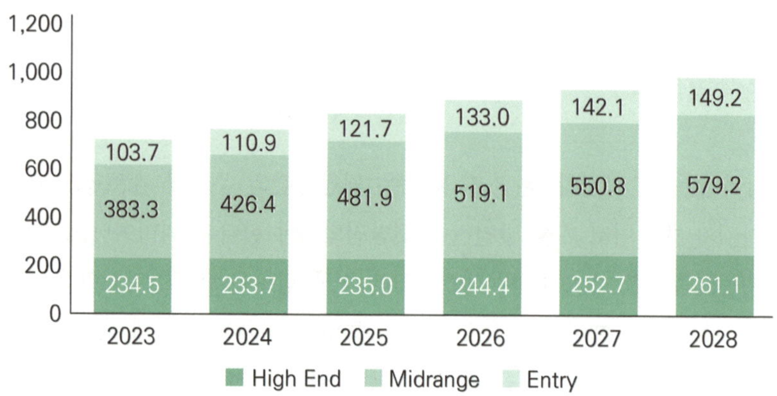

출처: IDC(2024)

하지만 최근 생성형 AI의 도입이 가파르게 증가하며 하이엔드 기반의 병렬파일처리 시스템의 도입이 빠르게 늘어나는 추세이다. 현재는 생성형 AI 기반 상용화 서비스가 활발하지 않은 상황이지만 향후 하이엔드 스토리지 시장 성장을 주도하며 연평균 2.2% 증가해 2028년에는 2,611억 원의 매출 규모를 형성할 전망이다. 국내 외장형 엔터프라이즈 스토리지 시스템 시장의 절반 이상을 차지하고 있는 미드레인지 스토리지 시스템은 기업에서 범용적으로 활용되는 모델이다. 중복제거, 압축과 같은 스토리지 기능들이 미드레인지 스토리지의 기본 기능으로 확대되며 해당 시장은 연평균 8.6% 증가해 2028년에는 5,792억 원 규모를 이룰 것으로 예상된다.

외장형 엔터프라이즈 스토리지 시스템 시장에서 가장 작은 비중을 차지하고 있는 엔트리 스토리지 시스템은 서버 혹은 퍼블릭 클라우드 서비스로 워크로드가 지속적으로 전환되는 양상을 보인다. 하지만 디스크 용량 증가 및 하드웨어 컴포넌트의 사양 향상으로 연평균 7.5% 증가해 2028년 1,492억 원의 매출 규모를 형성할 전망이다.

또한 AI 시장이 빠르게 성장함에 따라 증가하는 대용량 데이터를 운영하고 관리하기 위한 스토리지 영역이 꾸준히 증가하고 있다. 그동안 국내 외장형 스토리지 시장이 블록 스토리지 위주로 성장해 왔다면, 앞으로는 AI 및 생성형 AI 시장의 가파른 성장으로 외장형 스토리지 시스템 시장의 주도권에 대한 변화가 감지되는 추세에 있다.

하드웨어 측면에서 본 또 다른 발전 동인은 앞에서도 수차례 강조한 클라우드 서버에 대한 투자에 따른 시장의 성장이다. 데이터 급증으로 저장공간은 더욱 부족해지고, 2008년까지는 주로 정형 데이터를 처리했으므로 용량이 큰 고가 스토리지 투자가 많았지만, 데이터의 분산 저장이 가능해지며 중저가 보급형 스토리지와 서버 투자가 증가세를 보이기 시작했다. 클라우드를 사용하게 되면서 서버당 비용을 더 획기적으로 절감할 수 있게 되었다. 기존 서버 유지보다 클라우드를 더 저렴하게 이용하면서 클라우드 컴퓨팅으로 물리적 저장공간 부족의 한계도 유연하게 극복할 수 있는 장점이 있다.

• **그림 12-6** 세계 무선 데이터 및 유무선 통신 매출 추이

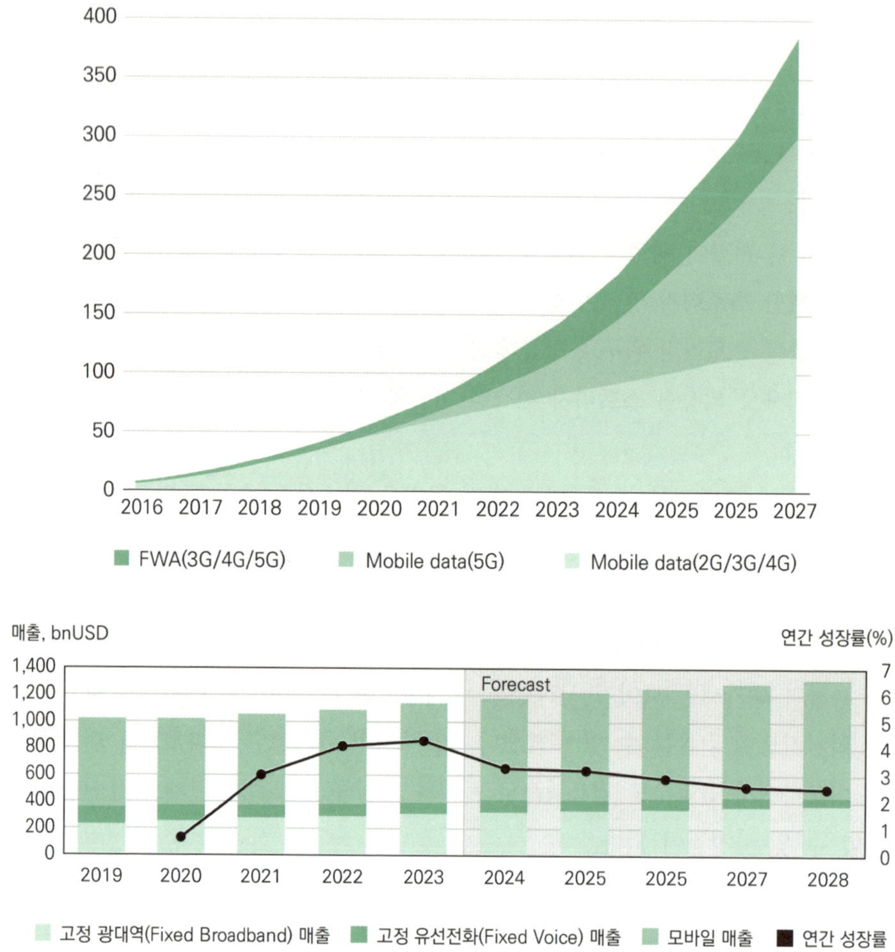

출처: Ericsson Mobility(2023), PwC글로벌 통신전망 Omdia(2025)

다음은 네트워크이다. 유무선 브로드밴드 확산과 접근성 확대는 디지털 서비스 수요를 촉발시키는 역할을 수행해왔다. 유선을 기반으로 와이파이(WiFi)에서 LTE (Long Term Evolution), 5G에 이르기까지 통신기업들이 제공하는 네트워크가 TV, 음성, 인터넷 연결성을 포함한 패키지를 제공하는 발전 동인으로 작용한다. 버라이존(Verizon), AT&T, KT, SKT 같은 통신업계 선두 주자들은 멀티스크린 포트폴리오를 무선 서비스까지 확대하였다. 전통적인 소비 행태에서 광대역 유무선 네트워

크 기반의 유료, 무료, 혼합형 등 새로운 비즈니스 모델들이 대중화되었다.

이처럼 네트워크도 빅데이터 기술만큼이나 중요한 발전 동인이 되고 있으나, 이를 제공하는 통신기업에게 돌아가는 이익은 점차 줄어들었다. 그동안 가치사슬상의 네트워크에서 출발하여 수직적 통제력을 유지해 온 통신기업들은 네트워크에서 점차 수익성을 담보 받지 못하게 되는 치열한 경쟁 상황을 맞이하기 시작하였다. 현실적으로, 통신기업들은 전방위적으로 경쟁에 직면하여 기존 사업의 매출 하락을 경험 중인데, 이는 자연히 자본비용과 영업비용 모두에 악영향을 미친다. 통신기업은 여전히 네트워크를 주요 자산으로 여기고 이와 관련된 비즈니스를 꿈꾸지만, 이것이 점점 더 용이하지 않게 되자 AI, 빅데이터, 클라우드 분야에서도 새로운 성장사업을 만들기 위해 노력하고 있다.

또한 통신기업들이 고려하는 주요 자산은 풍부한 고객 데이터(Wealth of customer data)이다. 고객 데이터가 수익화 가능한 비즈니스 기회를 열어줄 것이라는 기대감이 일면서, 버라이존, 텔레포니카 등 글로벌 통신기업들이 데이터 거래 비즈니스에 뛰어들었다. 네트워크가 빅데이터의 주요 발전 동인이라면, 네트워크로 수익을 낼 수 있는 환경과 정책적 뒷받침도 필요할 것이다.

최근 AI와 빅데이터 기술의 발전은 여러 가지 요인에 의해 촉진되고 있다. 첫째, 컴퓨팅 파워의 비약적인 발전을 가능케 해준 최신 HBM, GPU 등 고성능 프로세서는 대량의 데이터를 빠르고 효율적으로 처리할 수 있게 해준다. 둘째, 유무선 인터넷의 발달로 대량의 데이터가 생성되고 있으며, 이는 AI 모델의 학습에 중요한 기초 데이터를 제공한다. 셋째, 다양한 산업분야에서 AI와 빅데이터의 필요성이 증가하면서, 정부와 기업의 연구개발 투자도 활발해지고 있다. 특히 헬스케어, 제조업, 금융, 통신, 유통 등 다양한 분야에서 AI와 빅데이터의 융합을 통한 혁신적인 솔루션들이 개발되고 있다.

이 밖에도 AI 반도체 시장은 세계적으로 급성장하고 있는 분야로 여러 국가들에서 전략적으로 육성하고 있다. AI 반도체의 발전은 AI의 상용화에 직접적으로 기여하며 여러 사업에서의 적용 가능성을 높여 준다. 특히 스마트폰, 자율주행차량, 데이터센터, IoT 기기 등 다양한 기술에서 AI 반도체 사용이 확대되고 있으며, 이에 대한 수요는 꾸준한 상승세를 지속하고 있다.

한편, 정부는 AI 기술 발전을 위한 정책적 노력을 활발히 진행함과 동시에 AI

연구개발에 대한 지원을 확대하고 있다. 바이오 빅데이터 구축과 AI 활용 신약 개발 등 디지털 바이오 프로젝트에 집중하여 새로운 차원의 기술 혁신과 산업 발전을 유도하고 있다. 또한, AI 기술의 생태계를 조성하기 위한 다양한 공적 및 민간 부문의 협력이 강조되고 있다. 정부는 공공 부문에서 AI 활용의 수요를 창출하기 위해 AI 관련 법률 및 정책을 정비하고 있으며, 기업들의 경쟁력 강화를 위해 AI 스타트업의 R&D 지원에도 역점을 두고 있다. 이러한 정부의 정책은 국가 차원에서 AI와 관련된 인재 양성과 기술 혁신을 통해 AI 관련 글로벌시장에서 경쟁력을 높일 수 있는 기틀 마련을 지원하고 있다.

향후 AI와 빅데이터 산업은 여러 가지 방향으로 발전할 것으로 예상되며 AI와 빅데이터 기술의 융합을 통해 비즈니스 모델 혁신이 가속화될 것이다. 한 예로 스마트 제조업체는 AI와 IoT를 연계한 빅데이터의 융합을 통해 자동화 공정에서 생산 효율성이 극대화될 수 있다. 이러한 트렌드는 제조업뿐만 아니라 금융, 의료, 바이오 등 서비스 산업 전반에 걸쳐 확장될 전망이다. 또한, 정부, 민간의 지속적 투자와 연구개발 확대는 빅데이터를 기반으로 AI의 성능과 활용성을 더욱 증대시켜 줄 것이다. 특히, 초거대 AI와 생성형 AI의 발전은 기업들이 수익성을 높이는 데 중요한 요소가 될 것이다. 빅데이터 기반의 AI 기술이 비즈니스의 전략적 핵심 요소로 자리 잡으며 시장 경쟁력을 강화시키는 데 기여할 것이다.

하지만 데이터 보안과 개인정보보호 문제는 AI 빅데이터 산업의 확장을 저해할 수 있는 중요한 요소이다. 이를 방지하기 위해서는 정부 차원에서 관련 법률 및 규제를 강화하고, 기업들은 윤리적 빅데이터의 수집, 저장, 활용 및 AI 유통 서비스 개발을 통한 신뢰의 구축이 필요하다. 이러한 전략적 접근과 건강한 산업 생태계 구축은 AI 빅데이터 산업의 지속적 발전에 필수적 요소이다. 이를 통해 향후 AI 빅데이터의 성공적인 활용은 기업의 지속 가능성을 높이는 데 필수적인 요소가 될 것이다.

토의문제

1. AI와 빅데이터를 활용하는데 요구되는 전제조건이 무엇인지에 대해 설명해 보자.
2. 다양한 기관에서 정의한 AI와 빅데이터의 기본 개념에 대하여 토의해 보자.
3. AI 빅데이터의 유형은 어떤 것들이 있는지와 각각의 주요 특성에 대해 논의해 보자.
4. 주요 산업별로 빅데이터 기반의 AI 서비스들을 찾아 보고 설명해 보자.
5. AI 빅데이터 활용 증대를 촉진하는 발전 동인을 하드웨어, 네트워크 측면에서 논의해 보자.

사례연구 - 1

"질 높은 AI 원료 구하라" … 이젠 데이터 확보 전쟁

미국의 이미지 공유 SNS(소셜미디어)인 핀터레스트는 지난주 연봉 24만 7천 달러(약 3억 4천만 원)짜리 '데이터 라벨링' 부문 수석 관리자 채용 공고를 냈다. 핀터레스트가 개발하는 AI 학습에 필요한 데이터 수집 전략을 탐색하고, 여러 팀 간 의사소통을 총괄하는 자리다. 미국 빅테크 메타도 연봉 10만 9천 달러에 보너스와 주식을 지급하는 조건으로 풀타임 제품 데이터 운영 PM(프로젝트 관리자) 채용 공고를 냈다. 데이터를 분류하고 주석을 달아 AI가 학습을 잘할 수 있도록 돕는 역할이다.

AI 개발 경쟁이 뜨거워지면서 'AI의 원료'라 불리는 데이터 확보 전쟁도 치열해지고 있다. 아무리 성능 좋은 AI를 개발해도 학습할 데이터가 없으면 깡통 AI에 불과하기 때문이다. 얼마나 양질의 데이터를 얼마나 많이 학습시키느냐가 AI 성능을 좌우한다. 그동안 AI 업체들은 AI 학습과 훈련을 위해 인터넷 사이트 등에서 글이나 사진 같은 데이터를 무단으로 긁어 썼지만, 최근엔 양질의 데이터를 확보하고 이를 전문적으로 분석해 활용 가치를 극대화하기 위해 고심 중이다. 미국 등 각국 정부도 AI에 바로 활용할 수 있는 질 높은 공공 데이터 개방에 적극 나서고 있다.

"데이터가 AI 수준 좌우" 수십조 錢쟁 불붙어

미국 빅테크 메타는 지난달 143억 달러를 투자해 데이터 레이블링 업체 스케일 AI 지분 49%를 인수했다. 투자금 규모를 두고 테크 업계에선 "AI에 데이터가 얼마나 중요한지 다시 일깨워 줬다"는 말이 나왔다. 최근 AI 업체들은 단순 데이터보다 분류가 잘돼 있고, 질 좋은 데이터를 확보하기 위해 움직이고 있다. 시급 2달러를 주고 케냐·필리핀 등에서 단순히 데이터를 분류하는 작업에서 벗어나 박사급 최고급 인력을 고용해 데이터의 의미와 활용 방안을 연구하며 가치를 높이는 작업에 몰두하고 있다. 파이낸셜타임스는 "코딩부터 물리학, 금융까지 다양한 분야에서 AI가 좋은 성능을 발휘하기 위해 더욱 정교한 데이터가 필요해졌다"고 하였다.

질 좋은 데이터 확보 전쟁

미국 실리콘밸리 테크 기업들도 인터넷에 떠도는 출처 불명의 유령 정보가 아니라 직접 수집한 개인 정보나 대규모 데이터를 활용해 AI를 학습하는 데 집중하고 있다. 챗GPT를 개발한 오픈AI는 지난해 5월 월스트리트저널을 보유한 뉴스코퍼레이션과 5년간 3,400억 원 규모의 콘텐츠 라이선스 계약을 체결했고, 아마존은 지난 5월 뉴욕타임스와 AI 활용을 위한 기사 콘텐츠 계약을 맺었다. 애플은 2024년 셔터스톡과 AI 학습용 이미지 수백만 장에 대한 라이선스 계약을 맺었고, 구글은 검색 엔진 크롬과 유튜브·지메일 등 자사 플랫폼 내에서 발생하는 대규모 데이터를 AI 학습에 활용하기 시작했다.

AI용 질 좋은 데이터에 대한 수요가 높아지자, 아예 데이터를 공개하고 유료화하는 업체도 늘고 있다. 전 세계 웹 트래픽의 약 20%를 처리하는 클라우드 서비스 업체 클라우드플레어는 최근 AI 크롤러(웹 페이지를 자동으로 탐색하고 색인하는 검색 엔진) 접근 방지 서비스인 '크롤링 건당 요금 부과' 모델을 출시했다. 데이터를 무단으로 긁어가는 크롤링을 1차로 막고, 크롤링이 계속 될 경우 돈을 내면 이를 허가해 주는 것이다.

양질 데이터 확보를 위해 뛰는 국가들

각국 정부도 AI 개발과 학습을 돕기 위해 양질의 데이터 확보에 총력을 기울이고 있다. 미 정부는 원천 데이터를 적극적으로 개방해 기업들이 이를 활용해 부가가치를 창출하도록 유도한다. 미 정부가 개설한 공식 데이터 공개 사이트인 'Data.gov'에는 미국 내 전기차 데이터, 배출 가스 현황 등 공공 데이터 31만 2,841개가 있다. 미 스탠퍼드대 주도로 이미지 데이터 1,400만 개를 모아놓은 이미지넷은 다방면의 AI 연구에 활용되고 있다. 유럽은 유럽 내 국가들의 데이터를 공유하고 활용하기 위한 '가이아-X' 프로젝트를 진행 중이다.

반면 한국은 정부나 기업 모두 AI 학습용 데이터 확보와 관리가 미흡한 상태다. 과학기술정보통신부의 '2024 데이터산업 현황 조사'에 따르면, 기업들의 데이터 거래 시 애로 사항은 '구매 데이터의 가격 부담'이 39.6%로 가장 높았고 '쓸 만한 양질의 데이터 부족'(39.1%)이 그 뒤를 이었다. 영어와 달리 한국어로 된 데이터 양이 절대적으로 부족하고, 고품질이거나 정제된 데이터는 가격이 비싸기 때문에 소규모 AI 개발 기업에 부담이 될 수밖에 없다. 양질의 공공 데이터가 실시간 쌓이지만 공개되지 않아 무용지물이다. 현재 AI 기술 개발에 필요한 개인 정보를 일정 요건 하에 동의 없이 처리할 수 있도록 허용하는 '개인정보보호법' 개정안이 발의됐지만, 국회에 계류 중이다. 이성엽 고려대 교수는 "의료 데이터나 판례 같은 법률 데이터는 품질이 좋고 양도 많지만, 개인정보보호 등의 이유로 개방이 어렵다"며 "일정 조건을 달아 공개하면 AI 개발 기업에 큰 도움이 될 것"이라고 했다(조선일보 2025. 7. 23).

데이터 레이블링(data labeling)

AI에 학습시키는 데이터를 분류하는 작업을 말한다. 예컨대 자율 주행용 AI를 개발하기 위해 영상이나 사진 속 자동차와 사람, 자전거 등에 표지를 붙이는 일이다. AI 개발 초기에는 단순 작업이었지만, 최근엔 박사급 전문가를 고용해 더 정밀하고 가치 있는 데이터 정제가 이뤄진다.

▸ **사례연구 토의**

1. AI 성능을 좌우하는 양질의 데이터 확보를 위한 국내외 사례를 찾아 설명해 보자.
2. AI 선두기업으로 성장해 나갈 계획을 실현하기 위해 정부와 기업들은 어떤 활동을 해야 하는지 토의해 보자.

사례연구 - 2

광고 성과 극대화를 위한 빅데이터 기반 광고 키워드 전략

(주)신지모루는 국내 스마트폰 액세서리 시장을 선도하며, 2008년 창업 이후 뛰어난 생산·판매·유통의 기술력을 바탕으로 꾸준히 성장해 온 기업이다. 그러나 최근 다양해진 스마트폰 액세서리 품목과 소비자 트렌드에 빠르게 대응하지 못해 성장세가 둔화하고 있었다.

스마트폰 액세서리 시장에서 트렌드는 광고와 밀접한 관련이 있다. 그리고 광고는 과거와 달리 소비자의 행동과 트렌드를 반영하는 광고로 새로운 양상을 나타내고 있다. 국내 시장과 더불어 해외 시장의 매출 증대도 중점 추진 전략 중 하나지만, 해외 시장의 매출이 전체 매출의 약 13%에 불과하고 최근 성장도 정체되었다. 특히, 해외 시장은 키워드에 기반한 광고가 중요한데, 키워드에 기반한 광고가 과거 품목 및 경험에만 의존하여 신징되고 있어 한계가 드러나고 있있다. 이러한 상태를 개선하기 위해 빅데이터를 활용하여 객관적이고 효율적인 광고 키워드를 도출하여 적용함으로써 국내외 매출 한계를 극복하였다.

스마트폰 액세서리 시장에서 매출 증대 한계를 분석

스마트폰 액세서리 유통시장에서 광고의 70% 이상이 "키워드 광고"로 이루어져 있다. 따라서, 효과적인 키워드 선정은 키워드광고와 매출 증대의 핵심 요소이다.

키워드 광고에서 키워드는 클릭률(CTR, Click Through Rate)과 클릭당 비용(CPC, Cost Per Click)에 직접적인 영향을 미친다. 적합하지 않거나 경쟁이 과열된 키워드는 비용 효율성이 떨어지고, 광고를 통해 발생하는 매출 성과도 낮다. 데이터 분석을 통해 소비자 트렌드와 검색 의도를 정확히 파악하고 이를 기반으로 광고 키워드를 최적화하면 광고 성과와 비용 효율성을 개선할 수 있다.

그러나 (주)신지모루의 광고 키워드는 과거 키워드에 머물러 있었으며, 빠르게 변화하는 시장 트렌드나 신규 고객의 요구를 충분히 반영하지 못하였다. 또한, 지속해서 쌓이고 있는 방대한 매출 데이터를 효과적으로 활용하지 못하였으며, 내부의 데이터 분석 인력 부족과 역량 한계로 데이터 활용에 어려움도 겪고 있어, 개선이 필요하였다.

따라서, 스마트폰 액세서리 시장의 빠른 변화와 소비자의 요구를 반영하기 위해서는 빅데이터 분석을 통해 새로운 광고 키워드를 도출하고, 이를 바탕으로 키워드 광고 전략을 최적화하는 것이 필수적이다.

(주)신지모루의 정체된 매출 증대와 기업 성장의 한계를 극복하고 해외 시장에서 더욱 경쟁력을 강화하기 위해 데이터 기반 광고 키워드 최적화로 한정된 예산 내에서 광고 효율을 극대화하고, 이를 통해 해외 매출을 10% 향상하는 목표를 설정했다. 또한, 설정한 매출 10% 향상 목표를 달성하기 위해 다음과 같은 단·장기 방안도 수립했다.

단기적 방안으로 매출 데이터와 소비자 데이터를 융합하고 분석하여 소비자 행동 특성에 맞춘 타겟마케팅 전략을 수립하고, 적용하여 광고 클릭당 비용(CPC)을 기존 대비 5% 이상 절감한다. 장기적 방안은 해외 아마존광고(Amazon Ads) 비용을 효율화하고, 광고 그룹, 타겟 제품별 핵심 광고 키워드를 도출하며 도출된 광고 키워드가 적용된 아마존 광고 자동화 프로세스를 구축해서 해외 광고 운영의 지속 가능성을 확보하는 것이다.

상세 품목별 매출 관련 빅데이터의 분석

효율적인 광고 키워드 도출을 위해 금융 빅데이터 플랫폼의 "온라인 스마트폰 액세서리 상품 카드 소비 데이터"와 (주)신지모루에서 보유하고 있는 "구매 채널별 품목별 매출데이터"를 활용했다. 주요 활용법으로 결측값 및 이상치 처리, 품목별 분류 체계 범주화 등의 전처리 과정을 거쳐 NLP(자연어 처리) 기법을 활용해 온라인 구매 데이터를 기반으로 주요 키워드를 추출했다. 또한 연관·상관 분석을 통해 특정 품목과 소비자와 관련된 키워드 간 관계를 분석하여 품목이나 소비자와 관련 높은 광고 키워드를 도출했다.

광고 비용 효율화를 위한 광고 키워드 최적화 전략

분석 결과에 기반하여 주요 품목 카테고리에 따른 효율적 광고 키워드를 도출하였다. 카드 소비 데이터와 매출데이터의 분석 결과로 스마트폰 액세서리 품목을 대분류부터 소분류까지 품목별 매출과 소비와 관련된 키워드의 중요도를 분석하고, 상관성도 시각화 하였다. 대분류에서는 매출 비중이 높은 품목과 관련 있거나 공통된 키워드가 나타나지 않았는데, 중분류와 소분류에서는 매출 비중이 높은 품목과 관련된 공통 키워드가 나타났다.

데이터로 증명된 데이터 기반 광고 키워드 최적화 전략

다양한 품목의 특성이나 소비자의 트렌드가 반영되지 않은 광고 키워드를 반복해서 사용하던 기존 광고 전략에서 카드 소비 데이터와 매출 데이터의 분석을 통한 트렌드가 반영된 광고 키워드를 활용하는 광고 전략을 개선하고 수립했다. 수립된 세부 전략은 과거 광고 키워드와 신규 트렌드가 반영된 광고 키워드를 함께 사용하는 '광고 키워드 혼합 전략"과 과거 광고 키워드를 모두 바꾸는 광고 키워드 교체 전략"이다. 또한, 데이터 분석에서 트렌드가 반영된 광고 키워드와 함께 도출한 부정 키워드로 과거 광고 키워드를 최적화하는 "광고 키워드 최적화 전략"도 수립했다.

광고비용 절감과 효율성 증대로 비즈니스 운영 최적화 가능

다양한 품목과 소비 트렌드가 반영된 광고 키워드로 클릭당 비용(CPC) 대비 광고 효과가 상승하고, 광고 비용의 효율화를 이루는 동시에 판매가 증가함에 따라 기업의 매출 성장이 기대된다. 빠르게 추천되는 광고 키워드로 업무 프로세스가 효율화되고 생산성도 향상될 것이다. 또한, 광고 키워드를 적용에 필요한 반복 작업이 감소하면서 인건비 절감 효과도 기대할 수 있게 되었다. 국내 광고 분석 프로세스에서 추천한 광고 키워드를 해외 광고 시스템에 적용하면서 효율적 광고와 트렌드 분석으로 글로벌 시장 공략도 가속화될 것이다(한국지능정보사회진흥원, 2024).

▸ **사례연구 토의**

1. 빅데이터 이슈는 기술적인 것 외에 어떤 것들이 먼저 선결되어야 하는지 설명해 보자.
2. 성공적 AI 빅데이터의 전제조건인 굿 데이터란 무엇을 의미하는지 토의해 보자.

사례연구 - 3

"빅테크 잇단 '기후 AI' 공개 … 기상청·예보관들 떨고 있나"

매년 이맘때부터 11월까지는 북태평양에서 폭풍이 발생하는 '허리케인 시즌'이라 불린다. 미국 연방기상청의 산하기관인 국립허리케인센터가 위성 등을 이용해 허리케인의 발생과 이동 경로를 예측한다. 올해는 예년과 달라진 것이 있다. 구글 자회사 딥마인드의 AI를 활용하는 것이다. 딥마인드는 12일 "정부 기상 예보관들에게 새로운 날씨 예측 모델을 제공하고 있다"고 발표했다. 뉴욕타임스(NYT)는 "허리케인에 특화된 이 모델은 이전 기상 예측 AI와 달리 허리케인의 경로뿐 아니라 강도도 예측한다"고 보도했다.

구글 딥마인드는 AI 모델로 지난 3월 인도양 마다가스카르 남부에서 발생한 사이클론 '혼데'와 '가랑스'의 경로를 예측한 결과를 웹사이트 '웨더랩'에 공개했다. 실제 사이클론의 경로와 거의 일치했다. 인근 인도양에서 발생한 사이클론 주드와 이본의 7일 후 경로와 폭풍우 발생 지역도 정확하게 예측했다. 구글의 새 기상 AI 모델은 폭풍이 발생하기 15일 전부터 경로와 강도, 형상, 발생 원인을 예측하고 분석할 수 있다. 구글 리서치와 딥마인드의 연구진은 AI로 거대 기상 패턴과 국지적 난류 현상까지 파악해 정확도를 높였다.

빅테크의 기상 예측 AI 기술은 급속히 발전하고 있다.

엔비디아도 기후 시뮬레이션(가상 실험)을 높은 해상도로 구현할 수 있는 생성형 AI 모델 'C보틀'을 공개했다. 엔비디아의 C보틀은 'Climate in a Bottle(병 속의 기후)'의 약자다. 복잡하고 방대한 기후 시스템을 하나의 병 속에 가두듯, 작고 정제된 모델 안에 담아 재현한다는 의미다. 기존 기후 모델들은 보통 50~100km 단위로 구역을 나눠서 시뮬레이션하는 데 반해, C보틀은 10km 이내의 촘촘한 격자망으로 기후 예측을 계산한다. C보틀의 시뮬레이션은 지구의 가상 복제본 역할을 하는 '디지털 트윈'에서 이뤄진다. "지금 바다 온도가 2도 오르면 태풍은 어떻게 될

까?" 같은 상황을 지구 가상 복제본에 정밀하게 재현해 기후 변화 시나리오를 만드는 것이다.

엔비디아와 구글이 기후 예측 AI를 잇달아 선보이자 기상청과 예보관의 역할에 대한 우려도 나오고 있다. NYT는 "도널드 트럼프 정부가 미국 연방기상청의 연구 예산과 인력을 감축한 뒤 (산하기관인) 국립허리케인센터와 구글의 협력이 이뤄졌다"고 했다. 기존 연구원과 예보관들의 빈자리를 AI로 메웠다는 것이다. 구글은 "새 모델이 기존 예보 모델을 완전히 대체하는 것이 아니고, 상호 보완적 역할을 한다"며 "숙련된 기상 전문가와 AI의 협력이 기상 예측의 신뢰도를 높여 줄 것"이라고 했다(조선일보 2025. 6. 14).

▸ **사례연구 토의**

1. AI 빅데이터 분석을 통해 비즈니스 환경을 개선한 사례를 찾아 비교 설명해 보자.
2. 엔비디아와 구글이 기후 예측 AI 외에도 경쟁력을 강화해 나갈 계획을 실현하기 위해 어떤 활동을 해야 하는지 토의해 보자.

사례연구 - 4

통합 관리자 시스템으로 가격, 리뷰 빅데이터를 한눈에

기업에서 매일 해야 하는 중요 업무지만 단순 반복적인 작업으로 생산성을 저해하는 일들이 생각보다 많다. 켄싱턴호텔앤리조트를 운영하는 이랜드파크의 온라인 여행사 가격정보 조회 역시 마찬가지다. 이랜드파크는 빅데이터를 이용해 가격과 리뷰 정보를 자동으로 처리하면서 고객 서비스 개선이라는 더 중요한 일에 집중할 수 있게 되었다. 이를 위해 수십 곳의 온라인 여행사(OTA)의 가격 정보와 켄싱턴호텔앤리조트 17개 지점 객실 가격 정보를 한눈에 비교하고 숙박시설 이용객들의 리뷰를 키워드로 분석해서 볼 수 있는 통합 관리자 페이지를 구축했다. 이를 통해 객관적이고 합리적인 가격 책정 가이드라인을 개발해 마케팅 전략에 활용하고 있다.

업무 효율 개선을 위한 최선의 선택, '빅데이터 활용'

과거 이랜드파크는 예약실이나 지점별 담당 매니저의 직관에 의해 가격 책정과 관련된 의사결정이 이뤄져 왔었다. 그러다 OTA 데이터를 활용하기 시작했지만 웹사이트나 앱에 표시되는 가격을 담당자가 직접 엑셀에 수기로 입력하는 방식이라 활용이라고 하기에 무색했다. 문제는 OTA 사이트가 점차 늘어나며 수십 개에 이르자 담당자의 업무시간을 잡아먹는 블랙홀이 되면서 발생했다. 단순 반복에 가까운 업무에 200분이라는 시간을 업무에 할애하다 보니 기록된 데이터가 '실시간' 데이터라고 부를 수 없는 경우도 많았다. 또 일일이 수기로 입력하는 방식은 직원들의 피로도를 높여 단순 입력 실수가 생길 가능성이 높았다. 게다가 이랜드파크가 운영하는 켄싱턴호텔앤리조트 17개 지점의 객실 가격과 운영 현황을 한눈에 파악할 수 있는 시스템이 없었기에, 이 또한 지점별로 연락해 직접 파악해야 하는 어려움이 있었다. 이는 고객들의 후기 수집에서도 마찬가지였다. 리뷰를 확인하고 수집하는 과정에서 답글을 달거나 필요한 응대 업무를 하다 보면 정작 고객의 리뷰를 통합적으로 분석해 서비스 개선에 적용하거나 상품 개발을 하는 등의 인사이트를 도출하는 과정은 번번이 뒤로 밀리기 십상이었다.

이 같은 문제를 파악한 이랜드파크는 데이터의 수집, 입력 방식을 바꾸면 업무 효율을 높일 수 있을 것이라는 판단하에 빅데이터를 도입, 활용하기로 했다. 문제는 이랜드파크가 필요로 하는 데이터셋을 찾기가 어려웠다는 점이었다. 한국관광데이터랩, 데이터 바우처 등 다양한 빅데이터 플랫폼을 검색해 봤지만 목적에 부합하는 데이터를 확보하지는 못했다.

맞춤형 데이터 확보로 업무시간 200분을 5분으로 압축

이러한 문제는 문화 빅데이터 플랫폼의 '맞춤형 데이터 신청'으로 해결할 수 있었다. 맞춤형 데이터 신청은 빅데이터 플랫폼 내에 필요로 하는 데이터가 없는 경우, 데이터를 확보하고 가공할 수 있는 센터에 필요한 데이터를 요청하는 제도다. 이 과정을 통해 이랜드파크는 히어로웍스로부터 자사 부킹엔진 내 가격 데이터를 포함해 OTA에 올라온 2년간의 숙박시설 가격 정보, 후기 감성 분석 데이터를 확보할 수 있었다.

이후 이랜드파크는 확보한 데이터를 활용해 여러 OTA의 가격 정보와 켄싱턴호텔앤리조트 17개 지점 가격을 한눈에 파악할 수 있는 통합 관리자 페이지를 구축했다. 더 이상 가격 결정을 위해 수십여 개의 OTA에 직접 접속해 경쟁업체 가격을 파악하거나, 지점별로 별도로 연락해 객실 가격을 확인할 필요가 없게 된 것이다. 그 결과 통상 200분이 소요되던 단순 반복 업무가 단 5분으로 줄어들었다. 통합 관리자 페이지에서 노출되는 지점별 객실 가격과 경쟁업체의 가격 현황을 파악하고 객실 가격 책정에 관한 가이드라인도 수립했다. 담당자 개인의 판단이 아니라 객관적인 데이터를 바탕으로 가격을 정하는 체계를 도입해 잘못된 가격 설정으로 인한 위험을 줄이고, 안정적으로 가격 관리를 해나갈 수 있는 기반을 마련한 것이다. 또한 업무 효율화를 이뤄 가격 변동에 대한 실시간 즉각적인 대응도 가능해져 직원들이 고객 서비스라는 본연의 임무에 더욱 집중할 수 있게 된 것도 성과로 꼽힌다.

이랜드파크의 통합 관리자 페이지는 숙박객의 리뷰 데이터를 단어별로 분석한 결과를 확인할 수 있어 고객의 요구와 트렌드를 파악하는 데에도 유용하게 활용되고 있다. 리뷰 데이터 감성 분석을 통한 켄싱턴호텔앤리조트의 강약점 파악이 대표적이다. 강점을 극대화하고 약점은 어떻게 보완할 것인지를 고민하고, 고객들이 선호하는 시설과 콘텐츠는 무엇인지 등을 파악해 상품 기획과 마케팅 프로모션 등에 적용하고 있다. 빅데이터 도입 이후에는 호텔 운영에 고객 니즈를 반영하기 위해 담당자 개인의 '감'이나 '촉'이 아닌 구체화한 언어 데이터로 제시된다는 점에서 많은 사람이 공감할 수 있는 설득의 근거가 되고 있다.

켄싱턴호텔앤리조트의 펫 프렌들리 시설은 이 같은 리뷰 감성 분석의 결과로 구축한 대표적 사례이다. 반려동물과 동반 여행 수요가 많아진 것을 리뷰로 확인한 후 발 빠르게 움직인 결과이다. 켄싱턴리조트 지리산 하동의 지역 특성을 살려 만든 스파룸, 제주 중문의 침대에 누워서도 바다를 바라볼 수 있도록 설계한 객실 등도 리뷰 데이터를 활용한 성과다.

이랜드파크는 앞으로도 리뷰 데이터를 자동으로 불러들여 처리하는 동시에 업무 효율을 더욱 높이려고 한다. 현재 리뷰 감성 분석은 단순 키워드 도출과 키워드에 대한 긍정&부정을 식별하는 것에 불과한데, 앞으로는 객실, 서비스, 청결, 접근성 등 다양한 카테고리별로 키워드를 감성 분석할 수 있는 방식으로 고도화해 나간다는 계획이다. 또한 더 많은 시각화 기능을 탑재한 종합 대시보드 시스템도 개발 예정이다. 이 시스템 개발이 완료되면 과거의 숙박시설 가격 데이터 기반 학습을 통해 가격은 물론 수요 예측까지 가능해질 것으로 전망된다(한국지능정보사회진흥원, 2023).

▸ **사례연구 토의**

1. 기업이 AI 빅데이터 기술을 활용하여 어려운 환경을 개선한 사례를 찾고 설명해 보자.
2. 고객 감성 데이터 분석·활용을 위한 효과적 AI의 적용 방안을 토론해 보자.
3. 관광사업 분야에서 빅데이터의 활용이 어떻게 업무 효율을 높일 수 있는지 설명해 보자.

사례연구 - 5

"AI와 빅데이터로 여는 국립공원의 미래"

인간은 자연과 떨어져 존재할 수 없다. 숲과 바다, 강과 들판은 인간의 삶과 미래를 지탱하는 터전이다. 그러나 인간의 발길이 닿는 곳마다 자연은 조심스레 신호를 보낸다. 때로는 끊어진 생태계로, 때로는 위협받는 생명으로, 때로는 예기치 못한 사고로 우리에게 경고하고 있다. 해양과 육지에서는 멸종위기종 등 야생생물의 서식지가 위협받고 있으며, 예상치 못한 재난·안전사고 역시 여전히 발생하고 있다.

또, 탐방객이 만든 샛길로 인해 생태계 단절과 건전한 탐방문화가 저해되고 있다. 사람의 발길이 닿는 곳마다 자연은 고요히 신호를 보내고 있다. 그러나 직원 한 명이 관리하는 국립공원 면적은 축구장 357배인 약 2.55㎢에 달하다 보니 적절히 응답을 못하고 있다. 이에 국립공원의 자연과 사람 모두를 지키기 위해 과학적 공원 관리라는 새로운 답을 찾고자 한다.

국립공원공단은 기술로 그 생명의 흔적을 기록하고 지키고 있다. 2023년부터 포스코DX와 협력해 AI 기반 로드킬 예방 시스템(2개소)을 도입해 운영 중이다. 도로를 건너는 야생동물을 AI가 인식하고 사전에 차량 이용자가 알 수 있도록 표출해주는 시스템으로, 도입 후 로드킬 및 차량 사고가 없는 등 큰 효과가 입증됐다. 또 시스템을 운영하며 AI가 학습하고 수집한 685건의 야생동물 DB를 통해 향후 자연자원 조사, 동식물 동정 등 다양한 조사업무 분야에 활용할 수 있는 성과도 있었다. 다만, AI의 동물 탐지 정확도는 98.53%로 매우 높으나 종 판별 인식율은 낮은 수준으로 향후 보완할 과제다.

올해는 해양까지 범위를 넓혀 AI를 활용한 해양생물 모니터링 시스템을 구축한다. 멸종위기종인 상괭이 생육 모니터링 및 서식지가 단절된 육지 서식 게류(도둑게)의 로드킬 방지를 위해 AI 기술이 활용된다. 이번 사업도 포스코DX, 포스코스틸리온과 ESG 협력을 통해 추진되며, 민간·공공이 함께 생명을 위한 연결고리를 강화해 나가는 모범사례가 될 것이다. 한편 탐방객 안전과 재난 문제에 대응을 위해서도 AI의 힘이 절실하다. 물놀이 위험지역과 계곡, 해수욕장에 지능형 CCTV 87개를 설치해 실시간으로 탐방객의 움직임을 감지하고 필요한 경우 즉각 경보를 송출하고 있다. 이 덕분에 해당 지역에서 익사 사고를 '제로'로 유지할 수 있었다.

산불 재난 예방에도 AI를 활용하고 있다. 설악산 등 5개 공원에 연기감지 AI CCTV를 5대 도입했고, 올해 추경 예산을 통해 22대가 추가 설치될 예정으로 보다 신속하고 정확한 초기 대응이 가능해졌다. 무분별하게 만들어진 샛길도 과학적으로 관리하고 있다. 국내 대표 정보통신기술(ICT) 기업의 위치 기반 빅데이터를 활용해 설악산과 북한산에서 80여 개의 신규 샛길을 발견했고, 이를 바탕으로 현장관리 실효성을 47% 끌어올릴 수 있었다. 빅데이터 분석을 통해 탐방객이 국립공원을 보다 안전하고 쾌적하게 이용할 수 있다. 또 샛길 이용으로 인한 사고 위험과 자연 훼손을 줄이는 데 도움을 준다. 체계적이고 질서 있는 탐방 환경이 마련돼 이용 만족도를 높일 수 있으며, 국립공원의 자연생태계를 함께 지켜가는 데 동참하는 경험이 될 수 있다. 앞으로 지리산과 속리산, 덕유산, 오대산 등 전국 주요 국립공원으로 이 분석 대상을 점차 넓혀 나갈 예정이다. 국립공원의 숲과 바다는 말이 없다. 그러나 우리는 데이터로 그 속삭임을 들을 수 있으며, AI로 그 흐름의 변화를 감지할 수 있다.

공단은 AI를 도입하고 빅데이터를 분석해 공원 관리의 효율성을 높여 나가고 있다. 기술은 이제 자연을 통제하는 수단이 아니라, 자연과 다시 연결시켜 주는 다리가 되어가고 있다. 탐방의 문화를 바꾸고, 자연을 이해하며, 사람과 생명을 지키기 위한 기술로 국립공원이라는 공동의 유산을 함께 지켜나가겠다. 기술로 생명을 보호하고, 기술로 사람을 지키고, 기술로 옳은 길을 안내하는 것. 그것이 우리가 국민과 함께 만들어가고 싶은 국립공원의 미래다(전자신문, 2025. 5. 7).

▸ 사례연구 토의

1. 국내기업 중 AI 빅데이터 분석으로 비즈니스 환경을 개선한 사례를 설명해 보자.
2. 민간과 공공 간 협업으로 AI 빅데이터를 활용한 추진 사례를 찾아 보고 토론해 보자.
3. 빅데이터와 AI가 각종 재난 예방과 안전보호 활동에 어떻게 적용되는지에 대해 설명해 보자.

사례연구 - 6

네이버(Naver)의 빅데이터 기반 서비스 혁신

네이버는 검색 엔진 서비스로 출발했지만, 현재는 포털, 뉴스, 쇼핑, 웹툰, 클라우드, AI, 핀테크 등 다각적인 분야에서 사업을 확장하고 있다. 이 과정에서 핵심 경쟁력으로 작용한 것이 바로 빅데이터 수집과 활용 능력이다. 네이버는 검색을 비롯한 다양한 플랫폼에서 발생하는 사용자 행동 데이터를 실시간으로 수집한다. 이를 통해 검색어 트렌드, 콘텐츠 소비 패턴, 온라인 쇼핑 성향, 위치 기반 데이터 등을 분석하고, 이를 다시 사용자 맞춤형 서비스와 광고, 콘텐츠 추천 등에 반영한다. 즉, 네이버의 모든 서비스는 데이터를 중심으로 설계된 생태계라고 볼 수 있다.

검색 서비스의 빅데이터 활용

네이버의 가장 핵심적인 서비스는 여전히 검색 엔진이다. 매일 수억 건의 검색어 데이터를 분석하여 실시간 급상승 검색어, 연관 검색어, 자동완성 기능을 제공한다. 또한 검색 알고리즘은 단순히 키워드 매칭을 넘어서, 사용자 맞춤형 검색 결과를 제공한다. 예를 들어 같은 단어를 검색해도 사용자의 관심사, 과거 검색 이력, 위치 정보에 따라 다른 검색 결과가 노출될 수 있다. 이는 단순히 정보를 나열하는 것을 넘어, 개인화된 정보 탐색 경험을 제공한다는 점에서 큰 의의가 있다.

네이버 뉴스와 콘텐츠 큐레이션

네이버 뉴스 서비스 역시 빅데이터 분석을 통해 진화했다. 네이버는 언론사에서 제공하는 기사 데이터를 수집하고, 독자들의 클릭 패턴, 체류 시간, 댓글 활동 등을 분석하여 개별 사용자에게 적합한 기사를 추천한다. 또한 특정 뉴스가 사회적으로 큰 반향을 일으키면, 검색 트렌드와 함께 연동되어 실시간 이슈판을 구성하기도 한다. 이는 사용자가 원하는 정보를 빠르게 접할 수 있도록 도와주며, 동시에 언론사에도 더 많은 유입을 제공한다.

더 나아가 네이버는 AI 기반의 추천 엔진을 활용하여 네이버 프리미엄 콘텐츠, 블로그, 포스트, 카페 글까지 연결한다. 즉, 사용자 데이터 분석을 통해 개인의 관심사에 맞는 콘텐츠를 노출함으로써 플랫폼 전체의 체류 시간을 늘리고 있다.

네이버 쇼핑 - 소비자 행동 기반의 맞춤형 서비스

네이버 쇼핑은 국내 전자상거래 시장에서 큰 영향력을 가지고 있다. 여기서도 빅데이터는 핵심 역할을 한다. 소비자가 어떤 상품을 검색하거나 장바구니에 담았는지, 리뷰를 열람했는지, 특정 카테고리에서 머무른 시간을 얼마나 사용했는지 등의 데이터를 수집한다. 이 데이터를 기반으로 개인화된 상품 추천을 제공하며, 소비자별로 관심이 높은 브랜드나 가격대를 고려해 광고와 프로모션을 다르게 제안한다.

또한 네이버는 스마트스토어 판매자 지원 서비스에도 빅데이터를 활용한다. 판매자에게는 고객의 구매 패턴, 유입 경로, 경쟁사와의 가격 비교 등 다양한 데이터를 시각화하여 제공한다. 이를 통해 판매자는 효과적으로 마케팅 전략을 수립하고, 재고 관리 및 가격 정책을 조정할 수 있다.

위치 기반 및 라이프스타일 서비스

네이버 지도, 네이버 예약, 네이버 페이 등 생활 밀착형 서비스에서도 빅데이터는 적극 활용된다. 네이버 지도는 이용자의 위치 데이터를 기반으로 주변 맛집, 교통 상황, 길찾기 정보를 제공한다. 또한 실시간 교통량 데이터를 수집하여 최적의 경로를 안내한다.

네이버 예약 서비스는 사용자 검색 및 예약 데이터를 기반으로 특정 업종이나 매장에 맞춤형 노출을 제공한다. 예를 들어, 주말 저녁에 특정 음식점 예약이 많이 발생하면, 유사한 고객층에게 해당 업소를 더 자주 노출하는 식이다.

네이버 페이는 결제 데이터와 쇼핑 데이터를 연결하여 고객별 소비 성향을 분석하고, 금융 서비스와 연계한다. 향후에는 개인화된 대출, 보험 등 핀테크 영역으로까지 확장 가능성을 보이고 있다.

클라우드와 AI 서비스로의 확장

네이버는 단순히 데이터를 활용하는 것을 넘어서, 기업과 개인에게 데이터 분석과 AI 서비스를 제공하는 플랫폼으로 진화하고 있다. 대표적으로 "네이버 클라우드 플랫폼(NCP)"은 인공지능 API, 빅데이터 분석 도구, 데이터 시각화 툴 등을 기업고객에게 제공한다.

특히 클로바 AI는 음성 인식, 번역, 이미지 분석 등 다양한 영역에서 활용된다. 예를 들어, 네이버 스마트 스피커(클로바)는 사용자 음성 데이터를 학습하여 점차 정교한 대화형 서비스를 제공하고 있다. 또한 네이버 파파고 번역기 역시 방대한 언어 데이터를 기반으로 정확도를 높여왔으며, 글로벌 사용자까지 확대되었다.

네이버의 사례는 국내 기업이 어떻게 빅데이터를 전사적 전략에 통합하고 있는지를 보여주는 대표적인 예이다. 검색, 뉴스, 쇼핑, 지도, 결제, 클라우드, AI 등 다양한 서비스의 기반에는 모두 방대한 데이터 분석이 존재한다.

네이버는 단순히 데이터를 수집하는 데 그치지 않고, 이를 서비스 개선 → 개인화 경험 제공 → 비즈니스 모델 확장이라는 선순환 구조로 연결한다. 그 결과, 이용자에게는 편리하고 맞춤형 경험을 제공하고, 판매자 · 파트너 기업에게는 데이터 기반의 비즈니스 기회를 제공하며, 동시에 자사의 생태계를 공고히 하고 있다. 이를 기반으로 향후에도 AI와 빅데이터를 결합하여 더욱 정교한 서비스를 개발할 수 있을 것으로 예상된다(2024 통합보고서, 네이버, 2025. 6. 20).

▸ 사례연구 토의

1. 국내외 기업 중 AI 빅데이터를 기존 서비스 전략에 통합하여 활용한 타 사례를 찾아보고 설명해 보자.
2. AI와 빅데이터를 결합하여 고객 맞춤형 서비스 제공 시 가장 역점을 두어야 할 부분은 무엇인지에 대해 토의해 보자.
3. 네이버와 견줄 만한 업체를 골라 AI 빅데이터 활용 전략을 비교하여 설명해 보자.

AI 실제 활용 사례

"KT의 AI 기반 차세대 네트워크 운용 체계 도입"

통신 사업자는 네트워크의 안정성, 서비스 품질 유지·향상, 운영비용 절감 등이 매우 중요한 과제다. 특히 통신망의 설비 수요가 많고, 트래픽이 급격히 증가하고 있는 환경에서는 인적 자원의 한계 및 장애 대응의 시급성이 커진다. 이러한 배경 아래 KT는 최근 AI를 도입하여 네트워크 운용 체계를 혁신하려는 프로젝트를 추진 중이다. KT가 도입한 "AI 마이스터(AI Meister)" 및 "AI 오퍼레이터(AI Operator)" 시스템을 중심으로 살펴본다.

KT는 최근 현장직 인력의 희망퇴직을 포함한 인력 구조 개편을 진행하면서, 통신 네트워크 운영 및 관리 업무에서 생길 수 있는 지식 공백과 운영 위험성에 대비해야 했다. 또한 유·무선 통신망, 다양한 장비, 많은 트래픽, 외부 환경 변화 등이 복합적으로 작용하면서 이상 상황 감지 및 대응이 더욱 어려워지고 기존 수작업 중심 또는 경험에 의존하는 관리 방식만으로는 실시간 대응 및 오류 예방에 한계가 있다. 이 밖에 고객들이 체감하는 통화 품질, 인터넷 속도, 연결 안정성 등이 기업 경쟁력에 직접 영향을 미치므로, 서비스 불안 요소를 사전에 탐지하고 빠르게 조치하는 것이 중요하여 AI 기반 차세대 네트워크 운용 체계를 도입하게 되었다.

시스템 구성 및 작동 방식 측면에서 KT의 차세대 네트워크 운용 체계는 크게 두 가지 주요 구성요소로 이루어져 있고 주요 기능들은 다음과 같다.

1. AI 마이스터(Meister)

네트워크 장비의 소프트웨어 측면 관리를 담당한다. 주요 기능으로는 다음이 포함된다.

- 조치 방법 제안(Action suggestions)
- 시스템 진단(Status AI): 장비 상태 모니터링
- 로그 분석(Syslog AI): 장비 로그를 통한 이상 패턴 탐지
- 설정 최적화(Config AI): 장비 설정(Configuration) 관련 최적화 제안
- 기술지식 검색(Netpedia): 기술지식, 매뉴얼, 이전 사례기반 문제 원인, 해결책 안내
- 챗봇/대화형 인터페이스: 네트워크 운용 경험 적은 직원도 전문적 판단과 지원 받음

2. AI 오퍼레이터(Operator)

네트워크 장비의 물리적 관리 및 현장 지원 중심 요소이며 주요 특징은 다음과 같다.

- 기존 모바일 작업관리 시스템(MOSS) 및 안전관리 시스템(NeMO)의 통합 활용
- 현장 직원이 네트워크 장비를 점검·수리·교체 시 진단 기능, 조치 제안 기능을 포함
- 입력 방식에 음성 → 텍스트(Speech-to-Text) 기능 추가로 기록/명령 입력 용이

데이터 흐름 및 AI 동작 메커니즘

(1) 데이터 수집 및 실시간 모니터링

네트워크 장비들로부터 '트래픽 데이터', '시스템 로그(Syslog)', '설정 정보(Configuration)', '장비 상태(status)' 등이 실시간으로 수집되며 외부 환경 변화나 사용자 접속 패턴의 변화도 감지 대상임

(2) 이상 패턴 탐지 및 경고 생성

수집된 대규모 데이터에서 통계적 이상치 탐지, 트래픽 급증·감소, 에러 로그 증가 등의 패턴이 발견되면, AI가 고장(장비 이상), 장애 가능성, 설정 오류 등을 예측함. 예를 들면, 특정 노드에서의 패킷 손실이 증가 시 잠재적 하드웨어 결함 가능성을 탐지함

(3) 원인 분석 및 조치 제안

이상 탐지 후 AI 마이스터가 로그 분석, 기술지식베이스(Netpedia), 과거 유사 사례 등을 활용하여 가능한 원인들을 제시함. 예를 들면 "이 설정이 이전 변경본과 다름", "펌웨어 버전이 최신이 아님", "전력 공급 불안정" 등. 조치 방안도 함께 제시됨

(4) 현장 조치 및 피드백 루프

AI 오퍼레이터가 현장 직원에게 진단 결과 및 조치 방법을 제공함. 현장에서 조치가 이루어지면 그 결과(문제가 해결되었는지, 조치 후 상태 변화 등)를 다시 데이터로 수집하여 AI 모델이 학습함으로써 이후 예측 및 조치 제안의 정확성이 개선됨. 예를 들면 STT 입력을 통한 작업 내용 기록, 작업 전/후 상태 비교 등

도입 단계 및 범위

초기 적용은 유선 네트워크 장비 쪽에서 시작되었음. 유선망은 구조가 비교적 안

정적이고 장애 유형과 패턴이 데이터로 충분히 쌓여 있어, AI 진단 및 예측 기반 운용 개선이 효과적인 분야로 판단되었기 때문임. 향후는 무선 장비로 확대할 계획 중인데, 이는 무선 네트워크 특성이 트래픽 변화가 더 다양하고 외부 환경 요인에 민감하므로, 예측 가능성과 안정성 확보가 더 어렵지만 혜택도 클 것으로 기대되기 때문임. 물리적 현장 작업자 인터페이스 개선(예: 음성 입력) 및 통합 작업관리 시스템 개선 등도 병행 중임

기대 효과 및 실제 성과

(1) **운용 안정성 향상**: 이상 패턴 조기 탐지 → 장애 발생 이전 대응 가능 → 전체 네트워크 다운타임(서비스 중단) 및 고객 불편 감소

(2) **업무 효율 개선**: 경험이 적은 직원도 전문가 수준 업무 수행 가능 → 교육·숙련도 편차로 인한 오류 감소 → 인력 의존도 감소

(3) **비용 절감**: 장애 복구 비용, 현장 장비 점검 및 유지보수 비용 절감; 또한 인적 자원 투입 시간 단축

(4) **고객 체감 품질 상승**: 통화 및 데이터 서비스의 안정성, 응답 속도, 네트워크 속도 관련 불만의 감소

3. 시사점

통신산업 외의 여러 산업, 가령 제조업, 에너지, 물류, 건설 등에서도 유사한 AI 빅데이터 기반 운용 체계의 도입이 가능할 것이다. 이는 특히 장비 이상 탐지, 로그 분석, 물리적 현장 관리 등 공통 요소가 많기 때문이다. 또한 AI 시스템은 "설명 가능(Explainable)하고 신뢰 가능한 대응"을 중심으로 설계되어야 하고, 자동화 수준(사람 개입 vs 자동 조치)의 경계 및 책임소재를 명확히 해야 할 필요가 있다. 빅데이터 기반 AI 시스템의 도입은 실증(test-bed) 단계를 거쳐 점진적으로 확대 적용하는 전략이 효과적일 것이다. 즉 초기에는 안정적 환경(예, 유선망, 내부망)에서 검증을 거친 후에 점차 더 복잡한 시스템(무선, 외부 연결망)으로 확대하는 것이다(연합뉴스, 디지털데일리, 2024. 11. 26).

참고문헌

본 QR코드를 스캔하시면
이 책의 참고문헌을 확인하실 수 있습니다.

색인

한글

ㄱ

ㅅ

ㅇ

ㅈ

ㅊ

ㅋ

ㅎ

영문

A

B

C

D

E

F

G

H

I

J

K

L

M

N

O

P

Q

R

S

T

I

U

V

W

X

숫자

AUTHOR | 저자약력

김대완 교수(c.kim@ynu.ac.kr)

영국 런던대학교(University of London)에서 컴퓨터과학 석사, 영국 런던대학교(LSE)에서 전자상거래 박사학위(Ph.D.)를 취득하였다. 미국 하버드대학교(Harvard University)의 경영대학(Harvard Business School: HBS) 객원교수, 미국 MIT의 경영대학(Sloan School of Management) 객원교수, 그리고 영국 런던대학교(University of London)의 컴퓨터 과학 및 정보시스템 대학(School of Computer Science & Information Systems)에서 객원교수를 역임하였으며, 현재 영남대학교 경영학과 교수로 재직 중이다. (사)한국디지털융합학회 회장과 (사)한국디지털경영학회 회장을 역임하였다. 현재 (재)한국디지털융합진흥원 이사장, (사)한국중소기업협업진흥협회 공동협회장, 그리고 (사)한국글로벌기술경제진흥원 이사장으로 봉사 중이다. 현재까지 125여 편의 논문을 국내와 해외 저널에 게재하였으며, 30권의 책을 집필 및 출판하였다. 최근에는 미국 Chicago Business Press에서 『*Digital Business*』(2015), 영국 Routledge에서 『*Managing Convergence in Innovation*』(2016), 한국 도서출판 창명에서 『디지털 경영』(2017), 도서출판 청람에서 『디지털 콘텐츠 비즈니스』(2018), 박영사에서 『빅데이터 경영론』(2019), 도서출판 창명에서 『디지털 경영』(2판, 2020), 집현재에서 『경영학의 이해』(2021), 도서출판 창명에서 『디지털 경영』(3판, 2022), 박영사에서 『디지털 경영』(4판, 2024), 도서출판 청람에서 『디지털 콘텐츠 비즈니스』(3판, 2025), 그리고 박영사에서 『AI 경영론』(2026)을 출간하였다.

김승욱 교수(swkim@ptu.ac.kr)

중앙대학교 일반대학원 경영학과에서 경영정보시스템(MIS)·생산운영관리·경영과학으로 박사학위(Ph.D.)를 취득하였다. 한국뉴욕주립대학교(State University of New York, Korea) 스토니브룩대학(Stony Brook University) 방문 교수(Visiting Professor)를 역임하였으며, 한성대학교 대학원 박사과정에서 [스마트융합 AI 컨설팅]이란 과목을 강의 중에 있으며, 현재 평택대학교 경영학과 교수로 재직 중이며 [인공지능(AI) 경영] 등의 과목을 강의 중이다. 이전에는 연세대학교 산업경영연구소 전문연구요원, 안진회계법인(Deloitte)과 삼일회계법인(Price Waterhouse Coopers: PWC)에서 경영

컨설턴트로 근무하였으며 SAP Korea에서는 정보기술(IT) 컨설턴트로 근무하였다. 최근에는 교육부가 총괄하는 한국형 온라인 교육 강좌사업(K-MOOC)에 2년 연속 선정되어 다양한 온라인 교육 강좌를 강의하고 있다. 2021년에는 [빅데이터와 고객관계관리]가 개별강좌사업에 선정되었으며, 2022년에도 [메타버스와 서비스경영]이 신기술 신산업 분야에 선정되었다. 현재, 한국디지털융합학회 부회장, 한국벤처혁신학회 학술지 편집위원, 국제e-비즈니스학회 부회장, 한국통상정보학회 부회장을 맡고 있다. 주요 저서로는 학현사에서 『인공지능(AI) 경영과 ESG』(2025), 박영사에서 『ESG 경영과 지속가능 전략』(2023), 『메타버스와 고객관계관리』(2023), 『디자인씽킹과 서비스경영』(2019), 『인공지능시대의 경영정보시스템』(2020), 『언택트 트랜스포메이션을 위한 경영학 길잡이』(2021), 그리고 박영사에서 『AI 경영론』(2026)을 출간하였다.

손현주 교수(wungang@gmail.com)

미국 휴스턴대학교(University of Houston-Clear Lake)에서 미래학 석사학위를, 하와이대학교 마노아캠퍼스(University of Hawai'i at Mānoa)에서 정치학 박사학위(Ph.D.)를 취득하였다. 현재 전주대학교 미래융합대학 창업경영금융학과 조교수로 재직 중이다. 주요 연구 분야는 한국의 대안미래, 인공지능 시대의 미래사회, 퓨처스 리빙랩(Futures Living Lab)이며, 특히 초연결성과 초지능성을 기반으로 한 인공지능 사회에서 인간·가치·공동체의 공존 가능성에 깊은 관심을 두고 있다. 저서로는 『AI와 사랑』(2025), 『AI와 트렌드』(2025), 『AI와 미래 사회』(2025), 『인공지능법』(2024), 『글로컬 시대 지방정부 외교와 공공외교: 전략적 소통과 지역 브랜딩의 방법과 사례』(2024), 『인공지능과 일상생활』(2021), 『AI 경영론』(2026) 등이 있으며, 역서로 『콤무니타스 이코노미』(2020)가 있다. 주요 논문으로는 「코로나19 이후 한국의 미래 시나리오」(2025), 「인공지능과 일상생활의 자유: 스마트홈이 인간 자유에 미치는 영향」(2024), 「디지털 디자인씽킹: 디지털 기술이 디자인씽킹 프로세스에 미치는 영향」(2023), 「코로나19와 정치의 미래」(2021), 「인공지능혁명과 정치의 미래 시나리오」(2020), 「인공지능 거버넌스와 민주주의의 미래」(2019), 「한국인의 가치관과 미래 선호 가치」(2019) 등이 있다. 그의 연구와 저술은 기술과 인간, 사회와 미래의 관계를 통합적으로 탐구하며, 미래학과 인공지능 연구의 접점에서 새로운 학문적 통찰을 제시하고 있다.

은종성 박사(ceo@bizwebkorea.com)

현재 (주)비즈웹코리아, 도서출판 책길, 이러닝 플랫폼 인터뷰어(interviewer.co.kr) 대표로 재임하고 있다. 비즈니스모델, 마케팅, 트렌드, 커머스를 주제로 한 기업 강의와 컨설팅 누적 4,000회, 500여 개 기업과의 협업 경험을 바탕으로 현장과 이론을 잇는 실용적 전략가로 활약 중이다. 경영학 박사로서 비즈니스 실무자와 창업자에게 인사이트를 제공하는 데 집중해 왔으며, 『AI 빅 웨이브, 기술을 넘어 전략으로』, 『AI를 활용한 경영전략 수립』, 『비즈니스 모델 사용설명서』, 『마케팅의 정석』, 『취향과 경험을 판매합니다』, 『AI 경영론』 등 22권의 도서를 집필했다. 기술을 전략으로, 전략을 실행으로 연결하는 전문가, 변화의 흐름 속에서도 본질을 통찰하는 콘텐츠로 기업과 개인의 지속 성장을 이끌고 있다. 대전대학교 바이오헬스혁신융합대학사업단 객원교수로도 활동하고 있다.

이성호 박사(pronesis1@daum.net, lee.sungho1@kt.com)

서울대학교 대학원 경영학과에서 경영정보시스템(MIS) 박사학위(Ph.D.)를 취득하였다. LG-EDS(현, LG CNS) LGI Account에서 근무하였고 캐나다 UBC(University of British Columbia) 경영대에서 MBA 과정을 수료했다. KT 연구개발본부 책임연구원으로서 ICT 분야 사업기획/분석, e-비즈니스 사업전략 등을 담당하였다. 이후 KT 마케팅본부, 미디어본부, Customer 부문 등 ICT 사업 분야의 팀장, 지점장 등을 역임했고 현재 KT netcore OSP 분야 부장으로 재직 중이다. 정보통신 기술자/감리원(특급) 자격을 취득하였고 (사)한국디지털융합학회 상임이사로서 주요 관심 분야는 AI, 빅데이터, ICT, 모바일 비즈니스, 디지털콘텐츠 등이다. 현재까지 관련 분야 20여 편의 논문을 국내/해외 저널에 게재하고 있으며, 저서는 『모바일콘텐츠 비즈니스 이해』(서울대학교 경영연구소, 2005), 도서출판 청람에서 『디지털콘텐츠 비즈니스』(2009), 박영사에서 『AI 경영론』을 공동 출간하였다. 최근에는 해외 저널 Decision Support Systems에 "*From game to beyond game*"(2025) 논문을 공동 게재하였다.

AI 경영론

초판발행 2026년 1월 15일

지은이 김대완·김승욱·손현주·은종성·이성호
펴낸이 안종만·안상준

편 집 이혜미
기획/마케팅 장규식
표지디자인 BEN STORY
제 작 고철민·김원표

펴낸곳 (주) 박영사
서울특별시 금천구 가산디지털2로 53, 210호(가산동, 한라시그마밸리)
등록 1959. 3. 11. 제300-1959-1호(倫)
전 화 02)733-6771
f a x 02)736-4818
e-mail pys@pybook.co.kr
homepage www.pybook.co.kr
ISBN 979-11-303-9717-7 93320

정 가 34,000원